독일문학과 한국문학

German Literature & Korean Literature

김승옥 외

도서출판 월인

독일문학과 한국문학

German Literature & Korean Literature

목차

C O N T E N T S

프리드리히 쉴러의 명목(瞑目)과 그의 사상

- 프리드리히 쉴러 서거 200주년을 기념하여 -

김 승 옥

I. 서론

1805년 5월 9일 프리드리히 쉴러는 짧고 고뇌에 찬, 그러나 영화롭기도 한 생을 마쳤다. 그는 최초의 독일 전업 작가 중 한 사람이었고, 자유를 위하여 투쟁한 사람이었으며, 개혁을 위하여 투쟁한 작가였다. 그에 대한 평가는 19세기에 최고조에 달하였다. 특히 그는 애국적 열광자에게는 "영웅화의 전형"이었으며, 1848년 삼월 시민 혁명가들에게는 "빛"과 같은 존재였다. 나폴레옹 항전 때의 연합군 병사들은 애국적인 『빌헬름 텔』을 주머니에 넣어 "상징적인 무장"을 하고 전선으로 나갔고, 그의 작품 『돈 카를로스』는 "정치적 비전"의 상징이기도 했다.[1]

1859년 11월 10일 그의 탄생 100주년 기념일인 '쉴러 축제' 때에 이런 무조건적인 존경은 최고조에 달하였다. 온 독일어권에서는 이 기념 해에 그를 찬양하는 축사들이 일제히 울려 퍼졌다. "축제의 도취"는 온 국민이 함께 한 것이었다. 지식층만이 아니라 기능공, 소시민도 함께 참여하였다. 그의 작품, 특히 『빌헬름 텔』과 시 「종의 노래」가 인용되었고, 그의 전 작품은 모든 사람에게 회자되는 국민적 고전으로, 교양교육의 전거로, 혹은 격언으로 인용되었다. 또한 그의 작품은 19세기 중반 권력으로부터 소외된 시민들의 암시적인 영웅을

1 Peter-Andre Alt, Schiller. Leben-Werk-Zeit. Eine Biographie, Bd.1, München 2000.11. 이하 모든 서명 뒤의 아라비아 숫자는 쪽수를 말함.

지지하고 있는 것으로 해석되었다.[2]

그러나 또한 그에 대한 평가에 있어서, "독일 고전주의 작가 중 쉴러만큼 여러 논쟁을 불러일으키는 작가"도 없었으며, "항상 그의 작품은 격정적으로 찬성, 혹은 반대의견을 분출시켰다"[3] 쉴러에게 내려진 비판은 다양하지만, 간단히 말하자면, 사회주의 리얼리즘의 측면으로 볼 때 너무 순수문학에 가까웠고, 낭만주의적 관점인 순수문학 측면에서 본다면 너무 사회성을 띤 것이었다. 그의 '미적 교육'으로는 양측을 다 만족시키지 못한 것이 사실이다.

그의 전 생애를 고찰해보면 그만큼 용감한 사람도 드물었다. 아무리 시민정신이 우세했던 계몽주의 시대라 할지라도, 18세기 거의 모든 예술가, 작가들은 풍부한 자산이 없다면 군주와 귀족들의 후원 없이는 입에 풀칠하기가 어려운 시대였다. 그런 환경 속에서 쉴러는 평생을 후원자 없이 살아야 했다. 물론 드물게 후원자가 나타나 그에게 도움을 주기도 했지만, 그는 삶의 대부분을 후원자도 없이 가난과 빚에 쪼들리며 살았다. 하지만 그런 속에서도 그는 자신의 의지를 굽히지 않고 지조를 지켰다. 자기 책의 인세로 살아야 했던 그는 몇 명 되지 않는 최초의 전업작가였다. 레싱 다음으로 그는 자신의 작품으로 생계를 유지하는 작가였던 것이다. 그는 역사가이며 철학자이기도 하지만 무엇보다 작가였다. 특히 그의 영역은 희곡이었다. 그는 작가이며 동시에 계몽주의를 온 몸으로 살았던 지성인이었다. 동시대 지식인 선각자중의 한사람으로서 그를 기억하여 보는 것도 그의 서거 200주기를 맞아 의미 있는 일이라고 생각한다.

---

2 그에 대한 비판도 이미 그의 생전에 강력하게 제기되었다. 누구보다 강하게 그를 비판한 사람들은 낭만주의자들이었다. 프리드리히 슐레겔은 쉴러의 지나친 이념적 경향을 비판하였다. 후기의 젊은 독일파들은 사실주의의 결핍을 나무랐고, 특히 게오르크 뷔히너는 소위 "이념적 시인은 허수아비에 불과하며 결코 살과 피를 가진 인간이 아니" (Brief am 28. Juli 1835)라고 하였다. 기존의 가치관을 부인한 니체는 쉴러를 "도덕의 나팔수"라고 평하였다(프리드리히 니체, 전집, 정진웅 역, 광학사, 1976, 5권, 64「偶像의 黃昏」). 물론 그는 쉴러뿐만 아니라 소크라테스, 루소, 칸트 등 많은 기존질서의 인물들을 비판하고 있다.

3 Peter-Andre Alt, Schiller. 위의 책, 11.

II. 서양 지성사의 측면에서 본 쉴러의 위상

인간의 본성과 감정을 억누르고 살았던 중세의 인간에게 르네상스와 더불어 인간의 본능을 중요시하는 휴머니즘이 대두하였다. 이것은 중세 금욕주의에 대한 반항의 의미와 같다. 중세의 가장 큰 덕목은 사회적 욕구와 인간의 욕구를 끊임없이 억누르고 부정하는 것이었다. 지상의 모든 것은 헛된 것에 지나지 않았으며, 죽음만이 비참하고 희망 없는 세상으로부터의 탈출이었다. 그러나 휴머니즘은 종교를 극단적으로 부인하지는 않더라도, 인간에게는 이 세상에서 기뻐하고 사랑하는 것이 정당한 권리라고 생각하였다. 르네상스 시대의 대표적인 작가 보카치오가 그의 『데카메론』 서문에서 "억제하기 어려운 욕정"을 그대로 표출하고, "그 욕정은 적당한 선에서 나를 만족시키는 일이 없기 때문에"[4] 자신의 감정을 그대로 표현하는 것이라고 지적한 바로 그것이 당시의 사조였다. 즉, 억눌렸던 자아의 폭발이라고 할 수 있다.

이러한 자아의 발견과 발달은 개인의 권리주장 뿐만 아니라 민족의 각성을 촉구하게 되었다. 카톨릭이라는 범 유럽의 이데올로기가 사해동포주의를 표방하며 여러 민족들을 하나의 세계로 묶었던 끈이 풀리면서 민족주의도 자각하여, 각각의 민족은 하나의 국가 Nation를 이룩하기 위한 민족 대 민족의 분쟁을 일으키는 전국시대로 전환하게 되었다. 마치 공산주의라는 이데올로기가 해체된 후 동구에서, 특히 발칸반도에서 일어났던 민족주의 갈등이 타민족의 말살이라고 하는 극단적인 형태로 나타난 것과 같다고 볼 수 있다.

더욱이 종교개혁은 자아확립에 박차를 가하였다. 종교개혁 이전에 일반 신자는 신과 직접 대화할 수 없었고, 그 중개자 역할을 맡은 신부를 통해서만 가능하였다. 하지만 이제 그 대리인 혹은 중개자라는 신부의 대리직분을 부정한 프로테스탄트에 의해, 인간이 신과 직접 대화(기도)할 수 있는 권한을 갖게 되면서 자아는 더욱 확대되어 독립적이고 개성이 확실한 자아로 발전되었다. 종교개혁이 가져온 반종교개혁의 싸움은 결국 전 유럽에 '종교전쟁'이라는 미증유의 비극을 가져왔으며, 토마스 홉스가 본 바와 같이 각 종파의 종교는 신앙으로서가 아니라 각각의 이익집단으로 전락하였다. 확대된 자아는 결국 '만인

4 보카치오, 『데카메론』, 정봉화 역, 세계문학전집2, 정음사, 1970, 16.

대 만인의 싸움'이라는 혼란스러운 사회로 이르게 되었다. '있는 그대로의 감정 폭발'은 이상적인 것도 이성적인 것도 아니었으며, 각자 자신의 욕구를 표현한다는 것이 혼돈의 사회로 가는 지름길이 된 것이다. 이러한 왜곡된 자유정신으로 인한 혼돈과 함께 서양에서는 지성인의 활동이 시작되었다.[5]

지식인은 지성인과는 달리, 그 의미가 그렇듯이 이미 지난 기록을 배운 사람들로서 대개는 보수적이다. 그들은 모험심보다는 사회의 안정을 바란다. 마키아벨리와 홉스는 인간 본연의 에고이즘을 꿰뚫어보고, 일반 대중에게 자유를 주는 한 사회발전은 불가능하다고 생각하였다. 그들은 어떤 특정인에게 권리 - 정치와 도덕을 분리하여 행동할 수 있는, 도덕으로부터 자유로운 특권 - 를 주어 사회가 안정되기를 바랐으며, 『군주론』은 그 대표적인 예이다. "군주는 짐승과 인간을 교묘히 구사할 줄 알아야 한다. [...] 특히 여우와 사자의 성질을 동시에 갖추어야 한다. 그것은 사자는 책략의 함정에 빠지기 쉽고, 힘에 있어서 여우는 늑대를 당하지 못하기 때문이다. 함정을 알아차림에는 여우라야 하고 늑대의 혼을 빼려면 사자라야 한다. [...] 군주는 신의를 지켜서는 안 된다."[6] 분열에 분열을 거듭하는 이탈리아를 통일하기 위해서 군주는 모랄에서 자유로울 수 있어야 한다는 그의 의도를 이해해야 진정한 의미의 『군주론』을 알 수 있다.[7]

지식인은 정의롭지 않다는 것을 알면서도 사회 안정을 위하여 특정인에게 특권, 즉 왕권신수설을 부여하는 논리를 펴 그들을 막강한 제왕으로 만들었다. 이것은 절대주의를 가져왔으며, 혼란한 시대에, 지식인이 예상하였던 것처럼, 사회는 안정과 번영의 시대로 발전하였다. 문화일반은 프랑스 고전주의를 대표로 하는 아름답고 우아하면서도 세련된 형식으로 나타나, 사람들은 고대 그리스인보다 우월하다고 믿게 되었다. 그러나 모든 자유는 유보되었으며 왕을 비

---

5 Thmas Molnar, Kampf und Untergang der Intellektuellen. Aus dem Amerikanischen v. Margaret Carvoux. Titel der Originalausgabe: The Decline of the Intellectual, München 1966, 13이하 참조.

6 마카아벨리, 『군주론』, 임영방 옮김, 세계의 대사상 3권, 휘문출판사, 1976, 83.

7 춘추전국 시대의 공자나 맹자도 실은 같은 뜻으로 해석할 수 있다. 다만 동양에서는 선과 인을 앞세워 사회 안정을 바랐고 서양에서는 징계로 위협하면서 안정을 바랐을 뿐이다. 시대가 아직 이르다고 하겠지만 공맹 사상이야말로 비민주적이 아닌가. 복종을 미덕으로 한 도덕기준을 마련한 것은 혼란을 피하기 위함이었다.

판하는 모든 언로는 봉쇄되었다. 제후들을 비판하면 재판 없이 처형당하거나 아무도 모르게 몇 년이고 지하 감방에서 고초를 겪으며 죽어가야 했다.

발전과 풍요로운 사회로 변환되기는 하였으나, 절대주의 통치 하에서 지식인은 속으로는 무엇이 옳고 그른가를 알고 있고, 정의가 무엇인지 알고 있다고 하여도 그것을 밖으로 드러내서는 안 되었다. 정의는 마음속 깊이 간직하고 결코 드러내서는 안 되는 사회가 계속되었다. 제후들이 도덕과 정치를 분리하였듯이 이제는 일반민중뿐만 아니라 지식인도 내면과 외면을 분리하고 살아야만 살아남을 수 있었다.[8] "군주에 복종하는 사람만이 살아남는다. 복종하지 않는 자는 처형된다. 그러나 죄는 처형당한 자에게 있다. 신하는 살아남기 위해서 그의 양심을 숨겨야만 한다."[9] 절대주의에는 왕 한 사람만을 위한 법과 규칙이 있을 뿐이었다. 그 누구도 그에게 정의로운 말은 할 수 없었다. 절대 권력은 절대적인 막강한 힘을 바탕으로 성립한 것이기 때문에 아무도 그 힘에 맞설 수 없었다. 왕은 태양과 같은 유일무이한 절대자였다. 대표적인 말이 루이 14세의 "짐은 태양"이라는 것이다.

25세의 청년 쉴러는 프랑스 혁명이 발발하기 5년 전인 1784년 6월 26일 만하임에서 프랑스 아카데미를 모방하여 만든 '만하임 독일학회'에서 아주 중요한 연설을 한다.[10] 제목을 「도덕적 기관으로서의 무대」라고 붙인 이 연설문은 아무도 말할 수 없었던 이 시대의 주목할 만한 다큐먼트에 속한다.

세상법의 재판권 영역이 끝나는 곳에서 무대에서의 재판은 시작됩니다. 정의가

---

8 Vgl. "Das Gewissen und die Erfordernisse der Situation lassen sich nicht mehr vereinen. Man müsse deshalb [...] säuberlich scheiden zwischen Innen und Außen. Der Kluge ziehe sich in die Geheimkammern seines Herzens zurück, dort bleibe er sein eigener Richter, die äußeren Taten seien dem Urteil und Gericht des Herrschers zu unterwerfen. Nie dürfte die Stimme des Gewissens nach außen dringen." Reinhart Koselleck, Kritik und Krise. Ein Beitrag zur Pathogenese der bürgerlichen Welt, Freiburg/München 1969(zweite Auflage), 15. 밑줄 필자.

9 바로 위의 책, 같은 쪽.

10 이 학회 회원은 Klopstock, Lessing, Wieland, Brüder Dalberg 등 독일 저명인사들이었다. 쉴러의 강연 원제는 Was kann eine gute stehende Schuabühne eigentlich bewirken?이었으나 그는 1802년 위의 제목으로 변경하였으며 흔히 변경된 제목을 많이 사용하고 있다. 두 종류의 제목 모두 강연자의 숨겨진 뜻을 잘 나타내고 있다.

> 황금에 눈멀고 악덕이 뇌물을 탐할 때, 또한 권력자의 불법이 정의의 무능함을 비웃고, 인간에 대한 공포가 당국의 팔을 묶어 놓을 때, 검과 저울을 손에 들고 무서운 법정이 되어 그러한 악덕을 단죄합니다.
> Die Gerichtbarkeit der Bühne fängt an, wo das Gebiet der weltlichen Gesetz sich endigt. Wenn die Gerechtigkeit für Gold verblendet und im Solde der Laster schwelgt, wenn die Frevel der Mächtigen ihrer Ohnmacht spotten und Menschenfurcht den Arm der Obrigkeit bindet, übernimmt die Schaubühne Schwert und Waage und reißt die Laster vor einen schrecklichen Richterstuhl.[11]

이 연설문에는 아주 현명한, 그러나 비판할 수 없는 제후에 대한 강력한 비판이 교묘하게 숨어있다.[12] 18세기 서양 지식인이 강력한 힘을 소유한 군주들에게 대항하기 위해서는, 군주들의 힘이 미치지 못하는 곳에서 간접적인 방법을 쓰는 수밖에 없었다. 마치 엄격한 유신시대에 학생들이 봉산탈을 쓰고 유신을 비판하였듯이, 혹은 대학 강의실이라는 제한된 구역에서 교수들이 '학문'이라는 이름으로 독재를 비판하였듯이, 유럽의 지성인들은 '학자공화국'내에서 대항하였던 것이다. 이 제한된 구역중의 한 곳이, 더욱이 가장 강력한 효과를 얻을 수 있었던 곳, 세상법인 군주들의 법이 미치지 못하는 곳이 바로 '연극무대'였다. 쉴러는 이것을 간과하지 않았다.[13] 그는 이곳이야말로 그의 성소이고, 정의가 힘을 얻고 불의를 벌하는 곳이며, 도덕과 정치가 일치하지 않는 군주들을 재판하는 곳이라고 판단하였다. 그는 무대를, 유일하게 '보안법'을 벗어나 무대 밖에서의 수많은 정치적 모순을 드러내 보일 수 있는 치외법권의 지역으로, 모랄과 정치가 일치하는 곳으로 삼았다. 지식인은 이곳을 겉과 안이 분리되어 있는 곳이 아닌, 정의를 말하고, 악을 벌하는 곳으로 이용하려 하였다. 정의를 위하여 난파하는 주인공을 등장시켜, 모든 일반 대중이 안으로는 침묵하지만 밖으로 향하고 싶어 하는 '임금님 귀는 당나귀 귀'라는 폭로의 소망을 연극이라는 '사실적인 모방 사회'를 통하여 폭로하며 카타르시스를 얻도록 하였

---

11 Friedrich Schiller, Sämtilche Werke, hrsg.v.Gerhard Fricke und Herbert Stubenrauch, München 1965f, Bd.5, S. 823. 강조는 필자의 것임. (이하 쉴러의 작품집은 SW,로, 권수는 로마자로, 아라비아 숫자는 쪽수를 말함.)

12 쉴러의 연극을 통한 사회비판과 그 역할은 Koselleck, 앞에 나온 책 85이하 참조.

13 18세기의 극장의 사회적 기능과 역할은 Jürgen Habermas, Struturwandel der Öffentlickeit, Neuwied und Berlin 1971(5. Auflage)를 참조.

다. 이것은 관객에게 단순히 카타르시스만 느끼게 하는 것이 아니라, 도래할 세계, 갖고 싶은 소망의 세계를 머릿속에 그리도록 하였을 뿐만 아니라 암암리에 그것에 대한 실천을 공개적으로 – 그러나 현행법상으로는 처벌 불가능한 – 무대 위에서 선각자들이 외치도록 하였다. 그의 무대 위 재판석은 정치비판을 하는 곳이며, 무대 위에서 엄격한 도덕률을 기준으로 벌어지는 정치영역은 현실의 정치영역을 심판하는 자리가 된 것이다. 비록 극장 밖의 현실세계가 "권력자의 악에 의해서 정의가 웃음거리가 되고 있을지라도", 무대 위에서는 정의가 실현되는 것을 이상으로 삼도록 비판하며 부덕한 제후들을 심판하려 하였다.[14]

이미 어렸을 때부터 군주로부터 '금지'와 '구류'를 경험하고, 결국에는 '고향을 버리고' '탈주병'으로서 혹독한 겨울에 여름옷을 입고 '외국'을 전전하던 그에게 군주는 시대적 타도의 요청이었을 뿐만 아니라 개인적으로도 적대 인물이었다. 그가 행한 연설 내용은 결코 무대 위에서만 말해진, 혹은 당시 흔히 사용하였던 '미적'으로 좋은 "효과"를 내려고 한 것만은 아니었다. 그는 세상법을 개선 혹은 개혁하기 위하여 무대에서의 "효과"를 이용하려고 하였던 것이다.

그는 이 점을 숨기지 않았다. 같은 연설문에서 "정의가 벌주지 못하고 그대로 버려둔 많은 악덕을 무대가 벌하는 것입니다. 정의가 침묵하고 있는 무수한 덕을 무대가 칭송하는 것입니다. 여기 이 무대는 지혜와 종교를 따르는 것입니다. 이와 같은 순수한 근원에 바탕을 둔 무대가 그 기준을 만들어서 엄격한 의무에 매혹적인 의상을 입히는 것입니다."[15] 여기서 그가 말하고 싶었으나 말하지 못한 것은, 종교도 이미 그 사명을 다하지 못하고 있어 무대가 그 일을 대신한다고 하는 것은 아니었을까. "훌륭한 연극무대가 국민정신에 끼치는 큰 영향을 간과할 수 없으므로"[16] 그는 숨기지 않고 연극무대로부터 어떤 효과를 현실

---

14 이런 면에서 쉴러의 유일한 선배는 레싱이다. 그는 『에밀리아 갈로티』에서 자신의 딸을 범한 군주를 재판장에서 기다리겠다고 한다.

15 "Tausend Laster, die jene ungestraft duldet, straft sie, tausend Tugenden, wovon jeden schweigt, werden von der Bühne empfohlen. Hier begleitet sie die Weisheit und Religion. Aus dieser reinen Quellen schöpft sie ihre Lehren und Muster und kleidet die strenge Pflicht in ein reizendes, lockendes Gewand." SW, V, 위의 책, 824. 여기서 설명할 것은 아니나 그가 "그 기준을 만들어서 엄격한 의무를 매혹적인 의상으로 감싼다"는 의미는 후에 《미적 서한》에서 보이는 것이다.

무대로 옮기겠다는 의중을 다음과 같이 말한다. "연극무대야말로 지혜의 빛이 사색적이고 보다 나은 일부 국민[작가 혹은 예술가]에게서 흘러나와 거기서 부드러운 광선이 되어 국가 전체로 퍼져 나가는 공통의 운하입니다. 올바른 개념, 순화된 원리, 순수한 감정이 무대에서 흘러나와 국민의 모든 혈관을 통과하면, 야만의 안개와 미신의 안개가 사라지고 밤은 승리하는 빛에게 자리를 양보할 것입니다."[17]

여기서 사용한 '야만의 안개'와 '미신의 안개'는 전형적인 계몽주의 시대의 용어이다. 당시 지식인으로서 타개해야할 '정치의 야만'과 '종교의 야만'이라고 볼 수 있다. 쉴러는 '야만'이란 단어를 정치적인 것과 연결하여 사용하는 때가 많았으며, 특히 『인간의 미적 교육에 관한 서한』 중 유명한 아홉 번째 서한에서 당시 국가를 통치하고 있던 법을 '야만적 국법(혹은 국가체계)'이라고 부르면서, "모든 정치적인 것의 개선은 (인간의) 성격을 고매하게 하는 것에서 출발해야 합니다. 그러나 어떻게 야만적 국법의 영향 하에서 성격을 고매하게 할 수 있겠습니까?"[18]하고 말하고 있다. 그는 그 도구로서, 국가가 범할 수 없고 "입법자도 범할 수 없다"고 믿고 있는 "예술"[19]을 택한 것이다. 만하임에서의 강연 후 10년 만에 쓴 미적 교육에 관한 서한에서도, 예술로 현실 정치를 개선하겠다는 의지는 변함이 없다. 이제 그의 연극무대는 예술로 정치 현실을 타개하는 현실 비판의 무대가 된 것이다.

현실세계에서 분열된 '도덕과 정치'를 '도덕적 무대'를 통하여 일치시키고, 또 비판하는 것이 쉴러의 숨겨진 의도였다. 그는 현실을 심판하는 "정치 비

---

16 "Unmöglich kann ich hier den großen Einfluß übergehen, den eine gute stehende Bühne auf den Geist der Nation haben würde" SW, V, 829-30.

17 "Die Schaubühne ist der gemeinschaftliche Kanal, in welchen von dem denkenden bessern Teile des Volkes das Licht der Weisheitherunterströmt und von da aus in milderen Strahlen durch den ganzen Staat sich verbreitet. Richtigere Begriffen, geläutterte Grunsätze, reinere Gefühle fließen von hier durch alle Andern des Volkes, der Nebel der Barbarei, des finstern Aberglaubens verschwindet, die Nacht weicht dem siegenden Licht." SW, V, 828. 여기서 사용한 '야만과 미신의 안개'는 전형적인 계몽주의 용어이다. 쉴러는 '야만, 야만적'이란 말에 '야만적 상황, 야만적 국법'이란 단어와 함께 사용하는 경우가 많다. 예: barbarische Staatverfasssung, 『미적 서한』의 유명한 제 9번째 편지, SW, V, 592 참조.

18 제 9번째 편지, SW,V, 592.

19 바로 위의 책, 593.

판"[20]을 통해 높은 보좌에서 군주를 끌어내리려는 역할을 했던, 계몽주의 시대 유럽 지성사에서 찾아볼 수 있는 몇 안 되는 인물 중 한 사람이었다. 그러기에 그를 유럽 지성사에서는 "정치적 메시아"[21]라고 자리매김하고 있는 것이다.

Ⅲ. 서양 희곡사의 측면으로 본 쉴러의 위상

드라마는 다른 문학 장르와는 달리 대화와 행동으로 표현되는 작품이다. 소설의 발달에서 이미 보여주고 있듯이, 소설의 특성이 인간의 개인적 경험의 진실을 묘사하는데 있다면,[22] 이와는 반대로 드라마는 "사회적 작품"[23]으로서 사회를 배경으로 인간의 본질을 묘사한다. 등장인물들의 긴장 관계를 관객(독자)에게 드러내어 보이는 '작은 사회'를 그리는 것이 드라마의 특성이다. 소설이 인간의 존재론을 표현하는 장르라면, 드라마는 사회 속 인간, 즉 갈등구조를 내포하고 있는, 인간의 당위성을 표현하고 있는 장르다. 그러므로 드라마는 그 안에 들어있는 등장인물들의 행동을 통해 만들어내는 그들 간의 힘의 역학관계, 즉 크고 작은 사회의 문제를 우리에게 던져 주려는 것이다. 따라서 훌륭한 드라마 속에는 개인의 문제보다 사회적인 문제가 들어 있으며, 나아가 개인적 갈등보다는 사회적 갈등이 들어 있다. 비록 개인의 문제를 취급하고 있다 해도 도덕성의 문제를 보여주기 위함이 대부분이다.

무대 위에 극작가가 만들어 놓은 현실적이고 사실적인 가상사회는 어떤 형태의 사회이든 현실 문제를 다루고 있다. 그 문제 뒤에는 우리가 지향할 이상적 방향이 제시된다. 비록 극작가가 이상세계를 제시하고 있지 않았다고 하여도 관객은 연극을 보는 동안에 이상세계를 마음 속에 그리게 마련이다. 그러므로 연극은 극히 현실적인 문제를 다루면서도 이상적인 세계를 표현하고자 하는 것이다. 무대 위에서 일어나고 있는 사회의 현실적인 모방 행동은 우리가

---

20 Koselleck, 위의 책, 84.

21 "politischer Messias", Gert Ueding, Schiller, München 1990, 31.

22 Iwan Watt, Der bürgerliche Roman. Aufstieg einer Gattung. Defoe-Richardson-Filedling. (Titel der Originalausgabe The Rise of Novel, büersetzt. von Kurt Wölfel, Frankfurt/M. 1974. 제1, 2장 참조.

23 Emil Staiger, Grundbegriffe der Poetik, München 1971, 102.

갖고 싶어 하는 이상적 사회가 되든가 혹은 이상적 사회를 머리 속에 그리게 되는 것이다. 서양 드라마에 등장하는 주인공이 무엇과 대결하다 난파하였는가를 통시적으로 관찰한다면 서양인의 의식 변화 혹은 서양인의 문제사를 알 수 있다. 주인공이 대결하고 있는 문제점은 그때그때의 역사적 현실의 문제점이기 때문이다.

쉴러가 우리에게 제시한 드라마에서 그의 주인공이 대결하다 난파 혹은 승리한 것은 무엇을 위한 것이었으며, 어떤 메시지를 우리에게 주려고 한 것인가를 살펴 보면, 그의 주인공이 서양 드라마 역사에서 어떤 위치에 있는가를 알 수 있을 것이다. 그러나 제한된 지면관계로 그의 모든 드라마를 논의할 수 없어 여기서는 『빌헬름 텔』만을 주로 언급할 예정이다.[24] 그는 작품을 쓰는 목적을 '관객'만을 위한 것이라고 말하고 있다.

> 이제부터 관객[일반대중]이 나의 전부이며, 나의 연구이고, 나의 군주이며, 나의 신뢰자입니다. 나는 지금부터 관객에게만 속합니다. 대중의 재판석 이외에 어떤 재판석에도 나는 서지 않을 것입니다.
> Das Publikum ist mir jetzt alles, mein Studium, mein Souverain, mein Vertrauter. Ihm allein gehör ich jetzt an. Vor diesem und keinem andern Tribunal werde ich mich stellen.[25]

쉴러가 '관객'만을 위하여 작품을 쓰려고 결심한 이유와 조국을 등진 이유는 '망원경'을 통하여 멀리 보았던 자유를 찾기 위해서였다. 즉, 당시의 억압된 현실, 군주제라는 비합리적인 폭정, 자신을 속박하고 있는 것들에서 벗어나기 위하여, 탈영병으로서 불확실한 미래에도 불구하고 자유에 대해 자유롭게 쓰기 위하여, 자유를 위한 투쟁을 세상에 공포하기 위해서였던 것이다.

『빌헬름 텔』은 쉴러의 마지막 작품으로서 그의 숨겨진 의도가 가장 잘 나타나 있는 작품이다. 무대가 열리면서 시작하는 무대 장면의 설정이 이미 상징적이다. "슈비쯔의 푸른 목장에 밝은 햇빛이 비치"[26]고 있는 광경을 그려놓고, 자

---

24 쉴러는 『빌헬름 텔』에서만 자유에 관하여 쓴 것은 아니다. 그리스 비극형식을 모방한 『메시나의 신부』 이외에 그의 모든 작품이 자유를 위한, 자유에 관한 드라마이다.

25 Schiller, Ankädigung der Rheinischen Thalia, SW, V, 856.

연 가운데 사는 어부와 목동들이 평화롭게 노래[27]를 부르게 하여, 목가적이며 전원적인 풍경을 잘 나타내고 있다.[28] 관객들로 하여금 자연 그대로의 인간 생활에는 평화가 깃들어 있다는 것을 보여주면서, 자연의 아름다움과 인간 세계와의 조화를 나타내려고 하였다. 그러나 폭력을 행하는 총독의 도구인 기사들, 자연과는 반대 개념인 궁정인의 등장을[29] 쉴러는 역시 자연의 변화로 설명하여 상징화시켰다. "멀리 산 위에서 둔탁한 굉음이 들리고 검은 구름이 무대를 덮는다."[30] 무대 지시문으로 앞날의 갈등을 암시하고 있다. 이들의 등장과 함께 풍경이 변하는 것이다. 날씨의 변화뿐만 아니라 목동의 천진스런 노래 속에서도, 푸르고 융성한 여름이 가고 변화 많고 어려운 시련이 다가오고 있다는 것이 암시된다. "잘 있거라 푸른 목장이여!/ 양지바른 초원이여!/ 목동은 이제 떠나야만 하니/ 여름도 이젠 가버리네."[31] 노드롭 프라이가 말하는 대자연의 계절의 순환으로, 다가오는 가을과 겨울의 이미지를 알 수 있다. 즉 고난, 죽음의 이미지이다.[32] 장면 설정의 "근본적인 특징은 극적 사건을 위하여, 자연의 모습이 변화하는 무대장면"[33]으로 되어 있다는 점이다.

드라마의 무대가 알프스 지방이어서 목가적인 효과를 낼 수도 있었겠지만, 스위스 주민들의 생계 수단이 되고 있는, 따라서 드라마에 등장하는 주인공들의 직업인 목동, 사냥꾼, 어부 등의 생계수단은 이동성이 가능한 것으로, 농업을 하여 한 장소에 뿌리박고 살고 있는 사람보다 더 자유롭다고 볼 수 있다. 그

---

26 "Über dem See hinweg sieht man die grünen Matten, Dörfer und Höfe von Schwyz im hellen Sonnenschein liegen" SW, II, 917.

27 SW, II, 917.

28 이 장면의 상징을 롯시니의 「빌헬름 텔 서곡」은 음악으로 잘 표현하고 있다. 서곡의 처음에는 목가적으로, 끝 부분에서는 폭풍우가 몰아치는 기후로 그 분위기를 나타내고 있다.

29 Kim Sung-Ock, Die Fürstenkonfrontation im deutschen Drama vom Barock bis Schiller. Eine historische Untersuchung zu Akt III, Szene 4 von Schillers 'Maria Stuart'. Diss. Erlangen 1976, 109f. 참조

30 "Die Landschaft verändert sich, man hört ein dumpfes Krachen von den Bergen, Schatten von Wolken laufen über die Gegend." SW, II, 918.

31 "Ihr Matten lebt wohl! / Ihr sonnigen Weiden! / Der Senne muß scheiden,/ Der Sommer ist hin." SW, II, 917.

32 Northrop Frye, 『비평의 해부』, 임철규 역, 한길사, 1982, 288f.

33 Peter André Alt, Schiller, Bd. II, 위의 책, 565.

들은 자연 그대로 생활하는 자연인이다.

『빌헬름 텔』은 자연이 부여한 권리를 물리적으로 박탈당하고 자유를 억압당할 때 그것을 찾는 자연법적인 권리이행의 과정이라고 볼 수 있다. 그러기에 『빌헬름 텔』에 대한 논문에서 가장 많이 거론되고 있는 것은 "자연법, 자연적 이성, 자연종교, 자연스런 사회"[34]이다. 이 드라마에서 자연은 "인간 세계와 분리되어 있지 않고, 오히려 무대 위에서 자꾸 되풀이 되어 함께 공연하는 자연으로서, 자유이념의 비유로 나타난다."[35] 심지어 쉴러는 이 자연과 자연법의 일치를 다음과 같이 우회적으로 묘사하고 있다. 뤼틀리 서약[36]에 모인 사람들에게 길조를 예고하는 듯한 이 자연현상은[37] "민족대표"[38]에게 밝은 전망을 보여준다. 레딩이 대표로 선출되었을 때도 자연, 즉 하늘의 은하수를 걸고 맹세한다. "마침 성경이 없으니, 제가 옳은 것에서 결코 멀어지지 않겠다고 영원한 별들을 걸어 맹세하겠습니다."[39] 즉 자연이 성경보다 우세한 것이다. 여기서 '마침 성경이 없으니'하였지만, 자연인들은 자연으로부터 주어진 자유를 다시 찾기 위하여 자연(별)에게 맹세하는 것이다. 이들의 선서와 요구는 삼라만상의 질서 가운데 존재하는 자연권, 자연법의 정당한 권리를 찾으려는 것이라고 할 수 있다.[40]

쉴러는 이 작품에서 여러 가지 메시지를 주고 있기는 하나, 무엇보다 중요하고 또한 연구자마다 서로 다른 해석이 계속되어 확정된 이론이 없는 부분은 텔의 참여과정이다. 어떤 해설은 텔이 뤼틀리 서약에 참석하지 않은 것을 "힘은 강하나 머리는 둔한 속물"[41]이라 하기도 하고, 혹은 그는 "개인적이고 고독한

---

34 Gerhard Kaiser, Idyle und Revolution. Schillers 'Wilhelm Tell,', in: Deutsche Literatur und Französische Revolution, Sieben Studien von Kurt Wölfel(u.a), Göttingen 1974, 87-128, hier 116.

35 Benno von Wiese, Friedrich Schiller, Stuttgart 1963(3. Auflage), 1963.

36 P. A. Alt는 뤼틀리 서약 모임을 인간의 자연(법)적인 자유사상에서부터 온 저항이라고 한다. Alte, II 위의 책 576.

37 SW, II, 949.

38 SW, II, 954.

39 "Ich kann die Hand nicht auf die Bücher legen,/ So schwör ich droben bei den ewgen Sternen,/ Daß ich mich nimmer will vom Recht entfernen." SW, II, 955.

40 SW, II, 956ff. 참고.

41 Zitat nach Helmut Koopmann, Friedrich Schiller II, Stuttgart 1966, 78.

사람으로, 국가의 안녕보다는 개인적 법칙만을 특히 의식할"[42]뿐이라고 하는가 하면, 특히 진보주의자들은 그를 영웅으로 칭송하면서도 민중과 함께 행동하지 않았다고 비난한다.[43] 괴테도 텔은 "현실적 인물이지 이상적 인물은 아니다"[44]고 말하고 있다.

작품의 처음부터 주인공 텔은 정치적 사건과 멀어져야겠다는 의식을 지니고 있음을 볼 수 있다. 그는 쉬타우퍼가 뤼틀리 서약모임 참석을 권하였을 때, "지금 유일한 행동은 인내와 침묵뿐"[45]이라고 말하면서 한걸음 더 나아가, "누구나 조용히 집에 있어야지, 평화는 평화로운 사람만이 갖게 되오. 뱀은 건드리지 않으면 물지 않소"[46]하고 말한다. 하지만 무대지시문에서 "각각 반대방향으로 퇴장한다"[47]라고 지시하고 있음을 통해 이것은 쉴러의 의도적인 대답이었음을 알 수 있다.

텔의 소극적인 정치참여가 적극적인 참여로 변화하는 과정을 살피고, 작가가 진정 의도하였던 바가 무엇이었는가를 안다면 그의 정치적 견해를 알 수 있을 것이다. 우선 텔이 비겁한 사람이 아닌 것은 확실하다. 텔이 무대에 처음으로 등장할 때의 첫마디가 "도움을 청하고 있는 이가 누구요?"[48]하고 말하는 것도 의미 있는 일이다. 그가 바움가르텐을 구하기 위하여 사공도 거부하는 뱃길을 감행하는 것이 그의 용감성을 증명한다. 그는 괴테의 말처럼 너무나 겸허하여 "어린아이 같은, 스스로 의식하지 못하는 영웅적 인물"[49]이다. 그는 힘과 의지가 강하였기 때문에 용기 있는 사람들이 흔히 보이듯 무엇이든 혼자 하려고 한다. 집단적인 행동에 참가하지 않으려는 것이다. 그것은 그가 사냥꾼이기 때문에 언제나 개체 대 개체와의 싸움만을 경험하였기 때문일지도 모른다. 텔은 정치가 자기와 먼 곳에 있기를 바란다. 그리고 정치는 자기와 아무런 관련이 없다고 생각한다. 이 점이 진보주의적 해설가들의 비난의 대상인 것이다.

---

42 상동.
43 G. Kaiser, 위의 책 121, Anm. 27.
44 Eckermann, Gespräch mit Goethe, 16. März 1831.
45 "Die einzge Tat ist jetzt Geduld und Schweigen." SW, II, 931.
46 "Die Schlange sticht nicht ungereizt." 상동.
47 SW, II, 932.
48 Ebenda, "Wer ist der Mann, der hier um Hülfe fleht?" SW, II, 921.
49 Zitat nach H. Koopmann, a,a,O., 82.

그러나 여기에 숨겨진 의미가 있다. 텔이 폭군을 제거하게 되는 동기는 그에게 마치 우연처럼 일어난 - 그러나 어느 때이건 필연적으로 다가오고야 말 - 사건으로, 자기 아들의 생명을 스스로 겨누어야 할 반자연의 횡포를 경험한 후 방관자의 입장에서 국민을 구하는 선봉장의 역할로 바뀐다. 그는 "평화는 평화스런 사람만이 갖게 된다. [...] 뱀은 밟지 않으면 물지 않는다"고 말해왔지만, 바움가르텐도 멜히탈도 평화스럽게 살던 사람이었고, 그들은 뱀을 밟은 적이 없어도 물린 것이다. 나쁜 정치는 자연보다 더 공격적이어서 텔이 생각하고 있듯이 객관적 존재로서만 머무를 수는 없는 것이다.

'사과' 사건으로 체포된 그가 배를 난파시킨 후 탈출하여, 고개 마루에서 게슬러를 쏘려고 기다리며 하는 독백은 의미심장한 것이다. 다른 사람들이 무관심하게 지나는 것을 보며, "모두가 서로 모르는 척 지나면서. 다른 사람의 고통 따위는 모르는 척 하는구나"[50]하고 말한다. 이것은 그가 바로 전에 바움가르텐과 멜히탈에게 참여의 무위성을 말하였던 태도와 동일한 것이다. 그가 객관적 태도를 취했던 '나'의 조금 전의 허상을, 지나가는 사람을 통하여 본다. 여기에 바로 쉴러의 숨겨진 뜻이 있다. 텔을 현실 정치와 먼 자연인으로 등장시켜, 정치는 우리와 멀리 있고 우리는 그저 법만 지키면서 살면 된다는 텔의 - 또한 순진한 일반 민중의 - 생각이 잘못된 것이라는 점을 일깨우려는 것이 작가 쉴러의 의도였다. 정치는 우리 곁에 있는 것이며 함께 살고 있는 것이다. 보통 일반인은 가혹한 정치는 그 무서운 채찍이 '나'에게 내려지기 전까지는 '나'와 무관하다고 생각하나, 어느 날 갑자기 도둑처럼 다가와 체험하게 된다. 바움가르텐이 그렇고 멜히탈이 그렇다. 그들이 폭정의 희생물이 되었어도 텔은 객관적 방관자에 머무를 수 있었다. 폭정이란 국민 일반에게 추상적으로 비치는 것이 아니라, 개개인에게 실체적으로 작용한다는 것을 그는 - 따라서 일반 민중, 혹은 당시나 지금의 일부 관객은 - 모르는 것이다. 악을 알되 추상적 지식에만 머무르는 것이다. 아직 '나'에게 다가오지 않았기 때문이다.

서양 극작가 가운데 가장 훌륭한 작품을 썼으며 쉴러의 모범이었던[51] 셰익

50 "Jeder treibt/ Sich an dem andern rasch und fremd vorüber/ Und fragt nicht nach seinem Schmerz" II, 1005.

51 쉴러는 그의 모든 작품을 쓸 때마다 셰익스피어의 작품을 옆에 놓고 썼다. 어떤 곳은 거의 비슷한 문구조차 있다. 그러나 사상에서는 다르다. 쉴러와 셰익스피어와 비교는

스피어는 자연 그대로를 묘사하였을 뿐 어떤 도덕적 가치를 주장하지는 않았다. 쉴러와 셰익스피어 작품의 차이는 서로 간에 시대적 차이에서 오는 것만이 아닌, 크나큰 역사적 사건에도 기인한다는 사실을 도외시할 수 없다. 셰익스피어는 계몽주의와 프랑스 혁명을 경험하지 못하였던 것이다.

쉴러 스스로도 "텔은 작품에서 거의 혼자다. 그의 사건은 개인적 사건이며 그것은 작품 끝에서 공적인 사건과 결합될 때까지 사적으로 머문다"[52]고 말한다. 고도로 정치화된 현대인들조차 정치의 폐해를 한편으로는 말하면서도, 또 한편으로는 그 개선에 무관한 듯 살고 있다. 쉴러의 의도는 정치적 악은 결코 '나'와 무관한 객관적 사실로만 머무를 수 없다는 것이며, 정치에 무관심한 인물인 텔이 게슬러를 제거하기까지의 필연성과 그 과정을 관객에게 전하고 싶었던 것이다.

쉴러가 우리에게 『빌헬름 텔』에서 시사하는 것은 '정치와 개인'에 대한 메시지로 끝나는 것이 아니다. 텔이 게슬러를 쏘고나서 제일 먼저 외친 말은 "우리들의 집은 이제 자유가 되었다"[53]이다. 쉴러는 그의 초기 작품부터 마지막 작품까지 가부장적인 질서를 강조하고 있다. 늙은 아팅하우젠이 임종할 때 텔의 아들에게 축복하는 장면은 가부장제의 전형이라고 할 수 있는 대목으로서, 구약성경에서 이삭이 야곱에게 내리는 축복과 너무나 흡사하다. 그러나 이 장면에서는 귀족이 지배하는 가부장적 시대가 지나고 시민 사회가 올 것을 예견하고 있다. 그의 축복을 귀족인 조카 루덴츠가 받지 않고 평민 소년 발터에게 베풀어지는 것은 의미 있는 일이다. 가부장제도하의 가정의 평화를 위하여 봉기하는 동안에 연극의 흐름은 가부장제가 아니라 차차 시민사회로 이행하게 된다. 게슬러를 물리친 주체는 귀족들이 아니라 시민들이며 텔이다.

아팅하우젠이 죽음을 앞두고 했던 말은 이러한 미래를 예언하고 있다. "제후와 귀족들이 무장을 하고 몰려와 죄 없는 유목민을 공격하면 피비린내 나는 전쟁이 될 것이며 [...] 민중은 [...] 진격하여 적을 쓰러뜨리고, 귀족의 영화는 종말을 고할 것이며, 자유의 깃발을 높이 들게 될 것이다. 단결하라. 단결하라, 단결

김승옥: 윌리엄 셰익스피어가 프리드리히 쉴러에게 미친 영향, 비교문학 31집(2003), 5-26쪽.

52 [Schiller], Dichter. Über ihre Dichtungen, Bd.3/II, hrsg. v. Bodo Locke, München 1970, 503.

53 "Frei sind die Hütten!" SW, II, 1011.

하라"[54] 아팅하우젠은 이 새로운 시대를 이끌어 갈 평민 소년 발터를 다음 세대의 합법적인 민중의 지도자로 예견한 것이다. 쉴러는 그의 시대를 계급사회에서 평등사회로 이행시키고자 하는 메시지를 우리에게 주는 것이다. 이 평등사회는 연극의 대미에서 이미 실현된다. 귀족인 베르타는 스위스 평민으로 돌아가 자기 보호를 평민에게 맡긴다. "여러분, 동지 여러분, 저도 여러분이 맹서한 동지로 받아 주십시오. 저도 자유천지에서 보호받고 있는 가장 행복한 여자입니다. 저를 국민의 한 사람으로 받아주시렵니까?"[55]

드라마에서 마지막 대사가 어떤 내용을 담고 있고, 그것을 누가 말하는 가는 대단히 중요하다. 이 작품에서는 귀족인 루덴쯔가 "하인 전부를 해방시키겠다"[56]는 말을 하면서 막이 내린다. 여기에서 루덴쯔는 오랜 억압의 역사 속에서 살았던 마지막 귀족인 것이다. 평등정신을 표방하는 민주적 체제에서는 민중이 주인이라는 메시지가 바로 여기에 들어있는 것이다. 무대 위에서 현현顯現된 이러한 쉴러의 자유 이념이 서양 드라마사에서 그의 위상을 굳히고 있는 것이다.[57]

> 저는 군주를 섬기지 않는 세계 시민으로서 쓰겠습니다. 일찍이 저는 자연의 기구한 오해로, 멀리 망원경으로만 보았던 위대한 세계와의 교환을 위해 조국을 잃었습니다.
> Ich schreibe als Weltbürger, der keinem Fürsten dient. Frühe verlor ich mein Vaterland, um es gegen die große Welt auszutauschen, die ich nur eben durch die Fernröhre kannte.[58]

---

54 "Die Fürsten sehe ich und die edeln Herrn/ In Harnischen herangezogen kommen,/ Ein harmlos Volk von Hirten zu bekriegen./ Auf Tod und Leben wird gekämpft, und herrlich/ Wird mancher Paß durch blutige Entscheidung./ Der Landmann stürzt sich mit der nackten Brust,/ Ein freies Opfer, in die Schar der Lanzen,/ Er bricht sie, und des Adels Blüte fällt,/ Es hebt die Freiheit siegend ihre Fahne.[...] Seid einig – einig – einig –" SW, II, 999.

55 "Landleute! Eidgenossen! Nehmt mich auf / In euern Bund,, die erste Glückliche,/ Die Schutz gefunden in der Freiheit Land." SW, II, 1029.

56 "Und frei erklär ich alle meine Knechte." SW, II, 1029.

57 드라마가 공연된 지 약 50년 후, 1848년 혁명 실패 후 『빌헬름 텔』은 "지식인과 예술가에게 신비스럽게 경외하는 숭앙의 대상이 되었다". P, A. Alt, II, 위의 책, 565.

58 SW, II, 855.

그는 진정 서양 드라마 역사상 자유를 위하여 글을 쓴 작가로서, 자유를 위하여 자신의 모든 것을 희생한 작가로서 서양 드라마사에 한 획을 긋고 있는 것이다.

Ⅳ. 결론

모든 예술가는 자유를 동경하며, 자유를 위하여, 자유를 표현하기 위하여, 자유를 이 세상에 실현하려는 꿈을 현실화하기 위하여 작업한다. 거의 모든 18세기의 사상가와 시인들은 당시의 억압된 현실을 타개하기 위하여, 엄격한 검열을 피하여 교묘한 언어를 사용하며 행간을 통하여 혹은 무대 위의 가상의 세계를 통하여 군주의 횡포를 고발하였다. 당시 지식인들이 어떤 양식의 표현을 사용하였든 결국 그것은 같은 정신의 다른 표현 양식이라고 말할 수 있을 것이다. 헤겔이 자유를 추구하는 철학자였다면, 쉴러는 자유를 지상위에 실현하고자 하는 열망으로 작품을 쓴 작가였다. 많은 작가들이 억압된 현실의 질고를 벗어나려고 하였지만, 쉴러 만큼 자유를 동경하고 자유를 위하여 일생을 바친 작가는 아마 드물 것이다. 또한 현대적인 표현으로 앙가주망 작가이면서도 쉴러만큼 예술을 위한 예술을 생산하여 순수한 예술가로 평가 받는 작가도 드물 것이다. 그가 '순수한 시인'으로서의 작가이자 자유를 위한 투쟁의 작가로 동시에 평가 받을 수 있었던 것은, 그가 자신의 참여 정신을 순수 예술로 형상화시키는 데에 성공했기 때문일 것이다. 일반적으로 어떤 이념이 강하여 그 이념에 충실한 예술품을 생산하려고 하면 문학성이 떨어지고, 순수 예술만 고집하면 사회적 문제를 등한시하면서 순수미만을 추구하게 되는 것이 예술가들의 약점이다. 그러나 쉴러는 두 가지를 모두 완성한 작가이다.

자유가 마음껏 개화한 사회에서 예술은 저널리즘에 빠져 한낱 '여가물'이나 '오락'으로 전락할 수도 있다. 그러나 인간이 쉴러의 생각처럼 '동물적인 것과 이성적인 성격의 양면'을 지니고 있는 한 아마도 '이성국가'는 지상에서 영원히 이루어지지 않을 지도 모른다. 동물적인 탐욕은 권력욕을 낳기 때문이다. 그러므로 어느 시대이든 인간은 지상에 없는 것 Utopia를 찾기 위해 부단한 노력을 할 것이다. 쉴러는 이런 사람 가운데 한 사람이었다. 우리가 갖고 있지 않으나 갖고 싶어 하는 것, 현재는 없으나 미래에는 꼭 갖추고 살아야 할 그 무엇을 평생 추구하였던 작가이다. 평생 가난과 병마에 시달리며 살아야 했던 그는 보다 좋은 미래를 위하여 자신의 몸을 채찍질하며 삶을 불살랐다. 그리고 그가 밝힌 불은 영원히 꺼지지 않을 것이다.

한국희곡문학의 세계문학적 위상

-한국 희곡에는 왜 희극작품의 창작이 어려운가?-

김승옥

한국 희곡문학의 어려움

한국문학은 비록 세계에 널리 알려져 있지는 않았지만 그 문학성은 어느 다른 나라의 문학과 비교한다고 해도 뒤지지 않을 것이다. 그러나 우리가 장르별로 이야기한다면 소설과 시는 훌륭한 작품이 많아도 희곡분야에서는 좋은 작품을 많이 가지고 있지 않다. 한국의 극작가 가운데 손꼽을 수 있는 차범석은 "희곡이 다른 분야의 문학에 비해서 질과 양이 떨어진다"고 하면서 "그 원인 가운데 하나는 희곡이 먼저 문학으로서의 성장할 묘판과 퇴비가 적었다는 점과 그리고 우리가 조상으로부터 물려받은 유산이 너무나 빈약하다"[1]고 말하고 있다.

현재 생산되는 작품의 수를 보아도 시나 소설과 비교하여 본다면 희곡은 아주 미미하다고 볼 수 있다. 문학작품의 생산이 특정한 장르에 왜 극히 적은가, 소설이나 시처럼 좋은 작품이 왜 희곡으로는 드물게 나타나는 것일까를 한국의 작가들과 문학연구가는 생각하여 왔으나 "묘판"과 "퇴비"가 왜 적었던가 하는 이유에 대하여서는 누구도 명확히 밝히고 있지 않다. 필자도 이러한 의문을 오랫동안 갖게 되었으며 서양 비극을 분석하는 가운데 서양인의 특성을 알게 되었으며 자연히 한국적 정서와 한국 희곡과의 관계를, 특히 비극작품과 어떤 관계가 있는가를 분석하는 동안 "한국적 정서"의 특징이 비극에 어떻게 나타

1 차범석, 한국희곡문학약사, 한국문학전집 별책부록 51권, 어문각, 1979, 244쪽.

났는가를 보면서 한국인의 원형을 발견하였으며, 더 나아가 한국문학의 세계문학적 위상을 인식하게된 것이다.

희곡의 장르적 특징

희곡은 다른 문학 장르와는 달리 행동으로 표현되는 작품이다. 소설은 한 인간의 내면세계를 그리는 것을 그 특징으로 한다. 소설의 발달에서 이미 보여주고 있듯이 소설은 인간의 개인적 경험의 진실을 묘사하는데 있다.[2] 이와는 반대로 희곡은 "사회적 작품"[3]으로서 사회를 배경으로 인간의 본질을 묘사한다. 등장인물들의 긴장 관계를 관객(독자)에게 드러내어 보이는 '작은 사회'를 그리는 것이 희곡의 특성이다.[4]

희곡에서 이 모든 것은 무엇보다 "대화"를 통하여 나타나며 대화의 가능성 여부에 희곡의 가능성이 달려있다. 서구 희곡의 최초의 등장이 고대 희랍에서 발생하였다는 것은 결코 우연이 아니다. 그들의 고전적 민주주의는 자유로이 자기의 의견을 말할 수 있었으며 누구나 자기 자신의 주장을 상대방에게 내 보일 수 있었고, 동시에 다른 사람과 논쟁으로 대결할 수 있었기 때문이다.[5] 말을 주고받는다는 것은, 혹은 "토론을 한다는 것은 그 과정에서 옳고 그른 것이 밝혀지며"[6] 토론과정에서 애매성은 없어지게[7] 되는 것이다. 가다머는 대화를 "변

---

2 Iwan Watt, Der bürgerliche Roman. Aufstieg einer Gattung. Defoe – Richadrdson – Fielding (Titel der Oroginalausgabe "The Rise of Novel"), übersezt. von Kurt Wölfel, Frankfurt/M. 1974. 제1, 2장 참조.

3 Emil Staiger, Grundbegriffe der Poetik, München 1971 (dtv 4090), S. 102.

4 독일어로 '말동무가 되다, 말을 나누다'라는 숙어 'Gesellschaft leitsten'은 좋은 예이다. (문자대로의 뜻은 '사회를 이끌다') 이 뜻은 두 사람 이상이 대화하는 것에 이미 사회적 의미를 띄우고 있다고 생각되며 '사회성'을 뜻한다.

5 "Zu hoher Blüte entwickelte sich ja die zweistimmige Beredsamkeit der Hellenen vor Gericht und in der Volksversammlung: ein Zweckdialog (...) Hier wie dort der Erfolg nicht nur von der Wucht der beigebrachten Gründe, sondern auch von der Herrschaft (...) abhängig." Robert Petsch, Wesen und Formen des Dramas. Allgemeine Dramturgie, Halle(Salle) 1945, S. 15.

6 Otto Mann, Geschichte des deutschen Dramas, Stuttgart 31969(Kröners Taschenausgabe 296), S. 6.

화의 과정”이라고 하였으며 또한 “새로운 사상을 싹트게 하는 동기”[8]가 된다고 하였다. 가다머의 말을 빌지 않더라도 옛 성인들이 그들의 사상을 대화로 설파하였던 것을 보아도 대화는 자기의 의사를 가장 잘 나타내는 방법임을 알 수 있다.

서구와는 반대로 동양 사회에서 대화는 큰 가치가 있는 것으로 생각되지 않았다. 비록 문명의 여명기에 공자孔子나 맹자孟子가 그들의 학설을 대화를 통하여 전하려고 하였지만 그들의 교의는 복종을 미덕으로 하는 것에 보다 더 큰 가치를 두었었기 때문에 그들의 대화법도 차츰 자취를 감추고, 제후나 부모, 스승 등 기성 세력에 맹종하는 것을 덕으로 하였기 때문에, 자신의 의견을 숨김없이 드러내기보다는 참고 복종하는 것에 높은 가치를 두었다. 삼강오륜三綱五倫은 그 대표적인 예이다. 말하는 두 사람이 같은 권리를 갖고 행하여야할 진정한 대화는 차츰 사라졌고, 더욱이 내면의 성찰을 깨달음의 극치로 생각하였던 불타와 노자의 사상은 대화를 멀리하게 하였다. 동양에서 진리는 언어로서가 아니라 직관과 영적인 묵상에서 온다고 생각하였다. 마치 구라파의 중세 시대에 수도원이나 사원의 골방에서 묵묵히 묵상하며 신의 계시를 기다리며 자기구원에 이르려고 수양을 하였듯이, 동양의 정신세계는 정관靜觀의 세계요 행동이나 말을 앞세우는 세계가 아니었다. 대화보다는 은밀한 기도에 보다 더 가치를 두었던 중세 유럽에서 희곡이라는 문학장르의 발전은 일시 중단되었다. 이 시대에 좋은 희곡 작품의 생산이 중단되었듯이 대화에 큰 가치를 두지 않았던, 혹은 대화를 생활의 습관으로 갖지 않았던 동양 사회에서 희곡의 생산이 저조하였던 것은 당연한 일이라고 볼 수 있다. 이런 의미에서 희곡은 동양적이라고 볼 수 없을 것이다.

이와 병행하여 동양의 세계는 정치적으로 절대주의가 지배하던 역사가 대부분이었다. 헤겔의 말처럼 동양에서는 절대군주 혼자만의 독백만이 있었다. 괴테가 “가장 주목할만한 일은 페르시아에 희곡이 없다는 사실이다. 절대정치는 대화 wechselreden를 요구하지 않는다”[9]고 말하고 있듯이 절대주의 정치 하에

---

7 Siehe Robert Petsch, a.a.O., S. 15.

8 Hans Georg Gadamer, Wahrheit und Methode. Grundzüge einer philosophischen Hermeneutik, Tübingen 31972, S. 363.

9 Johann Wolfgang von Goethe, Werke Bd.2. hrsg.v. Eirch Trunz, (Hambruger Ausgabe)

서 희곡은 꽃피우기 어렵다. 이러한 내면적인 명상의 세계와, 전제정치 하에서 오랫동안 지배되었던 동양에서, 희곡은 자연히 다른 문학 장르보다 뒤지게 된 것이다.

동양문화권에 있는 한국의 정신세계에도 이 영향이 컸으며 한국에 희곡문학이, 특히 비극이 다른 문학 장르처럼 꽃피우지 못한 것은 이때문이라고 볼 수 있다. 물론 한국에 희곡작품이 전혀 없었던 것은 아니다. 그러나 한국 희곡의 본질은 비극이 아니라 희극에 있다.[10] 그것은 한국 희곡문학은 한국 고전소설에서 그로테스크한 웃음과 해학, 골계, 혹은 해피엔딩으로 끝맺는 것을 보면 알 수 있듯이 희극적인 것에 그 본질이 있다고 볼 수 있다.

희곡은 이미 살펴본 바와 같이 대화와 행동으로 표현되는 하나의 사회를 다루고 있다고 볼 수 있다. 소설 속의 주인공과 희곡에 등장하는 인물을 독일철학적 용어를 빌리어 다시 한번 구분한다면 소설의 주인공이 '세계내 존재 in der Welt sein'이라면 희곡의 주인공은 '사회내 존재 in der Gesellschaft sein'라고 할 수 있을 것이다. 소설이 인간의 존재론을 표현하는 장르라면 희곡은 사회 속의 인간, 즉 갈등구조를 표현한, 인간의 당위의 표현이 대부분이다. 그러므로 희곡은 그 안에 들어있는 등장인물들의 행동을 통하여 만들어내는 그들 간의 힘의 역학관계, 즉 크고 작은 사회의 문제성을 우리에게 던져주려는 것이다. 그러므로 훌륭한 희곡 속에는 개인의 문제보다는 사회적인 문제가 들어 있으며, 나아가 개인적 갈등보다는 사회적 갈등이 들어있게 된다. 비록 개인의 문제를 취급하고 있다고 하여도 도덕성의 문제를 우리에게 보여주기 위함이 대부분이다.

Hamburg 1969, S. 189.

10 우리에게 좋은 희곡, 즉 재미있는 연극 하면 무엇보다 희극을 떠올리게 되고 또 희극이 좋은 작품으로 기억되는 것은 한국 희곡작품의 대부분이 비극이 아니라 희극의 형태이기 때문이다. 한국인의 심성은 눈물을 흘리는 순간에도 웃는다. 비극과 희극이 어떤 사회적 조건하에서 더욱 두드러지게 나타나는가, 한국희곡문학의 본질은 왜 희극인가는 다음 기회로 미루겠다.

서양 비극의 역사철학적 의미

무대 위에 극작가가 만들어 놓고 있는 현실적이고 사실적인 가상 사회는 어떤 형태의 사회이던 간에 현실의 문제를 다루고 있다. 권력집단간의 갈등이면 정치인의 도덕성이, 부부간의 갈등이라면 부부간의 도덕성이, 노사관계라면 기업인과 노동자의 도덕성이 문제로서 나타나며, 그 문제 뒤에는 우리가 지향할 이상적 방향이 제시된다. 비록 극작가가 이상세계를 제시하고 있지 않았을 경우라도 관객은 연극을 보는 동안 이상세계를 마음속에 그리게 마련이다.[11] 그러므로 연극은 극히 현실적인 문제를 다루면서 이상적인 세계를 표현하고자 하는 것이다. 무대 위에서 일어나고 있는 사회의 현실적인 모방의 행동은 우리가 갖고 싶어 하는 이상적 사회가 되든가 혹은 이상적 사회를 머리 속에 그리게 되는 것이다.[12] 한 예로서 소포클레스 Sophokles의 『오이디푸스 왕 Öipus』을 분석하여 비극에서의 비극성 Das Tragische이 무엇인지 정의를 하고 한국의 희곡과 비교하여 보겠다.

작품 『오이디푸스』의 내용은 라이오스 왕의 살해범을 찾는, 어떻게 보면 탐정소설과 같은 줄거리이다. 현명한 왕으로서 한때는 테바이 시를 구원하여주었던 오이디푸스 왕은 이 범인을 찾으려고 노력한다. 이 범인을 찾는 과정에서 그는 "나는 누구인가?"[13] 하는 끊임없는 질문과 마주치게 된다. 작품 『오이디푸스』의 내용은 처음부터 끝까지 인간 오이디푸스를 찾으려는 과정이며, 자기 자신의 재인식 과정이라고 볼 수 있다. 그는 신에 의해서 자신의 동일성을 상실한 잃어버린 자아와 대결하고 있다. 그러므로 오이디푸스를 발견하려는 과정에서 우리는 단순히 잃어버린 미아로서의 인간 오이디푸스를 찾으려는 것만이 아니라 '인간성 자체'를 찾으려는 것을 알 수 있다. 작품에서 이와 같은 모티브는 두 번이나 나타난다. 스핑크스가 테베 시민에게 내어 놓은 수수께끼의[14] 답

---

11 Brecht만이 아니라 연극은 다른 어떤 문학 장르보다 교훈적이다.

12 헤겔의 철학적 명제는 희곡에서 가장 적절한 명제이다. 헤겔의 희곡론은 사실 여기에 그 근거를 둔 변증법적인 이론이라고 볼 수 있다. Georg Wilhelm Friedrich Hegel, Ästhetik 참조.

13 Sophokles, "König Ödipus", übersetzt v. Heinrichweinstock, München und Wien 1968 (Theater der Jahrhundert, Bd.1), S. 55.

14 Sophokles, a.a.O., S. 30.

은 '인간'이다. 다른 하나는 작품 『오이디푸스』의 내용자체가 인간자신에 대한 문제이다.[15] 이 사상은 델포이 신전에 쓰여진 "너 자신을 알라 γνοθι σεαυτον"는 격언 및 소크라테스의 근본 철학과 일치하는 것이다. 『오이디푸스』의 내용과 소크라테스의 사상은 이러한 점에서 비교될 수 있다. 소크라테스가 "너 자신을 알라"고 고대 그리스 민중에게 말하는 것은 그들을 신화세계에서 분리하여 이성의 시대, 합리주의의 시대인 계몽주의 시대로 이끌려는 노력이다. 그러므로 그리스인들은 소크라테스를 윤리의 파괴분자로서 고발한 것이다. "가장 깊은 심연과 가장 높은 봉우리로서 우리의 경찬과 숭배의 대상인 그리스적 본질을 한 개인으로서 감히 부정하려고 한 이 사람은 누구인가? 이 마술의 술을 감히 먼지 속에 쏟아버리려고 하는 자는 어떤 자인가? 인류의 가장 고귀한 정령의 합창단이 '슬프도다! 슬프도다! 너[소크라테스]는 이 아름다운 세계를 힘센 주먹으로 파괴하는구나, 이 세계가 파멸하도다, 멸망하도다'라고 부르짖지 않을 수 없는 것은 어떤 신인가!"[16] 소크라테스가 "고대 그리스의 신화의 세계를 파멸시키려고 하였거나 적어도 민중에게 그런 의식을 불어넣었기 때문에",[17] 혹은 그리스의 젊은이들에게 "앞으로 다가올 주체적 내면의 세계"[18]을 가르쳤기 때문에, 그의 철학원리는 아테네 안보에 대항하는 혁명적인 것으로 받아들여졌기 때문에,[19] 그리스인들은 그를 사형에 처하지 않으면 안 되었다. 그 당시의 그리

---

15 작품 내에서 만이 아니라 설화 가운데도 '나는 누구인가?' 라는 질문은 여러 번 되풀이 된다. Korinthos의 Polybos왕에게서 자랄 때 친구들의 놀림을 받고 Polybos왕에게 '나는 누구입니까?'하고 물었으며 대답이 확실하지 않자 Delphoi신전에 가서 다시 '나는 누구입니까?'하고 물었다. 이 '나의 대한 의문'은 비극 『오이디푸스 왕』에 가장 중요한 의미를 포함하고 있다.

16 "Wer ist das, der es wagen darf, als ein Einzelner das griechische Wesen zu verneinen, das der tiefst Abgrund und die höchste Höhe unserer staunenden Anbetung gewiß ist? Welche dämonische Kraft ist es, die disen Zaubertrank in den Staub zu schütten sich erkühnen darf? Welcher Halbgott ist es, dem der Geisterchor der Edelsten der Menschheit zurufen muß:"Weh! weh! Du (Sokrates) hast sie zersört, die schöne Welt, mit mächtiger Faust; sie zerfällt!" Friechrich Nietzche, Werke hrsg.v. Ivo Frenzel, München 1973, hier, Bd.1 (Geburt der Tragödie), S. 64.

17 Ebda, S. 785, Anmerkung Frenzels zur Seite 63.

18 Georg Wilhelm Friedrich Hegel, Vorlesungen über die Philosophie der Geschichte, Stuttgart 1966 (Reclam 4881-85a/85b), S. 378.

19 Ebda, S. 379.

스인들에게 이 주관적 세계관의 원리는 받아들여질 수 없는 것이었기에 그들은 그를 적대적이고 파괴적인 것으로 받아들인 것이다. 아테네인들은 옳았을 뿐만 아니라 법률에 따라 그렇게 하는 것이 그들의 의무이기도 하였다. 그들은 근본적으로 소크라테스의 사상을 범죄로 보았다.[20] 이런 의미에서 헤겔은 소크라테스의 운명을 "가장 비극적"[21]이라고 말하고 있다. 소크라테스와 오이디푸스의 운명과 비극적 파멸은 두 사람이 꼭 같이 인간의 주관성 Subjektivität을 찾으려는 것에서 온 것이다. 오이디푸스는 무의식적으로, 소크라테스는 철학자로서 의식적으로 자아를 찾으려고 하였던 것이다. 구시대와 새로운 시대와의 과도기에서 고뇌하다 파멸하는 그들의 고통은 상징적이다. 위대한 비극은 시대적 갈등 속에서 태어나기 때문이다.[22] 소크라테스와 오이디푸스의 고뇌는 신화세계에서 벗어나고자 하는, 제신諸神이 매어 놓은 사슬에서 벗어나고자 하는, 새로운 세계를 지향하는 고뇌이다.

페터 스쫀디 Peter Szondi는 이 비극에서 두 개의 모순된 대립, 테베 시의 "구원"과 "파멸"이라는 대립현상을 비극적 변증법 die tragische Dialektik[23]이라고 말하고 있으나 이것은 너무나 개별적인 것만을 보았기 때문이다. 나무를 보고 숲을 보지 못한 격이다. 그는 보다 더 중요한 비극적 변증법, 즉 낡은 세계인 희랍의 신화적神話的 세계와 앞으로 다가올, 신들의 세계에서 탈출할 주체적 세계요 탈신화화脫神話化한 새로운 세계와의 변증법적 대립현상의 비극성을 그는 보지 못하였다. 스쫀디가 이 비극작품을 변증법적 본질로서 보려고 한다면, 그는 이 市의 구원과 파멸에 변증법적 비극성이 있다고 볼 것이 아니라, 테베, 더 넓게는 고대 희랍인 전체에 필요 불가결한 현실과 이상 Realität und Idealität을 이 비극에서 발견했어야만 했다. 비극 『오이디푸스』에서 현실적인 것(구원)은, 고대 그리스 세계가 지향할 이상적인 세계(주관적 세계, 신에 의해 잃어버린 자아를 찾는것)이다. 바로 이 변증법적인 비극성으로 인하여 오이디푸스와

20 Vgl.ebda.

21 "das Höchsttragische", ebda.

22 Vgl. Karl Jaspers, Von der Wahrheit, hier: Vollendung der Wahrheit in ursprünglichen Anschauungen, in: Tragik und Tragödie(WdF), hrsg. v. Vollkmar Sander, Darmstadt 1971, S. 5.

23 Peter Snondi, Versuch über das Tragische, Frankfurt/M. 1961, S. 68.

소크라테스는 절박한 비극적 상황에 빠졌으며, 이 새로운 주관적이며 인간중심적 세계에 발을 들여놓음으로서 그들은 파멸할 수밖에 없었다. 그들의 비극성 Das Tragische은 비극적 죄(오이디푸스의 경우) 때문이 아니라, 기성 그리스인의 현실적인 문제인 낡은 세계, 낡은 질서, 낡은 사상과, 오이디푸스와 소크라테스의 이상적 도달점인 새로운 세계, 새로운 질서, 새로운 사상과의 대립에서 오는 것이다.[24] 이것이 "개념이 자신과 그 현실성을 스스로 규정하면서, 개념과 현실성의 통합으로 나타나는 것이며 현실의 당위성과 현실의 개념을 스스로 내포하고 있는 통일체로서"[25] 나타나는 현상이다. 이것은 "문학의 모습으로 나타나는 제일 철학"[26]을 의미한다. 이러한 의미에서 헤겔은 비극을 "문학과 예술의 가장 높은 단계"[27]라고 말하고 있다. 가장 비극적인 요소를 지니고 있는 비극작품은 "현실적인 것과 미래지향적인 것의 [변증법적인] 긴장관계"[28]가 "관객의 눈앞에 현실적인 행동"[29]으로 나타날 때이다.

비극적 동인動因은 비극작품에서만 발견되는 것은 아니다. 선구자적인 삶을 사는 사람들에게는 대부분 비극적으로 파멸하면서 동시에 승리한다. 그 대표적인 예는 예수라고 할 수 있다. 예수는 구약시대와 신약시대를 잇는 역할을 하다가 난파難破한다. 그는 구약시대의 율법을 지키는 당시의 지도층의 형식적이며 가식에 찬 생활과 낡은 기도의 습관, 낡은 문서(율법)에 의한 관습, 지켜지지 않는 교리를 보고 새로운 교리, 새로운 생활을 주장하며 기존 세력인 서기관과 바리세인을 '회칠한 무덤'이라고 비난하였다. 그는 새로운 삶의 모델, 앞으로 올 사상을 제시하였으나 결국 기존의 구체제를 받드는 세력은 아직도 막

24 S. Freud는 심리학자로서 당연히 『오이디푸스』에서의 문제점을 '오이디푸스컴플렉스'로 해석하고 있다. 그러나 이 비극에서 보다 중요한 것은 역사철학적인, 시대와 시대 사이에 놓인 두 개의 테제의 충돌이라고 보아야 마땅할 것이다. 이런 관점으로는 본 논문이 최초의 언급이라고 생각된다.

25 "...die Einheit des Begriffs und der Realität,der Begriff, insofern er sich und selbst seine Realität selbst bestimmt,oder die Wirklichkeit, wie sie sein soll und ihren Begriff selbst enthält (...)." G. F. W. Hegel, Philosophische Propädeutik, (Jubiläumsausgabe Bd. 7) Stuttgart 1927, S. 142.

26 Karl Jaspers, a.a.O., S. 3.

27 Hegel, Vorlesungen über die Ästhetik I/II, III(Reclam) Stuttgart 1971, hier III, S. 259.

28 E. Staiger, a.a.O., S. 109.

29 Hegel, Ästhetik III, a.a.O., S. 259.

강하고, 낡은 사상을 버릴 경우 그들의 파멸이 예견됨으로 기존 세력에 의하여 파멸되는 것이다. 예수의 경우에서 우리는 새로운 사상과 낡은 사상의 변증법적인 대립을 보며 위대한 비극성이 있는 것을 발견한다. 위대한 비극에서의 주인공은 새로운 것을 위한 최초의 희생자인 것이다.

한국적 정서와 비극

세익스피어는 『오델로』에서 주인공 오델로로 하여금 아무 죄도 없는 그의 아내 데스데모나를 목졸라 죽인다. 오델로가 그의 부인 데스데모나를 얼마나 사랑하였는가는 그녀를 죽이는 장면인 제5막 제2장에 잘 나타나 있다.

> 오델로 : 그것 때문이야. 진정 그것 때문이야. 순결한 별들아 그것을 입에 담지는 말자 (...) 백설보다 희고 설화석고보다 매끄러운 아내 살결에 상처는 내지 말자. 하지만 살려둘 수는 없어. 촛불을 끄고 다음엔 이 촛불을 끄자. 타오르는 촛불아 너는 한번 끄면 다시 켤 수가 있지만 자연의 가장 오묘한 촛불인 인간의 생명의 촛불은 한번 끄면 (...) 다시는 켤 수가 없다 (...) 이 장미는 한번 꺾으면 다시는 필 수가 없다. 나무에 매달렸을때 향기를 맡자(키스한다). 죽여놓고 사랑하자.[30]

오델로는 그의 아내 데스데모나가 부정하는 것을 본 적이 없을 뿐만 아니라 그 '확증'[31]도 없다. 증거라고는 에밀리아가 훔쳐다 남편인 이야고에게 준 손수건 하나일 뿐이다. 그럼에도 불구하고 그는 너무나 사랑하기 때문에 "죽여 놓고 사랑"하겠다고 하면서도 그녀를 죽인다. 오델로는 데스데모나를 사랑한다고 이 작품 도처에서 말하고 있으면서도 그는 질투의 화신이 되어 "다시는 켤 수가 없는 촛불"을 꺼버림으로서 영원히 어둠 속으로 파멸하고 만다. 그러나 한국의 처용은 이와는 전혀 다른 결과에 도달한다.

---

30 세익스피어, 오델로, 오화섭 역, 세계문학전집 제3권, 정음사, 1964, 342쪽. (필자가 의역한 곳이 있음.)

31 바로 위의 책, 321쪽 하단.

서울 밝은 달 아래 밤새 노니다가
들어와 자리 보니 가라히 네이여라
둘은 내해어니와 둘은 뉘해 언고
본디 내것이어늘 아 나는 어이할고[32]

이렇게 노래를 부르고 춤을 추었다는 한국의 처용[33]은 그의 아내의 부정을, 요즘의 대중신문이나 주간지의 용어로 “현장”을 잡았음에도 오델로처럼 질투의 화신이 되어 죽이고 복수하려는 것이 아니라 오히려 마당에 나가 노래를 부르며 춤을 추었다는 것이다. 이러한 같은 상황에 대한 전혀 상이한 반응은 우리에게 무엇을 뜻하는 것인가.[34] 수천 년 전의 처용은 우리에게 많은 의미를 주고 있다. 처용에게는 질투도 없고, 더욱이 사랑도 없었던 것인가. 그가 아내를 사랑하는 마음이 결코 오델로 보다 못한 것이 아니었고 질투가 없었던 것은 아니다. 원래의 한국인의 마음, 혹은 동양인의 내면 속에는 어떤 다가오는 싸움의 대상에, 마주서서 싸우는 것이 아니라 우회하려는 마음이 있다. 이 대결 없는 한국적 정서는 시에 특히 나타나 있으며, 소설에도 물론 언제나 보이는 것이다. 동양인이던 서양인이던 우리가 사는 동안에 우리는 언제나 비극적 상황은 마주치게 마련이다. 그러나 동양인 혹은 한국인은 전투나 싸움이 아니라 우회함으로서, 회피함으로서 마주 오는 대상에서 비켜서서 해학적인 웃음을 던지든가 우수에 차 있을 뿐이다. 이것은 하나의 약자의 변호나 비겁한 굴종이 아니라 싸움 없는 승리의 지혜가 동양인의 삶의 지혜인 것이다. 그것은 동양의 정신세계가 행동의 세계가 아니라 정관靜觀의 세계이며, 가부좌跏趺坐의 자세에서 문득 깨달음의 세계, 정적靜寂의 세계와 닿아 있는 세계이기 때문이다. 처용이 노래를 부르며 마당에 나가 춤을 추니, 역신이 나와 절하며 앞으로 자기의 화상을 그려 붙이면 병이 들어오지 못할 것이라고 하였다는 의미는 비극적인

32 처용가의 해석의 논란은 많으나 여기서는 양주동의 해석을 택하여 필자가 임의로 현대어로 옮겼음. 원문의 해석은 양주동, 『古歌研究』 1943, 인용은 김동욱 외 편, 『處容研究論叢』, 울산문화원, 1989, 43쪽.

33 이 작품이 詩이기는 하나 연극적인 가면극이기도 하다. 드라마로서의 처용가무處容歌舞에 대하여서는, 조동일, 처용가무의 연극사적 이해, 『처용연구논총』, 바로 위의 책, 213쪽 부터.

34 처용의 노래(향가)와 처용에 대한 논란은 위에 나온 책 「처용연구논총」을 참고.

싸움의 회피를 통하여 비극적 위기 상황을 극복하는 결과를 가져온다는 뜻이 된다. 이것이 한국적 정서이며 이런 정서로 인하여 한국, 나아가 동양의 세계에서는 서양적인 비극작품이 생산되기는 힘든 것이다.

이런 의미에서 최인훈의 희곡은 한국적 명상의 세계를 비극적으로 그리고 있어 서양의 비극과 비교할 만한 작품이다. 그의 작품 『옛날 옛적에 훠어이 훠이』는 서양의 비극적 상황에 가장 적절한 소재라고 볼 수 있다. 그는 이 희곡의 '작가의 말'에서 작품의 소재를 다음과 같이 말하고 있다.

> 이 전설의 상징구조는 예수의 생애 - 절대자의 내세來世, 난세에서의 짧은 생활, 순교, 승천의 그것과 같으며, 구약성서 출애급기의 과월절[유월절]의 유래와도 동형이다.[35]

그리고 이 작품을 '비극'이라고 명명하였다.[36] 이 희곡은 새로운 시대를 열 새로운 인물이 탄생한 순간과 그 죽음을 내용으로 하고 있다. 그러나 이 설화를 예수 탄생과 비교하고 있으면서도 선각자에 대한 고뇌도, 그를 따르는(낳은) 무리에게 아무런 갈등이 없고, 아기를 살리려는 노력도, 아기를 잡으려온 기존 세력의 도구라고 볼 수 있는 군졸들과 싸우려는 마음도 없다. 막강한 세력에 눌리어 그저 순응하며 받아들인다. 아기를 자기 손으로 살리어 새로운 시대를 바라려고 노력하지도 않고, 새로운 지도자와 함께 올 새로운 유토피아를 기대하지도 않는다. 작가가 말하는 '예수의 생애' 같다는 것이 어디에도 나타나 있지 않다. 다만 인종과 탄식만이 들어 있을 뿐이다. 이러한 성가족聖家族이라고도 볼 수 있는 가족에서 태어난 새로운 인물이 태어나자마자 죽었는데도 오히려 동리 사람들이 모여 춤을 춘다. "마지막 장면에서는 사건의 경위에 관계없이, 지상의 사람들은 신들린 사람처럼, '흥겹게' 춤출 것"이라고 작가는 지시하고 있다.[37] 이것은 처용의 위기 상황 극복과 너무나 흡사하다. 처용은 아직도 우리 안에 숨쉬고 있는 것이다.

---

35 최인훈, 『옛날 옛적에 훠어이 훠이』, 전집 10(희곡집), 문학과 지성사, 1979, 82.

36 바로 위의 책, 같은 쪽수.

37 바로 위의 책, 82쪽, '흥겹게'의 인용부호는 원저자의 것임.

최인훈의 희곡은 동양적 명상의 세계를 그린 대표적 작품이다. 그의 희곡세계는 희곡의 본질이라고 할 행동을 표현하는 것이 아니라 정지된 공간의 세계를 표현하려고 한다. 마치 릴케의 시의 행간에 나타나 있는 침묵의 세계와도 같다. 모든 것이 정지하고 동작은 어쩔 수 없는 경우에만 하듯 극히 절제하고, 극도로 언어를 생략하여 만들어 낸 작품이다. 세계고世界苦도, 세계를 바로잡아 의로운 것으로 만들려고 하는 당위의 싸움도, 대항도 없다. 비극적 상황만 있을 뿐이다.

최인훈은 생존 작가이면서도 한국적 정서가 유럽 사상과 만나지 않은 듯한 원시적인 신앙의 모습을 희곡으로 표현하고 있다. 그러나 서양의 리얼리즘 희곡의 기법을 따르는 것을 가장 좋은 희곡으로 생각하던 한국 신문학 초창기의 훌륭한 희곡으로 불리는 유치진의 『토막土幕』과 『소』에도 처용의 모습이 들어 있다. 비극 『토막』에서 유치진은 한국 농촌의 가난과 삶의 허망을 그리고 있다. 유일한 희망인 아들 명수의 백골을 받아들고 "꾹 참고 살아"[38]가자고 한다. 비극 『소』[39]에서는 1930년대의 한국 농촌의 가난과 폐허 같은 농촌의 삶을 묘사하면서 소가 농촌에서 어떤 위치에 있는가를 여러 각도로 설명한다.

> 어차피 소는 (...) 농가의 명줄인 가봐. 그 소 한 마리 없어지는 바람에 생사람이 좀 다쳐야 말이지. 위선 색시 하나를 이 동리에서 빼앗기게 됬지, 그리고 총각이 더북 머리로 늙게 되고, 장사를 못해 기승을 하던 놈이 대가리를 깨구, 대주 양반이 드러눕게 되구.[40]

이 작품에서 소를 둘러싼 여러 이해집단과 이를 방어하려는, 또는 소유하려는 집안 내의 가족들의 상이한 이해관계에서 오는 갈등을 잘 처리하고 있으나, 정작 소를 빼앗겼을 때는 아무런 구체적인 저항을 보이지 않고, 오히려 소가 주인집을 찾아오고 소가 마름을 받으려고 한다. 반면에 가장인 국서는 소를 빼앗기고 난 후 그 슬픔을 소의 울음을 흉내 내어 "음매"하고 울고 있다.[41] 이것

---

38 유치진, 소, 한국연극협회 편, 한국희곡문학대계 전5권, 인용은 제2권, 121쪽.

39 작품 『소』에 대하여 최근 논란이 일고 있으나 어떻게 작품화 되었든 등장인물들이 한국인임은 틀림없다.

40 유치진, 『소』, 어문각 편, 신한국문학전집 중 희곡선집 제1권, 어문각, 1978, 236쪽.

41 이 장면은 가장 비통한 장면임에도 관객들은 웃음을 터트린다.

은 오히려 희극적으로 보인다. 이 작품은 비극이면서도 희극적인 요소가 많다. 문진이 비극적 상황임에도 불구하고 언제나 "도처춘풍"이라고 하는 것도 희극적 요소이다.[42] 한국 희곡에서는 비극에서조차 웃음이 보인다. 여기서도 한국 희곡의 본질은 - 이것이 한국인의 본질이기도 한지만 - 희극적이라는 것을 알 수 있다. 여기 나오는 인물들은 모두가 소를 둘러싸고 수동적으로 움직일 뿐이다. 능동적으로 행동한 것은 빼앗긴 소를 지난해까지 갚지 못한 도지를 해지하여 화해하려는 것이 고작이다. 모두가 패배한 인간이지만 서양 희곡에서 보이는 싸움이나 자신을 던져버리는 세계와의 싸움은 없다. 맏아들 말똥이도, 둘째인 개똥이도 자신의 일을 위하여 세계를 상대로 철저히 싸워 앞에 닥친 장애를 헤쳐 나가는 것이 아니다. 소를 둘러싸고 일어나는 갈등이 비극적 상황을 비극적인 투쟁으로 몰아가는 요소를 지니고 있고, 또 소를 빼앗겼는데도 그것을 다시 찾으려는, 혹은 쟁취하려는 싸움이 없다. 다만 슬픔과 탄식뿐이다. 말똥이가 곡식창고에 불을 지른 것이 유일한 저항이고, 세상에 대한 싸움이다. 그러나 이것도 체념적 허무주의에서 온 반항일 뿐이지 상대방 Gegenspieler에 대한 극적劇的 의미로서의, 서양적인 비극미의 장중함을 갖춘 도전이나 싸움이 아니다. 이 비극에도 역시 동양적 인종이 보인다. 여기서도 우리는 한의 미의식 속에서 허무주의가 그 기조를 이루고 있는 것을 알 수 있다.[43] 희곡작가도, 비평가도 일치하여 말하고 있는 '한국 희곡문학의 빈약성'은 여기에 기인한다고 볼 수 있다. 시나 소설은 이미 우리 전통 속에 있었으며 이것은 서양의 것과 상이한 점이 있다고 하여도 조금의 변형으로 쉽게 받아들일 수 있었으나 희곡이라는

---

42 서연호, 한국연극론, 삼일각, 1975, 119쪽 참조.

43 한국고전문학의 저변에는 늘 허무주의와 자연를 벗하여 살고자 하는 탈속脫俗적인 미의식이 들어 있다. 모두가 그런 것은 아니지만 한국고전 문학을 주도하고 있는 작품을 생산한 사람들은 거의가 정치인으로서 정치권력 싸움에서 밀려나 낙향하던가 귀양살이를 하면서, 패배자로서 유교사상보다는 노자나 장자사상에 물들어 서양의 "vanitas vanitatum"과 같은 허무주의의 작품을 쓰는 것이다. 특히 낙향한 선비들에게는 자연을 즐길 시간과 여기로 알고 있었던 글을 쓸 여유가 있었기 때문이다. 공맹사상을 일생의 학문으로 생각하고, 글을 쓴 것은 대부분의 선비가 여기로 생각하였던 한국에서는 '낙향'한 후에야 글을 쓰는 것이 대부분이었기 때문이다. 한국의 고전문학을 체계적으로 배우기 시작하는 한국에서 적어도 고등학교를 졸업한 사람은 이 요소를 배우게 되여 있으며 한국인으로서의 문학적 감성은 강한 허무주의적요소를 지닌다. 한국인에게 이런 미의식이 집단무의식으로 우리의 내면에 전하여 오고 있을 지도 모른다.

완벽한 형식과 논리, 시간의 경과와 함께 정신의 발전을 근본으로 하는 역사관(역사철학)과는 다른 전통에 있었던 한국인에게 그 정서는 다른 것이기 때문이다. 해방 전에 쓰여진 희곡 가운데 가장 서구의 사실주의적인 작품에 가깝다고 볼 수 있는, 그래서 가장 잘 쓰여진 작품이라고 말하여지는 유치진의 『토막』과 『소』[44]에 대한 비판도 이 때문이다. 당시의 가장 날카로운 비평안을 지니고 있었던 임화는 유치진을 "조선 극문학劇文學의 새 시대를 개척케 한 것이며, 조선에서 가장 「유닉크」한 극작가" 라고 부르면서도 그의 작품에서 "새로운 창조적 세계가 전개되지 않는다"[45]고 하였다. 이것은 한국비평가의 대표적인 말로서 한국 희곡에 대한 불만은 언제나 이런 관점에서 파악되었기 때문이다.

그러나 한국희곡은 오히려 한국적인 미의식에 충실히 따르는 것이 더 아름다운 희곡일 것이다. 서양의 사실주의적인 희곡보다는 한국적 정서를 나타내고 있는 작품이 세계문학상에서 그 위치를 확고히 할 수 있다. 최인훈의 희곡 세계가 아직 설화세계에 머무르고 있다면 한국적 정서를 보다 세련되게 극적으로 나타내고 있는 작가는 함세덕咸世德[46]이다. 그가 최근에 재발견되었기 때문에 그에 관한 연구가 아직 미진하지만 그의 희곡작법은 한국의 어느 희곡작가보다 우수하다. "희랍비극과 셰익스피어의 요소와 분위기를 백제 패망에다 옮겨 놓은 『낙화암』"[47]이라고 평하듯이 우수한 작가이기는 하지만 그도 역시 비극작품에서 대결이 아니라 도피와 우수에 젖어 있는 것은 다른 한국 희곡작가와 마찬가지이다. 아무리 희곡술이 뛰어났다 하여도 한국적인 정서에서 대결의 비극은 쓰기 힘든 것이다. 아들이 죽은 곳을 "거기는 미역 냄새가 향기롭지. 거기서 팔다리 쭉－뻗고 눈감았을 거야. 나는 지금 눈에 완연이 보이는걸, 복조배 우이로 무지개빛 같은 고기가 숙－지나갔어."[48] 하고 말하면서 그녀는 집을 나간다. 함세덕의 희곡에서도 거의가 모든 주인공은 집을 나가거나 비극의 장소를 떠나 도피하는 사람들이 대부분이다.[49] 그의 희곡에는 한국적 정서가 가

---

44 작품 『소』가 최근에 문제되고 있으나 한국적인 것은 틀림없다.

45 임화, 문학의 논리, 예문사, 1940, 548쪽.

46 함세덕, 함세덕 희곡집, 유민영 편, 새문사, 1989. 이하 인용은 '함세덕'이라고 함.

47 유민영, 「사실事實과 낭만浪漫의 조화」, 『함세덕 희곡집』[권말 논문], 348-371쪽, 인용은 362쪽, 『함세덕 희곡집』, 앞에 나온 책.

48 함세덕, 함세덕 희곡집, 24쪽(『산허구리』).

49 『동승』에서 도념이 떠나간다. 물론 어머니를 찾으러 가는 것이기는 하지만 "비탈 길"을

장 잘 나타나 있다. 그는 『산허구리』와 『동승童僧』에서 완벽한 희곡적 구성과 한국적 정서를 표현하는데 성공하고 있다. 언어의 사용도 완벽하며 희랍비극에 나오는 짧은 문답형의 대사 Stichomythien도 아주 능하게 사용하고 있다. 다만 그의 희곡의 주인공들이, 좋은 의미로 소박한 주인공이라고 한다면, 그 반대로 너무 센티멘탈리즘에 빠져 있다고 볼 수는 있다. 그러나 이것이 한국인의 약점이며 강점이라고 할 수 있다. 그의 비극 작품 가운데서 우리는 「한국적」인 것을 발견할 수 있다.

한국 문학의 원형: 처용-탈비극적 존재

세계를 이원적으로 보지 않고 조화로운 것으로 보며, 자연과 인간이 분리되어있지 않고 인간도 자연의 일부라고 생각하는 동양의 자연관에서 보면 고난이나 역경, 사랑의 고통이나 불같은 노여움과 미움 등으로 인한 비극적 대립이 나타나지 않고, 모든 재난이나 비극적인 생활은 일시적인 것이요 사람이 사는 동안 그저 지나가는 허무한 것에 지나지 않는다는 세계관이 자리 잡고 있어 한국 희곡작품에서 비극작품은 태어나기 힘들다. 다만 비극적 상황만 있을 뿐이다. 동양에는 “세계에 대하여 전율하거나, 세계를 영원히 내던지거나, 세계에 어떤 정당한 이치를 부여하거나 존재와 신을 고발하는 것이 아니라 다만 우수憂愁가 있을 따름이다. 절망에 빠져 망연자실한 상태가 아니고 다만 태연자약한 인종과 죽음이 있을 뿐이다. 거기에는 뒤 엉클린 갈등이 없고 어두운 파멸도 없다 (...) 투쟁하지도 않으며 반항하지도 않는다.”50

이뿐만 아니라 동양의 정신세계에 큰 영향을 끼친 불교의 니르바나 nirwana 사상은 싸움이나 갈등을 인간의 헛된 번뇌로 생각하고 그런 인연을 끊어버리는 것이 해탈하는 길이였기 때문에 한국인의 미의식에는 서양적인 싸움은 보이지 않는다. 이런 세계관, 이런 인생관을 삶의 지혜로 가지고 있는 한국인에

택하여 간다. 앞의 책, 52쪽. 『서글픈 재능』의 만표도, 『무의도 기행』의 만표도 떠난다. 이외에 그의 희곡에서 거의 모든 비극의 주인공은 떠난다. 그러나 이 떠남은 비극의 극적 상황을 대결한 후가 아니라 다만 도피하는 것이다. 마치 처용의 상황과 같다.

50 Karl Jaspers, a.a.O., S. 57.

게 서양적인 비극은 쓰여지지 않는다. 한국의 대부분의 비극작품에서 우리가 만나는 주인공은 한국인 처용의 변용일 뿐이다. 그의 마음은 아름답고 선하며 남을 미워하지 않는다. 비극적 상황에 처하여 있으나 대결을 피하여 우회한다. 한국 희곡의 주인공은 어디에나 이런 주인공으로 가득 차 있다.[51] 그러므로 한국 희곡문학에는 비극이 드물며 한국 극작가는 서양적 개념으로서의 비극작품을 쓰기가 어려운 것이다. 우리가 지금 아무리 근대화되었고 현대의 공업화된 선진국의 의식주를 공유하며 산다고 하여도 우리의 혈관 속에는 처용의 피가 흐르고 있어 어떤 작가가 창조하든 주인공은 그의 형제일 뿐이다. 그는 한국문학의 모든 작품 속에 들어 있는 대표적인 원형 가운데 하나이다. 나아가 그는 한국 문학속의 원형만이 아니라 범동양적凡東洋的 원형으로, 희곡에서만이 아니라 모든 장르를 초월하여 존재한다. 짧은 시인 향가鄕歌『처용가』에 가장 대표적으로 표현되어 있는 그는 한국인의 전형인 것이다.

51 이것이 현재 세계문학상의 한국 희곡의 位相이기도 하다.

카프카와 이상(李箱)의 문학

한 석 종

I. 서론

본 논문의 방향은 서로 의존성이 없는 다른 문화권에 속하는 두 작가 이상과 카프카의 문학세계를 바깥 사회로부터 안으로 관찰하는 일이다. 다시 말해서 본 논문의 연구대상은 숨은 의미의 전래적인 비교문학이라기보다 오히려 넓은 의미의 일반문학 Die allgemeine Literaturwissenschaft, general literature의 범주 속에서 문학사회학이 될 것이다. 그러므로 이 작업을 위해서 우리는 지금까지의 문예학이나 비교문학에서 답습해 오던 "사고의 인습에서 급전화"[1]할 필요가 있다.

비교문학은 항상 하나의 민족문학과 결부된다. 이것은 비교문학이 민족문학으로부터 출발한다는 말이 아니고, 그것은 민족문학을 위해 기여한다는 뜻이다. 왜냐하면 비교작업을 통해서 비로소 민족 고유의 특성이 드러나기 때문이다.[2]

전통적인 비교문학은 주로 일정한 문학의 형태・장르・소재・모티브・주제가 지역과 시대의 경계를 넘어서 다른 문학 속에 받아들여진 수용상태를 그 연구 대상으로 삼아왔다. 이 경우 서로 이질적인 민족문학 간의 상호교역작용이 비교문학 존립을 위해 필연적 조건이 된다.

---

1 Lucien Goldmann, Soziologie des Romans Darmstadt, Neuwied 1972. S. 13.

2 Hans Norbert Fügen, Vergleichende Literaturwissenschaft S. 13.

독일 문학사에서 괴테가 처음 주장한 세계문학 Weltliteratur은 모든 민족이 하나의 사상으로 통일되고, 따라서 모든 민족문학이 하나로 일치해야 된다는 것이 아니고 각 민족문학의 고유성 속에서 문학적 전달을 통해 서로 영향을 주고 받는 문학적 풍토를 말한 것이다. 즉 하나의 문학권은 문학적 전달을 통해 가능하며, 따라서 비교문학의 존재 가능성도 거기에 내포된 것이다. 전통적인 비교문학은 두 개의 연구 방향을 제시해 왔다. 하나는 특정한 작가가 특정한 작품에 수록된 것을 적용·가공·변형시켜서 하나의 새롭고 다른 형태의 것을 창조해낸 것을 규명하는 작업이다. 본래적인 것 속에서 변형된 것을 인식해서 서술하는 것이 비교문학이 다루어야 할 과제의 하나다. 다른 하나의 방향은 작품의 예술성을 평가하는 것이다. 다시 말해서 문학예술품을 국제기준에서 평가하는 일이다.

서로 다른 문학권에 속하는 카프카 Franz Kafka(1883～1924) 와 이상(1910～1937)의 문학 – 그것도 하나는 오스트리아 합스부르크 왕국의 정치 하의 체코슬로바키아 내의 독일문화권 속에서 20년대 중엽까지 세계 문학수준에 이를 만큼 질적 양적으로 번창했던 소위 프라하 독일문학 Prager Deutsche Literatur의 한 작가와 다른 하나는 일제치하의 한국 유교문화권 속에 서울을 중심으로 한 지역문학의 한 작가 – 를 비교한다면 이 작업은 전통적인 비교문학의 의미에서 볼 때 불가능하다. 첫째 두 작가 사이에는 직접·간접간의 영향관계가 없었기 때문이다. 이 사실은 이상이 생존해 있던 30년대 후반까지 카프카문학이 모국어국인 독일뿐만 아니라 출생 생존국인 체코슬로바키아에서도 널리 알려지지 않았을 뿐만 아니라 좁은 유태인 작가 사회에만 알려졌다는 사실과, 당시의 아시아 지역에 카프카 문학의 수용이 전무했다는 사실로 증명된다. 둘째로 이 비교작업은 두 작가의 작품세계의 예술성 평가를 그 대상으로 삼지 않기 때문이다. 예술성 평가는 작품 내재적 해석에서 출발하지만 지금 이 작업은 사회적 관찰을 출발점으로 한다. 이 작업에서 두 작가의 작품 분석은 언어나 작품 내재적 구조가 아니라 작품 속에 반영된 사회 내용 gesellschaftlicher Inhalt이다. 여기서 하나의 중요한 문제가 제기된다. 어떤 조건 하에서 두 작가 사이에 주제의 평행성이 비교될 수 있고 또 비교할 만한 가치가 있는가?

이 질문은 다음의 질문을 통해 더욱 분명해진다. 왜 카프카가 "단단한 육지 위에서 배멀미"[3]를 앓았으며 이상은 왜 '지상에서 현기증'을 느꼈는가? 그리고 왜 1차대전을 전후로 해서 프라하 독일문학운동이 수많은 방향과 노선으로 뒤범벅되면서 카프카는 "모순 속에 박혀 버렸고, 릴케는 사물세계로 돌아섰고, 뵈르펠 F. Werfel은 끝내 카톨릭이라는 종교세계로 도피했고, 브로트 M. Brod는 시오니즘 Zionismus으로 건너갔고, 키쉬 E. Kisch는 사회주의를 표명했는가?"[4] 이 사실은 1910년부터 30년에 이르기까지 한국문단의 수많은 문학, 사회운동의 다방향성에서 오는 혼란과 유사한 양상이다.

이 양상은 어떻게 설명되어야 하나? 이 질문들은 두 작가에 있어서 의식세계의 비슷한 뉘앙스화, 그들 사회, 즉 프라하와 서울의 위기상황에 대한 유사한 작가의 반응과 또한 마찬가지로 사회운동으로서의 문학운동 속에서 위기의식 반영의 가능성을 보여주고 있다.

당시 프라하와 서울의 사회적 현실은 두 작가에게 하나의 지역적 국부성으로 한정된 것이 아니고, 특수한 역사적 사회적 형태로 규정된다. 세기말에서 1차대전 전후의 프라하의 사회형태와 1910년대에서 2차대전 종전까지의 한국, 특히 서울의 사회형태가 그렇다. 그러면 여기서 예술현상과 사회현상의 관계가 문제된다.

II. 예술현상과 사회현상

예술창조의 주관적 충동은 사회적 조건으로부터 직접 유발되지 않는다고 하더라도 결코 분리시켜서도 안된다. 하나의 사회적 '계기'와 예술적 '사건'의 관계는 자연과학에서처럼 인과율 - 원인과 결과 - 에 의해 설명될 수는 없지만 이 '계기'와 '사건'은 의미 있고 합법적인 방법으로 서로 결부되어 있다. 이 관계를 아놀드 하우저는 "코레스폰덴츠 Korrespondenz"라는 개념으로 설명하고 있다. 원인관계의 대용어로 사용된 "코레스폰덴츠"는 예술현상과 사회현상의 상호관계가 동시적이고 비우연적임을 말해준다. 이 말은 "계기"와 "사건"의 시간

---

3 Walter Benjamin, Franz Kafka Zur Zehnten Wiederkehr seines Todestages, In: W. Benjamin, Über Literatur, F.a.M. 1969, S. 175.

4 Klaus Hermsdorf. Werfels und Kafkas Verhältnis, Zur tschechischen Literatur In: Germanistica Pragensia III Prag 1964, S. 39.

적 관계와 상황적 관계만을 설명할 뿐 아니라 또한 예술과 사회의 동시적이고 공통적인 내용관계(주제성)도 설명해 준다. 아놀드 하우저는 『예술사회학 Soziologie der Kunst』에서 다음과 같이 이를 설명하고 있다.

> 같은 역사적 상황은 [...] 종종 상이한 예술양식을 허용하기도 하지만 새로 발생되는 예술은 곧 동시적인 사회조건과 관계를 맺음으로써 하나의 새롭고 특이한 공통성을 얻게 된다.[5]

이 논제는 다음과 같은 사회학적인 일반론으로 확대시킬 수 있다. "사건 B와 사건 A 사이의 인과관계를 확립할 수 있는 충분하지는 못하지만, 그러나 하나의 필연적인 예정조건이 될 수 있는 것은 B형의 사건이 등장하면 항상 A형의 사건이 일어난다는 사실의 확인이다."[6] "B형의 사건이 일어난다"는 사실을 필자는 이 작업의 방법론의 가설 Hypothese로 받아들인다. 따라서 이 작업은 경험적 요소를 포함한 유사한 사회조건(B)과 그것으로부터 발생되는 예술현상(A) – 비록 다른 언어, 문화권 속에 일어나는 일이지만 – 과의 상관관계를 밝혀낸다.

두 작가 사이의 공통분모는 구조적 유사성이다. 사회구조, 작가의 생활 의식구조, 그리고 문학구조가 그것이다. 이 구조적 유사성은 문학사회학적 방법을 가능케 한다. 그것은 문학사회학이 문학과 문학 외부에 존재하는 사회적 사실과의 상호관계를 인정하기 때문이다. 문학사회학의 개념적 정의는 문예학과 사회학의 경계를 넘나들지만 이 작업은 "사회학적으로 접근한 문예학"의 개념에서 출발한다. "문학적으로 접근한 사회학"이 아니다. 그러므로 이 작업에서 사회학은 하나의 보조학문이다. 다시 말해서 모든 방법론과 마찬가지로 관찰의 형태이지 결코 대상의 영역이나 내용이 아니다.

---

5 Arnold Hauser, Soziologie der Kunst, München 1974, S. 25.

6 Richard Wollheim, Soziologische Kunsterklärungen: Einige Unterscheidungen In: J. Bark, Literatursoziologie Bd. 1. Stuttgart 1974, S. 159.

III. 소외현상

III.1. 주인공의 존재는 소외된 총체

카프카는 그의 단편 『변신 Die Verwandlung』에서 그레고르 Gregor가 '인간에서 동물을 거쳐 물건덩이'로 되어가는 과정을 그린 것이다. 우리는 그레고르의 변신이 일어나지 않을 수 있었던 가능성을 다음과 같이 추측할 수 있다.

만약 그레고르가 그의 직장 일과 회사사장에게 적대심을 품지 않았다든가 또는 그가 적대심을 품었더라도 부모들을 고려하지 않고 공공연한 반발을 일으켜 직장으로부터 뛰쳐나올 수 있었다면 그레고르의 변신은 일어나지 않았을 것이다.[7] 역설적 표현으로 그레고르의 변신은 자유를 얻기 위해서 그가 찾아낸 유일한 마지막 길이다. 개념적 의미의 자유가 아니라 인간이 되기 위한 출구를 말함이다. 이 말은 그레고르가 변신하기 전에 공동사회 Gemeinschaft뿐만 아니라 일반사회 Gesellschaft에서 처한 그의 좌절감과 거리감을 뜻한다. 인간의 정신력과 벌레의 모습을 가진 그레고르의 지금 형태는 비인도적인 현세계에서 갖는 수많은 불가능성과 불합리한 운명을 말해준다. 즉 현재의 그의 모습과 그가 죽기까지 부단히 감행했던 노력은 인간세상에서 가졌던 소외감과 그것을 넘어서려는 몸부림으로 해석된다.

브로드는 그의 친구 카프카와의 대화에서 말하기를 "카프카는 어떤 공동사회의식 Gemeinschaftsgefühl도 가지고 있지 않다. 그의 힘은 오직 자신을 위해서만 족할 뿐이다." 이 말은 가정 공동사회 familiäre Gemeinschaft에서 처한 그레고르의 상태와 위치를 설명하는 말이 된다.

그레고르는 가정공동사회에 참여하기를 여러 번 시도했으나 좌절당했고 끝내 폐쇄된 공간 속에 감금되고 만다. 이 경우에 있어서 그레고르는 말할 수 있었으리라. "본래 나는 부단한 공동사회의식을 갖고 있었지만 역부족이었다"고. 그레고르의 식사 거부 모티브로부터 그의 이 행위가 얼마나 강한 공동사회의식에서 나온 것인가가 밝혀진다.

---

7 Walter H. Sokel, Kafkas Verwandlung: Auflehnung und Bestrafung In: H. Politzec, Franz Kafka, Darmstadt 1973, S. 284.

식사의 일차적 의미는 영양섭취가 있으나 다른 한편으로는 사회학적 종교적 의미에 있어서 식탁 der Tisch을 의미하며 그것은 공동사회와 "유통"에 참여함을 의미한다.[8]

그레고르는 그의 누이동생 그레테 Grete를 그의 혈육 또는 동료 Mitmensch로 확인하는 동안 식사를 취하나 그녀가 그의 동료적 시야에서 멀어지자 식사를 거부한다. 즉 그는 늘 "시장하다"고 연발하면서도 가축에게 주는 "모이"로 격하된 식사를 거부한다.

그레고르의 변신 이후에 들어온 세 하숙인들이 식탁에 앉을 때마다 그레고르는 "아이 배가 고파, 그러나 저런 식사는 안해. 저 하숙인들처럼 저런 식사를 하면 나는 죽을거야"라고 가족 식탁에서 공동식사가 아닌 음식을 거부한다. 그레고르는 바로 그의 가족사회에서 "낯선 이들보다 더 낯선 사람"으로 머문다. 카프카는 유년시절부터 식사 때만 부모와 마주 앉았다. 그의 아버지는 식사 때도 "식탁에서의 방정한 몸가짐"에 대해 엄한 가정교육을 계속했다. 그레고르의 식사 거부는 카프카가 어릴 때부터 식탁에서 가족으로부터 느꼈던 거리감과 동일시될 수 있다.

소외현상은 작품 『변신』에서 다시 "언어적 전달"면에서 나타나고 있다. 그레고르가 벌레로 변신하던 아침 그의 가족들의 말을 들어보자. 그의 어머니는 "그레고르야, 7시 15분 전이야. 오늘 출근하지 않을 생각이야"라고 말하고 그 후 등장한 그의 아버지는 주먹으로 문을 두들기며, "그레고르야! 그레고르야! 어찌된 일이냐?"고 위협한다. 이 말은 아버지의 주먹 쥔 태도로 보아 왜 오늘은 늦게 일어나느냐?라는 협박으로 해석된다. 이러한 양친의 말들은 아들의 불편한 몸에 대한 부모의 걱정 어린 질문이라기보다 일하기 싫어 늑장부리는 종업원에 대한 위협으로 느껴진다. 이러한 양친의 어투는 사회언어 Gesellschafts Sprache이다. 사회언어는 "사실에 대한 기계적인 전달"이 주기능이며 동시에 화자의 "외적인 요구"의 표현수단이다. 여기에 반해 그레고르의 누이 그레테의 언어는 전혀 다르다. "그레고르! 그레고르! 그레고르! 어디 몸이 불편한 게 아녜요? 무엇 좀 가져다줄까요?" 그레테의 말은 가정공동사회언어다. 가정공동사회언어는 "내적인 감정" 전달이 주기능이며 "인간의 내적 요구"의 표현수단이

8 Leopold Lentner, Katechetisches Wörterbuch, Freiburg I. Br., Basel, Wien 1961, S. 483.

다.[9]

한 가정의 아들로서 그레고르는 자기가 몸담고 있는 가정공동체 안에서 양친으로부터 공장주나 직장 우두머리들이 하는 사회언어를 통해 가정 밖으로 떠밀려 나가고 있음을 느낀다.

가정과 부모에 대한 그의 거리감은 다음 순간 의사불통으로 나타난다. 그레고르가 근무하는 회사 지배인이 그레고르의 방 앞에서 그의 양친에게 다음과 같이 묻는다. “당신네들도 한마디라도 이해했습니까? 그는(그레고르) 아마 우리들 중의 누구를 농락하는 것이 아닌지?” 이렇게 그레고르는 그의 말을 들을 수 있는 가까운 거리에 있는 사람들 중 어느 누구도 그의 말을 이해할 수 없는 공간에 살고 있다.

이와 같이 가정 공동사회 속에서 그레고르의 존재는 무의미 Sinnlosigkeit다. 만약 인간이 무엇을 믿어야 할 것인가에 대해 명확하지 않을 때 – 만약 어떤 결정이 내려질 때 인간이 그 결정을 명확성에 대한 최소한의 요구마저 지니지 못할 때[10] 무의미는 소외의 한 요소로 이해된다. 즉 무의미는 행위의 결과를 예견할 수 없는 체험적 무능에 관계된다. 작품『변신』에서 이러한 양상은 그레고르의 말이 더 이상 들려지지 않는 것과 더 이상 자신을 납득시킬 수 없는 사실에 있다. 이 사실은 자신을 증명할 수 있는 가능성의 상실 즉 동일성의 상실이요, 동료 또는 혈육간에 최소한도의 요구를 할 수 있는 바탕의 상실이다. 이러한 현상은 다소간 카프카 생존 시의 언어적 현실, 즉 프라하 독일어 Prag Deutsch가 처한 현실의 유추로 볼 수 있다.

첫째 1910년대의 프라하의 50만 인구 중 독일어 사용인구는 2만 5천에 불과한 것을 감안하면 – 물론 독일어 사용인이 프라하 사회의 상류층을 구성하고 있었지만 – 프라하 독일어는 전달 면에서 그 사회의 4.5~5%의 통용성에 국한되어 있었다. 이 사실은 의사전달 수단으로 사용되었던 프라하 독일어가 수적으로 대다수인 체코어 사용 사회로부터 소외되었음을 뜻한다.

---

9 Gesellschaftssprache와 Gemeinschaftssprache의 차이는 Gesellschaft(Society)와 Gemein-schaft (Community)의 개념차이와 관계된다. Tönnies이론에 의하면 Gesellschaft는 선택의지(Kurwille)의 집합체이고 Gemeinschaft는 본질의지 또는 본능적 의지(Wesenwille)의 집합체이다.

10 Melvin Seeman, über die Bedeutung der Entfremdung In: H.H. Schrey, Entfremdung, Darmstadt 1975, S. 368.

둘째 프라하에 살고 있던 2만 5천의 독일어 사용인 중 약 1만 명 내지 1만5천 명이 유태인이었다. 이 사실은 유태인이 사용한 프라하 독일어가 독일민족성과 결부된 표현력으로부터 상당한 거리에 있었다는 말이다. 프라하 유태인이 모국어로 사용하던 프라하 독일어는 '유태인 가 언어 Ghettosprache'로서 베를린이나 빈에서 사용되던 독일어와는 먼 거리에 있는 퓨리타니즘적인, 민족감정이 고갈된 독일어다. 이와 같이 카프카 생존 시 유태인이 사용하던 프라하 독일어는 한편으로 의사전달수단인 '사용 목적물 Gebrauchs Zweckgut'로서 그 사회의 다수에게 무용지물이었고, 다른 한편으로는 감정전달 수단인 모국어의 중요한 개념인 '민족 감정물 National Affektgut'로부터 소외되었다. 카프카는 그의 모국어 독일어를 '남의 소유물'로 표시했다. 즉 그는 동시대 유태인 작가들이 사용하던 프라하 독일어를 "낯선 소유물의 공공연한, 또는 무언중에, 또는 자학적인 점령, 또는 문서 독일어 Papierdeutsch와 몸짓 언어 Gebärdensprache의 유기적 결합"[11]이라 비판했다.

이 비판은 다민족 다국어(당시 15개 국어가 병존했음)가 제각기 집단을 이루고 있던 오스트리아 헝가리 왕국의, 모든 사람에게 속해 있으면서 사실 어느 누구에게도 소속될 수 없었던 보헤미아에서 카프카의 모국어 의식의 혼란을 말해준다.

작품 『변신』에서 그레고르가 그의 가족, 동료로부터 '가장 가까운 곳에 있으면서 동시에 가장 멀리 떨어져'있다는 사실은 그에게 체류, 소속성이 문제된다는 이야기다. 카프카의 단편 『가장의 걱정 Die Sorge des Hausvaters』에서 주인공 오트라덱 Odradek은 때로는 지붕 밑 방, 층계, 때로는 출입구, 복도 등을 바꾸어 가면서 머문다. 종종 한 달 이상이나 보이지 않다가 나타난 그에게 당신 거주지가 어디요?하고 물으면 '주거부정'이 그의 대답이다.

작품 『변신』에서 가정 속에 살고 있으면서 신뢰와 생활습관이 상실된 그레고르의 주거는 바로 그의 내적인 '주거부정'이다. '주거부정'은 무소속인에게 내려진 체류불가능성이다.

카프카의 '무소속성'은 그의 유태교 Judentum와의 관계에서도 나타난다. '두 뼘 남짓한 좁은 유태교 교회 Juchiche Synaguge' 속에서 카프카는 유태교의 과

---

11 Franz Kafka, Briefe 1902~1924, F. a. M. 1975, S. 336.

거를 발견했을 뿐이고 자기 아버지의 유태교 신앙 속에서는 알맹이 없는 형식만 발견했을 뿐, 현재에 대한 종교적 규범을 발견하지 못했다. 유태교에 대한 카프카의 거리감은 그 종교의 현실외면성 Wirklichkeitsfremdheit과 형식주의에 대한 거리감이다. 카프카에게 유태교는 하나의 역사적 주거지이지 공간적 주거지가 아니다. 이러한 유태교에 대한 카프카의 관계는 소외애정 Distanzliebe으로 표시될 수 있다. 소외 Distanz와 애정 Liebe은 반대개념으로 의미상 서로 융합될 수 없으나 카프카에게는 거리와 애착의 모순개념이 항상 공존한다.

카프카는 '오늘날 유태인들은 과거 역사만으로 살아가기는 충분하지 않다'고 말함으로써 현실적 소속을 갈망한 것이다. 그러나 독일인과 체코인 사이의 민족적 · 언어적 · 정치적 · 경제적 투쟁, 그리고 독일민족과 유태민족 사이의 갈등 속에서 그는 어느 것에도 소속되지 않았다. 문화적 독일인 사회에도, 공간적 체코인 사회에도, 행정적인 오스트리아 사회에도 그는 속할 수 없었다. '창작이 종교를 지향하느냐?'라는 질문에 대해 카프카는 "그렇게는 말할 수 없으나 분명히 말할 수 있는 것은 기도하기 위해서"[12]라고 대답했다. 무엇을 위한 기도인가? 그가 행한 기도는 유태인 공동 사회뿐만 아니라 자기가 거주하는 사회 속에서 자기 현존재가 몸담을 수 있는 '체류허가'를 위한 기도였다. "인간은 어디엔가 연결됨으로써 비로소 자유롭게 된다"[13]고 말한 카프카는 어느 사회의 중심적인 가치관이나 규범도 그에게 유효하지 못했기 때문에 사회문화적인 면에서 자유롭지 못했다. 이러한 부자유는 대인관계의 위기와 개체의 사회적 定着의 위협이다. 이 사실은 그의 삼부작 장편 『성 Das Schloß』, 『소송 Der Prozeß』, 『아메리카 Amerika』에서 "Überkafkat"[14] 모티브 속에 나타난다.

작품 『성』의 세계는 도달할 수 없는 권위와 관료주의로 구성된 제도화된 사회다. 이 세계 안에서 주인공 'K'는 항상 악순환처럼 혼미 속에서 생을 마친다. 작품 『소송』의 세계는 수많은 불분명한 계층적인 심급으로 구성된 게계. 이러한 세계 속에서 무죄한 주인공 조세프 K는 익명의 힘에 쫓긴다. 작품 『아메리카』에 나타난 세계는 자본주의 속에 극도로 기능화된 비인도적인 세계다. 연소

12 Gustav Janouch, Gespräche mit Kafka, F. a. M, 1968, S. 75.

13 a.a.O., S. 145.

14 Kafka 작품에 나타난 공포, 사회향의 익명의 힘에 依해 쫓기고 있는 감명을 Johannes Urzidil은 Überkafkat Motiv로 칭했다.

자 칼 로저만은 그의 부모에 의해 이 세계에 던져져서 『실종자』처럼 헤맨다. 이러한 작품들 속에 등장한 관료주의, 심급제도, 기능주의의 기구는 바로 제도화의 총체이며 그 속에 내던져진 주인공의 존재는 소외된 존재의 총체다.

III.2. 사람들은 어디로 달리고 있나

카프카의 사회성은 '비사교적 사교성'의 모순개념으로 표현된다. 이러한 모순은 그의 비극적인 생활에서 찾을 수 있다. 세 번째의 약혼 및 파혼으로 끝을 본 결혼 불능자로 자처하면서도 카프카는 다음과 같이 모순적인 자신을 말한다.

"어느 누구와 함께 산다는 것은 참을 수 없는 일이다. 그러나 그것이 슬픈 것이 아니라 혼자 살 수 없는 불가능성이 슬픈 것이다."

이러한 모순은 다음과 같이 말할 수 있다. 즉 그는 "노동보험회사 직원으로서 시민에 속하지 않고, 서민의 아들로서 노동층에 속하지 않고, 그렇다고 어느 사무직원에 속하는 것도 아니다. 왜냐하면 그는 자신을 작가로 생각했기 때문이다. 그러나 그는 작가생활에 전념할 수 없었다. 왜냐하면 그는 가정에 희생했기 때문이다.[15]

카프카의 사회에서 소외감정은 다른 한편으로 인간과 물질과의 관계에 기인한다. 자본주의 사회의 내적인 모순성의 하나는 '물질숭배주의 Warenfetischmus' 다. 인간과 물질관계는 본래 주객체의 관계다. 그러나 물질 숭배주의에서는 주객의 전도를 결과로 한다. 카프카의 작품 『물통기사 Der Kübelreiter』에서 작중인물 석탄가게 안주인 Kohlenhändlerin은 석탄 사러 온 고객의 부름을 듣고도 말한다. "아마도 오지 않았어. 아무 것도 아니야. 나는 아무 것도 못 보겠는걸. 아무 것도 듣지 못 하겠는걸" 가게 주인과 고객의 관계는 인간적인 관계 위에 성립되는데 반해 이 작품에서는 단순히 지불 방법의 여부가 그 전제가 된다. 작품에서는 단순히 지불 방법의 여부가 그 전제가 된다. 이 작품에서 문제되는 것은 자본주의 시장경제에서 인간과 인간의 관계가 사물화 됨으로서 옛 고객에 대한 인간적인 신뢰관계가 단절되는 데 있다.

---

15 Günther Anders, Kafka, Pro und Contra, München 1972, S. 18.

이 문제를 다시 작품 『변신』에서 살펴보자. 경제적 문제의 동기 없이는 직접적인 인간관계를 잠자 Samsa가정에서 발견할 수 없다. 부자 간의 관계는 '물질중계'에 있다. 아버지와 아들의 관계는 일종의 물질관계로 타락된 것이다. 그레고르는 그의 가족으로부터 '돈버는 기계'로 취급되면서 어떤 인간적인 따듯함을 느끼지 못한다. 따듯한 인간관계의 갈증이 이 작품 속에서는 음악적 체험과 관련해서 표현되고 있다.

"음악이 그를 그렇게 사로잡았으니 정말 그가 짐승인가? 마치 음악이 그가 갈망하던 미지의 자양분을 얻는 길을 가르쳐 주는 것 같았다."

인간관계의 길은 물질관계의 중개를 통하는 것이 아니라 순수한 감정을 통해서 가능하다. 그레고르는 감정과 결부된 음악의 힘에 의해서 인간적인 공동사회에 이르는 길이 열려지기를 갈망한다. 작품 『변신』에서 그레고르가 주위세계의 비인도주의에 대항하고 그것으로부터 자유롭게 되기 위해서 부단한 노력을 하지만 사회상태의 본래의 뿌리가 제거되지 않는 한 아무 효력이 없다. 카프카는 이 뿌리를 경영제도의 기구의 한 부분으로 화한 인간의 변형으로 본다. 즉 "가장 중요한 것은 돈과 기계이며, 인간은 단지 자본증가의 구식 연장에 불과하다."[16]

카프카는 이런 상황에서 다음과 같이 한탄한다. "사람들은 어디로 달리고 있나? 그들은 무엇을 하나? 인간들은 분주하지만 각자는 자신 속에 고립되어 더듬거린다. 우리는 파괴된 세계에 살고 있는 것이 아니라 혼돈된 세계에 살고 있다."[17]

이런 의미에서 그레고르의 죽음은 "무의미한 멸망이 아니라 행방되는 인식이며"[18] 그가 지금까지 걸어온 길이 항상 목표로부터 멀어져가는 길이었는데 반해 그레고르의 죽음은 제약된 자아로부터 무조건의 자아로 이끄는 유일한 길이다. 다음으로 우리는 이상과 그의 문학세계에서 이 현상을 살펴보자.

---

16 Gustav Janouch, Gespräche mit Kafka S. 144.

17 a.a.O., S. 143.

18 Wilhelm Emrich, Franz Kafka, F. a. M. 1970, s. 100.

III.3. 존재와 의식

작품 『날개』에서 '나'는 내적으로나 사회적으로 주위 세계에 전혀 참여하지 않는다. 그의 내적인 공백과, 단조로운 공간과 거기서 이어지는 생활의 단조로움이 사회생활과 자신 사이에 균열을 가져온다. '나'에게는 그 온전한 인간에 이르는 통로가 막혔고 공동사회와의 내적인 관계가 상실되었다. '나'는 그의 존재를 '형언할 수 없고 참을 수 없는 존재'로 말한 것처럼 개성이 비발육되었고 또는 그가 자기 아내의 직업을 모른다고 할 정도로 공동사회에 속해 있지 않다. 이 경우는 서로 분리된 것이 아니고 주위세계의 제약을 받고 있다.

'나'라는 존재는 그의 아내의 방문객이 '나'의 존재가 바로 옆방에 있다는 것을 관심 두지 않을 정도로 '나'는 무의미한 존재다. 그의 아내가 방문개과 비도덕적인 교제를 하면서 옆방 남편의 존재를 전혀 고려하지 않을 정도로 남편의 존재는 있으나마나다. 가장인 '나'는 자기 능력의 적극적 운반자가 아니라 외부의 힘에 의존한 가련한 사물에 불과하다.

'나'의 무의미성은 애매한 상황에 대한 자신의 불확실한 위치다. 애매한 상황이란 '나'와 그의 아내를 지배하는 규범의 불협화음으로 특징지을 수 있다. '나'의 변칙적인 행위규범과 아내의 변질된 도덕규범이 그것이다. 즉 인간적 의의와 경제적 의의 사이의 불일치를 의미한다.

'나'의 개인적 혼란과, 가정의 문화적 파괴, 부부상호 간의 불신을 내포하는 규범 상실 속에서 일어난 것이 아노미 현상이다.

'나'는 아노미 상황 속에서 무한한 본능적 욕망과 기존 현실 사이에 평균을 무위하게 모색했고, 반면에 그의 '아내'는 아노미 속에서 일반적으로 유효한 공동사회의 가치성을 개인적인 이해의 혼돈 속에 종속시켰고 자기 임의의 수단을 통해 자기만족에의 도달을 모색한다. 그녀는 외출에서 돌아오거나 또는 자기 손님과 교제를 마친 후 건너 방으로 와서는 "그의 남편의 귀에 대고 이해할 수 없는 몇 마디를 속삭인다." '나'는 미소로 이것에 대한다. 그러나 "이 웃음은 비웃음도, 고소苦笑도, 수치감에서 나오는 웃음도 아니다." "이해할 수 없는 몇 마디의 속삭임"과 정의하기 어려운 이상야릇한 웃음은 바로 '나'와 그의 아내의 관계를 말해준다. 아내의 '몇 마디'와 그것에 대한 '나'의 웃음은 인도적이고 도덕적인 요구에 의해 나오는 본원적인 자발의사가 아니라 두 사람 사이에 벌어진 균열을 메우지 못하는 단순한 배타성의 즉흥성이다. '나'의 배타적인 행위는 그의 식사거부 동기에서 다시 볼 수 있다. 아내가 갖다 준 찬 밥덩이는 가정 공동 식탁이 아니고 일정한 공간에 가두어둔 가축에게 던져주는 모이에 불과하다. 인간이 음식을 먹는 다는 것은 세상의 한 조각을 자신이 받아들이는 것이고, 공동식탁은 공동생활의 한부분이며 공동사회 참여의 상징이다. 만약 인간이 식사를 거부한다면 그것은 주위세계와의 관계를 거부하는 행위다. '나'의 식사 거부는 본래적인 의미가 상실된 가정공동사회의 모순에 대한 거부다.

아내의 지나친 물질우위적이고 비도덕적인 생활과 '나'의 지나친 정서적 성향에서 나온 생활무능에서 '나'와 아내의 가정은 경제와 감정이 종합화된 생물학적인 부부결합의 가정기능이 상실되었다.

이상의 작품 곳곳에서 19세기식 낡은 도덕과 20세기의 새로운 요구 사이의 강한 대비현상이 발견된다. 그의 작품 『실화失花』에 다음과 같이 써있다.

"슬퍼? 응 - 슬플 밖에. 20세기를 생활하는 데 19세기의 도덕성밖에는 없으니 나는 영원한 절름발이로다" 『날개』의 '나'와 『실화』의 '나'는 동일시될 수 없지만 두 사람은 같이 절름발이다. 전자는 가정사회에 있어서 도덕적 경제적 절름발이요, 후자는 문화사회적 절름발이다. 이 두 '나'가 절름발이가 된 이유를 다시 사회구조에서 찾아보자.

III.4. 세기의 무뢰한(無賴漢)

사회문화 구조의 많은 요소 가운데 두 개의 요소가 중요하다. 그 첫째 요소는 모든 사회 구성요원으로부터 정당한 목표설정으로 간주되는 일정한 문화적 목적 · 의도, 그리고 문화적 관심에 관계된다. 두 번째 요소가 풍습이나 제도에서 나온 규범 즉 제 1요소는 제 2요소에 의해 제약을 받는다. 만약 문화적 목적이 제도적 규범보다 기계적인 규범에 의해 지배된다면 불완전한 문화의 유형이 형성된다. 반면에 만약 제도적으로 규정하는 규범에 얽매일 경우 목표설정이 망각된다. 19세기와 20세기에 대한 이상의 견해는 이 관점에서 설명될 수 있다. 왜냐하면 절름발이로 등장하는 이상의 작중인물은 위에 언급한 두 개의 요소 중 어느 하나에 지나치게 치우침으로 희생된 인물이기 때문이다.

이상은 그의 친구에게 보낸 편지에서 다음과 같이 말하고 있다.

"암만해도 나는 19세기와 20세기의 틈바구니에 끼여 졸도卒倒하려드는 무뢰한인 모양이오. 완전히 20세기 사람이 되기에는 내 혈관에는 너무도 많은 19세기의 엄숙한 도덕성의 피가 위협하듯이 흐르고 있소 그려." 이상 자신이 사회문화적 절름발이였다. 사회가 지향하는 목표와 이 목표에 도달하는 방법을 규제하는 규범 사이에 일어난 제도와 불균형이 그를 절름발이로 만들었다. 19세기와 20세기의 제도 불균형은 전통적 가정교육의 요구와 사회현실 요구 사이의 불균형이다.

한국의 19세기는 한마디로 말해서 대부분 유교에 의해 지배되었다. 19세기식 도덕이란 그러므로 유교로부터 유래된 사회 도덕적 행위를 의미한다. 도덕적 규범과 사회적 규범에 있어서 자기 분수를 지킬 경우 그것은 올바른 행위요. 자기분수를 벗어날 경우 그것은 올바른 행위가 아니다. 그러면 이상은 19세기식 도덕에 대해 어떤 태도를 취했는가? 그는 가정에서 그것을 준수하게끔 교육을 받았고 실제 여성관계에서 그것을 파기했다. 이상은 한편으로 19세기 도덕의 희생자이며 다른 한편으로는 이 도덕으로부터 타락됨으로써 희생된 자다. 이상 이상이 20년간 자란 그의 백부댁伯父宅 가정 구조를 우선 살펴보자. 이상은 그의 백부에게서는 카리스마적인 가장의 권위를 백모에게서는 자연적인 모성애에의 이질감과 공포감을 느낀 것이다. 이러한 양가적인 가정구조에서 이상의 성격 구조가 형성되었다. 백부의 '근엄한 자태'와 이상의 '내부세계에 어둠을 던져준' 백모에 대한 공포는 그가 저항해야 할 대상이다.

이상의 권위에 대한 저항태도는 19세기식 도덕, 즉 유교사상에 대한 저항이요, 백모에 대한 공포감은 그의 아내 금홍이에 대한 태도에서 다시 찾을 수 있다.

그의 작품『봉별기奉別記』에서 다음과 같이 '나'는 말한다. "하루 나는 제목 없이 금강에서 몹시 얻어맞았다. 나는 아파서 울고 나가서 사흘을 돌아오지 못했다. 너무도 금홍이가 무서웠다."

이상의 실제 아내 금홍,『봉별기』의 금홍,『날개』의 아내, 이 세 여자는 19세기 사회도덕규범에서 벗어난 가정주부다. 그들은 물질우선 사상을 유교적 예절보다 훨씬 우위에 두었다. 결론적으로 19세기 도덕을 타락시킨 장본인들이다. 이상은 이런 현상이 곧 20세기의 등장 때문이라고 생각한다. 20세기는 곧 일본

제국주의와 구미자본주의의 한국상륙과 동일시된다. 이러한 이질적인 두 개의 상륙을 이상은 도덕성과 마적인 화폐 위세간의 비융화의 계기로 간주한다. 가정과 사회에서 도덕적 규범은 경제적 관계로 일어나는 추잡한 인간관계를 규제할 수 있는 기능을 상실했다.

『지주회시』에서 이상은 화폐로 인해서 일어나는 비도덕적인 면과 비인도주의적인 면을 노출시켰고, 나아가서 돈을 벌기 위하여 지친 소시민의 생활을 평행적으로 그리고 있다. 이상은 문제성이 영리목적의 사회의 병폐성에 있는 것이 아니고, 병든 사회의 영리추구에 있다고 본 것이다. 『지주회시』의 세계는 거미와 돼지의 모임이다. "나는 거미다. 내 아내도 거미다. 이 방은 거미들이 사는 방이다." '그'와 그의 아내의 관계를 피를 빨고 빨리는 관계다. A회사 지배인과 카페 R의 소유자는 돼지처럼 살찐 동물이다. 인간사회의 영리와 소비과정에서 화폐의 소외기능을 통해서 인간이 동물로 격하됨을 묘사한 것이다. 사회생활에서 화폐의 힘은 "정절貞節을 부정不貞으로, 미덕을 악덕으로, 악덕을 미덕으로 우둔을 지성으로, 지성을 우둔으로 변화시키는 힘"을 가지고 있다. 『날개』에서 '나'는 미시고시 발콘에서 내려다보면서 다음과 같이 말하고 있다. "나는 또 희락의 거리를 내려다보았다. 거기서는 피곤한 생활이 또 금붕어 지느러미처럼 흐늑흐늑 허비적거렸다. 눈에 보이지 않는 끈적끈적한 줄에 엉켜서 헤어나지들을 못한다."

눈에 보이지 않는 끈적끈적한 줄에 매달린 지친 소시민의 생활현실성은 다소간 상업자본주의가 상륙한 후 도시민 생활을 지배하던 당시 서울사회의 노동자 생활을 반영이다. 노동은 인간의 순수한 자기만족과 자기 주장의 행위로 주위환경의 개조(변형) 작업으로 정의될 수 있다. 이 경우에 있어서 노동을 통한 인간의 외면화Exteriorisierung는 자기 발견과 동시에 동물세계로부터의 독립을 의미한다. 이런 의미에 있어서 노동은 '기쁨과 빈 자빈自負의 원천'이다. 이러한 노동의 개념은 근대 자본주의 기업의 부자유스럽고 기계적인 노동과는 거리가 멀다. 이상은 『날개』의 에필로그 Epilog에서 그리고 『지주회시』에서 노동과 영리 행위를 기쁨과 자부의 원천이나 인간의 자기 발견이나 인간으로서의 독립을 뜻한 것이 아니고 인간의 노예화와 자기실망의 원천으로 표현한 것이다. 이러한 노동개념은 화폐의 소외기능을 바탕으로 한다. 이상은 19세기식 도덕과 20세기의 반도덕적인 화폐위협사이에 양자택일의 입장에 놓여 있었던 것이 아니고 어느 것에도 속하지 않았다. 『날개』에서 '나'는 다음과 같이 자문하고 있다. "나는 이 발길이 아내에게로 돌아가야 옳은가. 이것만은 좀 분간하기가 어려웠다. 가야하나? 그럼 어디로 가나?" 아내는 20세기와 결부된 인물이고 '나'의 방은 19세기와 결부된 공간이다. "나는 어디로 가야 하나?" 이 자문은 과거와 현재에 대해 동시에 거리감을 느끼고 있는 '나'의 고민이다. "날개야 다시 돋아라, 날자! 날자! 날자! 한번만 날자꾸나." 그의 갈망은 시대적・공간적 제 3의 가능성에 대한 갈망이다.

폐쇄된 사회에서 인간의 소외와 만남의 불가능성을 이상의 『정식 4(正式Ⅳ)』에서 살펴보자.

카프카의 작품 『귀향 Heimkehr』이나 『법전 앞에서 Vor den Gesetz』에서 볼 수 있는 만남의 불가능이라는 공통주제를 띠고 있는 『정식 4』는 복수적인 현실을 시사하고 있다.

첫째 '나'와 '너'사이의 부지, 둘째 '문'의 이중폐쇄성, 셋째 현실의 이중폐쇄성에 대한 부지, 넷째 그것에 대한 실망, 마지막으로 '나' 자신의 인식이다. 이 요소들은 복수적 거부를 이야기한다.

첫째 '나'와 '너'의 부지不知는 인간적 만남의 거부요, 둘째 문의 이중폐쇄는 역사적 전통성의 공간적 정착의 거부요, 셋째 문의 이중폐쇄성에 대한 부지는 현실 이해의 거부다. '나' 자신의 인식은 폐쇄된 사회에서 자신의 소외감을 말한다.

카프카의 『법전 앞에서』나 『귀향』에 있어서 '만남'의 불가능성의 원인은 『법전 앞에서』에서처럼 '인간의 제도화'에 있거나 또는 『귀향』의 '나'의 명확하지 못한 성격처럼 '인간의 성격구조'에 있다. 그러나 이상의 『정식 4』에서는 '나'와 '너'의 만남을 방해하는 것은 폐쇄된 사회구조다. 이 폐쇄된 사회 속에서 '나'는 이중의 소외감에 사로잡혀 있다.

Ⅳ. 결론

이상의 소외감정은 다소간 시대와 결부된 반면에 카프카의 그것은 공간적으로 이해된다. 그러나 한 예술가나 예술 작품을 관찰할 때 시대적 요소만을 강조하고, 공간적 상황을 도외시한다거나 또는 그 반대의 경우가 생긴다면 그것은 불완전한 방법이다. 왜냐하면 시대와 결부된 예술현상이나 작품은 동시에 어느 일정한 공간과 결부되어 있기 때문이다.

이런 의미에서 이상의 대사회 감정은 19세기와 20세기의 교차점이었던 당시 서울의 특수한 상황과 결부된다.

마찬가지로 카프카의 대사회 태도는 독일, 오스트리아, 체코, 유태인 등 다수민족으로 구성되었던 1867년부터 1차대전 전후까지의 특수한 프라하 사회상태로부터 규정된다. 쾨니히 Rene König 이론을 따른다면 복수주의적인 사회에서 인간은 다른 형태의 사회에서보다 훨씬 덜 구속을 받는다. 복수주의적인 사회에서는 확실성과 불확실성이 항상 강하게 대치對峙하므로 규범의 실로 짠 사회의 천(직물)에는 구멍의 수가 점점 늘어난다. 카프카와 이상의 현존재는 프라하나 서울의 복수주의적인 구조와 제도에 잘못 적응하거나 또는 적응하지 못한 것이다. 두 작가에게 그들의 상존지대는 반조국인 동시에 반 이방지대다. “일본에 건너간 후 그의 친구에게 보낸 편지에 과거를 회상하면 후회뿐입니다.”라고 말한 것으로 보아 이상의 생활에서 온 좌절감(직업 실패, 결혼생활의 불행, 폐병, 가난)과 불행했던 당시의 작가적 위치가 한층 더 그의 서울 생활에 거리감을 주었다. 카프카의 프라하 생활(직업에 대한 불평, 아버지와의 갈등, 결혼 불가능성, 폐결핵)도 역시 마찬가지다.

그의 양친에게 보낸 편지에서 카프카는 프라하 생활生活의 불행을 감추지 않고 있다. “내가 사표를 내고(노동자 사고 보험회사) 프라하를 떠나면 전혀 문제스러운 일이 일어나지 않을 것이고 모든 것을 얻을 수 있습니다.”

두 작가의 그들이 살던 시대, 그들의 출생 및 생존지대에 대한 그들의 감정은 좌절 · 거리감 · 소외의식이다. 이러한 현상은 수수께끼 같은 이상이라는 가명이나 카프카의 작중인물 ‘K’라는 익명 속에 감추어져 있다. 이상은 한국말로 들리기도 하나 한편으로 일본말로 들리기도 한다. 마치 카프카의 ‘반주인공 Anti-Held’ ‘K’가 누구나 다 Jedermann를 뜻하면서 동시에 아무도 Niemand 뜻하지 않는 것과 비교된다.

끝으로 두 작가의 소외현상이 긍정적이냐 또는 부정적 의미를 지니느냐 한 번 살펴보자. 마르쿠제 H. Marcuse는 예술창조 또는 문학창작에 있어서 의식적이고 방법적인 소외는 긍정적 의미를 가지지만 소외당한 인간의 소외현상은 부정적 의미를 지닌다고 한다. 일반적으로 방법적인 소외 (헤겔 철학의 변증법에서 출발)가 예술의 허구세계에 응용될 수 있고 카프카와 이상의 작품세계에도 이런 요소가 완전히 배제될 수는 없다. 그러나 실제 두 작가에게는 결코 긍정적인 의미의 소외가 될 수 없다. 그들은 실제로 공동사회와 일반사회에서 소외당한 존재였다. 그들은 다음과 같은 욕구를 채울 수 없는 데서 오는 심한 병을 앓고 있었다. 즉 1. 타인과의 사회적 관계에 대한 욕구, 2. 창조적 존재가 되려는 욕구, 3. 사회 및 생활에 뿌리를 단단히 박으려는 욕구, 4. 자신의 동일성에 대한 욕구다. 두 작가에게 나타난 소외감은 '병든 사회'에서 '병든 개체'가 갖는 소외감이다. 이러한 인간의 소외감은 결코 그 자체가 긍정적인 의미를 지닐 수 없다. 동시에 그들의 문학세계에 미친 소외현상 역시 긍정적이라기보다 부정적 의미가 짙다.

릴케의 작품에 나타난 선불교적 예술관

-시 「산 Der Berg」을 중심으로-

조 두 환

I. 머리글

『신시집 Neue Gedichte』을 내놓으면서 시적 새로움을 찾아 온 힘을 기울이던 릴케는 작가로서의 시야를 넓히기 위하여 박물관. 미술관, 식물원, 과학관 등 각종 문화체험 공간을 다양하게 확장하는 한편,[1] 당시 예술계를 주름잡던 오귀스트 로댕 Auguste Rodin, 폴 세잔느 Paul Cézanne 등 거장들과 교유하면서 새로운 관찰의 가능성을 높여간다.

그와 더불어 아주 특별한 행보가 이루어지는데, 평소 이국문화에 대한 관심이 컸던 그가 1900년을 전후로 한 유럽 내의 이른바 '동양러시'의 열풍을 작품 속에 끌어들이기 시작하여 『신시집』에만도 3편의 '부처 시'[2]와 중동문화를 소재로 한 작품들[3]을 수록하게 된 것이다. 그런데 이것들은 로댕의 정원에 있는 조각 작품이나 동시대 작가와 예술가들을 통한 간접체험의 산물이어서,[4] 그가 불교 내지 여타 동양사상을 본격적으로 전수받은 것으로 파악하기에는 미흡한 점이 많다. 그렇다고 해서 서양의 예술관찰법으로만 읽어내기에는 동양적 의식

1 Frank Wood, Rainer Maria Rilke. The Rings of Forms. Minneapolis(University of Minnesota Press) 1958, S. 69f.

2 「부처 Buddha」(SW I. 496), 「부처 Buddha」(SW I. 528f.), 「영광의 부처 Buddha in der Glorie」(SW I. 642).

3 「마호메트의 부름 받음 Mohammeds Berufung」(SW I. 638), 「페르시아 헬리오트롭 Persische Heliotrop」(SW I. 630f.).

4 Vgl. 1905년 9월 20일, 1905년 9월 21일, 1906년 1월 11일자 클라라에게 보내는 편지.

세계의 폭이 의외로 넓다. 따라서 동양성과 예술성 중 어느 한쪽을 중심으로 작품을 이해해야 할 것인가 하는 선택의 문제는 지속적인 과제가 아닐 수 없다.

사정이 그렇다 하더라도, 산업화에 찌들기 시작한 서양이 당시의 문화풍토에서 위기감을 떨칠 수 없었고, 그에 대한 해결책으로서 점화된 인상주의 예술운동이 동양문화에 대한 문호개방으로부터 비롯되었다는 사실은 주목할 만하다. 그에 따라 일본선풍은 양식적, 철학적, 문화 정책적, 형상화의 양상 등으로 진지하게 검토되기 시작하였고,[5] 이에 발맞추어 릴케의 시세계에도 관찰자의 기능과 연관된 예술적 시각변화가 나타나게 된 것이다. 부처상을 향해 가는 "낯선 순례자"가 자신과 부처 사이에 좁혀질 수 없는 어떤 "상태 Konstellation"[6]를 뚜렷이 인식하고 있고, 설정된 간격을 긍정적으로 인정하며, 한걸음 더 나아가 더욱 산정된 적극적인 방법으로 어떤 '거리감'을 강조하고 있다. 그리하여 관찰자의 존재는 사라지고 대상(부처와 마호메트) 자체가 독자적인 위치를 차지한다.[7]

이와 연관하여 더욱 집중적인 고찰의 대상으로 삼을 수 있는 것이 작품 「산 Der Berg」(SW I. 638)이다. 릴케는 이 시에서 소재선택이나 예술적 인식에 있어서 더욱 집중적으로 동양예술의 창작과정을 배경으로 삼고 있다. 널리 알려진 바와 같이, 시는 일본예술의 특성과 관찰 및 표현가능성을 깊이 다루고 있는데, 그것이 이원론 법칙에 따라 논리적으로 생각하는 서양적 인식체계를 지양하는 파격적인 것이어서 더욱 의미 깊다. 사물 대상을 시인의 주관으로부터 해방시키려는 릴케의 주장이 이 작품을 통하여 "정신의 자유 eine Befreiung des Geistes"[8]를 얻은 연후에 올바른 관찰에 도달할 수 있다는 선불교적 가르침과 근본적으로 일치하고 있기 때문이다.

---

5 Vgl. Klaus Berger, Japonismus in der westlichen Malerei 1860-1920. München 1980, S. 8-11.

6 Wolfgang Müller, Rainer Maria Rilkes Neue Gedichte. Vielfältigkeit eines Gedichttypus. Meisenheim an Glan 1971, S. 71.

7 Vgl. "Als ob er horchte. Stille: eine Ferne.../ Wir halten ein und hören sie nicht mehr."(SWI. 486), "da tat er allen Anspruch ab und bat//bleiben zu dürfen ..."(SWI. 638).

8 D. T. Suzuki,: Das grosse Befreiung. Einführung in den Zen-Buddhismus. Mit einem Geleitwort von C. G. Jung. Frankfurt a. M. 1978, S. 11.

선禪 수련이 원래 "세상본질을 향한 새로운 관점을 세우는데 목표가 있다"[9]는 관찰적 기능에 높은 비중을 두면서, 본 논문은 시 「산」을 중심으로 릴케가 『신시집』에서 추구하고 있는 새로운 시각이 어떻게 동양(일본)의 예술적 관점과 일치하는가를 확인해 보는데 역점을 둔다. 아울러 '사물시'를 중심으로 한 릴케의 시론 재정립 과정에 선불교적 사상이 어떠한 자리를 차지하고 있는지 구체적으로 검토될 것이다.

II. 시 「산」 분석

서른여섯 번, 백 번이나
화가는 그 산을 썼다
찢어 버렸다가 다시 온몸을 사른다
(서른여섯 번 그리고 백 번이나)

그 가늠할 수 없는 화산에,
복되게 온갖 힘을 기울이는 동안 -
외로이 어렴풋이 떠오르는 형체가
그의 찬란함을 막지는 못했다:

수 없이 모든 날들에서 떠올라
견줄 길 없는 밤들이 스스로 떨어져 내려,
모두가 가까스로
모든 영상이 순간에 사라지며,
형체가 형체로 바뀌어
관심을 버리고 멀리 아무 생각도 없이
현상처럼 돌연 깨달음이 와
모든 틈새로 떠오른다.
SECHSUNDDREISSIG Mal und hundert Mal
hat der Maler jenen Berg geschrieben,
weggerissen, wieder hingetrieben

9 Ebd., S. 90.

(sechsunddreissig Mal und hundert Mal)

zu dem unbegreiflichen Vulkane,
selig, voll Versuchung, ohne Rat, --
während der mit Umriss Angetane
seiner Herrlichkeit nicht Einhalt tat:

tausendmal aus allen Tagen tauchend,
Nächte ohne gleichen von sich ab
fallen lassend, alle wie zu knapp;
jedes Bild im Augenblick verbrauchend,
von Gestalt gesteigert zu Gestalt,
teilnahmslos und weit und ohne Meinung –,
um auf einmal wissend, wie Erscheinung,
sich zu heben hinter jedem Spalt.

시는 "서른여섯 번"과 "백 번"이라는 수수께끼 같은 수의 표시로 큰 관심과 의문을 불러일으킨다. 두 수 표시가 안겨주는 감각적인 무게는 '화가 Maler'라는 단어가 앞의 '때, 번, 회, 배'를 뜻하는 명사형 'Mal'과 그것을 행하는 사람이라는 뜻의 '– er'이 연결된 것으로 보아 일종의 언어 놀이적 상징성에 관심을 갖게 한다. 그것은 4행의 괄호 안에 묶인 반복되는 두 수에 의하여 더욱 짙어진다. 화가는 그러므로 끊임없이, 지침 없이, 온힘을 기우려 어떤 작업을 계속(반복)하는 자의 의미로서 이해된다. 그런 느낌은 1연 안에 있는 4개의 'Mal'이 9행에서는 부사형 "수 없이 (천번) tausendmal"로 쓰인 데서도 확인할 수 있다. 특히 첫 연에는 M자에 이어지는 'h', 'w'음의 두운 형식이 두드러지게 나타나 언어형식 면에서도 대단한 짜임새를 보이고 있다. 그런 현상은 9행의 't'음, 13행의 'g'음과도 연결된다. 그것은 시의 운율이 abba cdcd effe ghhg 로서 2연의 십자운만 제외하고 전체가 포옹운으로 이루어져 어떤 포괄의 의미를 강하게 풍기는 것과 결코 무관하지 않을 것 같다.

작품을 좀더 자세히 읽어 내려가면, 시의 내용이 서정시 구성의 전형적 기본 요건인 "밝혀질 것을 전제로 한 마스크"[10]의 역할을 확고하게 지니고 있어서 독자의 관심을 묶어 두는 지렛대 역할을 하고 있을 뿐만 아니라, 여기에 언급되고 있는 "화가"가 과연 누구이며, 그가 계속해서 시의 중심을 이루고 있는 "산"이라는 어휘와 어떻게 상관, 집약되고 있는가를 탐지할 수 있다.

이미 여러 연구 활동을 통해서 밝혀진 바 있듯이, 여기서 말하는 화가는 19세기 일본의 가츠시카 호쿠사이 葛飾北齊(1760-1849)[11]이며, 제 5행에서 "화산"으로 표현되는 산은 일본인들이 신성시 하는 '후지야마 富士山'[12]를 가리키고 있다. 또한 의혹적인 수 표시는 1834년 연속 3권으로 출판한 바 있는 그의 두 목판화 시리즈 『후지야마 36경』과 『후지야마 100경』을 의미한다.

시 전체는 하나의 복합문장으로 이루어져 있다. 1행부터 6행에 이르는 주문장은 6행에 나오는 사고연장선을 통해, 이내 접속사 "...하는 동안에 während"가 이끄는 부문장으로 이어진다. 아울러 제 2연이 끝나는 이중 마침표 " : "의 뒤에 연결되는 제 3연의 이미지들과 언어형식은 선행하는 여러 상들과 구분된다. 과거형이나 완료형을 포함한 분사형과 재귀대명사가 시적 표현수단의 중심을 이루면서, 서정적 자아는 수동적으로 형상화된다. 그러나 부문장에서는 대상들이 서서히 능동적 주체로 독립된다.

예술가는 신비스런 "산"을 파악하기 위해 혼신의 힘을 다 쏟는다. 그것은 제 6행의 "복된", "온갖 힘을 기우려", "외로이" 같은 연속적인 어휘들이 뒷받침하고 있다. 그러나 "가늠할 수 없는 화산"(5행)으로 표현되는 자연의 절대성이 부각되면서 모든 사물의 인식은 지금까지의 주관적 자세로는 파악되기 어렵다는 사실이 강조된다. 시인이 주관을 벗어 버리고 그 대신 주체로 등장하는 객체-대상이 새로운 대립과 긴장관계를 이루어야 한다는 것이다. 이런 해결가능성은 이미 주문장에서 암시적으로 예견되고 있다.

시는 "한 사물이 자체의 본성을 희생하는 양상으로 격변하는 현상, 즉 그런 현현(顯現, die Epiphanie)의 순간"[13]을 핵심적인 과제로 제시하고 있다. 예술가

---

10 W. Killy, Elemente der Lyrik. München 1972, S. 3.

11 일본의 우키요예의 대표적인 화가. 90년에 이르는 생애에 10,000점이 넘는 목판화 작품을 남겼고, 500권 이상의 삽화집도 냈다. 그는 다채로운 주제와 짜임새 있는 구도를 자랑하고 있고, 넘치는 상상력과 극적인 대비효과를 통해 단순한 풍경묘사를 초월한 세계를 보여주고 있다. 가츠카와 학파(1781-94)에 속해 있던 당시에는 '순로'라는 이름으로 활동하였다.

12 많은 참배객들이 찾는 영산. 정상에서는 신도교 후소교 종파의 창시자가 그의 교리를 위한 영감을 받았다고 한다.

란 대상으로부터 일정한 거리를 두고 자유로운 위치에 설 때 올바른 관점을 얻을 수 있다는 생각은 “관심을 버리고 멀리 아무 생각도 없이”(14행)에서처럼, 예술가적 무관심으로 촉구된다. 이러한 냉철함으로 ‘산’이 절대적인 현존재로 나타날 때 “형상 Gestalt”이 될 수 있다.

III. 호꾸사이 예술과의 만남

“유럽인의 시각에 있어서 일본문화의 도입은 당시 혁명이나 다름없었다. 그것은 새로운 색채감각과 장식적 형상화기능은 물론, 예술작품 속에 시적인 환상까지도 가져다주었는데, 그런 모습은 중세기와 르네상스기의 그 어떤 예술 창작품 속에도 존재하지 않았던 것이었다”[14]라고 프랑스의 예술가 에드몽드 드 공꾸르 Edmond de Goncourt[15]는 1884년 4월 18일자 일기에 기록하고 있다. 이 때 유럽 땅에 소개된 것이 주로 호꾸사이의 「폭포」, 「다리」, 「후지야마 36경」, 히로시게의 「토카이도-해협의 53개 정착지」, 「비바 호 8경」 등인데, 이것들은 문화의 벽을 넘어 독일문화풍토에 지대한 영향력을 행사하였다.[16]

시 「산」이 완성된 것은 1907년 7월 31일 파리에서이며, 1908년 11월 『신시집』 II부를 통해서 처음 활자화되어 세상에 알려졌다. 시의 처음 두 행은 1906년 7월에 쓰였다가, 나머지 시행들은 연작시의 형태로 하루 만에 완성되었다. 그러나 시가 구상된 것은 이 보다 일년 앞선 1906년이다. 이와 같은 시의 생성과정을 살펴보아도 릴케가 새로운 예술적 시각형성을 위해서 얼마나 지속적인 탐구자세로 임하여 왔는지 충분히 알 수 있다.

호꾸사이 체험과정에서 작품의 직접적인 동기로 인정될만한 사건은 1900년대로 거슬러 올라가 『슈마르겐도르프 일기 Schmargendorfer Tagebuch』 중 7월 31일자 한 구절에서 “모스크바, 츠슈킨 박물관: 위 층 전시실에서 일본그림을

---

13 R. Breuninger, Wirklichkeit in der Dichtung Rilkes. Frankfurt a. M. u. a., 1991, S. 176.

14 Zit n. Klaus Berger, a.a.O., S. 7.

15 일본문화수용의 선구자로 통하는 공꾸르는 동양문화 환경과 연관된 사회소설을 남겼고, 우타마로와 호꾸사이 전기를 쓴 작가로 알려져 있다. 호꾸사이에 관한 릴케의 인용구절은 대부분 그의 저술을 통해 이루어졌다.

16 Klaus Berger, a.a.O., S. 90.

보고서"라는 간단한 사실보고로부터 시작된다. 그리고 1907년 10월 19일 아내 클라라에게 보낸 편지에서 리 타이 페(이태백) Li Tai Pe와 더불어 호꾸사이를 로댕, 세잔느 등은 물론, 리오나르도 Lionardo, 비용 Villon, 폰 베르헤렌 von Verhaeren 등과 나란히 언급함으로써 이제 그를 개인적인 관심의 차원에서 유럽 문학의 반열에 편입시킨 것이다.

그 사이에도 호꾸사이 자신과 예술에 대한 크고 작은 사실들이 구체적으로 언급되고 있는데, 그 중 가장 중요한 의미를 지니고 있는 것은 1903년 4월 8일 클라라와 8월 11일 루 안드레아스 살로메 Lou Andreas Salomé에게 보낸 편지이다. 여기에서 그는 루에게 "예술이란 짧은 생애동안 수행하기에는 너무 거대하고 무거우며 긴 것이어서, 긴 한평생을 몰두한 사람이라도 겨우 초보자에 지나지 않는다"는 말을 전하면서, 호꾸사이가 남긴 유명한 말을 다음과 같이 인용하고 있다.

> 내가 새들과 물고기들과 나무들의 참된 본성을 겨우 이해하게 된 것은 73세에 이르러서였다.
> Cést à l'âge de soixante-treize ans que j'ai compris à peu près la forme et la nature vraie des oiseaux, des poissons et des plantes.

호꾸사이 탐구를 증명하고 있는 다른 편지들도 더 있지만,[17] 1904년 7월 3일 릴케는 루에게 보내는 편지에서 뒤셀도르프 한 일본-수집가의 집에서 우키요예 화가들의 작품들을 관람하고 13권으로 된 '망와'(호꾸사이의 스케치)[18] 시리즈를 보았다는 사실도 전함으로써 릴케는 좀 더 폭을 넓혀 동양에 대한 관심을 쏟는다. 예술표현에 있어서 인쇄방식이 원시적이고, 너무 감흥 위주여서 시대에 뒤떨어진 느낌을 주기는 하였지만, 기계문명의 무미건조함에서 벗어나려고 하던 유럽인에게는 큰 자극이 아닐 수 없었다.

이러한 문화접촉의 진원지는 프랑스 파리 근교 바르비종을 본 떠 북부독일 브레멘 근교에 세워진 자그마한 예술가 마을 보릅스베데[19]였다. 당시 파리에는

---

17 Vgl. 1904년 7월 3일자, 1907년 10월 9일 일자 루에게 보내는 편지.

18 "착상 스케치 Gezeichnete Einfälle"란 뜻의 목각화 시리즈. 순간 지향적 표현기법은 선불교적 깨달음과 만나 높은 예술성으로 성장한다.

19 이곳 젊은 예술가들 사이에는 '동양'이 큰 화제가 되어 있었고, 파리에서 일본 고미술

일본문화예술을 가장 친근하게 이해하고 있던 마네 E. Manet, 스티븐스 A. Stevens, 휘슬러 J. M. Whistler, 그리고 드가 E. Degas 등이 이국적인 소재들을 전향적으로 수용하여 유럽화단에 신선한 충격을 주었다.[20]

이러한 흐름에 동참하고 있던 릴케는 공꾸르가 쓴 『호꾸사이 전기』를 탐독하면서 새로운 작가의 세계에 대하여 더욱 지식을 넓힌다. 그 후 일본예술의 매력에 빠져 프랑스인 루이 오베르 Louis Aubert가 쓴 『일본판화의 거장들 Maîtres de lástampe japonaise』(1914)[21]도 구입하여 '우키요에 浮世繪'[22]에 대하여 본격적으로 공부한다.

16세기말부터 일본 전역을 휩쓸고 있던 시민예술운동인 우키요에는 17세기부터 19세기까지 에도 시대(1603-1868)의 장르 회화로서 판화가인 기타카와 우타모로 喜多川歌麿(1750-1806), 목판화가 스즈키 하루노부 鈴木春信(1725-1770), 풍경화가 안도오 히로시게 安藤廣重(1797-1858) 등이 중심이 되어, 주로 세상의 무상함을 환상의 세계와 연결하여 현실을 비현실적 세계로 확장하는 새로운 예술방식이다. 오랜 전통의 일본목판화는 대체적으로 불교적 영향 하에서 발전되어 왔다. 이를 통하여 릴케는 호꾸사이의 창작과정을 자신의 시에 형상화 하려고 노력한다. 60세가 되어 풍경화집을 내고, 더욱 노년기에 이르면서 예술에 모든 것을 바치는 대기만성형의 동양예술가는 "일"과 "인내"를 누구보다도 진지하게 생각한 로댕이나 세잔느에 심취해 있던 릴케에게 동서양의 예술을 함께 볼 수 있는 거시적인 안목을 허용한다.[23] 호꾸사이는 새로운 작가의

전시회를 관람한 여류화가 파울라 모더손 벡커 Paula Modersohn-Becker로부터 환상적인 동방세계에 대해 들었다. Vgl. Bethge, Worpswede. In: Das litterarische Echo. 5(1902-03). Sp. 1725

20 모네, 「일본여인」(1876), 스티븐스, 「기모노」(1880)의 일본소재의 작품은 물론, 에드가 데가의 「목욕하는 여인」(1890)은 키타가와 우타마로의 그림 「목욕하는 여인」(1788)을, 제임스 맥닐 위슬러 James McNeill Whistler의 「발코니」(1867/68)와 「낙하하는 로켓」(1874)는 키요나가의 「시나가나의 토리」(1784)와 히로시게의 「료코구의 불꽃놀이」(1856-1858) 큰 영향을 받았다.

21 책은 스위스 베른 소재 연방도서관 릴케 특별자료실에 보관되어 있고, 탐독의 흔적을 보여주는 비망록과 메모가 있다.

22 「Die Bilder der vergänglichen Welt」, 「The picture of the Floating holdings or sorrowful World」 등으로 번역된다.

23 H. Behrendt, RMRs Neue Gedichte. Versuch einer Deutung. Bonn 1957, S. 342. Vgl. Herman Meyer, Rilkes Cézanne-Erlebnis. In: Zarte Empire. Stuttgart 1963, S. 273-280.

길을 모색하는 릴케에게 하나의 대안이자 희망이 된다.

IV. 선불교적 예술관

IV.1. 회화와 시의 합일

시에서 릴케는 그림을 그리는 것이 아니라 '쓴다'는 표현을 구사하고 있다. 이는 곧 "쓰는 것"을 "그리는 것"과 동일 범주 내의 활동으로 인식하는 호꾸사이의 서예 및 회화예술, 즉 동양예술의 본질에 접근하고 있는 것이다. 사전적인 의미로서 '쓰는 것'은 "문자, 활자, 숫자, 악보 등을 특정한 순서로 읽을 수 있도록 필기도구를 가지고 종이나 기타 소재에 나타나게 하는 것"[24]으로, "그리는 것"은 "붓이나 색채를 가지고 하나의 형상을 만들어 내는 것"[25]으로 기술되고 있다.

한문자는 하나의 스케치이다. 형상은 그림이요, 동시에 문자이다. 시는 곧 그림이 된다. 반면, 유럽 문자는 '소리글'이기 때문에 눈에 직접 어떤 상을 제시하기보다는 소리에 따른 의미전달에 주력한다. 활자들은 특정한 개념을 전달하기 위해 수시로 모였다 흩어지곤 하는 표현도구에 지나지 않는다. 시와 그림은 계몽주의 작가 렛싱 G. E. Lessing이 『라오콘 Laokoon』(1776)에서 "회화와 시의 한계"를 명백히 한 이후, 빙켈만 J. J. Winckelmann에 의해 "눈에 보이는 도구로 창작하는 화가"와 "표상을 일깨워 주는 단어들을 가지고 활동하는 시인"의 영역은 별개의 것으로 인식되어 오고 있다.[26]

그에 반해서 동양예술은 본질적으로 회화와 시의 한계를 모른다. 그것은 붓이나 먹, 비단이나 종이처럼 표현수단과 도구가 같다고 해서만이 아니라, 그림과 문자가 한 덩어리가 될 수 있는 근본속성을 지니고 있기 때문이다. 그리하

---

24 Duden, Das grosse der deutschen Sprache in sechs Bänden. Hrsg. bearb. vom Wissenschaften Rat und den Mitarbeitern unter Leitung von Günther Drosdowski. Mannheim u. a. 1976, S. 2318.

25 Ebd., S. 1725.

26 Zit n. Salzer u. Tunk, Geschichte der dt. Literatur. Bd. 1, Zürich 1972, S. 522.

여 "시는 소리 있는 그림이요 그림은 소리 없는 시"라는 사상이 널리 퍼졌다.

가장 전통적인 동양화의 장르를 흔히 '문인화'라고 하는데, 그것은 글자대로 "문인이 그리는 그림"을 뜻하기도 하지만, 실제로는 시, 그림, 글씨, 즉 시詩, 서書, 화畵가 삼절三絕, 즉 하나가 되어 공동선을 이루는 경지를 말한다. 그것은 선禪불교, 유교 및 도교적인 사상과 음악과 다도茶道에 이르기까지 모는 것을 아우르는 하나의 종합예술이다.[27]

IV.2. 일회성의 예술

"찢다 – 다시 온몸을 사르다"의 연속과정과 높은 단위의 수 표시, 더욱이 기호로서가 아니라 부사적 의미를 지니고 "꾸준히 작업하는" 화가의 창작태도를 구체적으로 가리키고 있다. 예술가는 수많은 시행착오과정을 거치면서 창조된 작품을 미련 없이 "찢어 버리고" 또다시 그에 전력을 기울인다. 형상화를 위하여 뼈를 깎는 아픔을 감수하는 강력한 방식으로 "온몸을 사르다"라는 동사의 문법적인 주어가 산이냐, 화가냐에 따라 각기 다른 해석의 가능성을 나타내겠지만, 어쨌거나 릴케는 이를 통해 동양예술이 지니고 있는 또 다른 특성, 즉 어떤 수정이나 가필을 허용하지 않는 1회성의 원칙을 강조하고 있는 것 같다.

동양인은 자연현상들에 신속히 직관력으로 접근함으로써 매사에 분석적인 기능을 앞세우는 서양인과 차이를 둔다. 서양화가들은 묘사하고자 하는 대상을 화폭에 놓고 수많은 시간과 싸우며 수정을 거듭하는 데 비해, 동양예술에서는 일단 완성된 작품은 자연의 대상물(피조물)처럼 독자체이기 때문에 취소되거나 보완될 수가 없다.

이러한 바탕에서 릴케는 "모든 영상이 순간에 사라지면서"(12행) 라든지, "돌연 깨달음이 와"(15행)로 표현되는 순간성을 강조한다. 그것은 선불교에서 말하는 깨달음의 과정과도 같다. '사토리 悟', 즉 '개오開悟 Erleuchtung'는 "예

---

27 문인화의 시조로 손꼽히는 중국 당나라의 왕유(王維)(699-759)를 시, 그림, 글씨, 음악에 이르기까지 다재다능한 문인개산(文人開山)이라고 칭한 데서 비롯했다. 당시의 저명한 문필가 이태백(李太白), 두보(杜甫), 맹호연(孟浩然)과 함께 4대 시인으로 손꼽히면서 수묵화를 창시한 그를 두고, 소동파(蘇東波)는 "시중에 그림이 있고 그림 중에 시가 있다"고 평한바 있다.

기치 않은 것, 예기치 못할 것"[28]의 릴케적 인식방법이며, 그런 것이 호꾸사이의 예술에서 "갑작스런 발생으로 im plötzlichen Durchbruch"[29] 나타난다. 그것은 동시에 신의 본체가 생성과정으로부터 자유로워지는 것, 즉 "무의 본성"을 통해 영원성을 깨우치는 일이 무엇인가를 아는 것이다.

1회성(순간)이냐 수정(보완)성이냐 하는 문제와는 별도로 예술의 완성도를 향해 끝까지 진력하는 것은 릴케의 이상이다. 물론 이것은 릴케가 "항상 작업해야한다"(루 안드레아스 살로메에게 보내는 1904년 5월 12일자 편지)는 로댕의 말을 평가하면서, "예술사물은 정말이지 언제나 위험에 처했던 존재, 아무도 더 이상 갈 수 없는 맨 끄트머리까지 가 있었던 경험의 존재가 낳은 결과"(1907년 6월 24일자 편지)라고 인식한 사실과 불가분의 관계를 지니고 있다.

이러한 "맨 끄트머리까지 가는 것 Bis-ans-Ende-Gehen"은 대상과의 모든 관계를 해소하면서까지 이룩하고자 하는 치열한 작가정신이자 예술적 '변환 Verwandlung'의 의지로서,[30] "나는 내 붓으로 모든 것을 시도해 보았다"[31]라는 호꾸사이를 통하여 자신의 예술관을 정리하려는 강한 소원이 담겨 있다.

IV.3. 선불교적 이해과정

IV.3.1. 사물로서의 '산'

인간은 산을 신성시한다. 거의 모든 종교가 성산聖山을 갖고 있으며,[32] 신성시 되는 산에는 신들이 살고 있어서 많은 사람들이 참배하는 영적인 구심점이 된다. 산은 특히 선불교에서 매우 중요한 화두이자 상징이다. "선을 배우

28 R. Breuninger, a.a.O., S. 168.

29 H. Dumoulin, Begegnung mit dem Buddhismus. Eine Einführung, Freiburg u. a. 1978, S. 111.

30 Judith Ryan, Umschlag und Verwnadlung. Poetische Struktur und Dichtungstheorie in R. M. Rilkes Lyrik der Mittleren Periode(1907-1914). München 1972, S. 36.

31 Zit. n. Meyer, Rilkes Cézanne-Erlebnis. In: Zarte Empire. Stuttgart 1963, S. 375.

32 성서의 시나이, 그리심, 갈멜 산, 티벳의 에베레스트, 그리스의 올림포스, 중국의 태산을 비롯한 5개 산, 일본의 후지산 등 인간의 영적 소원과 이상을 구현하는 상징체로 존재한다.

기 전에는 산은 산이요, 물은 물일뿐이다. 그가 그러나 좋은 스승의 가르침을 통하여 선의 진리를 통찰하면 더 이상 산은 산이 아니요, 물은 물이 아니다. 그러나 정말 평안의 장소인 '사토리悟'에 도달한 연후엔 다시 산은 산이 되고 물은 물이 된다"[33]는 선사의 가르침에서 알 수 있듯이, 산은 대기, 바람, 구름, 대지, 돌, 강, 물, 불 등과는 다른 차원의 인식기능, 즉 형상화의 중요한 구성요소이다.

릴케도 산을 자신의 예술관으로 들어가는 상징적 관문으로 여긴다. 시 「산」에서 후지야마는 부처 형상과 버금가는 완전성의 총화이며, 그것은 "어렴풋이 떠오르는 형체"(7행), 즉 인위적으로는 도달할 수 없는 신비성으로 존귀함을 넘어 선 일종의 카리스마를 품고 있다. 그러므로 산을 묘사하는 화가의 활동영역은 축소되고 대상이 군림한다. 산 자체, 즉 '행하다'의 결과로 이루어진 "행해진 대상 der Angetane"(떠오르는 형체)이 다음의 전체 연을 이끌고 오는 동사 "tat"의 주체가 되며, "모두가 가까스로"(11행)와 "모든 영상이 순간에 사라지며"(12행), 하나의 "현상처럼"(15행) 스스로 나타나 한 형상에서 다른 형상으로 상승된다. 그러므로 산의 실체는 오히려 자연의 힘으로 파악할 수 있는 것이다. 그리하여 화가는 산으로부터 떠나서(거리를 두고) 그것을 재현하려고 한다. 형상은 "관심을 버리고 멀리 아무 생각도 없이"(14행) 존재하는 화가 앞에 계시의 순간을 기대하게 한다. 산은 홀연히 시간을 초월한 신성한 존재로 변하기 때문이다.

또한 다른 한편으로는 릴케가 "틈새"(16행)를 강조함으로써 호꾸사이나 기타 동양의 예술가들이 표현하는 공간의 미학을 보여주고 있다. 바로 그림의 목판 사이, 그러니까 그림의 두 쪽을 연결시키는 '틈(빈 곳) Lücke'이 있는 호꾸사이 목판화의 특성을 깊이 이해하고 있는 릴케는 그 속에 예술가의 창작과 현실의 여백공간을 제시하고, 그를 통해 좀 더 상승된 형체가 나타나기를 기대한다.

호꾸사이는 후지야마를 그리면서 구도나 주제에 따라서 놀라우리만치 다채로운 표현을 구사하고 있다. 실제 풍경을 그리면서 작가의 넘칠 듯한 상상력이 작용되고, 극적인 구도나 농밀한 색채대비로 이루어져 단순한 묘사를 초월한

---

33 D. T. Suzuki, Das grosse Befreiung. Einführung in den Zen-Buddhismus. Frankfurt a. M. 1978, S. 11.

세계를 확립한다. 그것은 릴케가 신비롭게 체험한 "일본인들이 창안해 낸 윤곽"(1907년 클라라에게 보내는 편지)을 말하는 것이다. 시에서 "틈새"가 열리듯이 대상의 본질이 관찰의 현재순간에 모습을 드러내는 것은 내면과 외면의 합일을 전제로 한다. 그럴 때 인간은 세계와의 직접적인 관계, 즉 독자성의 감정 속으로 들어간다.[34]

"찬란함 Herrlichkeit"(8행) 속의 산은 사물과 예술가의 만남이 이루어지면서 선불교에서 말하듯, 확대된 또는 더 높은 자아가 아니라, "비 자아 Nicht-Ich"[35]의 형태로 체험된다. 이러한 '상관적 의식 das relative Bewusstsein'을 지니기 위해서 예술가는 모름지기 자연에 대한 겸허한 자세를 앞세워 '자아집착'에서 탈피해야 한다. 그것은 선불교에서 강조해 마지않는 "자아고착성의 불식"[36]과 만나는 기점이며, 인위적으로가 아니라, 자연의 영감 그 자체이어야 한다는 릴케적 '신시 운동'의 근거가 된다.

IV.3.2. 내면으로부터 바라보는 대상

릴케는 리자 하이제 Lisa Heise 부인에게 보내는 1919년 8월 2일자 편지에서 인간과 사물의 관계 그 전체를 이렇게 설명하고 있다.

> 예술-사물은 그 어느 것도 변경할 수도 개조할 수도 없습니다. 그 자체가 한번 존속하고 있는 것처럼 자연과 다름없이 인간에 맞서 있습니다. 자체적으로 충족 되거나 (분수처럼) 스스로에 몰두하고 있는 것입니다. 그러므로 굳이 말하자면 그것은 무관심입니다.
> Das Kunst-Ding kann nichts ändern und nichts verbessern; sowie es einmal da ist, steht es den Menschen nicht anders als die Natur gegenüber, in sich erfüllt, mit sich beschäftigt (wie eine Fontäne), also, wenn man es so nennen will: teilnahmslos.

'관심'이란 원래 자아 중심적이어서 존재하고 있는 바를 바로 보게 하지 못하고, 보는 사람의 이미지를 사물 속에 주입시킬 위험성이 높다. 현실을 올바

---

34 R. Breutinger, a.a.O., S. 167.

35 D. T. Suzuki, Die grosse Befreiung., S. 11.

36 Ebd., S. 24.

르게 투시하지 못하는 것을 예술가에 있어서 가장 큰 장애로 여기는 릴케는 관찰자가 선입관 없이 대상물에 도달하기를 원한다. 그와 반대로 무관심은 “사실적인 것의 사실적인 것들”[37]을 있는 그대로 나타나게 할 수 있다. 자연이 인간의 영혼과 일체화된 내면세계일 때 가능하다.

선禪은 릴케가 “이미지 없는 행위 Tun ohne Bild”(SW I. 719)를 통하여 “행위 속에 형상내용이 빠진 상태, 그와 더불어 사물들은 더 높은 단계로 상승될 수 있는 능력”[38]을 말하는 곳까지 접점을 허용한다. 사물들을 그로써 더 높은 차원에서 형상화시킬 능력을 얻게 되며, 상상(표상)'의 개념이 영역 밖의 한계성에 머무는 요소들을 덜어내면서 “내적 순수성과 자애 innere Reinheit und Güte”[39]의 길에 이른다. 내면은 외면보다 더 큰 의미를 지니며 우선권을 지닌다. 그것은 사물의 “파악할 수 있는 현실”을 키우고 사물 자체에 창조적 완성의 가능성도 열어준다.

선불교에서는 ‘보는 것’이 매우 강조되고 있는데 우리가 더욱 소홀히 해서는 안 될 것은 본다는 것이 단순한 보편적 관찰이 아니라 상관적인 지식에 힘입은 것이라는 사실이다. 그러한 자세는 보는 것을 독특한 관조의 형태로서 우리로 하여금 현실 자체의 근원 한 복판으로 들어가게 해 준다.[40]

예술가는 자연을 변화시키고, 증가시키며 그렇게 함으로써 본연의 자기 자신에게로 되돌아간다. 이런 과정에서 얻어진 미학적인 자유로 예술작품은 “고유현실”[41]이 된다. 그것은 『말테의 수기』에서도 “순수한 내면성의 위기”[42]로서 자아정체성을 유지하기 위하여서는 외부로부터의 영향에서 벗어나는 길이라고 믿는 예술정신과 맥이 통한다.

선의 관찰방법은 대상 자체 속에 들어가 그것을 내면으로부터 바라보는데 본질이 있다. 스즈끼는 “비밀이란 식물 자체가 되는데 있다. 그러나 인간의 본질이 식물로 변신할 수 있을까? 인간이 하나의 동물이나 식물을 그리려 하는

---

37 R. Breutinger, a.a.O., S. 66.

38 Ebd., S. 63.

39 D. T. Suzuki, Die grosse Befreiung., S. 38.

40 D. T. Suzuki, Der westliche und der östliche Weg. Frankfurt a. M./Berlin/Wien 1977, S. 44.

41 R. Breutinger, a.a.O., S. 40.

42 H. Drees, Rainer Maria Rilke. Autobiography, Fiction, and Therapy. New York u. a. 2001, S. 77.

한에 있어서, 어느 방법이든 그 둘에 상응하는 그 무엇 속에 존재해야 한다. 그리고 그런 상태에 도달한다면, 인간은 자기가 그리고자 하는 목표 자체가 될 수 있다"[43]고 하면서 시인과 대상의 일체화를 추구한다.

예술가는 사물 안으로 들어가서 그것을 안으로부터 느끼고 그것의 삶을 살아야 한다. 그것은 대나무를 그리려면 우선 가슴속에다 대나무를 심어서 성장시킨 다음 필묵으로 그려야 한다는 문인화의 원리와 같다. 그의 작품은 자연 속의 어떤 것이 있는 그대로 복원된 것이 아니라 독자적인 자격을 지니고 있다. 그가 그리는 꽃은 그의 무의식에서 나오면 하나의 새로운 꽃이지 자연의 모방이 아니다.

VI. 맺음글

형상을 탐구하는 예술가의 참된 길은 사물을 올바르게 관찰하는 것이다. 바른 눈길은 어떤 전제와 편견에서 벗어날 수 있어야 하는 것인데, "형상화하려는 예술가에 대하여 대상물이 보여주는 냉담함, 즉 하나의 거부행위, 그리하여 전혀 이해할 수 없는 사실"[44]을 주제로 하는 릴케의 시 「산」은 대상을 예술가의 시각에서 해방시키기를 지속적으로 강조하고 있다. 릴케는 그러한 확고한 믿음으로 예술가와 산의 관계를 설정한다. 산은 모든 선입견을 포기하는 예술가에게 '전환 Wendung'의 길을 열어준다.

또한 관찰을 통해 포착된 개개사물은 밖으로부터 보다는 내면세계에 그대로 스며들기를 바란다. 시는 시인이 의도하고 있는 그런 "이중성 Doppeldeutigkeit"[45]을 내면의 고유한 것에 상응하는 '겉치레'가 될 경우가 많다. 그와 마찬가지로 예술가의 형상도 밖에서 인지되는 호꾸사이 대신에 릴케는 자신의 예술가적 우상인 로댕 이외에도, "색채의 일본적 단순화를 생각하는"(1907년 10월 21일 클라라에게 보내는 편지) 반 고흐 van Gogh와 "글씨를 쓰는 화가"(1907년 10월 21일 클라라에게 보내는 편지)로 지칭한 세잔느를 염두에 두고 있을지 모른다.

43 D. T. Suzuki, Der westliche u. der östliche Weg., S. 38.
44 R. Breuninger, a.a.O., S. 176.
45 Ebd., S. 177.

오늘날까지도 서양문화에 큰 영향을 미치고 있는 호꾸사이[46]는 특별히 릴케에게 있어서는 시인적인 관찰을 '보는 것 Sehen'에서 '바라보다 Schauen'로 변화시키는 데 큰 역할을 하였다.[47] 그것은 선불교에서 높이 평가하는 "총체적 관찰 Totalschau"[48]로의 전환이며, 동양회화 전반에 널리 퍼진 직관적인 태도로서 가장 이상적으로 추구되는 방향이다. 일본의 예술가들이 주로 선신禪神의 영향아래 "감정의 황홀한 영감과 개인성의 발흥을 자연이해에서부터 오는 순간적인 계시"로 이해하는 것도 바로 그런 이유에서이다. 그것들은 두 가지 관점, 즉 주관성의 지양과 "총체성으로 향하는 구원의 길"[49]로서의 전체체험으로 나타난다.

서양의 미술이 형상과 색채에 두고 묘사할 수 있는 모든 가능성을 살리려고 한다면, 동양의 그것은 선과 윤곽을 통해, 묘사할 수 없는 것에 대하여 생략과 여운의 미학을 강조하고 회화 외적인 것을 수용하려 한다. 표현할 수 없는 것을 건드리지 않음으로써 전체를 표현하려는 역행적 논리이다. 그런 통제 아래 이루어지는 서양의 논리체계는 "자아 의식적 ichbewusst"[50]이어서 부분분할의 미의식과 원근법 등으로 한계에 도달하고 만다. 그에 반하여 과도한 주관성을 불식시키고 주관과 객관, 사상과 세계 사이의 갈등을 넘어서서 도달하는 곳이 선의 세계[51]이다.

그것은 언어에 대한 깊은 성찰의 하나로 이루어져 언어가 더 이상 인위적인 형상화가 아니라, 독자적인 언어로 존재하는 것이다. 시는 역시 선불교적 양상인 불립문자不立文字의 세계,[52] 즉 언어의 길이 끊긴다는 '언어도단言語道斷'의 경지에 다다른다. 선禪은 겉의 자연적 현실과 속의 인성을 상호 일치시킴으로

46 일례로 로저 젤라츠니 Roger Zelazny의 소품 소설『호꾸사이에 의한 후지산 24경 24 Views of Mount Fuji by Hokusai』(1985)은 일본화가의 세계관을 그대로 받아들여「산마루에서 본 후지 산」등 24개의 그림 제목아래 서정적이면서도 아련한 비극을 신비롭게 전하고 있다. 그는 고향 자신의 고향 부근 산의 변화무쌍한 풍경을 그가 좋아하여 수집한 호꾸사이의 화풍에 따라 묘사하고 있다.

47 H. Berendt, a.a.O., S. 342.

48 D. T. Suzuki, Die grosse Befreiung., S. 20f.

49 Ebd., S. 26

50 Ebd., S. 64.

51 Ebd., S. 109.

52 D. T. Suzuki, Der westliche und der östliche Weg., S. 75.

써, 눈에 담긴 것만이 아니라 속뜻을 그리도록 가르친다.

그리하여 농축과 단순화 과정에서 얻은 성과는 "가장 내적인 언어"이며, 언어의 씨앗 속에서 파악된 단어-핵이다. 가장 조밀하고, 가장 섬세한 언어를 릴케는 일본의 정형시 '하이쿠 徘句'[53]에 입각한 그의 짤막한 시 「묘비명 Grabspruch」[54]에서 보여주고 있다.

릴케는 시와 글씨와 그림이 일체화된 예술적 장르를 이상화 하여 새로운 예술영역을 시의 세계에 받아들임으로써 자체혁신을 이루려고 한다. 그것은 사물과 인간을 내적으로 연결시켜 보편적인 것 보다 현격하게 다른, 특히 상승된 '현실 Realität'을 마련하려는[55] 예술적 의도와도 상통한다.

이런 태도는 색채나 선, 그리고 형상들을 통해 현상을 재현할 수 있다 해도 목표 자체를 완전히 재생할 수는 없다는 선불교의 관점에서 풀이될 수 있을 것이다. 릴케가 「산」이란 시 작품 속에서 대상을 분명치 않은 것, 신비적인 것과 소박한 명암 속에 머물게 하는 것은 바로 그런 이유에서이다.

---

53 5-7-5의 구, 17음으로 된 일본의 전형적인 단시형태. 릴케는 동양에 대한 관심과 이해의 일환으로 이 정형시에 매혹되어 1920년 이후 직접 프랑스어로 <Haï-Kaï>(SWII. 638), (SWII. 245) 등 몇 편의 시를 썼다.

54 "Rose, oh reiner Widerspruch, Lust,/ Niemandes Schlaf zu sein unter soviel/ Lidern."(SW II. 185).

55 Else Buddeberg, Rilkes Cézanne-Begegnung. In: Rainer Maria Rilke und die bildende Kunst. Sonderausgabe der Zeitschrift Das Kunstwerk. Baden-Baden, S. 37.

벤의 『두뇌 연작집』에 나타난 뢴네의 쾌유과정

신 우 균

I. 서론

고트프리트 벤Gottfried Benn(1886-1956)에 관한 많은 연구문헌들 중 작가의 초기 산문들, 그 중에서도 특히 1916년에 간행된 주인공 뢴네Rönne를 중심으로 5편으로 이루어진 '단편-연작집' 『두뇌Gehirne』에 관해서는 이렇다 할 연구결과가 없는 실정이다. 이에 관한 언급은 대개 벤의 모든 작품을 분석하는 과정에서 부수적으로 논의되고 있을 뿐이다. 그 중에서도 우선 벤이 뢴네라는 인물을 형상화하는 과정에서 가지게 되는 작가의 심리적 상황을 취급한 문헌들을 일별하게 되면, 벨러스호프Wellershoff처럼 "비사교성의 병적인 경우에 관한 교훈적 연구"[1]라고 설명은 하고 있지만, 뢴네의 삶의 위기가 심각한 정신분열 증세에서 기인한다는 점을 언급하고 있지 않다. 부데베르크Buddeberg는 이러한 위기의 양상을 벤 자신이 뢴네를 설명하는 말인 "더 이상 지속적인 심리상태를 감당할 수 없는 남자"(Ⅷ 1902)[2]라는 표현을 원용하고 있다.[3] 그림Grimm 역시 뢴네를 "지속적인 심리상태를 지니지 못한"[4] 남자로 규정하고 있다. 한편 부데

1 Dieter Wellershoff: Gottfried Benn, Phänotyp dieser Stunde. München 1976, S. 11.

2 Gottfried Benn: Gesammelte Werke in acht Bänden. Hrsg. v. Dieter Wellershoff. Wiesbaden 1968. 이하 Benn 전집에서의 인용은 각주로 처리하지 않고 권수는 로마자로, 쪽수는 아라비아숫자로 표기하여 인용문 뒤에 괄호로 밝혔다.

3 Else Buddeberg: Gottfried Benn. Stuttgart 1961, S. 4.

4 Reinhold Grimm: Gottfried Benn. Die farbliche Chiffre in der Dichtung. Nürnberg 1958, S. 12.

베르크는 정신병학의 전문용어인 "외상Trauma", "신경증Neurose"[5] 등의 어휘를 사용하여 뢴네가 처한 상황을 규정하고 있지만, 임상심리학적으로 사용되는 이러한 개념을 사용하여 작품을 검증하고 있지는 않다.

작가 벤이 원래는 정신병의라는 사실은 차치하더라도, 그는 「발문과 서정적 자아Epilog und lyrisches Ich」(1928)라는 글에서 당시 "자아상실Depersonalisation"이나 "지각세계로부터의 소외Entfremdung der Wahrnehmungswelt"(Ⅷ 1875) 등의 연구에 몰두했었다고 술회하고 있다. 이 두 가지는 정신 병리학에서 정신분열증의 다양한 증세를 여타 정신질환과 구별하는 데 쓰이고 있다. 따라서 부데베르크는 『두뇌-연작집』의 문제점을 피상적으로 스쳐가고 있다.

반면 푸레케비치Purekevich[6]와 이를레Irle[7]의 논의는 좀 더 문제의 본질에 접근하는 것처럼 보인다. 푸레케비치는 뢴네의 정신분열 증세를 정신과의사 빈스방거Ludwig Binswanger의 사례연구와 비교하고 있다. 정신병의 이를레는 단편집 『두뇌』의 작중인물 뢴네의 상태를 "정신착란으로의 출구를 찾는 고립상태의 견디기 어려움die Unerträglichkeit des Zustandes der Isoliertheit nach dem Ausweg in der Irrsinn"에 시달리는 "긴장병Katatonien"[8]으로 진단하고 있다. 이상 두 논문은 그러나 정신병리학적 심리주의 비평의 범주에 속하나, 작가의 문학작품을 '병적학Pathographie'의 대상으로 삼고 있다. 이러한 문예비평방법은 문학의 허구성의 지평이 실제적인 '정신병적학Psychopathographie'의 지평과 혼돈될 수 있다는 위험요소를 지니고 있다.

벤의 단편집 속의 이러한 허구와 경험지평의 혼돈에서 야기된 부정적 예로서 잘베르크Sahlberg의 연구서[9]를 거론할 수 있다. 이 책에서 저자는 정신분석학적 문예비평이 작가에 대한 증오의 도구로 사용될 수 있음을 보여주고 있다. 잘베르크는 벤을 병리학적으로 분석함으로써, 즉 작품의 인물 뢴네와 작가로서의 벤을 동일시함으로써 정신분석학적 문예비평의 시각을 극도로 한정하고 있다.

---

5 Buddeberg, a.a.O., S. 5.

6 Renata Purekevich: Dr.med.Gottfried Benn, Aus anderer Sicht. Bern Frankturt a. M. 1976.

7 Gerhard Irle: Rausch und Wahnsinn bei Gottfried Benn und GeorgHeym. In: Literatur und Schizophrenie, Theorie und Interpretationeines Grenzgebietes. Hrsg. v. Winfried Kudszus. Tübingen 1977, S.104-122.

8 Irle, Ebd. S. 105.

9 Oskar Sahlberg: Gottfried Benns Phantasiewelt, "Wo Lust und Leiche winkt". München 1977.

> 벤은 어릴 때 배웠던 것이다. 즉 남자라는 것은 엄격함, 강요, 고집, 감정의 억압 등과 같은 의미라는 것을. 또한 성생활이란 것은 무엇인가 저급하고 추한 것이라고. 이러한 규칙에서 그의 외면상 강한 성격이 형성되었다. 그럼에도 내면에는 충동과 욕구와 연약함이 깃들어 있었기에, 여자라는 것과 더러움과 결합되어진다: 즉 창녀이다. 이러한 욕구들은 곧 거세를 의미할 수 있기에 엄청난 공포를 불러일으킨다. [...] 욕구들, 즉 여성의 역할은 또한 동성애적인 본능과 결합된다. '남자들'에 대한, 최후에는 아버지에 대한 헌신을 열망하게 된다. 그로부터 또한 불안감이 일어난다. 그렇게 벤은 자신의 감정과 상상력을 질병과 심리적 타락, 노이로제와 자아상실과 연상하는 것이다.[10]

독일에서 1960년대에 풍미했던 일차원적이고 정치적으로 독선적인 벤 비판은 벤의 초기작품에서 작가의 이념적인 성향을 찾으려고 했고, 따라서 1930년대 벤이 파시즘에 일시 동조함[11]으로써 빚어진 오해를 항구적으로 봉인하려 했던 시도가 잘베르크의 연구서에서 그 정점에 이르는 듯 보이며, 또한 이는 악의에 가득차서 심리분석 방법을 오용한 사례라 할 수 있다. 한편 푸레케비치는 뢴네-연작집을 벤 "자신의 질병기록Auto-Nosographie"[12]으로 간주한다.

육체적 유사함 및 심적인 문제성과 일시적이나마 직업적 실패는 뢴네가 벤의

---

10 Sahlberg, a.a.O., S. 63f.

11 벤이 1933년 4월 24일 베를린 라디오 방송에서 「새로운 국가와 지식인」이라는 제목으로 강연하자 그와 교류하던 문인들조차 경악을 불러일으키게 되었다.: "우리는 이 역사적 운동 속에서 국가의 전진적이고 체계적이며 적극적, 근대적 목적과 이념을 발견한다. 이것은 마르크스의 노동자와 고용인이라는 비생산적 대립 관계를 보다 고양된 공동체라는 틀안에서 해결하고자 하는 것이다. 우리는 그 이념을 융어처럼 "노동자"로 부르던 혹은 국가사회주의라 명명하던 문제삼지 않을 것이다. In: Gottfried Benn, 「Der neue Staat und die Intellektuellen」 In: Gesammelte Werke, Bd. 4, S. 1004-1013. hier, S. 1006. 그리고 보다 분명하게, 다음날에는 「독일 일반신문Deutschen Allgemeinen Zeitung」을 통해서 답한다: "문명의 아마추어이자 서방의 진보를 노래하는 음유시인인 당신은 마침내 이제서야 이해하시렵니까. 이곳에서 문제가 되는 것은 정부의 형태가 아니라, 인류의 출생에 관한 새로운 비젼이며, 어쩌면 오래된, 혹은 백인종의 최후의 웅대한 구상이며, 아마도 재언할 필요 없는 세계 정신의 가장 숭고한 현실화인 것입니다." In: Gottfried Benn: 「Antwort an die literarischen Emigranten.」 In: a.a.O., Bd. 7, S. 1698 f. 벤의 1933년 초기에 나치이념이 적극적 신봉자였다는 점에 관하여는 많은 참고문헌이 있기에, 여기서는 이에 대한 논의는 생략한다.

12 Purekevich, a.a.O., S. 51.

> 분신임을 보여준다. 뿐만 아니라 뢴네 산문은 정신분열적 성향을 가진 인물의 문학적 형상으로 나타난다.

그녀는 벤의 문학작품 속에, 정신분열적 성향의 성격구조에 항시 잠복해 있는 정신분열 증세에 대한 의식적 방어가 내재되어 있다고 관찰한다. 즉 창작활동이란 외향적인 성격을 지니고 있으며, 이는 작가의 내향성을 저지하는 역할을 함으로써 자아의 심리적 파멸을 면하게 한다. 따라서 일종의 "긴장병에 대한 해독제ein Antidoten gegen die Katatonie"[13] 작용을 하는 것이다.

정신병의 이를레Irele는 뢴네를 "극단적인 정신분열증경향의 구조"[14]의 소유자로 진단하면서 그를 정신질환을 지닌 환자라고 말하고 있다. "뢴네의 묘사에서 [...] 벤 자신의 초상화가 그려진"[15] 상태라고 설명하는 이를레는 푸레케비치나 잘베르크와 마찬가지로 작가 자신과 작품 속의 가공의 주인공을 동일시하고 있다.

심층심리학의 임상적 방법을 원용하여 작가의 작품을 분석하고, 이러한 작품해석을 통하여 작가의 정신병적학을 추적하는 문예학의 방법론은 테오도르 라이크Theodor Reik에서 그 시발점을 찾을 수 있다. 그는 1912년에 발표된 그의 논문 「문학과 정신분석Dichtung und Psychoanalyse」[16]에서 작품이 쓰일 당시의 작가의 심리적 상태를 추적, 분석하는 문예방법론을 제시하며, 이는 "본질적으로 응용심리학"[17]이라고 말하고 있다. 전기한 푸레케비치나 이를레 또는 잘베르크의 연구는 '뢴네-연작집'을 정신분석학적으로 해석했다는 점에서 라이크의 전통선상에 놓여있다. 또한 이러한 심리적 방법으로 접근하지 않았다 하더라도, 작가 벤과 작중인물 뢴네를 동일시하려는 시도가 있는 것은 주목할 점이다. 벤의 작품을 실존주의 철학의 관점에서 접근하고 있는 부데베르크 역시 "뢴네의 곤경이 1915/17년의 벤의 그것과 도대체 어느 만큼이나 동일한지?"[18]

---

13 Ebd. S. 41.

14 Irele, a.a.O., S. 112.

15 Ebd., S. 111.

16 Theodor Reik: Dichtung und Psychoanalyse. In: Psychoanalyse und Literaturwissenschaft. Texte zur Geschichte ihrer Beziehungen. Hrsg. v. Bernd Urban. Tübingen 1973.

17 Ebd., S. 18.

18 Buddeberg, a.a.O., S. 9.

를 묻는다. 그녀는 뢴네-단편집이 "벤의 생에 있어 매우 힘든 정신적 위기의 표현"[19]이라고 결론짓고 있다. 그러나 동시에 뢴네는 "현대 인간의 특정한 문제 상황"[20]을 대변하고 있다고 봄으로써 개별적 차원을 넘어서는 벤의 보편적 진술의도를 찾고 있다. 쉬뢰더Schröder는 사회심리학적으로 벤의 작품에 접근하면서 뢴네 산문을 "극도로 정밀한 사회병리학적 연구"[21]라고 논평하면서 "자서전적인 것과 문학적인 것의 독특한 혼합물"[22]로 규정하고 있다. 반면 바슬러Balser는 그의 책 서두에서 "뢴네는 비록 고트프리드 벤은 아니지만 뢴네에 관한 묘사는 상세한 부분까지 작가의 그것과 일치하고 있다"[23]라고 일단 유보적 태도를 보이나, 벤이 뢴네라는 가면 뒤에 숨어 함께 숨 쉬고 있다고 단언한다. 물론 작품속의 가공의 인물이 그 작가의 모습을 지닌다고는 해도, 문학작품의 주인공을 정신분석학의 대상으로 삼고, 그 결과가 곧 작가에게 적용될 수는 없는 것이다. 디릭Dierick 역시 그의 논문에서 벤을 "뢴네의 가면을 쓰고"[24] 있다고 본다. 슈톨만Stollmann은 심지어 벤과 뢴네를 전적으로 동일시하는 논문에서 "뢴네 박사, 별칭 벤 박사Dr. Rönne alias Dr. Benn"[25]라 적고 있다.

II. 문학과 정신분열증

1. 프로이드의 경우

이태리의 인류학자인 롬브로소Lombroso는 1864년 그의 책 『천재와 정신착란Genie und Irrsinn』[26]에서 정신 병리학적 문학비평의 지평을 열었다. 그는 불

19 Ebd., S. 10.
20 Ebd., S. 2.
21 Jürgen Schröder: Gottfried Benn. Stuttgart Berlin Köln Mainz 1978, S. 14.
22 Ebd.
23 Dieter Balser: Das Problem des Nihilismus im Werk Gottfried Benns. Bonn 1965, Vorbemerkung, ohne Seitenangabe.
24 Augustinus P. Dierick: Nihilism and "tierische Transzendenz in Gottfried Benn's Gehirne". In: OL 36 (1981), S. 213.
25 Rainer Stollmann: Gottfried Benns Verhältnis von Ästhetizismus und Faschismus. in: Teko. 8(1980), S. 286.

란서의 '퇴화론Degenerationstheorie'에서 착안하여, 예술적인 창조성과 인격적 파멸은 서로 상관관계에 놓여있다고 말한다. 프로이드는 이에 반하여 정신분석학의 창시자로서 이의를 제기한다. 그는 1908년 「시인과 상상Der Dichter und das Phantasieren」[27]이란 글을 통해 "시인의 소재선택 조건과 문학적 형성예술의 본질 속에서"[28] 자신의 이론을 정립하고 있다. 즉 "문학이란 백일몽과 같이 한 때의 어린 시절의 유희의 계속이며 대용품"[29]이란 사실이다. 한편 "백일몽을 꾸는 사람들이 그 꿈을 꾸었다는 사실을 창피하게 여겨 다른 사람들에게 자신의 환상을 조심스레 숨기는"[30] 반면에, 시인들은 자신의 백일몽을 조리 있게 예술작품으로 승화시킬 수 있다는 것이다. 이때 문학작품은 백일몽처럼 두가지 요소로 나누어 볼 수 있다.

> 강렬한 실제적 체험은 시인 속에 이전의, 대개는 유년기에 속하는 체험을 환기시킨다. 이에 근거하여 이제 소망은 문학작품 속에서 실현되는 것이다; 문학작품은 그 자체가 생생한 계기일 뿐만 아니라 옛 추억을 드러내어 준다.[31]

이에 부가하여 문학작품에는 또 하나의 본질적인 요소, 즉 "꿈의 왜곡Traumentstellung"[32] 현상이 나타난다. 본원적 소망은 '초자아Über-Ich의 심리적 통제 하에서 변질된 꿈으로 나타난다. 이 꿈의 왜곡 현상이 예술작품에 구체적으로 형상화 되며, 이것은 단순한 자기 방어적 성격을 지닐 뿐만 아니라 독자들로 하여금 "순전히 외형적인, 즉 미적인 쾌감획득"[33]에 기여한다. 이점이 사적인 백일몽과 구별되는 것이다. 개인적이고 사적인 백일몽이 타인들에게 혐오감 내지 무관심을 불러일으킨다면, 문학작품을 통한 쾌감획득은 독자들로 하여금 주변세계로부터 멸시받을 필요도 없이, 자신의 도덕적 수치감을 느끼지 않

---

26 Cesare Lombroso: Genio e follia. Bologna 1864. Dt. Übers.:Genie und Irrsinn. Leipzig 1887
27 Sigmund Freud: Der Dichter und das Phantasieren. G.W. Bd.VII. Frankfurt/M. 1941, S. 213-223.
28 Ebd., S. 213.
29 Ebd., S. 222.
30 Ebd., S. 223.
31 Ebd., S. 221.
32 Ebd., S. 219.
33 Ebd., S. 223.

은 채, 스스로의 상상력과 공감할 수 있게 하고, 따라서 자신의 마음에 "긴장으로부터의 해방"[34]을 가져오게 한다. 꿈의 왜곡현상이 문학작품 형성에 영향을 끼친다면, 문학작품은 꿈의 해석의 방법으로 접근될 수 있을 것이다. 하지만 프로이드는 자신의 문학조명방법을 결코 절대시하지는 않았다: "예술과 예술가에 연관된 몇 가지 문제점에 대해서 정신분석학적 관찰은 전혀 만족할만한 설명을 하지 못한다."[35]

또한 「레오나르도 다빈치 회상Eine Erinnerung des Leonardo da Vinci」(1910)에서 그는 정신분석학적으로 결코 해결할 수 없는 부분들을 인정해야 한다며, "예술적 성취의 본질은 또한 우리들에게 정신분석학적으로 접근할 수 없다는"[36] 점을 수긍하고 있다. 그 자신은 결코 어떤 문학작품의 포괄적인 해석을 시도한 적이 없고, 또한 시인의 '병적학'을 집필한 적도 없다. 그럼에도 불구하고 단편적으로 예술가의 작품의 개별 모티브에 대한 그의 신중한 정신분석학적 해석시도는 곧 강력한 비판에 봉착하게 되었다.[37] 바이마르 공화국시대의 저명한 문예학자 발첼Walzel은 그의 『문예학 사전Handbuch der Literaturwissenschaft』에서 다음과 같이 비판하고 있다.

> 세계의 유물론적인 해석의 막바지 상승세를 타고, 시인을 완전히 의지 없는 소재의 도구로 만들었을 뿐만 아니라, 모든 정신적 발전을 여지없이 성적 갈등에 귀착시키는 것이 프로이드 및 그 추종자들의 정신분석의 결정적인 특징이다.[38]

오스카 발첼의 비판은 프로이드를 유물론주의자로 간주하며, '성애Erotik'를 금기시한 채, 정신분석학적 문학비평을 인정치 않고 있다. 마찬가지로 벤 역시 이에 대해서는 부정적 시각을 표출하고 있다.

> 그것 [심리분석]은 이전에 기대하게 했던 점을 아마 의학적으로는 모르나, 결코

---

34 Ebd.

35 Sigmund Freud: Das Interesse der Psychoanalyse. G.W. Bd.VIII, (S. 390-420), S. 416.

36 Sigmund Freud: Eine Erinnerung des Leonardo da Vinci. G.W. Bd.VIII,(S.128-211), S. 209.

37 Vgl. Ernest Jones: Das Leben und Werk Sigmund Freud, Bd.II, Bern Stuttgart 1962, S. 410.

38 Zitiert nach: Wolfgang Beutin (Hrsg.): Literatur und Psychoanalyse. Ansätze zu einer psychoanalytischen Textinterpretation. München 1972, S. 26.

> 정신적이고 존재적인 면에서는 견지하지 못했다. 그것의 성적 동기라는 것은 이 생산적인 세계를 공정히 평가하고 그 비극적인 문제점들을 해명하기엔 너무 조잡하고, 관심을 이끌기에 역부족이다.[39]

이러한 비판들은 자신의 방법론을 결코 절대시한 적이 없는 프로이드에겐 적용될 수 없을 것이다. 그러나 마트Matt의 지적처럼[40] 몇몇 프로이드 학파의 사람들이 작가들이란 상상 속의 이룰 수 없는 일들을 창작이란 수단을 통해 실현하는 가련한 신경증환자로 간주한 점도 사실이다. 이 범주에 속하는 것으로 상기한 라이크와 빌헬름 슈테켈Wilhelm Stekel의 책들을 열거할 수 있을 것이다. 이들은 "비록 모든 신경증환자가 시인은 아니지만, 모든 시인은 그러나 신경증환자"[41]라는 전제하에서 출발했기 때문이다. 이점은 다시금 롬브로소의 논제로 되돌아가서, 정신적인 고통은 예술작품의 구성요소로 설명되며, 따라서 시인의 병적학을 좀 더 자세히 규명할 수 있다는 사실로 귀착된다.

2. 벤의 문학관 및 정신분열증에 관한 견해

1950년 9월 27일 쉴뤼터Schlüter에게 보내는 편지에서 벤은 아래와 같이 쓰고 있다:

> 작품을 읽고 고치면서(특히 "여행", "생일", "정복") 유감스럽게도 당신은 자주 이런 생각을 가졌을지도 모르겠습니다: 그는 미쳤어, 정말 미쳤어 - 당신은 정말 옳습니다. 그러나 단지 미친 것만이 사물을 더 계속해서 움직일 수 있습니다. 그것만이 양식을 살찌게 합니다. 정상적인 것은 언제 어디에고 있습니다. 따라서 지루하며, 사고를 걸 옷걸이를 가지고 있지 않습니다.[42]

이렇게 말함으로써 벤 자신이 스스로를 "미쳤다고verrückt" 표현하고 있다.

---

39 Gottfried Benn: Das gezeichnete Ich. Briefe aus den Jahren 1900 bis 1956. München 1962 (Brief vom 20.6.1947), S. 80.

40 Peter von Matt: Literaturwissenschaft und Psychoanalyse. Freiburg 1972, S. 41.

41 Beutin, a.a.O., S. 31.

42 Gottfried Benn: Den Traum alleine tragen. Neue Texte, Briefe, Dokumente. Hrsg. v. Paul Raabe und Max Niedermeyer. München 1975, S. 230.

그러나 그는 동시에 단조롭기만한 정상적인 것에 대항함으로써만 새로운, 예술적인 양식을 창조할 수 있다고 강변한다. 그는 그렇다고 자신이 정신질환자의 인상을 주게 되는 것을 단호히 거부한다. 그의 강연 「서정시의 제 문제 Probleme der Lyrik」(1951)에서 그는 독자들과 비평가들이 뢴네의 모습에서 벤 자신의 정신적인 혹은 병리학적인 위기를 보려는 시도에 대해서 강력히 반발하고 있다.

> 그들의 눈으로 보면 우리[현대 서정시인들]는 병든 존재에 불과합니다. 마법의 힘으로 우리를 쫓아내기 위해서 우울증이라는 임상학적인 개념과 정신분열증이라는 것이 제공되고 있습니다. 우리는 지상찬미와 사자Toten들의 예찬권 밖에 있습니다. 우리는 10월 축제Oktoberfest에 참석한 하복부가 없는 귀부인이나 다름없습니다. 우리의 모습이란 찡그린 얼굴, 파손당한 얼치기 실존뿐입니다. 이 중심점이 우리에게 퍼부을 수 있는 악명이라는 것은 그의 입장에서 보면 옳기만 한 것입니다.(IV 1084 f.)

"미쳤음"에 관한 벤의 입장은 '상반 감정의 병존Ambivalenz'형태이다. 한편으로는 이러한 심리적 상태가 예술창작의 잠재적 요소라고 믿고 있다. 이점은 나브라틸Navratil이 그의 논문 「정신병리학과 언어Psychopathologie und Sprache」에서 정신이상자와 예술가들의 예술적 산물은 근본적으로 구별하기가 곤란하다고 말하면서, 그 이유는 "단지 그 특별한 재능에 의해서일뿐 아니라, 또한 외부적인 상황, 역사적, 전기적 사정에 좌우된"[43] 때문이라고 지적한다. 벤은 다른 한편으로는 적대적이며 편견어린 비방, 즉 '정상적임', '중심점'으로부터의 미쳤다고 낙인찍히는 것을 그 스스로 때로는 공감한다는 사실이다. 이러한 긴장상태에서 벤의 견해는 상반감정의 병존이라는 전래적 질환과의, 즉 정신분열증과의 대결상태에 놓이게 된다. 이는 1910년부터 다음해까지 베를린에서 정신병의사로서 근무한[44] 벤의 경험에서 유추해 볼 수 있다. 그는 「인격의 구성Der Aufbau der Persönlichkeit」(1930)이라는 글에서 아래와 같이 쓰고 있다 :

---

43 Leo Navratil: Psychopathologie und Sprache. In: Literatur und Schizophrenie. Eingel. u. hrsg. v. Winfried Kudszus. Tübingen 1977, S 134.

44 Siehe, Hanspeter Brode: Benn Chronik Daten zu Leben und Werk. München Wien 1978, S. 27.

> 지난 30년간 그토록 집중적으로 연구되었고 이미 인격의 구성에 관한 현저한 규명이 이루어진 그 널리 알려진 정신병, 즉 정신분열증에서 우리는 실제로 이 분열을 통해 존재의 비밀로 가득하고 어둠에 가득한 그곳 깊숙이 들여다보게 되었다. [...] 자주 이 질병을 동반하는 작렬하는 창작시기에 그는 다른 생물학적인 세계에서 생성된 옛 힘을 지닌 신비로운 대가로 우뚝 솟는다. 태고의 심층에서 솟아오르고 도취된 강력한 디오니소스적 세계감정, 장엄한 환상의 세계가 열려지는 것이다.(III 663 f.)

벤은 창조적인 활동 속에서 '자아'의 해방과 총체적인 '자아의 파멸Ich-Zerfall'이란 양극 사이에서의 정신분열증을 인지하고 있다. 정신분열증의 발생에 관한 질문에 대한 해답은 그의 글 「예술과 제 3제국Kunst und Drittes Reich」(1941)에서 찾아볼 수 있다.

> 실증주의적 세계상의 균열; 위기와 위험의 쇄도. [...] 언어에 대한 의구심: 해체적이고 파괴적인. 대체물Zersetzen und destruktiv, Ersatz: 창조적이고 창작을 야기시키는, 정신분열증의 분석: 계통발생학적으로 가장 오래된 뇌의 중추stammgeschichtlich ältesten Zentren des Gehirns에서 정신병과 꿈속에서 실현될 수 있는 집단적 전단계kollektive Vorstufen에 대한 회상은 유지되고 있다.(III 870)

정신분열증은 즉 개체적 삶의 위기 속에서 발생하나, 이는 다시금 전반적인 사회적 위기를 초래할 수 있다. 이는 위기의 정점을 드러내면서 정신병과 꿈이라는 두개의 차원으로 분기한다. 이 같은 벤의 주장은 정신분열증에 관한 전혀 새로운 관점을 표출하고 있다. 즉 이 같은 증세 속에서 위기의 표현을 감지함으로써, 자주 논의되고 있는 '정신병적 허무주의'와 거리를 두고 있다. 정신병적 허무주의에서는 환자가 완전히 "천치가 될verblöden"[45] 때까지 점차적으로 개체의 인격이 파멸되는, 신체적 요인에 근거한 질병으로서 정신분열증을 파악하고 있다.

위기Krise란 어휘는 원래 그리스어인 krísis에서 유래한 것으로 Hippokrates가

---

45 Vgl. Helmut Krüger: Die Schizophrenien, Herausforderung für eine Psychiatrie diesseits der Wissenschaftsschranken. Stuttgart 1981, S. 10.

의학용어로 처음 사용하였다. 그는 중환자가 갑작스레 회복되거나 악화되는 것을 관찰하고 이 전환점을 위기라 칭했다.[46] 카루스C. G. Carus는 『심리학 강의 Vorlesungen über Psychologie(1831)』에서 일반의학에서 쓰이는 '위기'란 개념을 도입하여, 정신질환의 경과에 사용하고 있다. 즉 "위기는 격렬한 흥분(발작)을 동반하고 나타나는데, 회복의 국면이거나 아니면 병적인 의식의 변화(정신이상)의 과정으로 넘어가게 된다."[47]

벤은 이점에서 낭만주의 시대의 자연철학자들이 제시한 '광증Wahnkrankheit'에 관한 견해를 수용하고 있다. 이에 따르면 발작적인 위기는 동시에 내면적인 회복의 기회로 간주될 수 있기 때문이다.[48] 벤은 그러나 위기란 개념을 동시에 사회적 측면에서도 관찰하여 정신분열증은 사회적 위기에서도 얻어질 수 있다고 본다. 벤에 의하면 정신분열증은 "우리 생명체 속에 예전의 발전단계의 잔재와 흔적"(III 662)에 대한 '원회상Urerinnerung'과 분리되지 않은 채 체험된다. 이는 인류의 발전사에 투영되는 자아와 세계의 원초적 '공생감Symbiose'의 퇴행적 태아기의 경험이기도 하다. 이러한 퇴행Regression은 그 자체로 상반감정의 병존이다. 그것은 "마적인 것" 혹은 "형이상학적인 것"(III 663)을 통해 착종된 것으로 감지된다. 이러한 지각은 정신질환의 발병으로 나타나고 동일성을 파괴하는 공생감의 강제적 파멸로 이어진다.[49]

퇴행은 그러나 "도취적인 강렬한 디오니소스적 세계감정"(III 664)을 유발할 수 있다. 여기에서는 공생감Symbiose은 파괴적으로 체험되는 것이 아니라, 행복한 "신비적 참여mystische Partizipation"(III 642)로서 나타난다. 벤이 즐겨 사용하는 이 "신비적 참여"란 개념은 환상적 볼거리로서 꿈의 형태로 실현될 수 있다. 그는 이러한 맥락에서 '꿈'이란 개념을 "원인상Urgesicht"(VIII 1880) 또는 "원신화Urmythen"(III 665) 혹은 "원상Urbilden"(VII 1843) 등으로 달리 표현하기

---

46 Vgl. Das Herkunftswörtbuch (Der Duden in 10 Bde, Bd. 7. Mannheim 1963, S. 371 und auch Grimm: Deutsches Wörterbuch, Bd. 11.(Nachd.) München 1984, Sp. 2332.

47 Historisches Wörterbuch der Philosophie. Hrsg. v. Jachim Ritter und Karlfried Gründer. Bd. 4: I–K. Darmstadt 1976, Sp. 1242.

48 Vgl. Klaus Dörner:Bürger und Irre. Zu Sozialgeschichte und Wissenschaftssoziologie der Psychiatrie. Frankfurt/M. 1969, S. 301 ff.

49 Vgl. Günter Ammon(Hrsg.): Handbuch der dynamischen Psychiatrie. Bd. I, München 1979, S. 391.

도 한다. 꿈속에서는 항상 자아와 세계의 분리 이전의 시기, 이성적 인식 이전의 시기가 회상되며 재 체험되는 것이다.: "아, 언제나 이 열화, 태반 공간의 위계 속으로, 원인상의 대해의 전 단계 속으로: 퇴행추세, 자아의 해체!Ach immer diese Glut, in die Grade der plazentaren Räume, in die Vorstufe der Meere des Urgesichts: Regressionstendenzen, Zerlösung des Ichs!"(VIII 1880)

이러한 꿈들은 이제 "'별, 시 그리고 피리가락Flötenlied'에서 완성되고, 그리고 예술이 태어나는 것이다: 대개는 사유와 망아 속에서이기는 하지만."(III 905) 도취적 자아해체는 "신비적 관여"하에 개별적 꿈속에 현시되지만, 창조적 활동 하에 예술작품을 형성할 수도 있는 것이다. 이로써 자아의 해체는 이중적 의미에서 극복되어진다. 한편으로 이성적이고, 형성하는 힘이 부가되는 예술창작의 과정 그 자체에서, 다른 쪽으로는 내용적으로, 즉 예술작품자체에 공생적 생의 형태의 '원신화'가 표현되고 있고, 동시에 형식적이고 언어적으로 완성되어있기 때문이다. 즉 벤은 정신분열증 치유의 가능성을 창조적 활동에서 간파하고 있다.

III. 단편집 『두뇌』 분석

1. 동질성 상실: 「두뇌」

5개의 단편으로 이루어진 뢴네-연작집의 첫 번째 단편 「두뇌Gehirne」는 주인공 뢴네의 객관적 묘사로부터 시작된다.

> 뢴네, 이미 많은 해부 경험이 있는 젊은 의사로서 남독을 지나 북으로 갔다. 그는 지나간 몇 달 동안 하릴없이 시간을 보냈다. 그는 병리학 연구소에서 2년간 근무했는데, 이는 그의 손을 거쳐 별 생각 없이 약 이천 여명의 시체가 처리되었으며, 이로 인해 야릇하고도 불가해하게 그의 심신이 피폐되었음을 뜻한다. 이제 그는 구석자리에 앉아 차가 달리는 것을 본다: 포도 산지를 지나고 있다고 그는 확인한다. 양귀비꽃 내음나는 꽤나 평탄한 진홍색의 들판을 지나. 날씨는 그리 덥지는 않다; 하늘은 새파란 기가 흘러넘치고, 강변으로부터 습한 바람이 불어온다; 집들은 장미에 기대어 있고, 대개는 아예 그 속에 파묻혀 있다.

> 나는 책 한권과 연필 한 자루를 사고 싶다. 이제 나는 가능한 많은 것을 기록하고 싶다. 그래서 그 모든 것이 휩쓸려 가지 않도록. 그렇게 많은 세월을 살았지만, 모든 것이 침몰해 버렸다. 내가 시작했을 때, 내게 남은 것이 있는가? 나는 더 이상 모르겠다.(V 1185)

뢴네의 허탈상태 및 그로 인한 무위의 상태는 해부의로서의 그의 실존과 관련된다. 시체만을 취급함으로써 그의 생의 에너지는 소진되었기 때문이다. 시체들은 그 유기물을 소유했던 원주인의 영혼상태를 진술할 수 없으며, 그들이 남겨놓은 업적이나 회상들을 밝히지 않는다. 뢴네는 이 사망한 육체에 관해 아는 바 없으며, 이 인간들의 삶의 방법이나 태도는 해부의로서의 그의 작업에 관여하고 있지 않다. 그렇다고 뢴네의 일이 그를 "야릇하고 불가해하게" 지치게 한 근본원인은 아니며, 그 원초적 동인은 보다 심층적으로 분석되어야 할 것이다.

차가 달리는 동안 "평탄한 진홍색의 들판"을 지나 "포도 산지를 지나고" 있다고 확인하는 뢴네의 묘사를 통해 이 단편집의 핵심주제가 전개된다. 즉 사실을 확인하려는 뢴네의 시도와 이러한 개별 개념을 한정하고 확정하려는 주인공의 기도를 벗어나고 있는 현실이다. "양귀비꽃 내음나는", "하늘은 새파란 기가 넘쳐흐르고" 등의 표현에서 감각을 혼란시키는 도취적 현실체험은 일상적인 사실인지의 구조와 관습적인 사물지각의 해체로 나타난다. 이는 '공감각 Synästhesie'으로 일컬어지는 정신분열적 지각 및 표현방법의 특징이다.[50] 들판과 하늘, 위와 아래의 윤곽은 혼합되고, 적색과 특히 뢴네의 의식을 해체시키는 청색이 교차하고 있다.[51]

담을 둘러친 집들은 내부와 외부를 구분하는 경계선이다. 역시 "집들은 장미에 기대어 있고, 대개는 아예 그 속에 파묻혀" 있듯이 뢴네의 '자아-경계 Ich-Grenze' 역시 융해되어, 시각적인 도취 속에 침잠된다. 이 상황에서 뢴네는 이러한 자아경계의 해체를 이지적으로 통제하려 시도하며, 기록으로 객관화하려 한다. 즉 3인칭으로 시작되었던 문체가 일인칭으로 바뀌면서 자신의 자아로

---

50 Vgl. Christian Scharfetter: Allgemeine Psychopathologie. Eine Einführung. Stuttgart 1976, S. 128.

51 Vgl. Grimm, a, a, O., S. 26 ff.

회귀하려는 강한 의지를 표명한다. 그러나 이러한 뢴네의 시도는 가능한 새로운 세계인식을 지향하는 것이 아니라, 인습적인 사물의 제 관련성을 재확립하려는, 즉 현상을 파악하려는 시도이다: "나무로 된 다리, 돌로 된 다리; 도시 그리고 집 앞 산 위의 자동차"(Ebd.)

자신을 혼란시키려는 자연력에 의식적으로 대항하려는 뢴네의 모험은 새삼 자아의 확립을 위태롭게 할 수도 있다. 처음에 그가 외부적 인상에 무력하게 노출되었다고 한다면, 이제 자아를 확대하여 자신을 절대화시킴으로써 궤도를 벗어나는 것처럼 보인다. 뢴네는 여기서 전형적 '이중구속'상태에 처하게 된다.[52] '이중구속이론Double-bind-Theorie'에 의하면 정신분열증 환자들은 어린 시절에, 자신의 현실지각 및 감정에 모순되는 방식으로 행동하는 것을 배웠다. 즉 어린 소년의 어머니가 자식을 원망하기 때문에, 어머니가 그를 접촉할 때는 경직되고 소원함을 느끼게 된다. 그러나 그녀는 아이의 원망감을 인정할 수 없기 때문에, 자신이 자애로운 사람인 것처럼 자식이 반응하기를 요구한다. 소년은 자기가 어머니를 껴안으면 어머니가 떨어지려 할 것이며, 만일 안기지 않으면 어머니는 애정을 보이지 않는다고 비난할 것이다. 즉 이러한 이중 구속상황에선 행동을 해도 비난당하고, 그렇다고 행동을 하지 않아도 비난당한다. 즉 일종의 "관계의 덫"[53]에 빠지고, "초의사소통적 신호의 인지를 체계적으로 왜곡하는"[54] 결과, 이 아이는 다른 사람들을 불신하고 자신의 감정표현을 곡해하며 성장하게 된다.

뢴네의 휘청거리는 자아는 이러한 이중 구속상태 하에서의 갈등에서 자신의 자아의 확대를 이지적으로 시도하여, 이것을 자신의 손에 투영한다: "생이란 정말 전능한 거야; 이 손은 더 파내려가지unterwühlen 않을 거야; 그리고 그의 오른손을 쳐다본다."(Ebd.)

의지의 실현 장소는 이제 자신의 자아가 아니라 그의 "오른손"으로 대치된다. 즉 "전위Verschiebung"[55] 현상이 일어나, 원래의 대상에 대한 억압된 동기

52 Siehe, Gregory Batesen u. a.(Hrsg.): Schizophrenie und Familie. Beiträge zu einer neuen Theorie. Frankfurt/M 1969, bes. S. 11-42.

53 Ebd., S. 27.

54 Ebd., S. 25 f.

55 Siehe, Eugen Bleuler: Lehrbuch der Psychatrie. Heidelberg New York 1966, S. 65.

및 감정을 대체된 대상으로 이전시킴으로써 새로운 출구를 모색한다. 뢴네의 이런 전위는 결과적으로 자신의 통합된 육체감정을 상실하게 한다. 자아의 의미를 취하게 된 그의 손은 뢴네에게 낯설게 보인다. 자신의 오른손에 대한 거리감은 언어적으로 표현되어 있다. 즉 그것은 "그의 손seine Hand"이 아니라 "이 손diese Hand"으로 표현되며, 비록 소유대명사 "그의seine"가 곧이어 나타나지만 "오른쪽 것Rechte"이란 표현을 사용함으로써 거리감을 나타내고 있다.

한편 뢴네는 이러한 도취적 자연경험과 화해함으로써 갈등상태를 이완시키려 한다. 자연현상이 더 이상 혼돈과 압박감을 야기시키지 않고, 그 전능함과 질서감을 인정함으로써 그 자신 자연 속에서 안정감을 찾으려 한다. 그러나 이러한 뢴네의 화해의 몸짓은 『뢴네-단편집』의 「생일Geburtstag」에서 다시 의문시된다: "아마 은유란 하나의 도주시도일 게다. 일종의 환상이요 신의의 결핍이다."(V 1221) '생의 전능Allmacht des Lebens'을 하나의 은유로서 파악하여 뢴네가 그곳에서 도피처를 찾는다고 보는 부데베르크의 관점은 따라서 논란의 여지가 있을 것이다.[56] 뢴네의 현실인식을 회복하려는 시도는 외계의 제반 관련 상황을 파악하기에는 소박하기만 하여, 결국 불안스레 그로부터 도주할 수밖에 없다. 비록 그가 자신의 몸이 허탈상태라고 자위는 하지만, 그의 체험의 가능영역과 접속시키지는 못한다. "나는 더 이상 모르겠다"라는 표현에서 뢴네의 여행 목적 즉 몇 주간 수의사Chefarzt를 대리할 수 있는지가 문제시된다. 또한 자아의 분열Ich-Spaltung이 외부적으로 하나의 증세로서 표출될 것인지, 아니면 단지 자신의 독백으로 잠복해 있을는지도 미해결의 장이다. 이러한 긴장상황은 단지 제 3자적 서술태도의 문장체에서 뢴네 의 병리학적 사유의 흐름으로 감지되며, 자아의 해체추세를 인지하지 못하는 뢴네의 결핍된 자아판단을 통해 전달되고 있다.

2. 고립으로부터의 이탈 시도: 「정복」

뢴네연작집의 두 번째 단편 「정복Eroberung」의 시작인 "여러 달 동안의 무기력과 계속된 추방생활"(V 1192)은 단편 「두뇌」의 "지난 몇 달 동안 하릴없이"

56 Vgl. Buddeberg, a.a.O., S. 7.

(V 1185)란 서술과 관련을 맺고 있다. 뢴네는 자신의 위기상황에서 어떤 성찰도 하지 못한 채 소외감 및 자신의 파괴적 잠재력을 단지 “추방생활”이란 표현으로서 투영하고 있다. 무기력한 감정이 몇 달 동안 지속되었다고 묘사됨으로써 뢴네가 도전적인 태도로 “이 나라를 난 정복하겠다”(V 1192)라고 생각할 때까지의 그의 발전상황은 기록되어 있지 않다.

그러나 그의 이러한 대담한 요망: “여기서 나는 한걸음 한걸음씩 내디디려 한다. 여기 어디에선가 난 분명히 성공할 것이다”(Ebd.)라는 그의 결심은 그러나 곧 “행복감에 젖어” 봄기운으로 완연한 저녁시간에 빨려 들어감으로써 와해되고 만다. 오히려 그는 이제 도시에서 간청을 하는 입장으로 바뀐다: “사랑하는 도시여, 나로 하여금 너를 정복케 하라! 고향처럼 날 맞이해다오! 날 사람들 속에 받아 주려무나!”(Ebd.)

뢴네는 도시가 자신을 포위하기 시작했음에도 도시의 활동에서 어떠한 위험요소를 발견하지 못한다: “그는 어느 광장에 멈췄다. 담벼락에 몸을 기댄 채 눈을 감고 두 손으로 물속을 휘젓듯 대기를 어루만졌다.”(Ebd.) 그가 이곳에서 예견하는 안정감이란 자궁 안 태아의 그것이다. 그는 침착해지고, 보호받는 자신의 가능성의 한계를 유희적으로 시험하기 시작한다. 그는 벽에 걸린 그림 속의 “퉁퉁하게 살찐 암소, 하늘과 들판”(V 1194) 등을 감상하며 숫자가 정돈하는 힘이 있다는 것을 확인한다: “내가 행여 다시 불행해진다면, 항상 숫자를 헤아려 보겠다.”(Ebd.)

뢴네는 불가침성으로 석화되어 있는 숫자를 셈으로써 현실을 환기하며, 자신의 심리적 상태의 발전을 확인하려 한다. 그는 자신과 도시의 ‘공생적 동일성’을 인정받으며, 타인의 역할로 침투함으로써 자신의 가능성을 실현하고자 한다. 그는 매혹적이고도 위험스러운 빛을 개념적으로 파악하고, 불빛이 스며나오는 이발소로 들어갔을 때, 과학적인 질서 속에서 해답을 구한다.

> 이유는 백발이나 금발은 근본적으로 머리라는 점에 있어서는 마찬가지기 때문이다. 말하자면 빛의 굴절이라든지, 굴절 계수 등이 작용할 수 있기 때문이다. (V 1195)

그는 시민사회의 여러 역할들의 전형을 “한번 옳다고 생각한 일은 실천하고”(Ebd.), “시험하고 감정하는”(V 1197), 즉 식솔을 거느린 행동적이며 성실한 가장으로 삼고 있다. "난초, [...] 뜨거운 아프리카의 꽃, 수집가들의 연인, 국내외의 전시회에 그렇게도 자주 나타나는 꽃. 물론이지, 나는 거기에 정통한 사람이거든."(V 1196)이라고 자신감을 나타내며 세속에 적응하려는 뢴네의 시도는 오히려 반어로 이해되어진다. "밤의 조각 같은 파란색의blau wie Stücke der Nacht"(Ebd.) 오랑캐꽃, 양귀비와 아네모네는 뢴네에게는 지금까지 도취시키는 힘을 지니고 있었다. 그러나 난초에 대한 생각은 이제까지의 꽃들에 대한 관념을 거부하고, 그에게는 단지 피상적인 정보만이 연상된다. 스스로 흡족해하며 그는 이제 세상일에 정통한 기분에 잠기는 것이다. 초원의 암소와 양떼들이 그려진 전원의 목가적인 풍경을 연상시키는 그림을 보면서는 이와 반대로 "형언할 수 없는 행복"(V 1194)을 느꼈던 그였다. 이러한 반어적인 굴절은 새삼스레 동일성을 찾아나서는 뢴네의 길이 결코 "스스로 흡족해하는" 시민의 그것이 될 수 없다는 점이다. 따라서 그는 다시금 소외의 늪에 빠져든다.

> 빛이 두터워졌다, 날이 새었다; 항상 영원히 똑같은 날, 항상 불가침의 빛.(V 1198)

> 그는 고독한 자였다. 새파란 하늘, 소리 없는 빛, 머리 위에는 새하얀 구름, 뭉게뭉게 피어오르는 구름, 무상함이었다.(V 1199)

그러나 뢴네는 여기에 경직되지 않고 시내 변두리의 종려수 정원의 유혹적인 빛 앞에 서 있다: "수정 돔Kuppel aus Kristall 위에 결코 사라지지 않을 빛이 넘쳐흘렀다."(Ebd.) 단편 「두뇌」에서 뢴네는 비록 수정 속에서의 삶을 통해 보호되었으나, 그것은 일종의 총체적 거부의 표현이었으며, 자아 경계의 일부라도 구제하려는 시도였지만, 또한 이를 통해 그의 질환이 비로소 드러났었다. 그러나 여기에서는 보호의 계기만이 문제시된다. 수정은 "꿈의 장소"[57] 인 남국적 종려수 위의 돔이 되고, 추운 북녘 세계 속의 안식처로서, 뢴네는 그와 더불어 용해된다. 그는 스스로 식물이 되고 "수분을 섭취한다wasserernährt"(Ebd.). 뢴네가 "그토록 남국적으로"(V 1193) 인지했고, "꽃 피웠던"(V 1192) 도시는 이제 뢴네를 가여이 여기고, 그에게 수정으로 이루어진 돔 아래 태아적 안식처를

57 Grimm, a.a.O., S. 75.

제공한다. 이로써 뢴네의 모든 정복욕은 제거되고, 그는 자신의 발전단계의 시원으로 되돌아가 자아와 세계의 비분리상황을 맞는다.

처음의 단편 「두뇌」와는 반대로 「정복」에서의 뢴네는 공생적인 융화의 감정이 상반감정의 병존으로 나타나지 않는다. 물론 이 단편의 처음부분에 "벌써 너는 내 둘레를 어른거리는구나."(V 1193)라는 편집광적인 표현이 나타나나, 이러한 분열증상은 도시에서의 점차적인 체험에서 더 이상 지적되고 있지 않다. 오히려 뢴네는 자신의 환각적인 기대감을 자아 퇴행적으로 이루고 있다. 즉 이러한 퇴행을 그는 꿈을 상실한 채 체험한다.

3. 환상적 여행의 현실화로서의 빛의 은유: 「여행」

"과묵한 탐구자이자 직업과 성격상 말없는 의사"(V 1203)인 뢴네는 자신의 동일성을 획득하려고 한다. 그러나 그는 동시에 동료들로부터 인정을 받음으로써 나르찌스적인 자기 확인을 하고자 한다.

> 태곳적 심원의 존재 및 생의 불안은 자기도취적으로 결손 있는 사람들에겐, 그렇게도 갈망하고 필요로 했던 외부로부터의 공급을 실제로 습득할 수 없게 만든다. [...] 어떤 것도, 인격의 구조에 보탬이 될 수 있도록 실제로 수용되지도 습득되지도 않는다.[58]

정신분열증 증세의 뢴네 역시 자신의 자아감정을 지속적으로 지탱할 수 없는 갈등 속에서, 그의 사회적 적응을 "그를 떠받치고 있는 형태"(V 1201)로 보는가 하면, 단지 공허한 겉치레로 간주하기도 한다. 이러한 공허한 겉치레란 근본적으로 그의 자아의 경계설정능력의 부족에서 오는 것이다. 그는 자신의 직업적인 동일성속에서 단지 표면적인 자아 감정만을 지킬 수 있다. 뢴네가 단편 「정복」에서 자아와 세계의 공생적 융합의 퇴행적 체험을 한다면, 이제 그는 마적인 자연정복의 신비적 체험을 통해 합리성의 전단계로 발전해간다. 즉 그는 자신의 사회적 체면의 유지를 위해 안트베르펜으로의 여행을 포기하고 "낮

58 Ammon, a.a.O., S. 113 f.

선 지역"(Ⅴ 1204)으로 가는 것이다. 그러나 그곳에서 새로운 형식을 찾는 것에 실패하며, 도취에 몸을 내맡기는 것도 이루지 못한 채, 불안에 쫓겨 도시로 되돌아와 모태의 안전함에 안긴다. 그는 영화관에서의 체험을 예술로 승화시킬 수 없게 되는데, 영화가 뿜어내는 꿈이란 원회상Urerinnerung이 아니기 때문이다. 그가 체험한 것은 단지 시나리오 작가가 인위적으로 지어낸 시민사회의 진부한 이야기가 신화의 탈을 쓰고 있을 뿐이다. 뢴네가 찾고 있는 것은 창조적 도취이다. 벤은 「클라분트 장례식사Totenrede auf Klabund」(1928)에서 말한다.

> 개화된 인류에 의해 만들어지고 주장되는 현실이란 쳐다볼 가치도, 미소 지을 가치도 없는 것이다. [...] 아, 이 영원한 발전, 그 상업적 지속성! 영혼은 다른 경향을 가진다. 그것은 저 유산, 저 꿈들, 그 옛 피로 된 저 음료에로의 성층퇴적과 회귀경향을 지닌다: 현실과 발전, 인과관계와 역사, 모든 것은 단지 진흙이며 점토일 뿐이다. 그 속에서 영혼은 유희하면서 신들을 찾고 있다.(Ⅳ 973)

즉 유희하면서 신을 찾는 것은 '원얼굴Urgesicht'과 '원회상'의 현실화이며, 예술이란 창조적 도취를 소화함으로써 새로운 형식을 창조하는 것이다. 그러나 뢴네가 영화관에서 체험한 것은 예술로서의 참된 '원꿈Urtraum'은 아니지만 그 실현의 가능성을 보게 된다. 예술에로의 상상의 여행은 이제 빛의 은유로 나타난다.

창조적 행위는 특별한 '자아상태Ich-Zustand' 속에서 행해진다. 이것은 잠이 들 때나 깰 때, 혹은 극도의 정신적 긴장상태, 즉 영상체험이 한꺼번에 나타날 때이다. 또한 자아의 경계가 해체되어 자아와 동일성의 혼란이 발생하는 때이다. 이것은 창조적 행위과정과 도취가 서로 상관관계를 가진다는 점으로 설명된다. 벤은 그의 강연 「서정시의 제 문제」에서 창조의 도취를 "이제 짓누르는 듯 한 몇 날 밤의 피로, 자주 지쳐버린 조직의 유약함, 위대한 시간에겐 절대적인"(Ⅵ 1076) 것이라고 지적하고 있다.

창조적 행위과정을 프로이드는 자아퇴행Ich-Regression의 특수한 형태로 보고 있다. 이와 함께 등장하는 충동욕망은 자아 속에서 불안과 죄책감을 유발한다. 억제기능으로서의 중화 및 순화의 감정은 자아가 이러한 충동욕망에 휘말리는 것을 제어한다. 이러한 충동조절 기능을 통한 창조적 행위는 자아의 자율성을 다시 회복하는 계기가 된다. 이러한 프로이드 이론에 반하여, 암몬Ammon

은 창조적 행위 속에서 자아의 확대 즉 '자아의 구조획득Strukturgewinn des Ichs'이란 논리를 전개한다. 이 창조적 행위는 일종의 "공생으로부터 벗어나 일차적 동일성 확립의 반복Wiederholung des ersten Idealitätsschritt aus der Symbiose heraus"[59] 행위이다. 창조적 단계 이전에는 "준공생상태quasi symbiotischer Zustand",[60] 즉 자아와 해결되어야 할 문제가 한데 얽혀있는 상태이다. 이러한 공생상태는 일반적으로 의식적으로는 헤어날 수 없다. 이때는 자아의 혼란을 야기시키는 계기, 즉 갈등상황이 필요하다. 이 갈등상황에서 자아와 문제점들의 한데 얽혀있음이 해체되어 지금까지의 자아조직의 경계선이 사라진다. 동시에 인간은 창조행위에서 "상이한 표상의 내용과 의식의 지평 사이에서 새로운 연관관계"[61]를 만든다. 즉 개체의 동일성의 문제는 창조적 행위과정에서 새로이 제기되고 해결되는 것이다.

> 창조적 행위 자체는 이제 인격과 그 동일성의 새로운 경계를 설정하는데 일조하며, 이러한 의미에서 유아기의 공생에서의 적극적 탈출에 상응하는 행위이다. [...] 새로운 수준에로의 융합은 창조적으로 행동하는 인간으로 하여금 참된 자아구조획득, 확장된 동일성을 얻도록 도와준다.[62]

"나는 형식을 찾겠다"(V 1204)는 뢴네의 상황은 프로이드의 '순화이론 Sublimierungstheorie'으로서는 설명이 불가능해진다. 이에 따르면 뢴네는 창조적 과정 속에서 재생하고 싶은 자신의 낡은 동일성에 매달려 있다. 그를 정신질환의 위기 속으로 파멸시킨 낡은 동일성이, 이어지는 두 편의 단편에서 다시 복구될 수 있지만, 그러나 이 낡은 동일성이야말로 그에게는 충족치 못한, 그가 벗어나려고 하는 형식이다. Ammon의 '창조성이론Kreativitätsmodell'에 의하면 이와는 반대로 뢴네가 '창조의 도취Schöpfungsrausch' 속에서 실제로 새로운 형식을, 즉 새로운 동일성을 발견할 수 있는 가능성의 근거를 찾을 수 있다.

이미 첫 번째 단편 「두뇌」에서 빛과의 대결을 통해 뢴네의 동일성의 욕구가 표출되지만, 그는 해결하기는커녕 인식조차 못하고 있었다. 뢴네는 빛을, 창조

---

59 Ammon, a.a.O., S. 138.

60 Ebd.

61 Ebd., S. 137.

62 Ebd., S. 138f.

적으로 활동할 수 있는 가능성을 단지 동일성의 해체 차원에서 체험하며, 따라서 불안정한 자아의 총체적 위협으로 느낄 뿐이다. 다음의 단편 「정복」에서 뢴네는 다시금 공생적인 생활태도를 되찾지만, 이는 동일성 확보의 가능성을 빛으로부터 보호하는 역할을 담당한다. 이제 이러한 공생관계가 무난히 이루어졌으므로, 근본적으로 공생으로부터 죄 없이 빠져나올 수 있으며, 이는 자신의 동일성을 발전시킬 수 있는 계기가 된다. 뢴네는 우선 자신의 동일성을 회복하나, 의사의 역할에서 자신의 한계성을 느낀다. 단편 「여행」에서는 이제 뢴네의 '동일성 확대'의 시도가 나타난다. 이는 아직 성숙한 단계에 이르지는 못하지만, 최소한 창조의 도취에서 실현의 가능성을 인식한다. 이러한 인식에서 뢴네는 "환한 회합ein helles Zusammentritt"을 경험하나 곧 다시 "허물어지는 zerfallend"(Ⅴ 1208) 것이다. 그러나 빛은 이제 더 이상 뢴네를 해체시키려 하는 위협적인 존재가 아니라, 그에게 "킥킥거리며kichernd"(Ebd.) 우호적으로 느껴진다.

4. 사회적 현실의 인식과 이상향: 「섬」

전편에서 뢴네는 창조적 도취 속에서의 동일성의 확대 가능성을 인식은 하나 실현할 수 없었기에, 「섬Die Insel」에서는 의사로서의 자신의 동일성에 안정감을 얻고자 한다. 그는 섬에 머무르며 교도소 의사로서 죄수들을 돌보고 있다. 뢴네는 직업적 책임과 시민적 가치개념을 회복한 것이다. 그의 의사로서의 역할은 단지 '겉치레Fassade'가 아니다. 그러나 그는 자신이 사회적으로 융화되고 또한 창조적 활동을 한다는 종합적인 태도가, 실상은 자신의 인격분열을 가려주는 타협에 불과하다는 것을 인지한다.

> 그는 정원으로 통하는 창으로 갔다. 정원에는 그림자 한 점 없이 꽃들이 하얗게 피어있고 울타리엔 유희가 가득하다; 잔디밭마다 떨고 있는 무엇인가가 매달려 있었다; 반짝이는 덤불로부터 향기가 저녁으로 용해되어갔다, 끊임없이 그리고 영원히.(Ⅴ 1218 f.)

창으로 간 뢴네의 위치는 그의 분열을 상징화하고 있다. 그의 뒤에는 인과율이 지배하는 세계가 놓여있고, 그 앞으로는 창조적 힘이 인정되는 세계가 놓여 있다. “그림자 없고”, “끊임없는” 밝음이 지배하는 ‘형성된 자연geformte Natur’으로서의 정원은 창조적 행위로서의 ‘형성된 도취geformte Rausch’와 유추관계를 지닌다. 이는 예술을 낳을 수 있다. 뢴네는 환영 속에서 자신의 진정한 동일성의 목표를 본다.

> 한 순간 그의 머리에 가볍게 스쳤다: 이완, 파열의 나지막한 덜거덕 소리, 그리고 그의 눈에는 영상이 스쳐갔다: 명료한 땅, 진동하면서 청색과 백열 속으로 그리고 장미에 의해 분열된다, 멀리는 원주가 서있고 바닥엔 주위가 무성히 자랐다; 그 속에서 그와 여자, 동물적으로 그리고 타락한 채, 말없이 체액과 입김을 내흘리며.(Ⅴ 1219)

뢴네가 보는 이 “명료한 땅”은 우선 푸른색이란 색채적 암호를 통해 특징지어진다. 그림Grimm은 벤의 작품에 나타나는 ‘파란색blau’의 문학적 기능에 대해서 말한다.

> 어휘와 색채로서의 푸름은 현실을 파열시키는 엄청난 힘을 지니고 있다. 이를 통해 시를 위한 자유가 만들어지는 것이다; 그것은 동시에 창조적 꿈에로의 가장 보편적인 관계를 가지고 있는 ‘신화적 베일’로서, 그 앞에서 영상들이 떠오를 수 있는 배경의 효과를 지닌다. 이로써 그것에는 발생학적 기능이 부여되는 것이다.[63]

이렇게 현실을 파괴하는 “충격효과”[64]를 지닌 파란색은 “백열Glut”의 영상 속으로 떠오른다. 이 속에서 예술의 영역은 상징화되며, 이어지는 영상들로 구체화되고 있다. 그림Grimm에 따르면 “수백 년이나 된 진부한 표현에서 움튼 장미의 영상은 전적으로 자연의 미를 대표한다. 예술을 통한 ‘서약들’은 이에 대비되고 있다.”[65]

뢴네는 멀리 “원주Säule”를 바라보는데 이는 예술을 규정하고 있다. 이 오래된 고대 예술품인 원주의 과거 속에서 동시에 예술의 내면적 본질이 드러난다.

---

63 Grimm, a.a.O., S. 74.
64 Ebd., S. 71.
65 Ebd., S. 78.

왜냐하면 “예술의 이러한 수단을 통해 떠오르는 것은 변화되었고 사멸되었으며, 더 이상 삶과 연결되어 있지 않다: 내생적인 영상들의 현실인 것이다.”[66] 이는 벤의 표현을 빌자면 “단순한 뇌피질의 현실”(Ⅲ 896)일 뿐이다. 뢴네는 이제 환영 속에서 그의 “‘고대의 소멸한 꿈’에 관여”[67]하고 있다. “현실 제조로서의 예술”(Ⅲ 874)을 스스로 창조한다는 것은 뢴네에겐 동일성 추구로 간주된다. 이렇게 예술에 의해 조작된 현실은 전혀 다른 현실이다. 이는 기독교적 신화인 에덴동산 같은 원초상태처럼 들린다. 이러한 상태는 공생적 생활형태속으로의 새로운 침잠을 의미하지는 않으며, 뢴네는 자아개념을 포기하지 않는다: “그 속에 그와 여자darin er und die Frau”. 뢴네가 이러한 다른 현실을 오직 혼자만 보는 것은 아니어서, 그의 개체적 동일성의 목표는 사회적 이상향이라는 차원으로 옮겨진다. 이러한 이상향은 벤이 1934년에 「어느 주지주의자의 행로 Lebensweg ein Intellektualisten」에서 밝히고 있다.

> 형식 속에서 인류학적 구제를 위한, 개념 속에서 속세의 정화를 위한 이러한 근본적 감정 속에서 새로운 시대는 시작되며 [...] 표현세계가 열린다: 왜냐하면 새로운 인간은 더 이상 감정적 존재로서, 경건성으로, 인도적으로, 우주적 석의로서가 아니라 벌거벗은, 형식적 임신으로서의 인간으로 그 안으로 미끌어져 들어가는 것이다.(Ⅷ 1908)

이 점에서 뢴네에겐 다시금 갈등상황이 전개된다. 이러한 새로운 시대란 하나의 미래상이며, 그는 우선 그가 처한 시대와 확고한 관계를 정립해야 한다.

> 이미 타이어는 재차 그의 이마 주위로 튀었고 관자놀이가 서늘해졌다. [...] 그는 어느 천년의 출구에 서 있었고, 그러나 여자는 항시 있었다; 그는 체제를 창조한 한 시대의 발전에 빚을 지고 있었고, 또한 무엇이 닥치더라도 이것이 그였다!(Ⅴ 1219)

뢴네가 창조적 힘을 위하여 이상향적 환상 속에서 그의 동일성의 문제를 확정하려 시도했다면, 그는 이제 오직 자신이 처한 시대의 개념적이고 분석적인 사유

66 Ebd., S. 55.

67 Ebd.. S. 53.

를 인정해야 한다. 그럼에도 그는 다시금 분열증세를 보이며 새로운 창조적 도취 속에 비합리적이며 황홀한 자연체험으로서 인과율 분석적kausalanalytisches 사유의 요소가 나타난다.

> 요구하듯 그는 저녁 안으로 그의 시선을 향한다. 그리고 보라, 순수한 양식의 향기곡선 아래 히아신스 존재가, 정원공간에는 일치된 완결이 푸르러졌다; 그리고 대지를 향해 수직으로 지는 해의 계산할 수 있는 광선의 백열작품아래 병원건물의 계단 위로 한 고갈되어 가는 성냥의 요사스런 노파가 문드러져가며 달리고 있다.(Ebd.)

여기서 다시 "푸르러진다es blaute"라는 색채적 암호가 창조적 도취와 함께 등장한다. 게다가 현실 파괴적인 충격이 더해지며 뢴네의 자아경계는 해체되어 도취적 체험현상이 나타난다. 이로써 그에겐 창조적으로 새로운 제 관계를 발견할 수 있는 가능성이 열리며, 그는 이러한 분열을 언어적 지평에서 종합으로 이끌어갈 수 있게 된다. 뢴네는 이것을 "향기곡선Duftkurve"이라든지 "백열작품Glutwerk"이라는 신조어의 형성으로 성공한다. 이러한 종합이 다시금 그의 동일성에로의 걸음이라는 것은 "히아신스 존재Hyazinthenwesen"란 신조어로써 밝혀진다. 슐츠-히더Schultz-Heather는 여기서 "히아신스 존재"가 "변형의 고대 모티브"[68]를 의미한다고 지적하고 있다.

뢴네의 첫 번째 동일성에로의 걸음은 공생에서의 창조적 탈출에 있다. 그러나 이러한 시도는 동시에 뢴네를 분열로 이끈다. 사회적 적응과 창조적 도취적 자연체험은 양자 공히 등가적이다. 이제 뢴네는 그러나 이러한 분열현상을 창조적 행위 안에서 제거하는 데 성공한다. 그는 실제로 정신적-예술적 차원에서 "뇌피질의 현실"을 만들고 있다. 벤의 표현을 빌자면 "현존하는 기초 위에 창조적으로 예견할 수 없는 것을 세우는"(III 576) 힘이 뢴네 속에서 솟는 것이다.

---

68 Barbara Schultz-Heather: Gottfried Benn. Bild und Funktion der Frau in seinem Werk. Bonn 1979, S. 61.

5. 예술의 자율성 및 동일성 회복: 「생일」

뢴네가 전편에서 새로운 현실을 창조적-예술적으로 형성할 수 있는 능력을 얻었다는 점은 이제 뢴네 연작집의 다섯 번째 단편집이자 종결부인 「생일Der Geburtstag」에서 "그는 보리를 반입했다er hatte Gerste eingefahren"(V 1220)라는 말로 상징화되고 있다. 뢴네는 이제 자신의 분열현상을 제거하고 "천년의 출구 Ausgang eines Jahrtausends"(V 1219)에서 두 세계의 중계자의 위치에 서게 된다. 이러한 종합은 그러나 그의 경험세계에서는 불가능하다. 사회적 적응이란 이제 그의 동일성의 목적이 아니며, 창조적 활동에서 '자기실현'을 찾는 것이 그의 목표이다. 자신이 30세가 되었음을 기념하는 생일은 자신의 발전을 일단 완결하였음을 뜻하며, 그의 새로운 자아의 출발점을 의미한다. 뢴네는 이제 주체적 창조자로서의 의식 속에서 오만함으로 빠져든다. 즉 그는 새로이 만들어진 현실을 그의 실생활에 전이시키려한다. 뢴네는 그의 환자 중에 언뜻 알아본 한 여자환자를 계속되는 연상 작용을 통해 환상적인 여인으로 조작한다.

> 그 여자를 어떻게 불러야 할까? 에드메, 그게 멋있어. 그리고 계속해서? 에드메 덴소Edmée Denso, 그것이 천사같애. 그것은 마치 새로이 채비를 하는 여인의 부름같애.(V 1224)

즉 뢴네는 인위적으로 환상적인 에드메를 만드나, 그의 의도는 변질되어 이 환각 속의 여인을 현실세계로 이끌어낸다: "그리고 이제 뼈마디들은 혼란스러워지고, 육욕적으로 그의 자아 속으로 스르르 침강해갔다-"(V 1227). 뢴네는 성적도취에 빠져들고, 에드메는 육감적인 백일몽으로 영락해 버린다. 카우센Kaußen의 말을 빌리면 "상상으로 이성에게 마음을 바치는 것은 분명한 자위행위적 관념을 뛰어넘지 못하고 있다."[69] 카우센과는 다른 의견을 제시하는 부데베르크는 뢴네의 에드메 찬양을 "현대적 형태의 비너스 탄생Venus anadyomene im modernen Stil"[70]이라고 지적한다. 슐츠-히더Schultz-Heather 역시 그녀의 해석을 지적하면서, 뢴네가 "그의 환각의 선물"[71]로서 체험하며, 사

---

69 Wolfgang Kaußen: Spaltungen. Zu Benns Denken im Wiederspruch. Bonn 1981, S. 72.

70 Buddeberg, a.a.O., S. 21.

랑의 행복을 느끼는 에드메를 그리스의 여신 데메터Demeter와 유사하다고 언급하고 있다. 또한 야콥 뵘Jakob Böhme의 작품을 벤이 알고 있었음을 지적하며, 이러한 뢴네의 삶의 체험이야말로 "불가해함의 신비스런 경험"[72]이라고 말한다.

이와 같은 해석들은 뢴네가 실제적인 성애의 황홀경에 빠져들었음을 간과하고 있다. 에드메를 만들고 이를 예술적으로 형성된 환상의 여인으로 '수확'하기까지 신비적 요소가 가미되었다고 볼 수는 있다. 그러나 뢴네가 에드메를 잔디밭 위에서 강요할 때, 이러한 신비적 측면은 사라지는 것이다. 레크봐트Requadt가 지적한 "뢴네에게 있어 이성적 자아의 해체는 동물적인 것에서 자신의 상실이 아닌, 상승 및 자신의 획득문제와 관련되고 있다"[73]는 점은 뢴네가 결국 자신의 "오래된 자아altes Ich"[74]로 되돌아 갔음을 뜻한다. 뢴네는 "그것이 정말이었을까? 아냐, 모든 것이 가능할 뿐야"(V 1228)라고 그의 성애적 도취 속에서도 의식을 찾으려 하나 곧 황홀경에 자신을 내던진다.

뢴네의 자아는 모든 통제력을 상실하고 해체적 힘을 지닌 빛에 수동적으로 대응할 뿐이다. 그가 도취 속에서 경험하는 행복한 자기망각으로 인해 뢴네는 빛을 더 이상 요구하는 것으로 느끼지 않고, 더군다나 형성하려는 의지조차 그에게는 사라져버렸다. 이러한 점은 텍스트 속에서 언어의 변질로 나타난다. 뢴네의 형성의지Formungswille는 항시 동사의 생략이라든지 동사의 명사화로서 나타나는데, 여기에서 그 반대의 현상이 빚어진다. 시내Bach나 자갈Kiesel 등의 명사가 동사나 부사로 변하고 있다: "kieselte bächern"(V 1228). 이같은 언어의 율동화는 뢴네의 육체적 느낌, 물결치는 맥박을 전달해 주는 역할을 한다. 뢴네가 에드메를 현실로 강요함으로써, 결국 자신의 형성하는 제어력를 상실한 것이다. 이러한 체험이 지난 후 뢴네는 다시금 창조적 도취를 추구한다. 피리소리가 그의 상상력을 자극하는 것이다. 피리를 분다는 것은 일상사에서 결코 어떤 목적을 지니고 있지 않다.

---

71 Schultz-Heather, a.a.O., S. 21.

72 Ebd., S. 64.

73 Paul Requadt: Gottfried Benn und das "südliche Wort". In: Gottfried Benn. Hrsg.v.B. Hillebrand.(WdF, Bd. 316) Darmstadt 1979, S. 161f.

74 Ebd., S. 160.

> 피리소리가 회색 골목에 울려퍼진다, 판잣집들 사이로 프르게 노래소리가. (...) 뜻밖에도. 그것을 부는 사람은 누구일까? 아무도 그에게 고맙다고 하지 않는다. 피리가 어디에 머무르고 있는지 도대체 누구에게 묻는단 말인가?(V 1230)

피리부는 소리는 푸른색이란 색채적 암호와 더불어 "제반관계의 돌파 Zusammenhangsdurchstoßung"(VIII 1879)의 계기가 된다. 여기서 현실감을 파괴하는 충격은 외부로부터 오는 것이며, 즉 뢴네가 피리소리를 "푸르게blau" 공감각적으로 체험한다는 점이다. 뢴네의 자아는 이제 남국의 환상에로 열리며, "높다랗게 항구전체가 이리로 타오르고 있었다"(V 1230)는 것을 확인한다. "명료한 땅, 진동하면서 청색과 백열 속으로"(V 1219)의 심상이 다시 등장하며, 뢴네는 다시금 자신의 동일성의 목표, 자기실현, 새로운 현실로서의 예술 내의 자아창조의 길로 다시 다가간다.

뢴네가 에드메와의 체험에서 인정해야만 했던 "뇌피질 현실Gehirnrinden-wirklichkeit"은 경험적 삶으로 전이될 수 없었고, 이러한 "새로운 여자"(V 1224)의 가상적 이상향은 사회적으로 현실화될 수 없었다. 새로운 형식 속에서 뢴네의 자기실현은 따라서 기존의 사회적 조건 하에서는 항상 고독한 산발적 행위로 끝나며, 내면적으로 홀로 체험해야 한다.

> 이따금 한 시간쯤, 너는 존재한다; 나머지는 사건이다. 이따금 두 조수가 부딪쳐 꿈으로까지 치솟는다.(V 1231)

즉 뢴네는 단지 "이따금" 창조적 도취감 속에서 자신의 동일성을 찾는다는 것을 인정하며, 따라서 인내하는 태도를 취하게 된다: "피를 흘려라, 살랑거려라, 참아라, 그는 홀로 중얼거렸다"(V 1232). 이러한 인내하는 태도는 창조적 도취를 의지력으로 불러올 수 있는 것이 아니라는 사실의 인식에 기인한다. 그가 "버찌지역Morellenvietel"(V 1228 f.)과의 연상에서 실패한 적이 있기 때문이다. 단지 그는 제반관계를 돌파하는 충동력에 의지할 뿐이다. 남국의 환상을 불러일으켰던 것이 곧 피리소리였다. 뢴네 연작집의 대미이자, 단편 「생일」의 끝부분에 뢴네는 재차 피리소리를 듣는다.

> 버찌지역에 그러나 또 한 번 피리소리가 울렸다: 이따금 두 조수가 부딪쳐 꿈

> 으로까지 치솟는다.(V 1232)

"이따금 두 조수가 부딪쳐 꿈으로까지 치솟는다."는 반복된 표현으로, 피리 불기와 의미상의 관계를 맺는다. 따라서 창조적 도취란 현실을 파괴할 수 있는 충격, 즉 자아분열Ich-Dissoziation을 야기시키는 충격을 필요로 한다. 이것은 그러나 뢴네의 의지와는 무관하다. 이러한 도취의 상태에서만 그는 환상적으로 "꿈"을 만드는 새로운 관계와 접촉할 수 있다. 뢴네는 지금까지 자신의 모든 창조적 행위 속에서 동일성의 확장을 경험해 왔다. 여기서도 역시 이제 그는 실제로 꿈속에서 자신을 실현시키는 것이다. 이미 언급했던 「어느 주지주의자의 행로」에서 다시 인용한다.

> 이따금 두 조수die beiden Fluten가 부딪쳐 꿈으로까지 치솟을 때 꿈은 완전해지며, 그리고 압도적이며 정연하게 꿈은 속을 털어놓는 것이다. 그래서 시는 생겨난다. 인종들은 그 속에 모여들고, 잠잠해진 인간의 천성은 한 순간 그 속에서 휴식하고 호흡하는 것이다.(VIII 1910 f.)

동시에 이 꿈은 현실화되는 순간 이미 "죽은 꿈"(I 229)이 된다. 뢴네는 따라서 현실화된 꿈에서가 아니라, 단지 창조적인 "순간"에만 자신을 실현할 수 있다. 그가 비로소 예술을 "탐지하는erblickt"(VIII 1903) 순간, 그리고 창조적인 행위 속에서 "동물적인 것과 항상 꾸밈없이 스스로를 순화시키는 사유"(Ebd.)가 합일되고, 그 속에서 도취적 존재경험과 형성하는 자아의식이 꿈을 만들어내는 것이다. 이를 인식한 뢴네야말로 자신의 수확을 거두는 것이며 스스로 타오르는(glühend) 것이다.

> 저기 한 남자가 떠나간다. 저기 한 남자가 자신의 수확 속에서 흔들어대고 있다. 수확자들이 그를 엮어, 화환을 건네고 축사를 한다. 저기 한 남자가 타오르며 자신의 들판에서, 왕관과 깃털을 쓰고 나오고 있다. 끝없이: 뢴네, 그였다.(V 1232)

IV. 결어

벤은 “어떤 현실도 이겨 낼 수 없었고, 파악할 수 없었던”(VIII 1896) 뢴네를 통하여 그의 삶의 위기를 서술하는 과정에서 그 해결점을 모색하려 한다. 즉 창조적 활동을 통한 동일성의 확대 및 예술창작을 통한 합법적 동일성의 발견이다. 여기에서 그러나 벤은 개인의 위기에서 사회적 위기의 반영으로 보고 있다는 점이다.

19세기 말의 사회적 위기는 “실증주의적 세계관의 균열”(III 870) 에서 야기된다. 이에 의해 과학적 인식이 어느만큼 인간과 무관한 현실의 반영일 수 있는지, 또한 인식하는 주체, 즉 인식의 형식‘에 좌우될 수 있는지에 관해 자연과학 내부에서 논쟁이 시작됨으로서 위기감이 증폭되었다. 한편 이러한 위기감에도 불구하고, 자연과학은 커다란 기술적 학문적 성과를 거두는 이율배반적 현상 하에서, 주체는 과학과 기술 분야에서 자연에 대한 지배권을 강화하는가 하면, 형이상학적 주체개념은 공동화되는 현상을 초래한다. 이러한 주체의 불안정은 표현주의에 이르러 문학적으로 형상화되어 자주 미치광이나 정신분열증의 주인공이 등장하게 된다. 게오르크 하임Georg Heym이 그의 단편 「광인Der Irre」에서, Carl Einstein이 소설 『베부퀸Bebuquin』에서 주인공의 정신착란으로 끝을 맺고 있으나, 벤은 뢴네를 치유하고 있다. 이는 뢴네라는 인물을 통해 벤의 급진적 인식비판이 반영되어 있을 뿐 아니라, 동시에 위기극복의 가능성을 제시하고 있다. 우선 비이성적인 것에 대한 동경에서 위기를 벗어나고, 예술창작에서 이것을 인지함으로서 형식적이고 이성적인 제어와 융합으로서 도취적 존재체험을 정상화시키고 있다. 즉 가공의 인물 뢴네의 생의 위기가 시대적 상황과 연유되었다고 보는 벤은 병든 사회를 위한 치유의 모델로서 뢴네를 제시하고 있는 것이다

사회병리학으로부터의 탈출은 예술을 중심으로 새로운 현실을 창조할 수 있는 새로운 인간들의 이상향에서 가능해진다. 즉 실제적이고 과학적인 세계관에 대비되는 창조적 세계관의 확립이다. 비에타Vietta는 이러한 예술의 자율적 기능에 바탕을 둔 유토피아를 “그 지배요구에서 이성적인 통제를 벗어나는 것보다 극도의 이성적으로 계산하는 권력의지 - 후기 파시즘에 있어 - 에게 훨씬 환영할만할 음울한 대체 형이상학”[75]이라고 비판하고 있다. 그러나 이러한 “음울

75 Silvio Vietta/Hans-Georg Kemper: Expressionismus. München 1975, S. 175.

한 형이상학”이 파시즘체제의 권력자들에게 환영받지 못했음은, 이들은 벤의 뢴네 연작집에서 볼 수 있듯이, 예술이 이념적으로 비판적 입장을 취할 수 있음을 간파했던 이유에서다. 따라서 나치 당국은 표현주의 운동과 그 예술에 대해 강한 거부감을 표시했다. 물론 벤이 1934년까지 파시즘의 정치적 현실 및 이들에 의한 자신의 작품의 수용을 비극적일만큼 오판하고 있었던 점은 부기되어야 할 것이다. 이는 벤이 당시의 사회적 위기가 파시즘의 이념으로 극복될 수 있으리라고 믿었던 점이다. 그러나 그의 이러한 환상은 자신 역시 타락한 예술가로 나치당국에 의해 기피됨으로써 그는 “망명의 귀족적 형식”(VIII 1960)을 강요받게 된다.

문학연구와 문화연구

- 문화연구[1]가 (독)문학연구의 대안인가? -

이기식

I. (독)문학의 위기

우리는 몇 년 전부터 (독)문학의 위기, 인문학의 위기에 대해서 많은 논의를 해왔다. 독어독문학계도 이 주제를 가지고 몇 해에 걸쳐 세미나도 열고 토론도 했다. 어떻게 하면 이 위기를 벗어나 '정상적' 상태로 돌아갈 수 있는 지에 대해서 머리를 짜냈다. 이런 논의과정에서 많은 사람들이, 기존의 (독)문학연구 및 (독)문학 강의에서 벗어나 '문화연구'로 변모해야 한다고 주장하여, 많은 학자들의 동의를 얻고 있다. 이에 본고에서는 문화연구가 (독)문학연구의 대안이 될 수 있는지에 대해서 논의하고자 한다. 다시 말해 (독)문학이 문화연구로 변신하게 될 경우에, 이른바 (독)문학의 위기를 벗어날 수 있는 지에 대해서 논의하고자 한다.

(독)문학의 위기에 대한 인식은 독어독문학과 지원자가 줄어들어 기존의 강의가 어렵게 되었다는데서 출발한다. 그 결과 전임교수의 위상도 위축되었을

---

1 일반적으로 "Cultural Studies"는 "문화연구"로, "Kulturwissenschaft(en)"은 "문화학"으로 번역된다. 문화연구와 문화학의 차이에 대해서는 본고의 뒷부분에서 언급될 것이다. 그러나 독문학 개혁에 관한 논의에서, 이 둘이 명료하게 구분되어 사용되는 경우는 흔치 않은 것 같다. 대체적으로 광의의 의미에서 문화에 대한 논의를 문화연구 또는 문화학으로 규정하는 경우가 많은 것 같다. 그래서 독문학의 개선 방향에 대한 논의에서 제안되는 문화연구와 문화학을 우선 '문화연구'로 통일하여 서술하고자 한다. 그렇지만 이 글의 후반부에서 두 개념을 구분한 다음부터는 '문화연구'와 '문화학'을 각각 구분하여 사용할 것이다.

뿐 아니라 신진학자의 양성도 위험스럽게 되었다는 것이다. 즉 위기 극복의 목표는 독어독문학과를 지원하는 학생들이 과거처럼 많아져, 강의도 '정상적'으로 되고 독어독문학자의 위상도 예전처럼 되는 것을 말한다. 이러한 위기 진단에 근거하여, 지금의 어려운 상황을 벗어날 수 있는 방법으로 크게 보면 그간 세 가지 방향이 제시되었다. 우선 독일어 교육을 강화해야 한다는 주장이 있다. 이 제안에 대해서 독일어교육에 직간접으로 관여하는 학자들과 원어민 독일어 강사 등 많은 사람들이 지지를 보내고 있다.[2] 둘째로 (독)문학의 외연을 문화연구로 확장 또는 변경해야 한다는 주장[3]이 있다. 필자의 생각으로는 그간 가장 많은 사람들의 지지를 받고 있는 제안이다. 세 번째로 지역학으로 바뀌어야 된다는 주장이 있다. 주로 DaF 관련 학자들이 주장하는 것으로 여기에 대해서는 학계 내에서도 의견이 첨예하게 나누어진다. 즉 이원양, 양도원 교수 등은 지지하는 입장이고, 안삼환, 탁선미 교수 등은 반대하는 입장이다.[4] 반면에 기존의 문학연구 및 강의를 그대로 고수해야 된다고 주장하는 사람은 거의 없는 것처럼 보인다.

물론 같은 어문학과이지만 영어영문학과, 중어중문학과, 일어일문학과는 사정이 좀 다르다. 학생들이 이들 언어권의 문학이나 언어학에 대해서 대단한 관심을 갖고 있다기보다는, 영어, 중국어, 일어가 직업 시장에서 선호도가 높기

---

2 이원양, 전환기의 독어독문학. 각국의 개혁모델과 한국독어독문학의 개혁방향 모색, 외국어로서의 독일어, Yang, Do-Won, Literatur im Germanistikstudium in Korea, Tradition und Wende., 고영석, 한국 독어독문학 발전사 1946-2000, 독일문학 제77집, 2001년 449쪽에서 재인용. 원어민 강사 중에는 Maurach, Manke 등 많은 사람들이 주장했다. Kishik Lee und Karen Schramm, Deutsch als Fremdsprache in Südkorea - Zur Neuorientierung der südkoreanischen Germanistik, in: Korea 2002, Hamburg 2002, S. 198, 213-4 참고.

3 안삼환, 한국독어독문학의 '위기' 극복을 위한 모색, 독일문학 제79집, 2001년, 453-4쪽. 탁선미, "민족문화연구"에서 "지역언어에 기반한 "문화연구"로, 독일문학 제75집, 2000년 473쪽. 원어민 강사로는 Wollert 등. Kishik Lee und Karen Schramm, 앞의 글 S. 214 참고. Claudia Benthien, Hans Rudolf Velten(Hg.), Germanistik als Kulturwissenschaft, Reinbek bei Hamburg 2002. 그 외에 독문학 외부에서 논의된 것 중에서 국내에 많이 알려진 책으로는, 이스트호프의 문학에서 문화연구로 (임상훈 역, 현대미학사 1994년)가 있다.

4 고영석, 앞의 글 449-451쪽 참조. 안삼환, 앞의 글, 454쪽, 탁선미, 앞의 글, 470-1쪽, 독일인으로는 Manke 등이 지역학 도입을 찬성한다. Kishik Lee und Karen Schramm, 앞의 글 S. 214 참고.

때문에 학생들이 해당학과를 지원한다고 볼 수 있다.[5] 본 논문에서는 구체적 논의를 위해서 독문학으로 제한하겠다. 또 논의가 확산되는 것을 막기 위해 다른 제안들 즉 지역학으로의 변화와 독일어 구사 능력의 강화가 위기 극복에 도움이 되는지에 대해서는 여기서 다루지 않겠다.

II. 학부제만이 위기의 원인인가

여러 독문학자들이 지난 몇 년간 (독)문학의 위기에 관한 진단을 내렸는데 대체로 의견의 일치를 보고 있다. 즉 그 위기는 (독)문학의 학문내적 원인으로 발생한 것이 아니라, 학생들이 독어독문학과를 선호하지 않기 때문에 생겨났다는 것이다. 그리고 거의 모든 사람들이 그 위기의 원인을 학문외적 요인인 이른바 학부제에 그 원인을 돌리고 있다. 예를 들어 안삼환 교수는, "소위 학부제 및 모집 단위 광역화를 대학에 일률적으로 강요하려는 고등교육정책이 바로 이 위기의 원인"[6]이라고 단언한다. 그 외에도 고영석 교수,[7] 염승섭 교수,[8] 손은주 교수[9] 등도 거의 같은 결론을 내린다.

물론 이들 학자들이 모든 '죄과'를 외적 원인으로만 돌리는 것은 아니다. 예를 들어 안삼환 교수는 "전통적인 '독일어문학 deutsche Philologie' 중심의 강의에 너무 오래 안주해 온 나머지 독어독문학의 좁은 경계를 넘어서서 <독일, 독일인, 독일문화>가 '오늘날의 한국 사회'에서 어떤 '시의성'을 갖고 있는 가를 탐구하여 독일어권 사회의 다양한 이슈와 담론들을 우리 사회를 위해서도 의미 있는 것들로 실용화시키는 데에 소홀히 했다고 할 수 있다."[10]고 지적한다. 손은주 교수는 독어독문학의 '약세' 원인을, "1) 고등학교 독일어교육의 약세

5 전국의 대졸자의 취업률을 전공별로 조사한 결과에 의하면 영문, 중문, 일문 졸업자는 독문, 불문 졸업자에 비해서 취업률이 약 10%정도 높다.
출처: http://www.mulbae.com/2004/hak.hwp

6 안삼환, 앞의 글, 449쪽.

7 고영석, 앞의 글, 447쪽.

8 염승섭, 문화학적 전환에 대한 재고, 헤세연구 제9집, 2003년 222쪽.

9 손은주, 한국의 독어교육, 독어독문학, 독일학, 독일문학 제75집, 2000년 453쪽.

10 안삼환, 앞의 글, 452쪽.

2) 독일어/독일문학 자체의 특성 3) 독일어에 대한 선입견"[11]을 꼽고 있다. 그 외에도 실용성의 부족을 꼽는 사람도 있다.[12]

필자가 보기에도 학생들이 독어독문학과를 기피하게 된 것은 학부제가 결정적인 원인이다. 그러나 인문학에 해당되는 독문학이 어려움에 처한 것은, 학부제 이외에 또 다른 원인이 있다. 물론 외적 환경의 변화로 인해서 학부제가 도입되었다고 생각하면, 둘은 밀접한 관계가 있다. 외부 여건 중에서 중요한 원인 중의 하나는 (독)문학이 우리 문화에서 차지하는 비중은 점점 작아지는 것이다. 필자는 그것을 진단하는 방식으로 책을 둘러싼 환경의 변화를 살펴보고자 한다. 문학 연구와 강의는 기본적으로, 문학 작품 또는 그것과 연관된 글들을 읽고 쓰고 논의하는 것이기 때문이다. 책과 연관된 환경의 변화를 살펴보면, 우리의 주변 여건이 어떻게 변했는가를 알 수 있을 것이다..

우선 우리나라 출판 시장의 규모가 어떻게 변했나를 한번 살펴보자. 경제 규모의 성장과 더불어 90년대에도 계속 성장을 하여 1997년에 그 정점에 이른다. 그러다 점차 줄어들어 예를 들어 2002년에는 1997년 규모의 79%에 해당되는 2조8,104억 규모에 불과하다.[13] 출판시장 규모는 줄어들었지만 등록된 출판사 수는 지속적으로 증가했다.[14] 그 원인은, 1987년 10월 정부의 출판 활성화 조치에 따라 신규등록이 자유화되었기 때문이다.

출판사 수의 증가 추세만을 보면 놀라운 것이지만, 아무런 책도 발간하고 있지 않는 출판사의 숫자 또한 빠르게 증가했다. 2001년의 경우 전체 출판사의 91%는 한권의 책도 출판하지 않고, 등록 출판사의 겨우 9.0% 만이 우리나라 출판을 담당하고 있다.[15] 이들 출판사가 발행하는 책 중에서 문학서가 차지하는 종수를 알아보았더니, 1994년을 기점으로 완만히 줄어들었다. 이것을 다시 외국 문학작품들이 언어별로 각각 몇 종이나 번역되었나를 살펴보면,[16] 독일어

11 손은주, 앞의 글, 457쪽.

12 탁선미 교수는 실용성과 문화적 근접성이 낮기 때문으로 보고 있다. 탁선미, 앞의 글, 469쪽. 독일인 강사 중에는 Kohz를 들 수 있다. Kishik Lee und Karen Schramm, 앞의 글 S. 213 참고.

13 http://www.kcaf.or.kr/yearbook/munhak/index.html

14 문화관광부, 2002년도 독서진흥에 관한 연차보고서, 2002, 62쪽.

15 문화관광부, 앞의 보고서, 같은 곳.

16 http://www.kcaf.or.kr/yearbook/munhak/index.html. 나머지 년도의 발행종수에 대한 통계를 찾을 수 없었다.

작품도 1997년에 가장 많이 번역된 것을 알 수 있다.

외국 문학작품 발행 추이

	1995	1997	1998	1999
독일어	76	277	86	119
프랑스어	158	132	114	116
영 어	750	2419	525	578
중국어	128	218	118	104
일본어	177	1496	205	209

만약 출판 시장이나 문학 시장의 규모가 다른 분야와 함께 줄어들었다면 약간의 위안이 되겠지만, 지난 수십 년 동안 우리나라 경제 규모는 외환위기에 따른 1998년을 제외하고는 줄곧 성장해왔다. 2003년도 국민총소득은 1995년을 기준으로 했을 때 약 1.8배 증가했다는 것을 감안하면,[17] 우리나라 출판 시장과 문학 시장의 축소는 엄청난 규모라는 것을 알 수 있다.

출판 환경이 이렇게 축소된 것은, 독서가 여가에서 차지하는 비중이 적다는 것과 밀접한 연관이 있다. 우리 국민이 여가를 어떻게 활용하는 가를 복수로 응답하게 한 통계청 조사에 따르면, 독서가 포함된 '창작적 취미' 활동은 여가 활동 중 가장 낮은 비율을 차지한다. 즉 TV 시청은 62.7%, 휴식 및 수면은 50.7%, 가사 잡일은 33.5%, 사교 관련은 32.3%인 반면에 독서가 포함된 창작적 취미는 불과 3.2%에 불과하다는 것이 밝혀졌다. 이 통계로 미루어 보면 독서가 우리 국민들의 일상 생활에서 차지하는 비중은 극히 적다는 것을 알 수 있다. 다시 인터넷 매체를 이용한 이후에 독서가 어떻게 변했는지를 살펴보았다. 우리는 여기서 인터넷 이용이 보편화된 이후 모든 연령층에서 독서량이 줄어드는 점에 주목할 필요가 있다. 인터넷의 생활화 이후 '독서량이 늘었다'는 응답은 5%정도인 반면, '독서량이 줄었다'는 응답은 성인의 경우 40%, 대학생의 경우는 무려 54.3%로 나타났기 때문이다. 이 조사는 2002년의 것인데, 이것을 3년 전인 1999년 조사와 비교해 보면 인터넷이 빠르게 독서시간을 앗아간다는 것을 다음의 도표에서 알 수 있다.[18]

17 http://kosis.nso.go.kr, 2004년 8월 30일년 접속

주요 매체 이용시간 (성인)

(단위 : 분)

	독 서		TV 시 청		비 디 오		PC통신 · 인터넷	
	평일	주말	평일	주말	평일	주말	평일	주말
1994	54	44	115	128	31	38	-	-
1995	37	35	107	144	26	37	-	-
1996	38	33	124	154	26	40	6	6
1999	37	34	112	151	27	46	22	23

독서를 하는 성인들 중에서 어떤 분야를 선호하는 지를 살펴보았다. 우리나라 성인들은 주로 국내 소설을 즐겨 읽으며, 외국소설에 대한 선호도는 다음의 표에서 알 수 있듯이 눈에 띄게 낮아지고 있다.[19]

연도별 성인 독서선호 분야

(단위 : %)

	1994	1995	1996	2002
국내소설	29.6	31.9	33.0	42.6
외국소설	10.0	8.7	7.2	4.4

이 조사 결과를 보면 중 · 고등학생들의 경우도 국내 소설을 주로 읽고 외국소설을 읽는 경향은 점차 줄어들고 있다. 즉 모든 연령층에서 외국소설에 대한 선호도가 꾸준히 감소하는 것으로 드러났다.[20]

책을 둘러싼 환경의 변화는 결국 전자 매체의 등장이 가장 큰 원인이라는 것을 알 수 있다. 즉 새로운 매체가 문학 텍스트의 생산과 소비에도 커다란 영향을 미치고 있음을 알 수 있다. 이를 두고 책의 시대가 끝났다고 단정하기도 한다. "이 시대는 특히 컴퓨터와 전자 매체의 등장으로 인하여 구텐베르크 운

18 문화관광부, 앞의 보고서, 60쪽, 46쪽, 44쪽.

19 문화관광부, 앞의 책, 47쪽. 1999년의 조사 항목은 다른 연도와 차이가 있어 본 도표에서는 제외했다. 하지만 국내 소설은 가장 선호 받는 분야이고 외국 소설의 비중은 줄어들고 있다는 경향은 여기서도 분명히 나타나고 있다.

20 문화관광부, 앞의 보고서, 49쪽.

하계가 그 종말을 고하고 있는 시대이다."[21] 즉 (독)문학의 위기는 매체의 변화에 따른 것으로 볼 수 있다. 푀글러 Pöggler에 따르면 문학을 포함한 인문학의 위기는 하이테크의 발달로 이미 60년대에 시작된, 국제적 현상이라는 것이다[22].

III. 문화연구는 (독)문학의 대안인가

(독)문학이 문화연구로 나가야 한다고 주장한 학자 중에서, 필자가 보기에 가장 구체적으로 제안한 사람은 안삼환 교수와 탁선미 교수이다. 안삼환 교수는 기존의 교과목을 과감히 개편하여, "어학 및 문학 교육에다 독일어문화권의 역사, 철학, 예술, 종교, 민속 등에 관한 연구 및 교육방법을 포괄하는 '독일어권 문화학'을 첨가하여 앞으로 독일어권 어문 · 문화학과로 탈바꿈"[23] 해 나가야 한다고 주장한다. 그리고 문화'학'이란 거의 모든 영역을 포괄하는 학문으로 규정하면서, 우리나라의 '독일어권 문화학'은 "독일어 문화권의 '표준 텍스트들'을 가려내고 거기에 숨어있는 '상징'과 '비밀'을 해석해 내어 독일민족의 정체성을 탐구"하고 나아가 우리의 정체성을 찾는데 도움이 되는 "일종의 비교 문화'학'"이 되어야 된다고 제안한다.[24]

탁선미 교수도 독어독문학과 지원자의 감소에 따른 고민을 넘어서기 위한 여러 가지 아이디어를 제시하고 있다. 탁 교수도 문화'연구'로의 방향전환에 대해서는 호감을 나타내면서, "문화연구의 기본발상과 문화학적 관점에서의 독문학연구의 가능성(은) 기존의 독문학에 대한 단순한 도전일 뿐 아니라, 동시에 기회일 수 있다"[25]고 주장한다. 또 문화'학'의 관점에서의 문학연구를 "문학텍스트를 작가가 의도한 메시지와 개인적 체험의 미적 표현으로만이 아니라, 그 안에서 명멸하는 사회적 집단들의 무의식적 소망과 상상력, 또한 텍스트가

21 김요한, 하이퍼텍스트 문학연구. 하이퍼텍스트의 구조적 특성과 새로운 문학의 가능성, 한국외국어대학교 대학원, 박사학위 논문, 2003년 6월, 14쪽.

22 P. Weingart u.a.(Hrsg), Die sog. Geisteswissenschaften: Außenansichten, Frankfurt am Main 1991, S. 13.

23 안삼환, 앞의 글, 453쪽

24 안삼환, 앞의 글, 455쪽.

25 탁선미, 앞의 글, 477쪽.

속해있는 가치와 의미의 담론들의 연관망을 함께 읽어 내는 것”[26]이라고 말한다. 그러면서 독문학은 “인문학적 사유와 문화적 가치를 생산하는 학문”이 될 것을 제안한다. 그리고 문화‘학’으로 변환하게 되면 교양과목 개설이 유리해졌다면서 자신감을 나타내기도 한다.[27]

안삼환 교수와 탁선미 교수의 제안은 우리의 현실적 고민에서 나온 제안이다. 필자는 여기서 독어독문학과의 어려운 상황을 타개하기 위한 두 교수의 아이디어가 실제 기존 (독)문학의 대안이 될 수 있는 지를 논의해 보겠다.

1. 복잡한 문화 개념

(독)문학이 문화학Kulturwissenschaft(en)으로 변신을 하든 문화연구Cultural Studies로 변신을 하든 중요한 것은 ‘문화’ 개념이다. 그런데 문제는 무엇을 ‘문화’로 보느냐에 따라 ‘문화’의 내용은 완전히 달라진다. 그것은 문화 개념의 사용범위가 아주 넓기 때문이다. 실제 보기를 우리의 일상적 언어사용에서 찾아보자.[28]

1) A씨는 문화에 푹 빠져있다. 그래서 연극과 오페라라면 아예 사죽을 못 쓴다.
2) B씨는 문화와는 아주 담을 쌓은 사람이다. 그래서 그는 여행 중에도 아무런 문화를 즐기지 못한다.
3) C씨는 외국 문화에 관심이 많아 자주 여행을 떠난다. 또 자기 나라의 하위문화에 대해서도 관심이 아주 많다.
4) 지난 번 홍수로 인해 D에서는 재배 문화의 대부분이 파괴되었다.

첫 번째 경우는 오페라, 연극, 문학, 조형예술, 건축 등 주로 고급 예술을 말

---

26 탁선미, 앞의 글, 476쪽.

27 여기에 해당되는 과목으로는 브레히트와 세계연구, 스위스 · 오스트리아 사회와 문화, 프로이트와 문화비평 등을 꼽고 있다. 그리고 신 교과 과정에 포함된 것으로는 독일어권의 문화와 관광, 인터넷 독일탐방, 독일의 환경운동과 녹색당, 유럽연합과 국제사회, 독일예술 감상, 독일어권 영화, 유럽의 동화와 신화, 독일명시와 가곡, 유럽페미니즘의 역사와 문화, 유럽모더니즘문화, 문화사회학을 들고 있다(탁선미, 앞의 글, 479쪽, 주15).

28 본문의 보기와 설명은 Klaus P. Hansen, Kultur und Kulturwissenschaft, Tuebingen und Basel 2000, S. 11-18에 의존한 것이다.

한다. 이 장르들의 공통점은 구체적 실용성과는 거리가 있으며, 한마디로 창조적 정신 작업을 말한다. 이 작업은 아무나 할 수 없으며 특수한 재능을 타고난 사람만이 할 수 있다. 물론 생산자 뿐 아니라 이런 예술을 즐기는 소비자도 재능을 타고나거나 일정한 교육을 받아야 한다. 이것은 일반적으로 한 집단(민족)의 최고의 정신적 업적으로 꼽는다.

두 번째 경우는 삶의 방식을 말하는 것으로 이것을 독일어로 표현하자면, Kultiviertheit라고 할 수 있다. 즉 고상한 취미나 교양 있는 삶의 방식을 말한다. 골동품에 대한 안목을 갖고 그것을 수집한다거나, 포도주 장을 집에 갖고 있으면서 포도주를 즐기는 경우도 여기에 해당된다. 물론 이때 첫 번째의 개념을 포함할 수도 있다. 다만 두 경우의 공통점은 실용성과는 무관하며 재능이나 안목이 있어야 하는 것이 일반적이다.

세 번째 경우는 풍습, 관습, 종교 등을 말한다. 영어로 표현하면 way of life이다. 첫 번째와 두 번째의 경우보다 더 포괄적이어서, 이질 문화 예술과 일상생활을 포함할 수도 있다. 차이가 있다면 앞의 두 경우는 안목이 있어야 하므로 가치 평가적이라면, 세 번째 경우는 가치 중립적이다.

네 번째 경우는 농업(단일 재배 Monokultur), 지리(대규모 인공 자연경관 Kulturlandschaft) 분야 등에서 사용된다. 문명화된 사회에서 자신들의 우월성을 표현할 때 사용하는 것으로 생존과 연관된 노동의 결과를 말한다. 첫 번째나 두 번째 경우에서와 같은 창조성, 정신작업 등과는 무관하다.[29]

물론 이때 독일어의 문화 개념은 우리말의 문화 의미와 완전히 일치하는 것은 아니라는 것을 알 수 있다. 그렇지만 매력적 단어인 '문화'는 그 사용자에 따라 의미 스펙트럼이 상당히 넓다는 것은 분명하다. 그리고 문화 개념은 일상생활에서뿐 아니라 학문 분야에서도 다양하게 사용된다.

이제 (독)문학과가 문화학 또는 문화연구로 변신하는 것이 타당하다면 어떤 문화를 다룰 것인지가 중요하다. '문화' 개념은 아주 광범위하게 사용되어, '문화'의 경계선을 어디에 긋는지가 쉽지 않기 때문이다. 잘못하다가는 위의 개념 네 가지 모두를 혼동하여 사용할 가능성도 전혀 배제하기 어렵다. 우리 나름의

29 첫째, 둘째, 셋째의 경우에는 우리말의 문화 개념과 크게 다르지 않으나 네 번째 보기는 우리말로 '문화'라고 번역할 경우에 의미상 차이가 있을 수 있다.

문화연구/학을 만들 수도 있겠지만, 학문 체계를 수립한다는 것은 쉽지 않고 또 많은 시간과 노력이 필요한 작업이다. 그것은 어떤 컨셉을 가지느냐에 전혀 다른 성격을 띨 수 있기 때문이다. 그래서 만약 (독)문학이 문화연구/학으로 변하는 것이 옳은 일이라면, 어떤 방향이 더 좋을까를 판단하기 위해 기존의 문화를 연구하는 과정 중에서 가장 많이 알려진 것을 살펴보는 것이 의미 있는 일일 것이다. 아니면 그것들을 참고하여 우리에게 맞는 문화연구/학을 정의하고 연구와 강의를 할 수도 있을 것이다.

2. 문화연구 Cultural Studies

문화 관련 연구에서 가장 많이 알려진 것이 문화연구이다. 문화연구는 독일어권에서도 영어 그대로 Cultural Studies라고 사용한다. 그것은 아래에서 밝혀지겠지만 Kulturwissenschaft(en)와는 구분되기 때문이다. 문화연구라고 하면 일반적으로 영국 버밍엄 대학의 현대문화연구소 Centre for Contemporary Cultural Studies에서 시작된 '문화연구'를 지칭한다. 영국 문화연구가 체계화되는 데 결정적인 역할을 한 저서로는, 호가트 Hoggart의 『읽고쓰는 능력 Uses of Literacy』(1957), 윌리엄스 Williams의 『문화와 사회 Culture and Society』(1958), 『장구한 혁명 The Long Revolution』(1961), 그리고 톰슨 Thomson의 『영국 노동계급의 형성 The Making of the English Working Class』(1963)이다.

문화연구는 대중문화를 현대 문명의 도덕적, 문화적 기준에 대한 도전으로 인식하는 문학 전통에서 파생되었다. 그래서 엘리트적 시각을 버리고 일상적이고 평범한 것, 즉 우리 삶에 많은 영향력을 미치는 생활의 여러 측면에 관심을 가졌다. 이들은 대중문화가 일반에게 끼치는 영향에 대해서는 이해할 필요가 있다고 보고, 대중문화와 대중매체에 대한 연구를 많이 했다. 또한 사회의 지배 구조에 대해서 의문을 제기하면서, 그중 특히 노동 계급과 여성의 위치에 대해서 연구한다. 그래서 유럽 마르크스주의와 불가분의 관계를 지니고 있다. 대중문화는 일상생활의 구조를 검토하는 것이지만, 이를 위한 연구 과정은 단지 학술적인 것만이 아니라 정치적인 것이기도 하다. 일상생활을 형성하는 세력 관계를 살펴봄으로써 그것에 내재되어 있는 이해관계의 윤곽을 밝혀내려고 하기 때문이다. 그러나 문화연구는 새로운 학문 분야로 보거나 여러 독립된 학문들의 집합으로 생각할 수는 없는데, 그것은 다양한 학문적 관심과 연구 방법이 수렴된 학제간 연구 분야이기 때문이다. 즉 여러 학문의 수렴을 통해 기존 학문 분야로서는 밝혀 낼 수 없었던 현상을 파악하고자 하는 것이다.[30]

영국, 오스트레일리아, 미국 등에서는 일찌감치 문화연구소가 생겨나거나 학과가 생겨서, 문화연구가 제도화되는 길을 걸었다. 그러나 독일에서는 수용 자체가 지지부진 하다가 최근에야 본격적으로 수용되었다. 물론 국제적 흐름과 완전히 동떨어져 있었던 것이 아니라, 영미문학과, 음악저널리즘, 미디어학 등에서 노동자문화, 청소년 문화, 일상생활, 미디어 분석 등의 주제가 70년대 이후부터 산발적으로 도입되기는 했다.

문화연구가 이처럼 독일에서 늦게 수용된 것은 프랑크푸르트 학파의 영향 때문이다. 알려져 있다시피 프랑크푸르트 학파는 대중문화에 대해서 특히 문화산업에 대해서 부정적 시각을 가졌다. 그래서 독일 지식인들 사이에는 대중문화에 대해서 거부하는 태도가 상당히 광범위하게 퍼져있었던 것이 그 원인이다. 또 제도화가 다른 나라에 비해서 지지부진한 이유는 문화연구의 성격이 독일 대학 제도와 잘 어울리지 않기 때문이다. 그러다 최근에 상당히 광범위하게 수용되게 된 것은, 기존 학문 체계가 미디어, 대중, 일상 문화 연구에 부적절하다고 여겼기 때문이다. 여기에는 또한 영국, 오스트레일리아, 미국 등지에서의 붐도 작용을 했다.[31] 그래서 이들은 전통적 인문학이 위기에 처한 상황에서 생활세계와 연관된 분야를 탐구하여 인문학의 연구 영역을 확장하려 한다.

3. 문화학 Kulturwissenschaft(en)

문화'연구'가 비록 연구대상이나 연구방법론 측면에서 여전히 논의해야할 점이 많다고 해도, 제도화를 통해서 여러 나라에서 발판을 굳혀가고 있다. 문화연구와 문화학은 방법론이나 내용면에서 그리고 학제간 연구라는 측면에서

30 Andreas Hepp, Cultural Studies und Medienanalyse, Opladen/Wiesbaden 1999, S. 14-24.

31 최근 독일에서 발간된 주요 저서로는, Bromley u.a.(Hg.), Cultural Studies. Grundlagentexte zur Einführung, Lüneburg 1999, Kramer, British Cultural Studies, München 1997, Göttlich u.a.(Hg.), Die Werkzeugkiste der Cultural Studies, Bielefeld 2001, Hepp und Winter(Hg.), Die Cultural Studies Kontroverse, Lüneburg 2003 등 수십 종에 이른다.

유사한 면이 있다. 그러나 문화연구는 정치성과 맑시즘적 성격을 많이 띠고 있고, 대중문화를 주요 연구 연구대상으로 한다는 점에서 문화학과는 차이가 있다.

'문화학'은 많은 사람들의 노력에도 불구하고 아직 통일된 정의가 내려지지 않았다. 그것은 마치 '문화' 개념 자체가 아주 광범위하게 사용되어 사용자에 따라 개념의 내용이 다르듯이, '문화학' 개념도 아주 폭넓게 사용되어 그 사용자에 따라 내용이 많이 달라지기 때문이다. 문화학 개념은 적어도 다음의 네 가지 의미로 사용되고 있다.[32]

1) 아주 광범위하게 사용되는 것으로, 전통적 인문학을 포괄하는 큰 틀을 의미한다.
2) 전통적 문헌학과 문예학이 변해야 하는 새로운 방향으로 학제간 연구를 의미한다.
3) 아주 좁은 의미로 개별 문헌학의 한 부분으로 이해된다.
4) 개념적으로 상당히 불명료한 것으로, 때로는 민속학 또는 인종학 등을 나타내기도 한다.

이처럼 문화학은 연구 대상과 문화이론 그리고 연구방법론에 따라서 다르게 규정되고 있지만, 일반적으로 첫 번째 방향이 선호되고 있다. 즉 문화인류학과 문화의미론과 연관되면서 문화를 텍스트로 이해하는 것, 의미를 만들고 해석하는 방법으로 문화를 이해하는 것 그리고 생활세계에서 의미있는 인식스타일과 상징스타일을 분석하는 것 등이 그것이다. 그래서 여기서는 문학 텍스트 내에서의 문화 함축성 그리고 텍스트의 문화 매개성 등이 중요하게 다뤄진다. 앞에서 언급한 안삼환 교수도 이런 입장에 서있는 듯한 인상을 준다.

두 번째 입장은 기존 학제가 너무 세분화되어 학제를 넘어서는 문제를 파악하는 데는 한계가 있으므로, 학제간 연구를 통해서 새로운 인식능력을 만들어 내자는 주장이다. 이런 주장에 대해서는 독일에서 이미 1990년대 초에 제안된바 있다. 즉 독일학술심의회와 대학 총장협의회의 의뢰를 받은 콘스탄츠

---

32 Vgl. Ansgar Nünning, Metzler Lexikon Literatur- und Kulturtheorie, Stuttgart und Weimar 2001, S. 353-356.

대학 연구팀은, 인문학의 정당성 문제를 해결하기 위해서 문화학으로 거듭 태어나야 한다고 제안한 바 있다.[33] 두 번째 입장에서는 문학연구를 문화학으로 확대하고, 문화사적 문제와 새로운 미디어 문제를 다루어야한다고 주장한다. 즉 기존 학제를 넘어서야 문학을 비롯한 인문학에 새로운 가능성이 있다는 것이다.[34]

세 번째 입장에는 문화를 인간이 만들어낸 집단적 의미구조, 사고형식, 가치, 의미 등의 총합으로 보고 있다. 이들에 따르면 문화란 의미구조가 텍스트로 매개되는 과정이라는 것이다. 이런 관점으로 인해서 문학을 연구하는 사람은 큰 무리 없이 이런 관점을 바로 수용할 수 있다. 왜냐하면 문학은 문화 및 표현양식의 핵심이어서, 문학연구를 통해 문화를 관찰할 수 있다고 보고 있기 때문이다. 이때 주요 개념어는 노화, 기억, 집단회상, 심성이며, 우리나라에도 소개된 아스만 Assmann의 문화적 기억과 회상에 관한 작업이 그 한 보기가 된다.[35] 두 번째 입장과 세 번째 입장의 차이는, 세 번째 입장에서는 문학을 문화의 중심에 둔다는 점에서 차이가 난다. 그래서 문학을 하는 사람의 입장에서는 약간의 방향 수정으로 세 번째 입장으로 바꿀 수 있다. 최문규 교수 등은 세 번째 입장에 서 있는 듯하다.[36]

마지막으로는 위에 속하지 않는 것을 말한다. 민속학, 인류학, 인종학 등이 여기에 속하며 또는 다음에 설명할 파사우 대학의 문화학 모델도 여기에 해당된다. 어쨌든 문화학이 독일에서 많은 관심이 되는 것은 DFG 등이 인문학의 어려움을 문화학으로 벗어나고자 하는 시도와 직접 연관이 있다.

---

33 W. Frühwald, u. a. (Hrsg.), Geisteswissenschaften heute: Eine Denkschrift, Frankfurt am Main 1991, S. 11.

34 여기에 대해서는 앞의 Frühwald(편)의 저서 이외에, Prinz u.a. (Hg.), Die sog. Geisteswissenschaften: Innenansichten, Frankfurt am Main 1990, Prinz u.a. (Hg.), Die sog. Geisteswissenschaften: Außenansichten, Frankfurt am Main 1991, Böhme u.a.(Hg.), Literatur und Kulturwissenschaften, Reinbek bei Hamburg 1996, Böhme u.a., Orientierung Kulturwissenschaft, Reinbek bei Hamburg 2000을 참고하시오.

35 이런 관점에서 씌여진 국내의 저서로는, 최문규 외, 기억과 망각, 책세상 2003이 있다.

36 최문규 외, 앞의 책, 7쪽 참조.

4. 파사우 대학의 문화학 과정[37]

1990년 겨울학기에 독일 파사우 대학의 문화학 과정 Diplomkulturwirt: Sprachen, Wirtschafts- und Kulturraumstudien 이 만들어졌다. 인문학을 공부하는 학생들에게 외국어 구사능력, 지역학, 경제학 및 경영학 지식을 갖추게 하여, 취업이 잘 되게 하는 것이 그 목적이다. 그렇다고 해서 기존의 학과를 폐지하거나 또는 문화학과라는 새로운 학과를 만든 것이 아니라, 이른바 연계전공으로 문화학 과정을 만든 것이다.

문화학 과정은 전 세계를 일곱 개의 문화권역으로 나누고, 이 과정 소속의 학생들을 하나의 문화권역 전문가로 양성한다. 즉 영어권, 불어권, 독일어권, 스페인어권, 이탈리아어권, 동남아시아어권, 동구권으로 나누어져 있는데, 모든 학생들은 이중 하나를 자신의 전공 분야로 선택해야 한다. 또 모든 학생들은 해당 문화권에 1학기 이상 유학을 해야 하며, 적어도 3개월 이상을 현장실습을 해야 한다. 전체 강의의 1/3은 외국어 습득, 또 1/3은 경제학 및 경영학 그리고 컴퓨터 지식 습득, 마지막 1/3은 해당 지역의 문화습득에 배분되어 있다. 우선 학생들은 영어, 불어, 이탈리아어, 스페인어, 이탈리아어, 포르투갈어, 러시아어, 중국어, 인도네시아어, 타이어, 아랍어, 체코어, 폴란드어 중에서 두개를 능숙하게 구사해야 한다. 두 번째로는 마케팅, 재정학, 회계학, 경제정책 등 경제학과 경영학에 대한 기본 지식을 배워야 하며, 컴퓨터에 대한 기본 지식을 배워야 한다. 세 번째는 자신이 전공하는 지역의 역사, 사회, 정치, 문학, 예술, 독일과의 연관성 등을 배워야 한다.

이들 졸업생들은 심지어 경영학과 출신들보다 더 좋은 직장을 구하고, 월급도 평균 10% 더 많이 받는다. 문화학 과정 졸업생을 특히 선호하는 기업은 거대 다국적 기업이다. 현재 정원은 80명이며 필자가 2001년에 방문했을 때, 문화학과정은 이미 전 세계 55개 대학과 자매결연을 맺고 있었다.[38]

---

37 Klaus Dirscherl: Kulturraumstudien in Deutschland - das Passauer Modell des Diplomkulturwirts, in: Günter Blamberger und Gerhard Neuner(Hg.), Reformdiskussion und curriculare Entwicklung in der Germanistik. Dokumentation der Internationalen Germanistentagung des DAAD 24-28. Mai 1995. Universität Gesamthochschule Kasse. S. 39-52.

38 필자는 DAAD의 지원을 받아 2000년 12월부터 이듬해 1월까지 파사우대학에서 이 과정에 대해서 조사할 수 있었다. 여기에 기술한 내용들은 그때 얻은 것이다.

IV. 결론을 대신하여

독어독문학과 지원자의 감소로 생겨난, 이른바 (독)문학의 위기는 학부제가 결정적인 원인인 것은 사실이다. 더욱이 외국문학의 선호도가 청소년뿐 아니라 성인들에게서 급격히 감소하고 있는 상황에서, (독)문학이 대입 예정자들의 관심을 끌기는 어려울 것이다. 이러한 상황에서 (독)문학이 문화'연구' 내지는 문화'학'으로 변신해야 된다는 주장은 현실적 고민에서 나온 아이디어라고 볼 수 있다. 그러나 문제는 (독)문학이 그렇게 변한다고 해서 현재의 위기를 극복할 수 없을 것이다. 더 심각한 문제는 (독)문학 자체를 전공한 대졸자가 취업할 수 있는 가능성은 사회과학 전공자에 비해서 크지 않는데, 고등학생들은 대학 전공을 선택할 때 제일 먼저 취업률을 고려한다는 사실이다. 최근 한 조사에 따르면 고등학생들은 대학 선택에서 가장 중요한 요인으로 취업률이라고 대답한 학생이 46.3%, 대학의 명성이라고 대답한 학생은 29.3%에 그쳐, 우리나라 고교생들이 실리적인 면을 중시한다는 것을 보여주고 있다.[39]

독어독문학과가 어려운 사정에 처한 것은 비단 우리나라만은 아니다. 또한 문학뿐 아니라 인문학 전체가 어려운 건 거의 세계적 현상이다. 약간의 차이가 있긴 있지만 미국, 일본도 마찬가지다. 미국이나 일본의 경우도 독일 통일을 계기로 독어독문학과가 다시 활기를 얻을까 기대를 했지만, 독어독문학의 부흥으로는 이어지지 못했다. 많은 미국 대학의 독어독문학과는 독일학German Studies이 주류를 이루고 있지만, 독문학과 학생은 다음의 표에서 알 수 있듯이 독일 통일 후에 증가하는 것이 아니라 점점 감소하고 있다.

미국대학 독어독문학과 학생수 변화[40]

	1990	1995	1998
학부생수	110,000	80,400	74,400
대학원생수	4,300	4,180	2,940

39 www.donga.com, 2004년 9월 4일자.

40 이기식, 한, 미, 일의 독어 및 독문학 침체의 원인과 대책, 시간의 카오스 - 이정길 교수를 회상하며, 이정길 교수 추모위원회 편, 자연사랑 2003, 255쪽.

필자의 견해로, (독)문학이 문화연구나 문화학으로 변신을 하더라도 독어독문학과 지원자는 별로 늘지 않을 것이다. 다만 문화 관련 강의에는 미국이나 일본의 경우와 마찬가지로, 우리나라의 경우도 수강자가 증가하는 현상을 나타내고 있다. 실제 많은 대학에서 순수 문학 강의는 폐강위험이 있는 반면에, 문화관련 강의에는 제법 수강생이 많다고 한다. 그렇다고 해서 강의에서의 '성공'이 독어독문학과의 '정상화'로 이어질지는 의문이다.

문학이 문화학 또는 문화연구로 확장하거나 변화하게 될 때, 학과의 정체성 문제와 후학들의 양성 문제가 여전히 남게 될 것이다. 뿐만 아니라 복잡한 문화 개념으로 인해 체계적인 커리큘럼을 만들기가 쉽지 않을 것이다. 이런 저런 문제들로 어문학과, 그중에서도 독문학 전공 학자들은 정말 어려운 사정에 처해있다. 두 학자의 건설적 제안을 계기로, 독어독문학과와 학문의 미래에 대해 좀더 깊이 있는 성찰을 해야 될 시기가 도래한 것 같다.

“존재의 용담꽃”을 찾아서

- 릴케와 허만하 -

김 재 혁

허만하(1932-)는 김춘수 이후로 릴케를 가장 자주 언급한 시인이라 할 수 있다. 그것은 그가 펴낸 시론집 『낙타는 십리 밖 물 냄새를 맡는다』(2000)와 『시의 근원을 찾아서』(2005)에서 알 수 있다. 그는 릴케의 초기 작품이나 편지글부터 시작하여 중기의 “사물시”로 대변되는 『신시집』의 시들과 『말테의 수기』 그리고 후기의 『두이노의 비가』와 『오르페우스에게 바치는 소네트』에 이르기까지 릴케의 작품 세계에 대한 해박한 지식을 갖고 있다. 여기서 중요한 것은 그가 단순히 릴케를 언급하지 않고 릴케가 창작의 매 단계마다 보여주었던 개성에 접근하려고 노력하고 있다는 점이다. 그는 릴케의 “보는 법”이라든가 “체험”, “천사”같은 중요 개념을 릴케 작품과 그 밖의 릴케 비평서의 독서를 바탕으로 이해하고 설명하고자 한다. 그렇다면 그는 왜 이렇게 릴케에 집착하는가? “보는 법”이라든가 “체험”, “천사” 이해의 기본은 무엇인가? 그가 이해하고자 하는 릴케의 천사의 초점은 어디에 있는가? 이러한 질문에 답하는 것이 허만하의 릴케 수용과 생산적 독서의 관계를 알아볼 수 있는 한 방법이라고 생각한다.

일단은 허만하는 시론의 관점에서 1930년대 후반의 박용철과 비슷하게 릴케에게 많은 관심을 보이고 있는데, 먼저 이에 대해 살펴보고 이것이 그의 시에서 어떻게 반영되고 있는지 알아보기로 한다. 가장 먼저 눈에 띄는 것은 박용철이 「시적 변용에 대해서」에서 보여준 것과 같은 체험 시론이다.

> 시의 근거는 체험이다. 고유한 그리고 단 한 번뿐인 그리고 가멸적加滅的인 목숨의 가장 개성적인 경험이다. 그러나 우리에게 소중한 것은 무엇을 경험하느

> 냐가 아니고 어떻게 경험하느냐 하는 것이다. 다 같은 경험 소재라도 경험하는 사람의 정신의 간섭에 따라 그 내용이 달라진다. 가장 특수한 것을 통하여 가장 일반적인 것에 이르는 길을 시는 걷는다. (「낙타의 물 냄새」)

『말테의 수기』 중 체험에 대한 릴케의 언급을 허만하의 다른 말로 되새겨 주는 듯한 글귀이다. “무엇을 경험하느냐가 아니고 어떻게 경험하느냐”가 소중하다는 그의 말은 체험의 시적 변용을 위한 가장 기본적인 인식 과정의 중요성을 표현한 것이다. 같은 것을 보거나 듣고도 그것을 마음속으로 받아들이는 인식의 과정은 시인에 따라 개성을 가져야 한다는 말이다. 그것을 그는 “사람의 정신의 간섭”이라고 표현한다. 같은 체험 소재라도 각 개인이 갖고 있는 정신의 프리즘에 비쳐지면서 색깔의 분산과 농도를 달리 한다는 것은 당연한 일이다. 이렇게 해서 “가장 특수한 것을 통하여 가장 일반적인 것에 이르는 길을 시는 걷는다.”라는 말에는 시를 바라보는 허만하의 의식의 단면이 잘 드러나 있다고 할 수 있다. 그러나 이러한 인식의 바탕에는 하나의 구체적 체험이 보편화의 과정을 이루어내기 위해 필요한 필연적인 과정이 함의되어 있다. 즉 가장 개성적인 것이 가장 보편적인 것이라는 널리 알려진 명제를 떠나서 하나의 개성이 보편성에 이르려면 어떻게 해야 하는가 하는 방법론이 생략되어 있다는 말이다. 그것은 하나의 의식이 깊은 내면적 성찰을 위해 끊임없이 노력함으로써 가능하다. 즉 의식의 빙산 겉면에 머물지 않고 깊은 안쪽으로 들어감으로써 그곳에서 하나의 의식은 보편화된 의식을 만날 수 있는 것이다. 이것을 릴케는 『말테의 수기』에서 모든 개인적인 기억과 체험을 잊으라는 말로 단언적으로 말한다. 그렇게 해서 인생의 말년에 가서 한 두 줄의 시를 쓸 수 있다는 것은 개인적 체험이 익명성을 띠면서 일반화된다는 말에 다름 아니다. 그러므로 “체험”으로부터 시적 변용을 거쳐 “일반적인 것”을 향한 시적 도정이 위 글에 반영되어 있다고 할 수 있다. 허만하의 글에서 자주 발견되는 “풍경” 이야기는 이러한 체험 시론을 뒷받침한다. “명나라의 동기창董基昌은 행만리로行萬里路(만리 길을 걷는 일)를 말한 적이 있다. 그러한 의미에서의 풍경은 체험과 무관하지 않다. 하나의 풍경을 만나기 위하여 나는 길을 떠나지 않으면 안 된다.” (「풍경에 대하여」) 이렇게 보면 그는 릴케가 『말테의 수기』에서 강조한 “한 줄의 시구를 얻기 위하여 많은 도시, 온갖 사람들, 그리고 여러 가지 사물을 알아야만 할 것이다.”라는 조언을 온몸으로 실천한 셈이다. 이것과 관련하여 허만하는 리투아니아 출신의 미국화가 벤 샨(1898-1969)의 석판화 이야기를 펼치고 있다. 체험의 중요성과 함께 대두되는 시적 형상화의 전제로서 이른바 “보는 법”의 중요성을 이야기하기 위해서이다. 벤 샨이 『말테의 수기』의 이 대목을 읽고 가슴에 품고 있다가 그렸다는 스물세 점의 석판화가 그의 가슴에 호소해 왔기 때문이다. 이렇게 릴케라는 이름은 허만하에게 체험과 사물에 대한 관찰과 시적 형상화의 모든 것으로 다가왔음을 알 수 있다. 그러나 허만하의 릴케에 대한 이해가 과연 시 창작 과정에 전이되었는지는 다른 문제이다. 물론 그의 과작寡作 태도는 수많은 경험 뒤에 인생의 말미에 가서 한 두 줄의 시를 쓸 수 있을지 모른다는 릴케의 체험 시론을 몸소 구현한 것이라 할 수 있다.

이를 위해 그가 예술가적 삶의 지침으로 강조한 것은 나무에게서 배운 릴케의 인내이다. 그는 릴케의 『젊은 시인에게 보내는 편지』를 다음과 같이 인용한다.

> 그곳에서는 시간은 측정에 도움이 되지 않습니다. 1년으로도 잴 수 없습니다. 10년으로도 안 됩니다. 예술가로 있다는 것은 계산한다든가 헤아린다 하는 것이 아닙니다. 나무처럼 성숙하는 것입니다. 봄의 폭풍 속에서 여름이 오지 않는 것이 아닐까 불안해하지 말고 서두르지 말고 침착하게 수액을 보내고 있는 나무처럼 말입니다. 그러나 여름은 옵니다. 여름은 [...] 인내 깊은 사람에게 오는 것입니다. (「존재의 용담꽃」)

그는 이 구절을 읽고 젊은 날에 많은 격려를 받았다고 말한다. 나무가 갖고 있는 이와 같은 속성은 이미 우리에게 널리 알려진 것이다. 박용철 역시 이 대목에 주목하고 있으며 윤동주도 나무의 이 같은 성격을 가지고 「별똥 떨어진 데」라는 산문을 쓴 바 있다. 시인이 지녀야 할 자세로서 널리 알려진 구절이다. 위의 번역 글에서 몇 군데 원문과 좀 어긋난 곳이 있어 정확한 이해를 돕기 위해 우리말로 다시 옮겨본다.

> 여기서는 시간을 헤아리는 일이 통용되지 않습니다. 여기서는 1년도 아무 것도 아닙니다. 심지어 10년도 아무 것도 아닙니다. 무릇 예술가라고 하는 존재는 세지도 헤아리지도 않아야 합니다. 예술가는 나무처럼 성장해 가는 존재입니다.

> 수액樹液을 재촉하지도 않고 봄 폭풍의 한 가운데에 의연하게 서서 혹시 여름이 오지 않으면 어쩌나 하고 걱정하는 일도 없는 나무처럼 말입니다. 걱정하지 않아도 여름은 오니까요. 그러나 여름은 [...] 참을성 있는 사람들에게만 찾아오는 것입니다.

이렇게 보면 허만하의 릴케 수용은 이전의 다른 우리나라 시인들과 그리 달라 보이지 않는다. 특히 체험 시론을 강조하는 부분이 그렇고 릴케에게서 예술가적 자세를 읽는 면에서도 그렇다. 그의 시 「나무를 위한 에스키스」는 위에서 받은 자신의 느낌을 한 편의 시로 정리하면서 시인으로서의 자세를 다잡고 있다.

> 나무의 씨앗은 인류의 역사보다도 긴 시간을 간직하고 있다. 끊임없이 나무는 몸의 경계를 지우면서 새로운 경계를 다시 만든다. 시시각각 나무의 내부가 새로운 바깥이 되는 셈이다. 나무의 성장은 언제나 자기 몸 안에 묻히고 만다.
> [...]
> 나무는 모천의 물내를 찾아 아득한 길을 되돌아가는 연어 떼처럼 무덤자리를 찾아 이동하지 않는다. 씨앗이 떨어진 그 자리에서 초록빛 사상(思想)처럼 수직으로 선 자세로 의연하게 낯선 어둠을 맞이할 채비를 하고 있다.

허만하와 릴케의 천사

허만하는 또한 릴케의 천사에 대해서도 관심을 보이면서 김춘수의 천사를 이야기하기도 하고 나름대로 이해한 릴케의 천사에 대해서 언급하기도 한다. 그는 릴케가 작품과 편지에서 숱하게 언급한 천사의 존재가 궁금했음이 틀림없다. 때문에 허만하의 글에서도 곳곳에서(이를테면 「해시계의 천사」) 릴케의 천사에 대한 언급을 만날 수 있다.

> 그[릴케]는 천사를 말로 다할 수 없는unsäglich 것으로 규정짓고 이 땅의 존재와 대비시켰다. 그에 의하면 이 지상이야말로 언어로 말할 수 있는 것의 계절인 것이다(「두이노의 비가」 9). 철저하게 주관주의적이었던 그는 그 나름대로 새로운 존재로서의 천사를 발견했던 것이다(잘 알려져 있다시피 그는 반기독교적이

었다). (「천인과 천사」)

사실 릴케의 천사는 한 마디로 그 존재를 규정짓기가 힘들다. 그만큼 릴케의 예술적 생의 많은 것이 이 "천사"라는 말 속에 응축되어 있기 때문이다. 때문에 릴케의 천사는 "말로 다할 수 없는" 존재이다. 그는 그 천사가 릴케만의 "새로운 존재"임을 확인한다. 천사는 말할 수 없는 영역의 존재이지만, 반면 이 지상은 "말할 수 있는 것의 계절"이라고 「비가」의 한 구절을 인용한다. 천사의 존재가 이 지상의 세계와는 구별되는 영역에 속함을 말하는 것이다. 나아가서 허만하는 릴케의 천사가 기독교의 천사와 다르다는 것을 강조한다. 기독교의 천사는 "하느님과 사람 사이의 가교일지도 모른다."고 그는 말한다. 우리가 보통 생각하는 천사의 표상이다.

그런데 그는 릴케의 천사에 대한 이해에 접근하려는 의도에서인지 릴케의 중기 시 「해시계의 천사」까지 언급한다. 사실 이 시의 원제목은 "해시계의 천사"가 아니라 "자오선의 천사"이다. 물론 시의 내용상으로는 천사상이 해시계를 가슴에 끌어안고 있는 모습으로 등장하니 틀린 것만은 아니다. 문제의 천사상은 파리 근교의 샤르트르 성당에 조각되어 있다. 그는 자신이 직접 본 이 성당의 천사 상을 회상하며 그것을 릴케의 시와 연관하여 말한다.

> 가) 이 사원 앞에 섰을 때 나는 어디선가 들려오는 바람소리 같은 것을 들었다. 그것은 굉장히 아득한 곳에서 들려오는 것같이 느껴지기도 했고 또 나의 내부 어느 곳에서 울려 퍼지는 것 같기도 했다. 그러나 그것은 바람소리가 아니라 일종의 선율이었다. 사르트르 성당은 돌로 된 음악이었다."

> 나) 바로 그때였다. 내가 '해시계의 천사'를 만난 것은. 처음에 나는 그 조각이 릴케의 「해시계의 천사」인 줄은 알지 못했다. 나는 다만 그 조각이 나를 부르고 있는 것 같은 느낌을 느꼈다. 그 부름이 없었던들 나는 그냥 그 앞을 지나쳤을 것이다. 나는 한동안 걸음을 멈추었다. 그 조각은 가슴에 해시계를 안고 있는 천사의 입상이었다. 나는 이 천사를 이전에 어디서 본 듯한 환상에 사로잡혔다.

> 다) 이 사르트르 성당에서 바라본 해시계의 천사가 사실은 릴케의 「두이노의 비가」 전편을 관류하고 있는 위대한 천사의 첫 구상적具象的인 모델이 되었

> 을지 모른다는 생각을 나는 해보고 있다. 그는 이 사르트르 체험에서 풀려나지 못했다. 그것이 아름다운 질곡처럼 그를 따라다녔다는 사실은 흔히 '천사의 비가'라고도 불리는 그의 제7의 비가에 이때의 경험이 소생하고 있는 것을 보면 알 수 있다. 그는 이 시에서 고딕 성당의 의연한 자태를 노래하고 있다.(「해시계의 천사」)

가)는 릴케가 1912년 겨울 이탈리아 아드리아 해안에 있는 두이노 성의 벼랑을 산책하다가 들었다는 천사의 음성의 첫 구절을 연상시키는 대목이다. 허만하가 얼마나 릴케적 세계에 빠져 있었는지 알려준다. 그것을 그는 사고의 단계적 상승을 통하여 일목요연하게 보여준다. 다시 말해 릴케의 상상력이 전개되어가는 단계를 제대로 짚어서 보여주고 있는 듯하다. 그렇다면 왜 그는 이렇게 릴케의 천사에 집착하는가? 그의 상상력은 왜 이러한 식으로 가지를 치는 걸까? 사실 허만하는 릴케의 문학의 결을 따라 릴케를 논하는 것 같지만 실제로는 자신의 생각을 털어놓고 있다고 보는 것이 옳을 것 같다. 어찌 보면 릴케와 같은 창작의 태도를 자신도 가졌으면 하는 바람이 여기에는 깔려 있다고 하겠다. 자신의 영혼의 상태가 릴케의 천사를 볼 수 있을 정도에 이르기를 염원하고 있다고 보인다. 따라서 릴케를 자신의 모범으로 보고 있다고 해도 과언은 아닐 것이다. 때문에 그 사르트르 사원 "앞에 섰을 때 나는 어디선가 들려오는 바람소리 같은 것을 들었다. 그것은 굉장히 아득한 곳에서 들려오는 것같이 느껴지기도 했고 또 나의 내부 어느 곳에서 울려 퍼지는 것 같기도 했다."고 말하는 것이다. 「해시계의 천사」의 부름 소리를 들었다는 것도 같은 맥락에서 이해가능하다. 이러한 개인적 체험을 바탕으로 그는 다)항의 「두이노의 비가」의 창작 계기에 대한 해석을 시도한다. 릴케 역시 그러한 바람 몰아치는 사르트르 성당의 체험이 창작에 중요한 역할을 했을 것이라는 추측이다. 그러나 여기서도 "천사"의 존재가 과연 무엇인지에 대해서는 언급되지 않는다. 다만 영감의 바람에 대한 체험의 공유성을 강조하고 있다고나 할까.

대신 그는 다른 글에서 김춘수의 천사에 대해 말하고 있다. 그는 김춘수가 비록 만년에 들어 먼저 세상을 뜬 그의 부인을 지칭할 때에도 "천사"라는 말을 썼지만 그의 천사 개념을 그렇게 간단하게 보아 넘길 것은 아니라고 주장한다. 그가 김춘수의 천사에서 눈여겨 본 것은 셰스토프를 통한 천사의 수용이다. 즉 천사는 온몸이 눈으로 되어 있다는 셰스토프의 말("천사는 전신이 눈이라고 한다./철학자 쉐스토프가 한 말이지만." 김춘수의 「토레도 성당」)에 김춘수가 빠져들었다는 것이다. 김춘수는 이 개념을 릴케의 천사에 전이시키고 있다는 것이다. 그렇다면 김춘수는 왜 릴케의 천사를 이러한 측면에서 보았는가 하는 의문이 남는다. 김춘수의 시 「천사」를 보자.

> 그것은 처음에는 한 줄기 빛과 같은 것이었으나 그 빛은 열 발짝 앞의 느릅나무 앞에 가 앉더니 갑자기 수만 수천만의 빛줄기로 흩어져서는 삽시간에 바다를 덮고 멀리 한려수도까지 뻗어가고 말더라. 그 뒤로 내 눈에는 늘 아지랑이가 끼어 있었고, 내 귀는 봄바다가 기슭을 치고 있는 그런 소리를 자주자주 듣게 되더라.

상당히 주관적인 메시지를 담은 시작품이다. 그러나 시인은 무언가 개명開明의 순간을 적고 있음에 틀림없다. 시인의 고향인 한려수도 이야기가 나온 걸로 보아 기억 속에서 벌어졌던 일이다. 이미 시인이 되어 있던 김춘수의 사정을 감안 할 때 이 시는 우리에게 시인 김춘수와 관련한 해석을 요구한다. 다시 말해 이 시에서 김춘수가 실제로 천사를 보았다기보다는 자신이 시인의 길로 들어선 순간을 천사라는 상징을 통해서 보여주고자 한 것으로 판단된다.[1] 시인이란 사물을 바라보는 견자의 그 눈동자에 다름 아니기 때문이다. 이런 까닭에 김춘수는 셰스토프가 한 '천사는 온 몸이 눈으로 되어 있다'는 말에 집착하지 않았나 싶다. 허만하는 "김춘수의 천사는 객관적 실체라기보다 시인으로서의 김춘수가 세계와 교류하는 시적 은유로 해석하는 것이 옳은 것 같다."(「김춘수의 천사. 기타」)는 말로 김춘수의 천사에 대한 결론을 맺고 있는데, 이 말은 허만하 자신이 바라본 릴케의 천사의 모습, 아니 그 상징적 의미가 되지 않을까 한다.

---

1 이와 관련하여서는 김춘수가 릴케의 『말테의 수기』 중 말테가 한밤중에 공부를 하다가 연필을 떨어뜨린 장면과 관련하여 서술한 부분을 참고할 것. 김춘수: 『꽃과 여우』. 서울 1997, 94쪽.

허만하의 시와 릴케

이제 이렇듯 릴케에게 쏟은 허만하의 많은 관심이 실제 그의 시 창작에 어떻게 반영되었는지 알아볼 차례이다. 그것은 또한 시인 자신의 시론이 시 창작 실제에 어떻게 적용되는지 확인하는 계기이기도 하다. 시론에서 주장했던 바가 실제 자신의 시 쓰기에 적용되지 않는다면 이는 한낱 하나의 구호에 불과할 것이기 때문이다. 여러 학문 분야에 대한 지대한 관심을 바탕으로 한 그의 시작詩作은 지적인 시 쓰기의 한 양상을 띤다.

허만하의 첫 시집 『만조海藻』(1969)의 「비가」 연작시는 50년대 말에서 60년대로 넘어오면서 시인이 겪었던 암울한 상황과 무관치 않다. 실존의 위기의식이 전반적으로 밑바탕에 깔려 있다.

> 漂着한 곳은 다시 짙은 悔恨의 바닷가였다.
> 언제였던가-
> 不意하게 沈沒한 그 烙印의 자리
> 血처럼 추한 水深 아래서
> 얼마나 새벽이 두려웠던가.
> 다시 突出한 각박한 바위
> 그 시커먼 잇발에 깨물린 體壁
> 벌써, 나의 눈은 强力한 햇빛에 보이지 않는다
> 물을 달라!
> 싱싱했던 나의 팔은 지금 시들어가고 있다
> 絕望의 더운 모래바닥 위에
> 나는 목숨의 毛根을 露出하고 쓰러져 있다.「海藻」

부정적 이미지들이 가득한 분위기 속에 갇혀 있는 "해조"는 곧 갈 곳을 잃은 시인 자신에 다름 아니다. 절망과 허무 그리고 죽음의 세계가 그의 의식 전반을 다스리고 있다. 그러나 시인은 이 같은 체념의 밑바닥에 머물러 있지 않고 무언가를 이루고자 한다. 그는 "납"과 같은 죽음의 정적 속에서도 무언가 살아 있는 목소리를 듣고자 노력한다.

> 45억년의 반감기

우라늄은 종국에
납이 되지만
납은 다시
싱싱한 목소리가 된다

납은 캄캄한 무게이지만
납은 슬픈 침묵이지만
우리는 그 지하수 같은 깊이로
언어를 만든다

우리가 그리움의 불꽃이 되었을 때
우리가 사물의 꿈을 불러 줄 때
납은 비로소 백열의 물이 되고
납은 얼음의 조형이 되고
납은 눈부신 목소리로 쓰러진다

가을바다 같이 정결한 종이 위에
납은
金과 銀의 물보라를 뿜는다.

끓을 때까지 납은
눈멀고도 슬픈 物質이지만
우라늄은 죽어서 납이 되지만
납은 다시 그리운
목소리가 된다. 「납」

우라늄이 변하여 납이 되지만 거기서 무언가 새로운 것이 탄생하듯, 그러한 존재의 변화를 시인은 언어를 통해 꿈꾼다. 사뭇 김춘수의 시 「꽃」이 연상되고 또 이를 떠나 릴케의 말이 떠오른다. 릴케는 『젊은 시인에게 보내는 편지』에서 이렇게 말한 바 있다. "늘 어려운 쪽을 향해야 한다는 기본 원칙에 따라서 우리가 우리의 생을 이룩해나간다면, 지금 당장은 우리에게 낯설어만 보이는 것도 우리에게 더없이 친숙하고 소중한 것이 될 것입니다. 여기서 우리가 어찌 모든 민족들의 역사의 첫머리를 장식한 그 오래된 신화, 즉 최후의 순간에 공주들로 변했다는 용들에 대한 그 신화를 잊을 수 있겠습니까. 그러므로 우리의 생의 모든 용들은 언젠가 우리들의 아름답고 용기 있는 모습을 보고자 애타게 기다리고 있는 공주들인지도 모릅니다." 실존적 고통을 전제로 한 언어를 향한 시인의 투쟁을 강조하는 말이다. 이것은 김춘수의 경우도 마찬가지이다. 시 「꽃」과 「꽃을 위한 서시」의 내용이 그것을 말해준다. 릴케를 잇는 계보가 김춘수에게서 직접 가장 순도 높게 허만하에게로 이어졌다고 할까. 금빛 언어에의 열망이 그들의 공통점이라고 할 것이다.

> 세계와 언어의 틈새를 기고 있는 행보를 바라본다. 말이 빚어내는 미학적 공간에 갇힌 시인처럼 살아가는 자기가 분비한 언어의 성채 바깥을 나서지 못하는 다슬기. (「다슬기」 가운데서)

여기서 시인의 존재는 다슬기에 비유된다. 다슬기는 느린 움직임과 그 껍질의 무게에 눌려 자신의 한계를 넘어설 수 없다. 시인 역시 마찬가지이다. 시인은 세계를 바라보고 그것을 해석하야 하는 임무를 갖는다. 시인은 그러나 다슬기와 같은 단단한 한계 내에서 움직일 수밖에 없다. 그것은 시인 자신의 존재론적 한계이자 언어의 한계이다. 하지만 시인은 자신의 한계를, 특히 그 언어적 한계를 벗어나기 힘들지만 끊임없이 노력한다. 역설적으로 실존적 상황을 언어로 극복하고자 하는 시인의 열망을 엿볼 수 있다.

그러나 이러한 것보다 더 직접적으로 릴케의 영향을 알아볼 수 있는 시작품들이 있다. 그것들에 대한 분석을 통해 우리는 허만하가 릴케에게서 어떠한 자양분을 받아들였는지, 릴케로부터의 영향을 거쳐 어떻게 자기만의 것을 끌어냈는지 알 수 있을 것이다. 그것은 또한 허만하 시 세계의 일단을 파악하는 일이기도 하다. 먼저 눈에 띄는 것은 「무희」라는 작품이다.

> 캐스터네츠를 치며 발을 내미는
> 두 팔을 쳐들고
> 풍화한 언덕을 흔드는
>
> 허리의 쓰러지는
> 불꽃의 헝겊.

스페인 무희가 서 있는 것은
스스로의 둘레를 초겨울 하늘빛으로 돌고 있는
고독한 원심력이 되는
그때만이다.

스스로의 허무를 굴대로
무너지는 스스로를 가누고 있는
삭막한 바람의 모습이 되는 그때만이다.

캐스터네츠를 치며 두 팔을 쳐들고 춤을 추는 무희는 분명 스페인의 무희이다. 게다가 "풍화한 언덕을 흔드는"이라는 대목에서 늙은 무희가 이 시의 대상임을 알 수 있다. 그냥 앉아 있는 무희가 아니라 춤을 추고 있는 무희가 이 시의 테마이다. "허리의 쓰러지는/불꽃의 헝겊"이라든가 "고독한 원심력" 그리고 "스스로의 허무를 굴대로/무너지는 스스로를 가누고 있는" 등의 표현을 통해 시인은 스페인 무희의 춤을 한 순간 타올랐다가 꺼져버리는 불꽃에 비유하고 있다. 잠깐 피어올랐다가 사라지는 그 모습을 보고 시인은 "스스로의 허무를 굴대로/무너지는 스스로를 가누고 있"다고 말한다. 무희가 빙빙 도는 과정을 극도의 추상화를 통해 보여준다. "원심력"과 "허무"의 상반되는 표현이 의미심장하다. 빙빙 돌며 안으로 파고들지만 그 안에는 "허무" 밖에 없다. 시인의 눈의 정밀한 카메라에 비친 "무희"의 모습은 "허무" 그 자체로 남는 것이다. "허무"가 존재를 유지시켜 주는 "굴대"가 되니 그럴 수밖에 없다. 이러한 관찰은 궁극적으로 "삭막한 바람의 모습이 되는"이라는 표현을 낳고 있다. 이와 유사한 테마를 다룬 것으로 릴케의 『신시집』에 「스페인의 무희」라는 시작품이 있다.

확 불이 붙어 날름거리는 혀를
사방으로 뻗기 직전, 손에 들려
하얗게 빛나는 성냥인양 ―: 빙 둘러 선 채
구경하는 사람들 한 가운데서 그녀의 둥그런 춤은
활활 밝게 타올라 요동치며 퍼지기 시작한다.

그러다 별안간 춤은 온통 불꽃이 된다.

한 번의 눈길로 제 머리칼에 불을 붙이더니
그녀는 대담한 솜씨로 단숨에 옷을 통째로
타오르는 불길 속으로 던져 버려
그 속에서 깜짝 놀란 뱀들처럼
맨 팔들이 눈을 뜨고 소리치며 뻗쳐 나온다.

그러다가: 불꽃이 줄어든 듯 그녀는
불을 한데 모아서는 당당하고
우쭐한 몸짓으로 내동댕이치고는
쳐다본다: 불꽃은 바닥에서 파닥이며
여전히 타오르며 조금도 굴복하지 않는다 —.

그러나 그녀는 승리에 취한 우쭐한 모습으로
달콤하고 다정한 미소를 지으며 얼굴을 똑바로 든 채
작고 단단한 두 발로 불꽃을 꾹 지질러 꺼버린다.

이 시는 이른바 "사물시" 중의 하나이다. 시적 화자는 뒤로 물러서 있다. 화자는 시 속으로 개입하지 않는다. 다만 대상을 관찰할 뿐이다. 가장 눈에 띄는 것은 화자가 스페인 무희의 춤에서 불꽃과 뱀을 보고 있다는 점이다. 열정 속에 묻혀 있던 사물의 본질이 "불꽃"과 "뱀"이라는 감각적, 성적 표현으로 드러난다. 무희의 춤은 활활 타오르는 불꽃이 되고, 무희는 그 불꽃을 바닥에 내동댕이친다. 바닥에 내동댕이쳐진 불꽃은 그러나 죽으려 하지 않는다. 하지만 그녀는 끝내 예의 스페인 무희의 도도한 마지막 동작을 취하며 불꽃을 지질러 꺼버림으로써 춤을 마무리한다. 시인은 춤이 절정에 올랐다가 사그라지는 것을 불꽃의 타오름과 사그라짐으로 묘사하면서 거기에 은연중에 성적인 것까지 포함하여 제시하고 있다.

허만하나 릴케의 경우나 다 춤을 추는 스페인의 무희를 묘사하고 있다. 일단 붉은 옷을 입고 춤을 추는 스페인 무희의 모습에서 상상력을 불꽃으로 전개시킨다는 점에서는 둘 다 공통점을 보인다. 여기서 두 시인의 상상력은 서로 다른 쪽으로 가지를 친다. 허만하의 경우엔 시적 상상력이 "원심력"과 "허무"라는 자연과학적 관찰과 관념의 결합으로, 릴케의 경우엔 "옷을 통째로/타오르는 불길 속으로 던져 버려/그 속에서 깜짝 놀란 뱀들처럼/맨 팔들이 눈을 뜨고 소리치며 뻗쳐 나온다."라는 구절에서 명확하게 드러나듯이 감각적이고 성적인 쪽으로 나아간다. 허만하의 시는 스페인의 무희를 관찰하면서 거기서 허무를 읽고 있지만, 릴케의 경우엔 관찰 그 자체에 집중하고 있다. 다시 말해 허만하는 자신이 관찰한 것에 대해 관념적 해석까지 곁들이고 있지만, 릴케는 하나의 동영상을 보여주듯 밀도 있는 관찰과 속도감 있는 시적 전개에만 온 신경을 기울이고 있다.

허만하의 경우도 시적 화자가 작품에서 뒤로 물러서 있음으로 해서 대상에 집중하고 있으나 거기에 쓰인 시어 중 시인의 판단이 확실하게 드러나는 부분이 있어 대상에서 뭔가 메시지를 찾으려 한 듯한 느낌을 준다. 이것은 허만하가 같은 대상을 놓고 릴케적 "사물시"를 추구하면서도 나름의 세계관을 개입시킨 결과라고 할 수 있다. 그의 시가 관념 지향 쪽으로 나아가는 배경이다.

허만하의 시 쓰기는 사물시의 조형성에 대한 추구뿐만 아니라 이미지가 강한 표현의 구사를 향한다. 릴케가 『형상시집』에서 보여주었던 것이다. 릴케의 이 같은 면을 허만하 역시 많은 시에서 보여준다. 시 「떨어지기 위하여 높이를 가진다」를 보자.

> 지상의 계절은 언제나 가을이다. 높이를 가진 모든 것이 떨어지는 계절이다. 작심한 듯 또 망설이듯 저마다 다른, 저마다의 몸짓으로 수직으로 떨어지고 있다.
>
> 그날 내가 보았던 것은 멀리서 또 가까이에서 떨어지고 있는 수천의 가을 잎새가 아니라 다시 파란 하늘의 높이를 찾아 올라가고 있는 맑은 물의 한정 없는 가벼움이었다.

릴케의 시 「가을」의 모양새를 무척 많이 닮아 있는 작품이다. "나뭇잎이 떨어진다, 하늘나라 먼 정원이 시든 듯/저기 아득한 곳에서 떨어진다,/거부하는 몸짓으로 떨어진다."라는 구절이 금방 연상된다. 그러나 허만하는 여기서 떨어짐의 모습들에 대조되는 올라감을 묘사한다. 곳곳에서 떨어지는 낙엽이라는 이미지의 구사에서는 릴케의 것을 수용하는 듯했지만 그것은 궁극적으로는 "파란 하늘의 높이를 찾아 올라가고 있는 맑은 물의 한정 없는 가벼움"을 말하기 위함이다. 어쨌든 그는 관념 속에 존재하는 모든 존재의 하강과 상승을 말하기 위하여 이미지가 강한 표현을 구사하면서 사진을 찍은 듯한 그림을 독자의 머릿속에 아로새겨준다.

허만하는 이미지의 구사를 위해 수많은 직유와 은유법을 사용한다. 직유를 위한 "같은"이나 "처럼"이라는 말은 그의 시에서 어렵지 않게 만날 수 있다.

> 정선에서 태백 가는 길 허드레 배추밭에서 만난 거의 허물어진 폐가 비어 있는 방 안에 서리어 있던 겨울 바다 썰렁함이 나들이 길 끝까지 발자국 소리처럼 집요하게 따라왔다. 태어나면 사라져야 하는 필연의 바람이 들락거리는 문짝 떨어진 빈방이 거느리던 쓸쓸한 체념이 굴뚝 연기가 펄펄 날리고 있는 다른 세계의 낯선 벽촌에서 지금 엷은 보랏빛 어스름처럼 깔리고 있는 것을 본다. (「비어 있는 자리는 눈부시다」)

강원도의 오지를 여행하다 보면 만나는 폐가의 썰렁함을 묘사한 시이다. 허드레 배추밭을 배경으로 허허롭게 서 있는 폐가에서 시인은 우선은 썰렁함을 느낀다. 그때부터 그 썰렁함은 그의 나들이 길 끝까지 그의 등 뒤에서 울리는 "발자국 소리처럼" 집요하게 그의 의식을 지배한다. 그 집요함을 표현하기 위해 그는 어두운 밤길에 뒤에서 끈질기게 따라오는 "발자국 소리처럼"이라는 표현을 쓰고 있다. 그 썰렁함이 얼마나 집요한지 하나의 이미지로 구상화된다. 그 썰렁함은 모든 것은 필연적으로 소멸할 수밖에 없다는 인식에서 온다. 그것을 그는 "태어나면 사라져야 하는 필연의 바람이 들락거리는 문짝 떨어진 빈방"이라는 한 폭의 그림으로 보여준다. 그 모습은 그의 머릿속을 휘돌아 그의 발길 가는 곳마다 따라와 다른 곳에까지 전이되어 이제는 "낯선 벽촌"에 와서 "엷은 보랏빛 어스름처럼" 깔린다. 앞에서 "썰렁함"으로서 두려움을 주던 미지의 "발자국 소리"가 이제는 "엷은 보랏빛 어스름"으로 변해 있다. 원관념인 "썰렁함" 혹은 "체념"이 "처럼"이라는 직유적 표현을 통해 두려움에서 아름다움으로 승화되어 가는 과정이 잘 나타나 있다. 그럼으로써 시적 인식의 과정은 "비어 있는 자리는 눈부시다"라는 정언적 명제를 향하게 되는 것이다. 이러한 인식의 과정을 나타내기 위해 시인이 사용한 것은 시적 서술에 적합한 비유인 것이다.

릴케 역시 직유법을 대변하는 "als ob(...인 양)" 또는 "wie(...처럼)"의 시인으로 불렸었듯이 릴케의 시에서도 직유를 만나는 것은 어려운 일이 아니다. 당장 앞에서 예로 든 구절 중 "하늘나라 먼 정원이 시든 듯"에서 우리는 "als ob" 즉

"...인 양"의 구문을 만날 수 있다. 고트프리트 벤은 직유법을 사용하는 릴케에 대해 이렇게 말한다. "그런데 여기서 덧붙여서 말씀드려야 할 것이 있습니다. 즉 '...처럼'이라는 말을 쓴 멋진 시들이 있다는 사실입니다. 릴케는 '...처럼'이라는 말을 즐겨 쓴 위대한 시인이었습니다. 릴케의 정말로 아름다운 시들 가운데 하나인 「고대의 아폴로의 토르소」에서는 총 네 연에서 '...처럼'이라는 말이 세 번이나 나옵니다."(「서정시의 제 문제」) 이를테면 "그의 시선이 뒤틀려 박혀 가만히 빛을 발하고 있는/그의 몸뚱어리는 커다란 촛대처럼 여전히/불타오르고 있다."라는 구절에서 릴케는 몸체뿐인 토르소에서 눈을 보고 있다. 그가 보고 있는 눈은 토르소의 몸속으로 뒤틀려 들어가 있다. 그리고 그 안에서 빛을 발하고 있다. 그것을 릴케는 "커다란 촛대처럼 여전히 불타오르고 있다"고 표현한 것이다.

물론 고트프리트 벤은 일반적으로 이러한 직유를 시에서 남용해서는 안 되고 원래 산문에서나 써야 한다고 강조한다. 그러나 표현의 수사를 위해 그때그때 적절한 비유법을 쓰는 것은 시인의 고유한 권한이기 때문에 이 말이 모든 시에 적용된다고 볼 수는 없다. 나타내기 힘든 뭔가 추상적인 것이나 강조하고 싶은 것을 또 다른 사물이나 관념을 통해 또 다른 하나의 이미지로 표현하는 것이 비유법의 기본이다. 이것은 바로 시인이 구체적 지향점으로 생각하는 원관념과 그것을 표현하기 위한 보조관념의 관계로 나타난다. 그렇다면 이러한 수사적 장치를 앞세운 두 시인의 구체적 지향점은 무엇인가?

허만하는 「언어를 지도 삼아 낯선 풍경을 순례」라는 글에서 릴케에의 경도를 뚜렷이 보여준다. 허만하의 경우는 릴케 시의 이해에 있어서 상당한 폭과 깊이를 보여준다. 그 깊이는 존재에 대한 철학적 사유에서 나오는 것으로 보인다. 그리고 그것은 그가 시에서 구체적으로 무엇을 지향하는지의 문제와 연관된다.

> 시는 죽음을 거부하는 생명의 힘이다. 내가 나로도 갯벌에서 보았던 파래는 뿌리도 줄기도 없는 눈 먼 엽상채의 목숨이었다. 그 싱싱한 초록색은 어떤 향기를 머금고 있었을까. 릴케는 생명과 죽음을 같은 차원에서 수용했다. 그러나 그것은 이 섬세한 시인이 생명의 지평을 극한까지 확대하기 위한 수사라는 사실을 근년에 알게 되었다. 그런 의미에서도 그는 위대한 시인이다. 시의 영토에는 한계가 없다.

허만하는 자신이 나로도 갯벌에서 보았던 파래의 보잘것없는 생명의 끈질김을 보고 거기서 시의 생명력을 느낀다. 그 끈질긴 생명력은 "싱싱한 초록색"이라는 말로 수렴되고 그 자체가 한 편의 시로 승화된다. 그 무슨 나름의 향기를 품은 시로서. 그러면서 그는 릴케의 시적 세계와 릴케가 탐험하고자 했던 영역의 가없음에 찬사를 보낸다. 그 역시 모든 존재의 생명력과 소멸에 대해 그리고 그것을 소멸에 앞서 언어를 통해 영원화 하는 것에 대해 관심을 갖고 있음이 여기서 드러난다. 그래서 그는 "시는 죽음을 거부하는 생명의 힘이다"라고 단언적으로 말한다. 그것은 릴케가 「제9비가」에서 말하는 바와 다를 것이 없다.

> 결국 방랑자 역시 산비탈에서 계곡으로 가지고 돌아오는 것은
> 누구도 말로 표현할 수 없는 한 줌의 흙이 아니라,
> 어렵게 익힌 말, 순수한 말, 노랗고 파란 용담꽃이 아니던가.
> 어쩌면 우리는 말하기 위해 이곳에 있는 것이다: 집,
> 다리, 우물, 성문, 항아리, 과일나무, 창문, 그리고
> 잘해야: 기둥, 탑이라고...

릴케는 자신이 시를 쓰는 이유를 여기서 분명히 밝히고 있다. 시인이 고통스럽게 건져낸 것은 소멸의 불순물을 제거하여 순수하게 만든 한 송이 "용담꽃"이다. 이것이 바로 시인의 존재이유이다.

허만하의 시는 릴케의 『형상시집』의 이미지와 『신시집』의 "사물시"의 조형성의 구사를 릴케에게서 받은 시적 형식의 방법론으로 택하고 있다. 따라서 모든 시가 대상에 대한 진지한 관찰에 바탕을 두고 있다. 다시 말해 감정의 토로는 찾아보기 힘들다. 릴케의 체험시론과 "바라보기"의 시학을 실천하고 있는 셈이다. 이러한 것에 근거한 상상력의 섬세한 전개는 얼핏 그에게서 김춘수를 보는 듯한 느낌을 준다. 존재와 시적 형상화의 문제를 테마로 삼아 시적 상상력과 시 쓰기 실제의 단단함과 견고함이 그것이다. 그의 시가 갖는 이러한 형식적 내용적 견고함은 그의 표현대로 "존재의 용담꽃"을 찾아서 숱한 세월을 한 그루 나무처럼 견디어내면서 내면으로 성숙을 추구한 결과라고 할 수 있다.

독일과 한국의 생태문학

-귄터 쿠네르트와 최승호-

권 세 훈

I. 생태학적 인식으로의 전환

현대 산업사회의 발달은 한편으로 풍요로운 생활을 보장해주리라는 믿음이 무색할 정도로 자원 고갈과 환경 파괴라는 심각한 우려가 생겨났다. 환경이 파괴된 상태에서는 더 이상 풍요로운 생활을 기대할 수 없다는 의미에서 이른바 '지속 가능한 개발'이라는 개념이 생겨났지만 이러한 소극적인 태도만으로는 문제의 근본적인 해결이 불가능한 것처럼 보인다. 자연을 비롯한 주변세계를 정복의 대상으로만 여기는 한 파국적인 재앙은 잠시 유보될 뿐이기 때문이다.

인류의 미래에 대한 비판적인 성찰은 19세기 계몽주의 이래로 인간의 삶을 지배해온 인간중심주의 대신 생태학적 인식으로의 전환을 요구하고 있다. 생태학적 인식은 자연계의 모든 사물이 그 자체로서 존재 가치와 의미를 지닌다는 생각에서 출발하며 인간이 가치의 척도로서 사물의 효용성을 따지는 인간 중심주의와 구별된다. 생태학은 이미 널리 알려져 있듯이 1866년 독일의 생물학자 에른스트 헥켈 Ernst Haeckel이 "유기체와 주변 외부세계 사이의 관계에 대한 총체적인 지식"[1]으로 처음 개념 규정한 이래로 특히 20세기 중반 이후부터 문학생태학,[2] 사회생태학, 에코페미니즘, 생태아나키즘, 에코 영성 등 다양한

---

1 Ernst Haekel: Generelle Morphologie der Organismen, Berlin 1866. Bd. 2, S. 286.

2 "문학생태학"이라는 용어는 미국의 영문학자 조셉 W. 미커 Josep W. Meekrer가 『생존의

담론들을 파생시켰다. 물론 이것은 이론적 측면에서만 그치지 않고 생태 공동체라는 실천운동으로 이어졌다. 생태 공동체는 자아 중심적인 세계관으로 무장한 근대를 특징짓는 시민사회의 대안으로까지 여겨지고 있다.

생태학적 인식으로의 전환이 강조되는 것은 그만큼 생태위기가 심각하다는 것을 역설적으로 보여준다. 생태위기에 대한 절박함은 단지 환경오염이나 자원 고갈의 폐해에서 비롯된 것이 아니라 자연 파괴가 언제라도 인간의 삶 자체를 불가능하게 만들지도 모른다는 존재론적 위기의식의 표출이다. 주변세계에 대한 생태학적 인식은 인간과 자연 사이의 보완적인 관계를 통한 공존뿐만 아니라 인간과 인간 사이의 소통을 중시한다. 이제까지의 인간 중심주의에 바탕을 둔 이분법적 사고방식에서 벗어나 생명 존중과 상생의 가치를 실현하고자 하는 새로운 패러다임의 수용이야말로 생태학적 인식으로 나아가는 지름길이다.

II. 생태문학의 개념과 성격

생태문학은 바로 생태위기에 대한 성찰에서부터 출발한다. 따라서 생태문학은 역사적으로 자연과 인간의 생태적 관계를 주제로 한 모든 문학을 가리키기보다는 환경 문제가 첨예화되기 시작한 20세기 후반기에 본격화된 문학으로 좁게 해석할 수 있다.

생태문학은 기본적으로 자연을 소재로 인간과의 관계를 다루면서 궁극적으로는 인간과 자연 사이의 조화로운 상생을 지향한다. 생태문제를 다룬 문학으로는 생태문학이외에도 자연문학, 생명문학, 녹색문학, 환경문학 등 여러 가지가 존재한다. 생태문학은 일단 김용민이 말한 바와 같이 "생태학적 인식을 바탕으로 생태 문제를 성찰하고 비판하며, 나아가 새로운 생태 사회를 꿈꾸는 문학"[3]으로 정의할 수 있다. 김경복은 생태시를 가리켜 "생명자체를 노래함으로

희극: 문학생태학 연구』(1972)에서 처음으로 사용했다. 그는 이 책에서 문학생태학을 "문학작품에 나타나는 생물학적 주제들과 관계의 연구"인 동시에 "인간 종의 생태학 안에서 문학에 의해 어떻게 수행되어 왔는지를 발견하는 시도"라고 규정했다. 정정호, 『문학과 환경』, 중앙대학교출판부, 2003, 212쪽에서 재인용.

써 생명의 본질과 가치를 추구하는 시이며, 동시에 다른 존재들과의 관계 속에서 생명의 가치와 위상, 생명고양의 조건을 살피어 그 중요성을 시적 상상력 속에 구체화하는 시"[4]라고 말한다. 자연문학이 단순히 자연을 노래한 문학까지도 포함하고 환경문학이 환경을 고발하는 차원에서 머무르는 반면에 생태문학은 '자연 파괴 현상을 인간의 생존 위기와 결부시켜 현실적 사회문제로 쟁점화시키는'[5] 현대문학의 한 장르이다. 생태문학은 모든 생명의 가치를 중시하는 생명문학이나 자연친화적인 가치관과 함께 인간도 자연의 일부임을 강조하는 녹색문학과 용어상의 차이에도 불구하고 일맥상통한다.

김욱동은 생태문학이 '표층적인' 환경문제를 다루는 환경문학과 달리 '심층적인' 환경문제를 다루는 만큼 가령 "인간중심주의적인 태도를 비판하면서 생물평등주의를 내세우든지, 오늘날의 위기를 가져온 현대 과학과 기술 문명을 비판한다든지, 자연의 소중함이나 생태의식을 일깨우든지 하는 문학"[6]이라고 구체적으로 설명한다. 다시 말해서 생태문학은 인간이 스스로를 '만물의 영장'으로 내세운 것과 같은 자아도취적이고 일방적인 세계관이 더 이상 가능하지 않다는 자기비판에서 출발한다.

생태문학은 더 나아가 그러한 왜곡된 세계구조의 결과인 현대 기술 문명의 역기능을 집중적으로 파헤치고 현실에 대한 새로운 각성의 단초를 제공하는 한편으로 인간과 자연 사이의 상호 연계적이고 호혜적인 관계 설정을 위해 인간이 몸으로 실천할 것을 요구한다. 따라서 생태문학은 비판적 성격과 참여문학의 속성을 동시에 보여준다. 이때 참여문학의 성격은 특정한 이데올로기의 거부 내지는 관철의 차원에서가 아니라 인간 모두의 현재 및 미래의 삶과 직결된 보편적인 문제에 대한 해답을 구하는 것이라고 할 수 있다. 생태문학은 환경위기를 초래한 근본 원인들에 대한 성찰과 함께 미래의 재앙을 무기력하게 기다릴 것이 아니라 바로 '지금' 행동하지 않으면 안 된다는 것을 보여준다.

자연을 주된 소재로 삼는 생태문학이 생태계에 대한 작가의 태도나 입장을 나타낸다고 할 때 그 주제는 포괄적으로 이해할 필요가 있다. 자칫 잘못하면

3 김용민, 『생태문학. 대안사회를 위한 꿈』, 책세상, 2003, 97쪽.
4 김경복, 『생태시와 넋의 언어』, 새미, 2003, 11쪽.
5 송용구, 『생태시와 저항의식』, 다운샘, 2001, 51쪽.
6 김욱동, 『생태학적 상상력, 나무심는 사람』, 2003, 38쪽.

생태문학이 문학 외적인 요소에 의해 도식화되거나 교훈적인 방향으로 흐를 가능성이 있기 때문이다. 가령 김욱동은 생태비평이 문학 작품에서 인간과 자연의 조화와 균형을 깨뜨리는 상황을 비판할 때 "심미적 판단 기준"[7]이 적용되지 않을 수도 있다는 가정과 함께 작가에 대해서도 "작가가 문학작품에서 환경위기에 대하여 어떠한 입장을 취하는가? 또한 그 위기에 대하여 작가는 어떠한 대안을 내놓는가? 그리고 그가 제시한 대안이 설득력 있고 과연 실현 가능한 것인가?"[8]에 관심을 두어야 한다고 주장한다. 이에 따르면 생태문학의 작가는 생태 문제를 작품의 주제로 제시해야 할 뿐만 아니라 마치 생태운동가처럼 바람직한 미래 사회에 위한 대안까지 내놓아야 한다. 그러나 대안 제시가 생태문학의 조건이 될 필요는 없으며 개별 작품들이 그러한 대안을 제시하는지도 의심스럽다. 다른 문학과 마찬가지로 생태문학 또한 열려진 결말 형태가 얼마든지 가능하다. 작가의 목소리는 오히려 독자의 정서에 호소함으로써 독자 스스로 대안사회의 방식을 꿈꾸게 만든다. 문학이 독자의 몫까지 대신하려고 할 때 그 문학은 독자와의 교감이라는 예술적 자산을 스스로 포기하게 된다.

생태문학은 다른 장르보다도 시 분야에서 두드러진다. 그 이유는 무엇보다도 자연시의 전통에서 찾을 수 있다. 그러나 생태시와 자연시는 자연의 형상화라는 측면에서만 같은 뿐 내용적으로는 판이하게 다르다. 주로 인간과 자연의 조화로운 관계를 노래하는 서정적인 자연시와 달리 생태시는 오히려 인간과 자연 사이의 대립적인 관계를 다루면서 그 원인을 개인적인 정서의 차원에서가 아니라 정치적, 사회적, 경제적 이데올로기의 산물로 파악한다. 인간적 삶을 불가능하게 만드는 그러한 이데올로기의 정체를 밝히고 수정을 요구한다는 점에서 생태시는 작가의 의도와는 상관없이 정치적인 성격을 지니게 된다.

독일의 생태시로는 1981년 생태학자이자 문학 연구가인 페터 코르넬리우스 마이어-타쉬 Peter Cornelius Mayer-Tasch가 독어권 작가들의 작품들을 편찬한 『직선들의 폭풍우 속에서. 독일의 생태시 Im Gewitter der Geraden. Deutsch Ökolyrik 1950-1980』가 대표적이다. 마이어-타쉬는 92명의 작가가 쓴 206 편의 시를 담은 이 시집의 서문에서 생태시집을 기획하게 된 배경으로 생태위기에 대한 "학문적인 매체" 차원의 논의가 차츰 "예술적인 매체"에도 적용되기 시작

---

7 김욱동, 『문학 생태학을 위하여. 녹색 문학과 녹색 이론』, 민음사, 2003, 252쪽.

8 같은 책, 255쪽.

했으며 “조심스러운 차별화와 영역화”를 가능케 할 정도의 집중도를 지니게 되었다는 점에 무게를 두고 있다.[9] 다시 말해서 생태문학은 문학 외적인 영역에서의 논의가 예술적인 영역으로 들어오게 된 경우에 해당하며 소재뿐만 아니라 주제에서도 그 영역을 크게 벗어나지 않는다. 이러한 현상은 무엇보다도 20세기에 들어와 급격한 산업화, 전쟁으로 인한 국토의 황폐화, 현대적인 산업국가로의 재탄생 등을 경험한 독일의 현대사와 불가분의 관계에 있다.

『직선들의 폭풍우 속에서』는 특히 생태 환경 파괴의 실상과 함께 인간에게 이미 닥치고 있는 재앙을 경고하고 있다. 가령 엘케 외르트겐 Elke Oertgen은 「대지 Erde」라는 시에서 한평생 동안 대지의 손님에 불과한 인간이 주인의 권리를 존중해주지 않는 한 “우리에게 남아 있는 것은/대홍수 뿐이다”[10]라고 말한다. 이 생태시집 전체의 성격을 상징적으로 보여주는 제목인 “직선들의 폭풍우”는 “기상학적 현상이 지닌 해방과 긴장해소의 힘과는 거리가 멀고 해방과 해소보다는 억누름을 나타낸다. 또한 기질에 따라서는 우울, 슬픔, 멜랑콜리를 만들어내 체념과 절망으로 내몰지만 때때로 흔들어 일깨우고 저항의 정신을 불러일으키기도 한다.”[11] “직선들의 폭풍우”는 한편으로 인간을 가차 없이 내몰아치는 일종의 재해를 의미한다. 그것은 가령 인간의 능력으로 통제하기 힘든 자연의 원초적인 위력이라기보다는 자연을 정복하려는 인간에 대한 자연의 복수 같은 것이다. 다른 한편으로 “직선들의 폭풍우”는 인간에게 부정적인 현실 인식과 함께 현실 극복을 위한 의지를 다지게 만드는 역할을 한다.

독일의 생태시가 대략 1950 중반부터 본격화된 반면에 한국에서는 1990년대에 들어와서야 비로소 작가들이 생태 문제에 지속적으로 관심을 갖기 시작한다. 1990년 『직선들의 폭풍우 속에서』를 소개한 논문에서 이동승은 현재의 생태위기가 과거와는 비교할 수 없을 정도로 “초시간적, 초공간적, 초이념적, 초민족적, 초국가적인 속성”[12]을 지닌 보편적인 위기라고 진단한다. 생태시라는 새로운 장르에 대한 문학계의 관심을 반영하듯이 1991년에는 일종의 생태시

---

9 Elke Oertgen: Erde. In: Peter Cornelius Mayer-Tasch(Hg.): Im Gewitter der Geraden. Deutsch Ökolyrik 1950-1980, München 1981, S. 10f.

10 Ebenda, S. 39.

11 Ebenda, S. 15.

12 이동승, 「독일의 생태시-그것을 이해하기 위한 서론」, 외국문학, 1990년 겨울호, 34쪽.

모음집이라고 할 수 있는 『새들은 왜 녹색별을 떠나는가』 가 출간되었으며 1992년 8월 『현대시학』에는 기획특집으로 30여 편의 "생태 환경시"가 작가의 말과 함께 실리기도 했다. 『새들은 왜 녹색별을 떠나는가』에 작품을 발표한 한국 작가들은 가령 『직선들의 폭풍우 속에서』에 이름을 올린 독일 작가들과 마찬가지로 생태시 운동의 동인도 아니며 특정한 문학사조를 대표한다기보다는 작가 자신의 고유한 언어로 생태 문제에 접근한다. 설령 작가들이 주장하는 바가 엇비슷하다 할지라도 그것은 작가들의 공통된 인식을 입증하는 것일 뿐, 하나의 시각에 편향된 관점과는 거리가 멀다.

한국에서 생태시가 1990년대에 주목을 받은 배경에는 우선적으로 환경오염이 이미 심각한 사회문제로 대두되었을 뿐만 아니라 경제적으로 안정된 중산층을 중심으로 삶의 질을 중시하게 되었다는 점이 자리잡고 있다. 이밖에도 문학 환경의 변화가 적지 않은 역할을 했음을 부인할 수 없다. 1987년 6월 항쟁 덕분에 최소한 형식상의 민주화가 이루어지고 나자 그 이전까지 군사 독재가 지배하던 암울한 현실을 문학적 주제로 다루던 작가들은 보다 근본적인 차원에서 생태문제에 눈을 돌리게 된 것이다. 이와 관련하여 송용구는 "인간의 자유와 생존권을 유린하는 지배세력에 맞서 싸우던 90년대 이전의 참여문학이 인간과 자연의 상생을 파괴하는 사회적 요인들에 대해 저항해야만 하는 새로운 참여문학의 유형으로 변화된 것"[13]이라고 지적한다. 이 시기는 또한 사회주의가 붕괴되고 전 세계가 자본주의적 경제 질서로 재편되면서 새로이 강조된 물질적 성장에 대한 경계심이 높아진 때이기도 하다. 과거 좌우 진영의 이념 대결이 국가들 간의 경제 전쟁으로 바뀌면서 에너지 및 자원 고갈이 현실로 나타나기 시작한 상황은 작가들로 하여금 문학적인 언어를 통해 이러한 자연 파괴의 구조적인 원인들을 밝혀내고 이를 극복하기 위한 의식적인 노력을 기울이도록 만든다.

본 논문에서는 『직선들의 폭풍우 속에서』와 『새들은 왜 녹색별을 떠나는가』에 수록된 귄터 쿠네르트와 최승호의 시를 중심으로 독일과 한국에서 생태시가 어떤 양상으로 나타나고 독자에게 무엇을 전달하려고 하는지를 분석해보고자 한다.

---

13 송용구, 『현대시와 생태주의』, 새미, 2002, 31쪽.

III. 귄터 쿠네르트: 저항의 언어

귄터 쿠네르트 Günter Kunert(1929-)는 40년대 후반 동베를린에서 시인으로 등단한 이래 소설가와 수필가로서도 활동하며 주로 정치적인 성격이 강한 작품들을 발표하고 있다. 그는 초기에 극우 자본주의의 대안으로 등장한 사회주의에서 인간성의 회복을 기대하는 작품 경향을 보여주었으나 60년대에 들어와 현실 사회주의가 관료화와 전체주의적 방향으로 흐르기 시작하면서 비판적 사회주의자, 혹은 아웃사이더로서의 역할을 자임하게 된다. 이 때 일종의 "코페르티쿠스적인 전환"[14]을 맞이한 그의 작품은 전체의 논리에 함몰되어 가는 소수의 목소리를 대변하는 방식의 새로운 주체성을 형상화한다. 현실과 이상 사이의 모순을 변증법적으로 해결하려는 노력 대신 (현실)사회주의의 정당성에 대한 확신만을 강요하는 동독의 문화 정책을 받아들일 수 없었던 쿠네르트는 결국 1979년 서독으로 망명한다.

쿠네르트의 작품은 인간의 일상적 삶이 자본주의뿐만 아니라 사회주의 체제에서도 여전히 현대 산업 사회의 비인간적인 구조로부터 자유롭지 못하다는 점을 보여준다. 그에게 기술은 치명적인 문명의 도구를 생산하는 데 이용될 뿐만 아니라 대중의 의사를 조직화하고 획일적으로 이끄는 역할을 담당한다. 쿠네르트에게 역사는 '희망의 원칙' 대신 몰락이 예정된 프로그램이다. 물론 이러한 인식은 갑자기 생겨난 것이 아니라 인간에게 부정적인 역사를 더 이상 수정할 능력이나 의지가 없다는 작가적 체험에 근거하고 있다. 그는 "사회, 경제적인 측면에서의 사회주의 건설이 단시일 내에 자아 중심적이고 자주성이 결여된 행동 방식의 해체와 일치될 수 없었다는 점과 독점 자본주의적 체제의 부흥 및 이와 관련하여 구 세계에서 새로운 파시즘화의 위험이 이미 전반적으로 피할 수 없게 되었다는 점"[15]을 강조한다. 사회주의가 인간의 이기심과 중앙집권적인 관료화로 인해 결국 실패로 끝난 반면에 자본주의는 초국가적, 초이념

14 Elke Kasper: Zwischen Utopie und Apokalypse. Das lyrische Werk Günter Kunerts von 1950 bis 1987, Tübingen 1995, S. 2.

15 Klaus Werner: Heine und die „Wasser des Lebens". Zu Volker Brauns und Günter Kunerts Interesse für Heine. In: Horst Nalewski und Klaus Schuhmann(Hg.): Selbsterfahrung als Welterfahrung. DDR-Literatur in den siebziger Jahren, Berlin(DDR) 1981, S. 125.

적 성격을 띠며 세계화의 길을 걷는다. 여기에서 현대 세계사를 양분해온 사회주의와 자본주의는 각각 실패한 실험과 어두운 역사의 반복으로 이해되어진다. 쿠네르트는 두 세기에 걸친 계몽주의적 세계관의 공허함을 의미하는 역사의 현주소를 일종의 "정지 상태 Stillstand"[16]로 규정하며 모든 목적론적 역사를 근본적으로 불신하게 된다. 그의 현실 진단에 따르면 세계는 지속적으로 변하고 있음에도 불구하고 인간의 삶은 조금도 나아진 점이 없다. 주변 세계의 변화는 질적인 차원에서의 변화가 아니라 과거의 전형이 계속 나타나게 만드는 역할을 할 뿐이다.

쿠네르트의 작품에서 역사 비판은 종종 전통적인 신화의 현재화를 통해 나타난다. 예를 들어 그의 시 「요나」는 구약성경의 "요나서"를 재구성한 것이다.

요나

니느웨의 임박한 종말을 인식한 후
교통사고와
익명의 권력이 보낸 첩자에 의해 잠수함에 납치된 후에도
결국 청동으로 만든 이중성문 앞에서

수많은 죄인들에도 불구하고 죄없는 사람들 때문에
도시를 구하기로 결심했건만

현지의 당국에 의해 거부당한다
그가 목소리를 높이려 했기 때문이다

침묵이 벌로 내려진다

니느웨 문제에서 제일 잘 안다고 확신한
위정자들은 심판을
자기 구역에서 집행한다

---

16 Hartmut Steinecke: Das Gedicht? Zu den Akten. Ein Gespräch mit Günter Kunert. In: Manfred Durzak und Helmut Steinecke(Hg.): Günter Kunert. Beiträge zu seinem Werk, München 1992, S. 328.

그 법에 귀가 먹고 눈이 먼
결과로 모든 경고를
유식함의 바람에 날려버린
사람은 몰락한다[17]

구약성경의 "요나서"에서 선지자 요나는 하느님으로부터 타락한 도시 니느웨로 가서 멸망을 예고하라는 명을 받는다. 그러나 요나는 은총의 신인 하느님이 자신의 심판을 실행에 옮기지는 않을 것임을 예상하고 배를 타고 멀리 도망친다. 하느님은 고래를 보내 요나를 집어삼키게 한 다음 그의 회개하는 기도를 듣고 다시 니느웨로 보낸다. 그 곳에서 요나는 하느님의 말씀을 충실히 전한다. 하지만 하느님은 니느웨 사람들이 진심으로 참회하는 것을 보고 그 도시를 멸망시키지 않는다. 이 이야기는 하느님의 의도가 형벌이 아니라 구원에 있다는 것을 가르쳐준다.

그러나 쿠네르트의 텍스트는 이와는 정반대의 결과를 보여준다. 쿠네르트 작품의 주제는 요나의 태도나 하느님의 은총이 아니라 재앙 자체이다. 고래 뱃속이 아니라 잠수함에 납치된 요나는 이미 20세기의 역사 공간에 들어와 있다. 이 시대에 하느님은 절대 권력을 휘두르는 세속적인 위정자로 대체될 뿐만 아니라 요나에게 침묵을 강요한다. 이 작품을 통해 쿠네르트는 인간에게 경고를 내릴 수 있는 요나 같은 인물이 더 이상 존재하지 않는 상황에서 인간 스스로 각성하지 않으면 재앙을 피할 수 없다는 것을 보여준다.

쿠네르트는 인간이 과연 자기 파괴적인 역사의 진행을 인식하고 있느냐는 질문을 제기한다. 쿠네르트의 대답은 부정적이다. "우리는 프로메테우스를 우리에게 불을 가져다 준 기술의 수호신으로 환영하지만 그 대가에 대해서는 더 이상 기억하지 못한다. 왜냐하면 반대 급부로 -신화가 보여주듯이- 그는 미래에 대한 예견 능력을 빼앗아 갔기 때문이다."[18] 인간이 추구하는 기술 문명의 대가로는 무엇보다도 생태계의 파괴를 들 수 있다. 그러한 기술 문명은 원래의 목표인 행복한 삶을 보장할 수 없으며 오히려 인간에게 더 이상 돌이킬 수 없

---

17 Peter Cornelius Mayer-Tasch(Hg.): Im Gewitter der Geraden, a.a.O., S. 212.
18 Günter Kunert: Brecht und Becher – pars pro toto, In: G. K.: Vor der Sintflut. Das Gedicht als Arche Noah. Frankfurfter Vorlesungen, München 1985, S. 76.

는 재앙을 초래할 수 있다. 그럼에도 불구하고 미래를 내다보지 못하는 인간의 속성이 기술 문명을 맹목적으로 추구하게 만든다.

역사적 진보가 허구라면 그러한 이념을 표방한 근대의 역사는 바로 신화이다. 신화로서의 역사는 기독교 신화와 마찬가지로 논리적이고 실증적인 근거에 의해서 이해되는 것이 아니라 절대적인 믿음을 통해서 정당성을 확보한다. 쿠네르트가 근대의 역사를 전통적인 신화의 구조 속에서 파악하는 이유가 여기에 있다. 다만 근대 역사에서 절대적인 믿음의 주체는 더 이상 신이 아니라 국가 권력 내지는 지배 이데올로기이다. 쿠네르트식 글쓰기의 본질은 근대 역사의 신화적 성격을 폭로하는 데 그치지 않고 신화적 환상을 깨뜨리는 데 있다. 그는 역사에서는 신화에서처럼 구원이나 행복으로의 복귀가 가능하지 않을 뿐만 아니라 오히려 궁극적인 파국이 기다리고 있다는 것을 보여주고자 한다. 여기에서 구체적인 현실로 환원되는 신화는 다른 방법으로는 파악하기 어려운 현실을 드러내는 거울이다.

쿠네르트는 또 다른 시 「라이카」에서 현대 기술문명의 현주소를 결코 낙관적으로 바라보지 않는다.

라이카

우리가 소유한 가장 좋은
쇠붙이로 만든 캡슐 안에서
매일 죽은 개 한 마리가
우리 지구 주위를 비행한다
언젠가
우리가 소유한
가장 좋은 혹성인 지구가
죽은 인류를 싣고서
매년 태양 주위를
돌지도 모른다는 경고로서[19]

라이카는 1957년 11월 소련의 우주선 스푸트니크 2호에 실려 우주로 내보내

19 Peter Cornelius Mayer-Tasch(Hg.): Im Gewitter der Geraden, a.a.O., S. 233.

졌다가 귀환용 캡슐이 없어 대기권에 진입하다가 불에 타 숨진 개의 이름이다. 쿠네르트는 이 비극이 바로 인류 전체에게 일어날 수 있다고 경고한다. 여기에는 5, 60년대에 미국과 소련의 우주선 경쟁에서도 보듯이 기술 발전을 과시하려는 국가간의 무한 경쟁이 인류를 파멸로 몰아갈지 모른다는 두려움이 깔려 있다. 기술 문명은 인간 스스로 제어장치를 마련해놓지 않는 한 언제라도 인간의 통제를 벗어나 자체의 논리의 의해 확대 재생산되는 위험을 안고 있다.

쿠네르트의 관점에서 볼 때 인간의 삶은 이미 돌이킬 수 없는 재앙의 영향권 안에 들어가 있는 듯이 보인다.

상황보고

(...)

우리들의 낮은
그 누구에게도 속하지 않는다. 우리는
검은 빛 속에 앉아
독을 먹고 산(酸)을 마신다
우리는 생각하고 살아가면서
그 결과를
내일로 미룬다
다시 더 많이 가능해지지만
이보다 더 많이 불가능해지고
모든 것과 마찬가지로
우리 모두가 그렇게 될 내일로

(...)[20]

인간이 끊임없이 더 많은 것을 추구하면 할수록 현실은 유토피아의 꿈으로부터 멀어지는 모순에 빠진다. 왜냐하면 현재의 삶이 이미 독성 물질로 오염되고 있을 뿐만 아니라 미래에는 그 정도가 치명적으로 심해질 것이기 때문이다.

---

20 Ebenda, 173.

문제의 핵심은 인간 스스로 이러한 모순을 인식하고 현실을 교정할 능력이 없다는 데 있다. 그래서 진보 이념을 바탕으로 보다 더 나은 내일을 약속하면서 출발한 계몽주의는 전근대의 암흑시대 대신 근대의 새로운 암흑시대를 만들어 낸다.

인간이 자신의 기대와는 달리 유토피아와는 정반대 방향으로 나아가고 있을 뿐이라는 쿠네르트의 현실 인식은 다음과 같은 시에서 극명하게 드러난다.

유토피아로 가는 길목에서 II

시멘트로부터
도주할 때
동화에서와 같은 일이 벌어진다
네가 도착하는 곳에
그것이 빈틈없이
너를 기다리고 있다

도주하면서 너는
아마도
마지막에
푸른 지점을 발견하고
채색한 유리로 만든
줄기 속으로
돌진하여 영생을 얻을 것이다[21]

여기에서 시멘트가 상징하는 도시는 이미 삶의 공간으로서의 의미를 상실한 상태이며 인간은 더 이상 자연으로 돌아갈 수도 없다. “전통적으로 자연시에서 보증받은 도피처와 구원으로서의 자연은 인위적인 대용품으로 전락해 있기”[22] 때문이다. 이 시는 모든 삶의 종말을 예고하고 있다.

쿠네르트의 시는 사회주의나 자본주의 모두 물질적인 보상을 전제로 행복한 미래를 약속하는 한, 생태계의 파괴는 회복 가능한 단계를 벗어나게 된다는 것

21 Ebenda, S. 224.
22 Elke Kasper: Zwischen Utopie und Apokalypse, a.a.O., S. 98.

을 보여준다. 파국적인 미래는 역사에 이미 입력되어 있으며 현재에 내재되어 있다. 미래는 곧 현재의 연장이라는 의미에서 쿠네르트는 미래의 재앙을 피하려면 지금 행동하지 않으면 안 된다는 것을 강조한다.

IV. 최승호: 생명에 대한 그리움

권터 쿠네르트와 마찬가지로 최승호도 인간의 욕망에 의한 환경오염과 생태파괴를 주제로 현대 기술문명을 비판한다. 그러나 쿠네르트가 기본적으로 역사비판과 함께 생태문제를 인류사적 차원에서 다루는 반면에 최승호의 관심은 일상의 현실에 집중된다. 최승호의 미시적인 관점은 시각의 협소함에 기인한 것이라기보다는 제자리에 있어야 하지만 밀려나거나 사라져가는 모든 것들에 대한 애정과 그리움을 반영하고 있다.

예를 들어 「물소가죽가방」은 인간의 욕망에 희생되는 동물을 화두로 삼고 있다.

물소가죽가방

문명엔 너의 죽음이 필요하다
네 뼈가
공업용 쇠뼈로 부서지고
네 육신이 포장육으로 나눠질 때
가죽공장 노동자들은 네 가죽에
무두질과 염색을 시작한다

가죽들의 무덤, 쇼윈도우에 나타나는
물소

문명엔 너의 식욕이 필요하다
숫자와 서류뭉치와
도장을 먹고
불룩해지는 가죽가방

이제 네 뱃속에 풀물 든 내장은 없다
관청과 회사들 사이에서
음험한 뱃가죽을 내밀고 숨쉬면서
너는 이제 도살의 음모에 가담한다
너의 숫자는
가방을 든 傭兵
가방을 든 회사원만큼 불어난다

쇠뿔 달린 힘센 문명이여,
가방으로 물소들을 때려 죽여라[23]

시인이 '너'라고 부르는 물소는 결코 하찮은 동물이 아니라 고귀한 생명체이다. 그 생명체가 인간의 욕망을 채우기 위한 원료로 분해될 때 시인은 세상을 향해 오히려 차분한 목소리로 인간의 잔인함을 폭로한다. 특히 마지막 행의 반어법적인 표현은 문명의 폭력적이고 비인간적인 모습을 극명하게 드러내기 위한 수사법이다.

문명에 내재한 비인간성은 당연히 인간 스스로에게도 화살을 돌린다.

공장지대

무뇌아를 낳고 보니 산모는
몸 안에 공장지대가 들어선 느낌이다.
젖을 짜면 흘러내리는 허연 폐수와
아이 배꼽에 매달린 비닐끈들.
저 굴뚝들과 나는 간통한 게 분명해!
자궁 속에 고무인형 키워온 듯
무뇌아를 낳은 산모는
머릿속에 뇌가 있는지 의심스러워
정수리 털들을 하루종일 뽑아댄다.[24]

23 고진하/이경호(엮음), 『새들은 왜 녹색별을 떠나는가』, 다산글방, 1991, 88-89쪽.
24 같은 책, 44쪽.

"폐수"와 "비닐끈"으로 상징되는 산업화를 통해 자연의 정화능력을 무력화시킬 정도의 오염물질을 배출한 결과 인간의 활동 공간은 더 이상 인간적인 삶을 보장하지 못한다. 기형아의 출산은 바로 이러한 현상의 징표와 같다. 하지만 여공 출신의 산모는 세상을 원망하거나 책임 추궁을 하는 대신 일종의 정신적 마비 상태에 빠진다. 스스로에게 뇌가 있는지 자문하는 모습은 한편으로 생활고에 쫓겨 환경 문제를 생각할 겨를도 없이 기계의 부속품처럼 일만 해온 자신의 삶에 대한 자각을 암시한다. 그러나 다른 한편으로 상황을 반전시킬만한 아무런 기회도 주어지지 않는 상태에서 이러한 자각은 곧바로 절망으로 이어진다. 그래서 "정수리 털"을 하루 종일 뽑아내는 것이다.

열악한 환경에서 일하는 임금 노동자들이 육체적으로나 정신적으로 엄청난 고통을 받는 반면에 자본가들은 그들만의 행복을 누린다. 최승호의 「부르도자 브르조아」는 환경 파괴의 주범이 누구인지를 보여준다.

부르도자 부르조아

반이 깎여나간 산의 반쪽엔
키 작은 나무들만 남아 있었다

(...)

그때 푸른 잔디 아름다운 숲 속에선
평화롭게 골프 치는 사람들
그들은 골프공을 움직이는 힘으로도
거뜬하게 산을 옮기고
해안선을 움직여 지도를 바꿔놓는다
산골짜기 마을을 한꺼번에 인공호수로 덮어 버리는

그들을 뭐라고 불러야 좋을까
누군가의 작은 실수로
엄청난 초능력을 얻게 된 그들을

자연은 인간의 의도에 따라 언제든지 개조되거나 도태될 위험에 처해 있다.

자연의 지도를 마음대로 바꾸어놓을 수 있는 “그들”은 단순히 노동자의 희생을 바탕으로 부를 축적한 브르조아 계급이 아니라 “엄청난 초능력”으로 신의 경지에 도달하려는 인간이다. 신의 “작은 실수”가 초래한 엄청난 결과는 결국 그 누구도 제어하지 못하는 상태에 있다는 것을 웅변적으로 보여준다. 인간의 잘못된 세계인식은 자연의 궁극적인 파멸을 예비하고 있다.

V. 맺음말

생태시는 ‘자연과 사회현실에 대한 진단을 바탕으로 인간과 자연의 관계가 어떻게 변화되었는가를 인식하는 시이며, 환경오염의 원인들에 대한 비판적 대응을 통해 인간과 자연의 상생의 출구를 찾아나가는 현실참여의 문학’[25]이다. 시인은 인간의 잘못된 세계인식, 자연에 대한 인간의 우월의식과 지배의식을 모든 생명에 대한 존중에 기초한 생태주의적 패러다임으로 전환시키고자 한다. 이것은 곧 자연과 생명에 대한 독자들의 새로운 인식을 일깨우고 이에 걸맞은 행동으로 이어지도록 촉구하는 역할을 한다.

생태문제에 대한 인식은 기술문명과 물신주의에 대한 고발과 비판의 단계를 뛰어넘어 생명 존중과 사랑을 실천하는 단계로 나아갈 것을 요구한다. 이것은 단순히 학문적, 혹은 문학적 접근에 그치는 것이 아니라 궁극적으로 생태주의적 대안사회를 모색하는 과정에서 하나의 길잡이가 될 수 있을 것이다.

---

25 송용구: 『녹색의 저항. 독일의 생태시』, 들꽃, 2003, 136쪽.

대면 커뮤니케이션에서의 이해에 관하여

-구성주의 인식론을 중심으로-

김용현

I. 서론

텍스트에 관한 논의에서 (특히 특정한 종류의 텍스트를 내용적·형식적인 면에서 분석할 때) 중심이 되는 물음은 텍스트를 어떤 방식으로 해석 내지 이해하느냐 이다. 즉 텍스트를 둘러싼 작업의 주된 과제는 텍스트이해에 대한 새롭거나 상이한 방식을 소개하거나 설명하는 것이 된다. 물론 이러한 소개와 설명에는 텍스트 이해를 위해 선택한 이해(해석)방법을 근거 짓는 작업도 뒤따른다. 그렇지만 이때 이해 Verstehen 자체에 관한 물음, 즉 이해는 어떻게 이루어지는가? 에 관한 물음은 상대적으로 주목받지 못한다. 이해과정이 연구과제로서 덜 주목받는 이유는 여러 가지가 있겠지만 대표적인 이유를 하나 들자면, 이해에 관한 이론 (이하 이해이론으로 표현)이 의식적이든 무의식적이든 이미 각각의 연구에 전제되어 있고 (즉 이해란 무엇인가 라는 물음에 대한 답이 이미 내려진 채), 이렇게 전제된 이론이 텍스트를 이해(해석)하는 개별적인 작업에 큰 어려움 없이 적용되고 있다는 점을 들 수 있다. 다시 말하자면, 연구의 주된 관심이 텍스트 이해(해석)의 방법론과 개별방법론의 상이함에 집중되는 가운데 (가령 정신사적, 실증주의적, 정신분석학적, 비판이론적, 페미니즘적 입장 등등에 근거한 텍스트 해석방식이 소개·취사선택 그리고 적용되는 가운데), 개별적인 해석방법의 토대가 되는 이해이론 자체에 대한 물음이 등한시되지 않았나 생각된다. 즉 특정한 텍스트를 이해하기 위해 적용하고 있는 해석방법은 어떤 이해이론에 기초하고 있는가? 이렇게 적용된 이해이론은 어떻게 타당성을 확보하고 있고, 그 타당성은 여전히 유효한가? 그리고 어떤 문제를 해결하기에 적절한가? 아니면 다른 이해모델은 없을까? 이해의 문제는 문자로 된 텍스트에만 국한되는가? 그렇다면 왜 그런가? 등등의 물음이 쉽게 제기되지 못했다는 것이다. 이러한 자기비판적 물음들을 구체화하기 위해서 그리고 한 걸음 더 나아가 생산적으로 답하기 위해서, 본고는 구성주의 인식론[1]에 바탕을 둔 이해에 관한 모델을 하나 소개하고자 한다.

구성주의와 그 인식론은 언어학과 문학학[2]에 관련되어서 국내학자들에 의해서 이미 소개되었다. 본고의 목적을 분명히 하기 위해서, 구성주의에 대한 기존의 연구를 간략하게 소개하고자 한다. 박여성은 구성주의 인식론에 관한 슈미트 Siegfried J. Schmidt의 저서를 번역하였고, 이를 통해서 구성주의에서 중요한 역할을 하는 개념들을 설명하였다.[3] 이보다 앞서 차봉희는 구성주의 인식론을 기반으로 하는 문학이론을 소개하면서 문학학의 패러다임 전환을 요구하였다.[4] 구성주의와 그에 기반한 문학이론을 소개하는 작업은 좀 더 구체적인 물음을 답하는 노력에도 적용되었고, 그 예로서 오영훈과 이광복의 연구를 들 수 있다. 오영훈은 구성주의 인식론을 기반으로 하는 커뮤니케이션의 모델을 소개

---

1 본문에서 구성주의는 인지체계와 인지체계의 작동방식을 설명하는 방식에서 다른 인식론과의 차이점을 보여주는 급진적 구성주의 radikaler Konstruktivismus를 의미한다.

2 문예학이라는 표현이 문학과 문학의 상위개념인 예술을 포괄적으로 나타내는 반면에 (연구가 실제로 그렇게 이루어졌는지에 대한 여부를 떠나서), '문학학'이라는 표현에서 중심이 되는 것은 문자와 관련된 행위이다. 학제간의 교류가 어느 때보다 필요하고 권장되는 마당에 문학학이라는 표현을 굳이 사용하는 이유는, 문자 중심으로 이루어지는 행위(schriftbezogene Handlung: 수용자를 중심으로 보면, 글읽기)와 음성 혹은 영상을 중심으로 하는 행위(akustische und bildbezogene Handlung: 음악듣기와 그림보기)를 우선은 구분해야 한다고 판단되기 때문이다. 이러한 구분의 장점은 각각의 미디어(글, 음성, 영상이 시대에 따라 상이하게 그리고 구체적으로 실현되는 형태로서의 책, 라디오, 텔레비전, 컴퓨터 등등)가 변화된 그리고 변화하고 있는 미디어 환경에서 누구에 의해서 어떤 맥락에서 어떤 목적으로 어떻게 사용되고 있는가? 라는 물음이 구체적으로 제기될 수 있다는 것이다. 그리고 이렇게 제기된 물음에 대한 답을 찾는 가운데 문학학은 다른 학문분과(우선은 미디어학과 문화학)와 어렵지 않게 관련을 맺게 된다. 이렇게 볼 때, 문학학이라는 개념은 학제간의 교류를 유리하게 하는 데 유용하게 사용될 수 있다고 판단된다.

3 슈미트, 지크프르트 J.(박여성 옮김): 미디어 인식론: 인지 - 텍스트 - 커뮤니케이션, 까치, 1996.

4 슈미트/하우프트마이어(차봉희 옮김): 구성주의 문예학, 민음사, 1995.

하였고,[5] 이광복은 구성주의 문학이론을 응용한 문학교육의 가능성을 타진하고 아울러 그 의문점도 제기하였다.[6] 판단컨대, 위에서 짧게 소개한 번역과 논문은 각 관심분야 (언어학, 문학학, 커뮤니케이션이론, 문학교육 등등)에 따라서 상이한 목적을 가지고 있지만, 구성주의 인식론이 기존의 인식론과 어떻게 다른가를 설명하고 있다는 점에서 그 공통점을 보여주고 있다. 그렇지만 위의 연구에서는 기존의 인식론과 구성주의 인식론 사이의 차이점을 가장 잘 보여주고 또한 구성주의 문학이론에서 중요한 역할을 한다고 판단되는 이해 Verstehen와 글읽기 Lesen가 집중적으로 다루어지지 않고 있다. 이것은 어떤 이론을 소개하는 초기에 생기는, 즉 기존의 이론과 새로운 이론 사이의 차이점을 거시적인 관점에서 밝힐 때 생길 수밖에 없는 공백이라고 판단된다. 본고에서 다루어질 구성주의 이해개념을 통해서 이러한 공백이 조금이나마 채워지기를 기대해본다.

본고의 구성은 다음과 같다. 본고는 II장에서 인식 Erkenntnis이 어떻게 이루어지는가 라는 물음을 구성주의를 중심으로 다룰 것이다. 이 작업은 마투라나 Humberto R. Matura의 인지이론을 비판적으로 수용한 로트 Gerhard Roth의 연구를 정리하면서 이루어질 것이다. III장에서는 II장에서 얻은 인식과정에 대한 지식을 바탕으로 이해의 개념이 설명될 것이다. 이를 위해서 필자는 구성주의 인식론을 일관되게 적용하였다고 판단되는 루쉬 Gebhard Rusch의 이해모델을 소개하고자 한다. 이와 관련해서 분명히 밝히고 싶은 것은, 본고에서 이해는 대면 커뮤니케이션 face-to-face Kommunikation에 관련되어서 설명될 것이고, 문자로 된 텍스트와 관련된 이해는 일단 다루어지지 않는다. 왜냐하면 필자는 본고를 텍스트와 관련된 이해 (텍스트이해 Textverstehen, 텍스트수용 Textrezeption, 텍스트가공 Textverarbeitung, 글읽기 Lesen 등등을)를 설명하기 위한 기초작업으로 자리매김 하고 있기 때문이다. 이런 이유로 우선은 인지과정과 인지체계들 간의 상호작용(이해)을 구성주의 시각에서 설명하는 데 중점을 두겠다. IV장에서는 대면 커뮤니케이션에서의 이해에 대한 해석학적 입장이 다루어질 것이고, 이를

---

5 오영훈: Kommunikationsmodelle im Radikalen Konstruktivismus, 독어교육, 제 26집(2003년), S. 259-283.

6 이광복: 구성주의 문예학과 그 문학교수법적 함의, 독어교육, 제 17집(1999년), S. 231-254.

위해서 쾰러 Wolfgang Köhler의 연구가 비판적으로 점검될 것이다. 결론에서는 위의 내용을 간략하게 정리함으로써, 구성주의 이해개념을 다시 확인하고 아울러 이 개념에 뒤따르는 물음을 후일의 작업을 위해 언급하도록 하겠다.

II. 구성주의 인식론에 관하여

구성주의는 인지체계 kognitive Systeme를 설명하는 일종의 인식이론 Erkenntnistheorie으로 이해될 수 있다. 구성주의 인식론에서는 인간이 대상을 어떻게 인식할 수 있는가 라는 문제가 다루어지고 있고, 이때 특이한 점으로는 인지체계를 이해하는 방식을 들 수 있다. 구성주의에서 논의되는 인지체계를 설명하기 위해서, 본고는 인지 Kognition에 관한 로트의 연구를 소개하고자 한다.[7] 인지체계에 대한 여러 가지 시각 (구성주의 내에서도) 가운데 로트의 시각을 선택한 이유는, 로트가 구성주의적 인지를 이해하기 위한 초석을 다진 마투라나와 바렐라 Francisco J. Varela의 생물학중심의 인지개념을 비판적으로 수용했기 때문이다. 말하자면 로트는 인식체계에 대한 생물학적인 지식을 바탕으로 인지체계에 대한 비생물학적, 즉 사회과학적 인식이 어떻게 가능한가를 보여주고자 노력했다(Roth, G., 1994b. 257쪽). 이렇게 볼 때, 로트의 연구는 개별적 개체에서 이루어지는 인지와 개체 간의 상호작용에서 이루어지는 (본고의 주제로서의) 이해를 생물학적 그리고 넓은 의미에서의 사회과학적인 맥락에서 설명하는 데 큰 도움을 줄 수 있다고 판단된다.

마투라나가 인지를 유기체 Organismus의 작동과 관련시켜 설명하고 이를 통해서 "생물학적 체계이론과 인지이론의 결합 Verbindung von Biosystemtheorie und Kognitionstheorie"[8]을 시도했다는 점에서, 로트는 마투라나의 연구를 긍정적으로 평가하고 있다. 그렇지만 동시에 마투라나의 이러한 시도가 자기생산

7 Roth, Gerhard: Erkenntnis und Realität: Das reale Gehirn und seine Wirklichkeit. In: Schmidt, Siegfried J. (Hrgs.): Der Diskurs des Radikalen Konstruktivismus, Suhrkamp, F. a. M. 6. Auf. 1994. S. 229-255. (이하 Roth, G., 1994a로 표기). Roth, Gehard: Autopoiese und Kognition: Die Theorie H. R. Maturanas und die Notwendigkeit ihrer Weiterentwicklung. In: Schmidt, Siegfried (Hrsg.), 같은책, S. 256-286. (이하 Roth, G., 1994b로 표기)

8 Roth, G., 1994b. 258쪽.

Autopoiese과 인지를 동일시하고 있다는 점에서 여러 가지 문제점을 드러낸다고 지적하고 있다. 즉, 로트는 인지체계가 자기생산적 체계 autopoietische Systeme인가? 라는 물음을 던지고 있는 것이다. 이 물음에 답하기 위해서, 먼저 로트는 마투라나가 생각하는 자기생산적 체계의 특징을 살펴보고 있다.

> 구조결정성과 이와 연결된 연산조작상의 폐쇄성이 마투라나에게는 자기생산적 체계의 본질적인 특징으로 이해되고 있다. 이때 마투라나의 이론을 이해하기 위해서 대단히 중요한 사실은, 마투라나가 인지의 토대가 되는 신경체계의 기능적인 조직을 자기생산적 체계의 기능적 조직과 완전히 유사한 방식으로 서술하고 있다는 것이다
> Strukturdeterminiertheit und die damit verbundene operationale Geschlossenheit sind für Maturana essentielle Kennzeichen autopoietischer Systeme. Es ist von großer Wichtigkeit für das Verständnis der Theorie Maturanas, daß er die funktionale Organisation des Nervensystems als Grundlage von Kognition völlig analog zur funktionalen Organisation autopoietischer Systeme beschreibt.[9]

로트에 따르면, 마투라나는 "구조결정성"과 "연산조작상의 폐쇄성"을 자기생산적 체계의 중요한 특징으로 꼽고 있다. 마투라나는 외부로부터 에너지를 받지만 (energetisch offen), 이 에너지를 폐쇄적으로 처리하는 (operational geschlossen) 유기체를 자기생산의 원리로 작동하는 체계라고 이해하고 있다. 자기생산적 체계는 외부로부터 에너지를 얻지만 (사실은 얻을 수밖에 없지만), 이 에너지로 인해 생겨나는 자신의 상태변화는 외부에 의해서가 아니라, 체계 내적 구조의 결정에 따른다. 또한 에너지를 이러한 내적구조의 결정에 따라 처리하는 가운데, 자기생산적 체계는 환경에 대해서 자율성 Autonomie을 가지게 된다는 것이다. 자기생산적 체계의 이러한 작동 방식, 즉 구조결정성과 연산조작상의 폐쇄성 등이 모든 체계 혹은 유기체에 적용될 수 있는가를 알아보기 위해서 (결과적으로 인지의 근간이 되는 신경체계는 자기생산적 체계가 아니라는 것을 보여주기 위해서), 로트는 자기생산적 체계에 대한 마투라나의 이론을 비판적으로 점검한다.

로트는 유기체의 자율성을 두 가지 관점에서 살펴보고 있다. 첫째, 유기체는

---

9 Roth, G. 1994b, 259쪽.

외부환경에 대해서 상대적으로 자율적이라는 것이다. 유기체는 특정한 물질과 에너지만을 받아들일 수 있다는 점에서 자신을 둘러싼 환경과 선별적으로 상호작용을 하고, 이러한 선별적인 상호작용을 통해서 외부환경과의 관계를 유지・조절하면서 외부환경에 대해서 어느 정도 독립되어 작동하게 된다. 그렇지만 유기체가 외부환경과 간접적으로나마 계속해서 접촉할 수밖에 없기 때문에 환경으로부터 완전히 자유로울 수는 없다. 즉 유기체는 외부환경으로부터 상대적으로 자율적일 수밖에 없고, 이런 의미에서 자기생산적 체계로서의 유기체는 "연산작동상의 폐쇄성"의 원리를 완전히 따른다고 말하기 어렵다는 것이다. 두 번째 관점은 유기체의 자율적 작동은 유기체 특유의 생화학적인 구조를 유지하는 것과 관련되어 있다는 것이다. 유기체는 외부의 영향에 맞서 자신을 안정적으로 유지하기 위해서 자신을 끊임없이 보완・수리해야만 하고, 이것은 유기체의 구성요소들이 서로 연결되어 있고 또한 상호작용이 계속될 경우에만 가능하다. 즉 구성요소들 간의 관계는 오랜 시간에 걸쳐 진행되는 상호작용을 통해서 점차 고정(안정)되고, 이렇게 고정된 관계를 통해서 유기체는 외부환경에 대해서 상대적인 자율성을 가지게 된다.[10] 요약하면, 자기 생산적 원리에 따라 작동하는 유기체는 구성요소들 간의 고정된(안정된) 상호작용의 원리, 즉 엄격한 내적 구조를 근거로 해서 외부로부터 받은 에너지를 사용한다는 것이다. 신경체계(와의 차이)를 알아보기 전에 자기생산적 체계의 작동방식을 좀 더 알아보도록 하자.

자기생산적 체계의 구성요소들은 상당히 오랜 기간에 걸쳐서 상호작용을 하고 또한 지금 작동하고 있는 상호작용 방식을 만들고 안정시키는 데 관여했기 때문에, 다른 작동방식을 만들기 위해서 새로운 역할을 맡기가 상당히 어렵다. 즉 기존의 상호작용 방식과 이 작용에 관련된 구성요소들은 (이런 방식에 익숙해진 체계로부터) 기대되는 상태를 계속적으로 만들기 때문에, 기대되는 상태 외에 다른 상태를 일으키기가 힘들다 (예를 들자면, 우리 신체에서 끊임없이

10 이 과정을 구체적으로 설명하기 위해서, 로트는 자기생산Autopoiese을 자기만들기 Selbstherstellung와 자기유지Selbsterhaltung로 분리해서 이해할 것을 제안하고 있다. 이에 대한 자세한 설명은 Roth, G., 1994b, 264-265쪽 참조. '자기만들기'와 '자기유지'라는 필자의 번역은 임시적인 것이다. 아울러 본고에서 번역되어 사용되고 있는 구성주의와 관련된 용어 역시 임시적인 것임을 밝혀둔다.

일어나고 있는 특정한 신체기관내의 세포들이 상호작용 하는 방식). 이런 의미에서 자기생산적 체계는 스스로 기대하는 상태로부터 크게 자유롭지 못하다 (A가 B를, B는 C를, C는 D를 가져오는 방식이 계속 진행되다가 다시 A로 돌아오는 순환과정을 생각하면 된다). 상태변화에 대한 자기생산적 체계의 (기대되는 변화만을 일으킨다는 의미에서의) 부자유스러움은 유기체에게 두 가지 의미를 가진다. 첫째는 각 구성요소들의 역할과 상호작용이 안정되어서(고정되어서) 체계를 유지하는 데 기본적으로 용이하다는 것이고, 둘째는 체계의 개별적인 구조 변화를 꾀하기 어렵다는 점이다. 즉 자기생산적 체계는 각 구성요소들의 고정된 역할과 상호작용을 통해서 체계의 안정성을 확보하는 동시에 구조변화에 있어서는 유연함을 보이지 못한다는 것이다.

모든 유기체가 이러한 작동방식을 따르는 것일까? 그리고 이런 작동방식에 따르는 체계만을 가지는 것이 생물체의 생존과 유지에 유리할까? 이 물음에 대한 답으로 다음과 같은 가정이 가능하다. 한편으로 지속적인 안정성을 확보하기 위해서 기존의 고정된 작동방식을 계속적으로 사용하고, 다른 한편으로는 계속해서 변화하는 환경 (에너지 공급원의 변화, 새로운 천적으로부터 보호 등등)에 적절하게 대응하기 위해서 덜 고정된 원리에 지배받는 체계를 가진다면, 대부분의 생물체는 자신뿐만 아니라 종족(혹은 유전자)을 좀 더 효과적으로 보존할 수 있을 것이다. 로트를 빌어 덜 고정된 작동원리에 따르는 체계를 알아보도록 하자.

> 유기체의 자기생산에 직접적으로 관여하는 과정(전체로서의 신경체계를 포함해서)과는 반대로, 신경체계에서 일어나는 과정과 그 구성요소들은, 즉 신경세포들은 매우 많은 수의 상이한 상태를 받아들일 수 있다(전혀 반응이 없거나 반응이 억제되는 상황과 반응이 최대한 이루어지는 상황 사이에는 원칙적으로 볼 때 가능한 상태의 경우의 수는 무한하다). 그리고 신경단위의 반응상태에서 일어나는 무한한 변화가능성이야말로 신경체계의 기능원칙이다. 이러한 가능성은 신경세포들이 자기생산적 체계의 구성요소들과는 반대로 자신들의 신경작용을 통해서 스스로를 유지할 필요가 없다는 사실에서 기인한다. 즉 신체의 모든 다른 기관들과 세포의 구성요소들은 자기생산을 유지하기 위해서 아주 특정한 일을 하는 반면에, 뇌에게는 이런 상황이 해당되지 않는다.
>
> Im Gegensatz zu den an der Autopoiese eines Organismus direkt beteiligten

> Prozessen (einschließlich des Nervensystems als Ganzes) können die Prozesse und Komponenten eines Nervensystems, nämlich die Nervenzellen, sehr viele unterschiedliche Zustände annehmen (im Prinzip unendlich viele zwischen dem Zustand der Unerregtheit oder Hemmung und dem maximaler Erregung), und diese Variationsmöglichkeit der neuronalen Erregungszustände ist ein grundlegendes Funktionsprinzip des Nervensystems. Diese Möglichkeit liegt darin begründet, daß im Gegensatz zu den Komponenten eines autopoietischen Systems sich die Nervenzellen nicht notwendig durch ihre neuronale Aktivität selbst (bzw. gegenseitig zirkulär) erhalten müssen. Während alle anderen Organen des Körpers und ihre zellulären Bausteine sehr spezifische Aktivitäten im Dienste der Aufrechterhaltung der Autopoiese verrichten, ist dies beim Gehirn nicht in gleicher Hinsicht der Fall.[11]

로트에 따르면, 자기생산적 체계의 구성요소들은 자신들끼리의 상호작용을 통해서 스스로를 유지한다. 즉 자기 생산적 체계의 구성요소들은 고정되고 순환적인 관계를 형성하고 또한 이런 관계에서 비롯되는 특정한 (spezifisch) 기능을 떠맡게 된다는 것이다. 이러한 상황은 위에서 설명했듯이, 생명체를 유지시키기 위해서 불가피하고 또한 유리하게 작용하기도 한다. 반면에 신경세포들은 이런 원리에 따르지 않는다고, 즉 신경세포들 간의 관계는 고정되어 있지 않다고 (unspezifisch) 로트는 설명하고 있다. 신경세포들의 이러한 불특정성은 생명체에게 어떤 의미가 있을까? 생명체는 우선 신경세포들 간의 관계를 만들고 안정시키는 일을 해야 한다. 그런데 이런 작업은 일정한 시간을 필요로 하기 때문에 생물체의 생존에 급박한 일과 관련되어서는 안 된다. 왜냐하면 생명체의 생존을 당장 위협하는 일이라면, 이미 고정되어 있거나 짧은 시간 내에 고정될 수 있는 상호작용방식을 사용하는 것이 생존을 위해 훨씬 유리하기 때문이다. 그렇다면 신경세포들과 중앙신경체계로서의 뇌 Gehirn는 상대적으로 많은 시간을 가지고 무엇을 하는가?

> 뇌의 자율성은 생존의 문제로부터 근본적으로 자유롭다. 즉 이렇게 될 때, 뇌는 생존과 간접적으로 관련되거나 아니면 전혀 관련이 없는 일에 (아니면 생존에 대해서 지속적으로 대항하는 일에) 몰두할 수 있다. 이것이 바로 인간의 인지

---

11 Roth, G,. 1994b, 266쪽.

> 활동에서 얻게 되는 특유한 성과물의 토대가 된다. 말하자면 현실의 구성과 행위를 계획할 수 있는 가능성, 즉 유기체를 위해서는 아직은 쓸모가 없는 무엇인가를 할 수 있는 가능성과 같은 인간인지의 성과물은 뇌가 생존의 문제로부터 자유로울 때야 비로소 가능하다.
>
> Die Autonomie des Gehirns ist ganz wesentlich eine Freisetzung von der Existenzerhaltung: das Gehirn kann sich immer mehr mit Dingen beschäftigen, die nur sehr indirekt oder überhaupt nichts mit Überleben zu tun haben (oder ihm auf Dauer sogar entgegenwirken). Dies gerade ist die Grundlage der spezifischen Leistung menschlicher Kognition, nämlich Konstitution von Wirklichkeit und damit die Möglichkeit, Handlungs-Planung zu betreiben, d. h. etwas zu tun, was noch keinen Nutzen für den Organismus hat.[12]

위의 인용에 따르면, 신경세포와 신경체계(뇌)는 생물체의 생존에 직접적으로 관계되는 일을 하지 않는다. 물론 뇌도 생명체 유지와 관련된 일을 하지만, 그 관련정도와 기능의 종류에 있어서 자기생산적 체계들과는 분명히 다르다는 것이다. 이때 흥미로운 것은, 뇌는 생명체의 생존을 위해 필수불가결한 일에 매달리지 않을 때야 비로소 자신의 업무를 수행한다는 점이다. 다시 말하면, 뇌는 자신이 속해 있는 생명체를 유지하기 위해서 (궁극적으로 생명체 유지를 원활하게 하기 위해서) 신경세포들의 상호작용에 관여하지만, 이 상호작용은 생물체에게 아직은 덜 필요한 일이라는 것이다. 그렇지만 이 상호작용을 통해서 생겨나는 신경세포들 간의 관계는 생명체의 유지를 위해서 앞으로는 유용할 것이라는 것이다. 그렇지 않다면, 생물체가 신체의 아주 작은 부분인 뇌로 하여금 현재뿐만 아니라 미래에도 필요 없는 일을 위해 그렇게 많은 에너지를 사용하게 할 이유가 전혀 없기 때문이다.[13] 그런데 여기에서 유의할 점은 뇌가 자기생산적 원리에서 벗어나서 인지적 행위에 관여하게 된 것은 아주 오랜 시간에 걸친 자기재귀성의 결과라는 것이다. 이 사실은 인간의 뇌와 인간보다 하등한 동물(물고기와 양서류)의 뇌 사이의 차이점을 통해서 확인될 수 있다. 로트에 따르면, 감각적인 자극을 일차적으로 처리하거나 생물체의 행태를 직접적

12 Roth, G., 1994b, 270쪽.

13 인간의 뇌는 1500그램 내외, 즉 성인체중의 대략 2퍼센트 정도 밖에 되지 않지만, 섭취된 에너지의 20퍼센트 이상을 사용한다고 한다.

으로 관리하는 데 관여하는 신경세포의 수에 있어서는 인간과 물고기 및 양서류가 큰 차이를 보이지 않고 있지만, 자극을 처리 Verarbeitung하고 평가 Auswertung하는 데 관여하는 세포의 수에서는 양자의 차이가 두드러지게 나타난다는 것이다. 로트는 이 차이를 감각 Sensorik과 중앙처리 zentrale Verarbeitung 그리고 운동성 Motorik의 비율에서 나타나는 차이로 보여주고 있다. 하등 동물의 뇌의 경우에 위에 언급된 세 가지 기능의 비율이 1:3:1인데, 인간의 경우에는 1:100,000:1이라는 것이다. 이것은 무엇을 의미하는 것일까?

> 일차적인 감각을 처리하는 뉴론이 하나라면, '이러한 정보'를 처리하고, 이전의 경험과 비교하고 그리고 인지적 현실을 구성하기 위해서 사용되는 뉴론의 수는 대략 십만 정도 된다. 이렇게 볼 때 기억이 가장 중요한 감각기관이라고 말해도 과장된 것은 아니다.
> Das heißt, auf jedes Neuron, das primäre Sensorik verarbeitet, kommen rund hunderttausend Neurone, die diese 'Information' weiterverarbeiten, mit früherer Erfahrung vergleichen und zur Konstruktion kognitiver Wirklichkeit benutzen. Wir können also ohne Übertreibung sagen, daß das Gedächtnis unser wichtigstes Sinnesorgan ist.[14]

위의 인용문은 뇌의 주된 기능이 무엇인지를 보여주고 있다. 이 내용을 유아의 예로 설명하도록 하겠다. 갓 태어난 아기는 꼬집혔을 때 (감각적인 자극이 왔을 때), 이 자극을 아프다 라고 이해하기 때문이 아니라, 자기에게 좋지 않기 때문에 울게 된다. 즉 아프다 라는 정보가 아이에게는 아직 없고, 이 자극을 경험하게 됨으로써 비로소 이 자극이 자기에게는 좋지 않다 라는 경험을 하게 되고 이 자극에 대한 아직은 덜 구체적인 인지적 정보를 가지게 된다. 꼬집히는 자극이 거듭되면서 이에 대한 경험은 계속해서 축적되고, 이렇게 축적된 인지적 정보(경험)는 똑같거나 유사한 자극에 대해서도 사용된다. 그리고 인지적 정보는 나아가 이런 좋지 않은 경험이 생겨날 수 있는 유사한 상황을 대처하기 위해서 혹은 이러한 상황을 피하기 위해서 응용되기도 한다. 말하자면, 꼬집힘에 대한 아기의 막연한 인지적 정보 (좋지 않다 라는 느낌)는 사회화 과정이 진

---

14 Roth, G., 1994b, 280쪽.

행되면서 (예를 들면 꼬집히는 상황에서 생기는 부모와의 대면 커뮤니케이션을 통해서) 더욱 구체적인 모습을 띠게 된다.[15] 인용을 통해서 인지가 이루어지는 과정을 다시 한 번 확인해보도록 하자.

> 이렇게 해서 인간의 뇌는 환경에 대해서는 인지적으로 폐쇄되었지만, 감각기관을 통해서 여러 가지 모양으로 영향을 받는 체계라고 말할 수 있다. 그렇지만 뇌는 환경의 영향을 직접적으로 겪지 않고, 그 자체에서 말하자면 자신에게 고유한 정신에 근거해서 겪게 된다. 그래서 뇌는 뉴론이라는 천편일률적인 언어를 가지고 외부세계를 다양하게 구성할 수밖에 없다.
> Wir haben also mit dem menschlichen Gehirn ein System vor uns, das obwohl kognitiv abgeschlossen gegenüber der Umwelt, dennoch über die Sinnesorgane von dieser in vielfältiger Weise beeinflußt werden kann. Aber das Gehirn erfährt die Einwirkungen der Umwelt nicht direkt, sondern nur an und in sich selbst, sozusagen am eigenen Geist, und es muß aus der einförmigen Sprache der Neuronen die Vielfalt der äußeren Welt konstruieren.[16]

위에 든 아기의 예를 통해서 인용문을 설명하도록 하겠다. 뇌는 외부의 자극(꼬집힘)과 직접적으로 접촉하는 것이 아니라 신경세포들 간의 상호작용을 통해서 이 자극을 처리하고, 나아가 이 자극에 대한 인지적 정보를 구성한다. 꼬집힘이라는 자극이 거듭되는 가운데(즉 자극을 통해서 이루어지는 신경세포들 간의 상호작용이 거듭되면서), 이 자극은 처리되고 동시에 처리된 결과물이 축적되는 과정이 진행된다. 이때 자극이 이루어질 때마다 얻게 되는 인지적 정보는 신경세포들이 상호작용함으로써 생겨나는 수많은 조합가능성 가운데 하나이다 (성인이 아기보다 이 자극에 대해서 더 구체적인 인지적 정보를 갖고 있지만, 이 정보 역시 신경세포들 간의 조합가능성 가운데 극히 일부만 성인에 맞게 실현된 것이다). 결론적으로 인간의 뇌는 외부의 자극을 직접적으로 경험하지 못하고 축적된 경험(인지적 정보)을 통해서만 경험하기 때문에, 주어지는

---

15 인지적 정보가 어떻게 사회적인 것이 될 수 있는가 라는 물음은 구성주의 인지개념과 이해개념을 통해서, 즉 인지의 자율성을 근거로 답해질 수 있다. 그렇지만 본고는 무엇보다 인지과정과 이해과정을 설명하는 것을 목적으로 하기 때문에 인지적 정보의 사회성에 관한 문제는 다루지 않는다.

16 Roth, G., 1994a, 243쪽.

자극을 있는 그대로 재현할 수 없고 자신의 인지적 상태에 맞게 구성할 수밖에 없다.

자기생산과 인지를 동일하게 간주하는 마투라나의 인지이론을 비판적으로 수용하기 위해서, 로트는 인지의 근간을 이루는 뇌가 자기생산적 체계가 아니라는 것을 보여주었다. 자기생산적 체계는 구성요소들 간의 고정된(고도의 안정성이 확보된) 상호작용을 통해서 생명체의 생존에 직접적으로 관련된 일을 하는 반면에, 뇌는 생물체의 생존에 덜 직접적으로 관여함으로써 그리고 동시에 다른 중요한 일을 함으로써 생물체의 유지를 돕고 있다는 것이다. 즉 뇌는 외부의 자극에 대한 신경세포들의 신호를 처리하고, 그에 대한 경험을 축적하고 이 축적된 경험을 필요한 경우에 계속적으로 사용한다: 뇌는 외부의 자극과 직접적으로 접촉하지 않고 신경세포들의 상호작용을 관장하고 또한 이를 통해서 생명체 유지를 위한 고유한 업무를 수행하고 있는 것이다. 이런 의미에서 뇌는 인지적 자율성 Autonomie der Kognition에 따르는 체계이다.

III. 구성주의에 기초한 이해에 관하여

II장에서 인지가 어떻게 이루어지고 있고, 어떤 기능을 하고 있는지를 살펴보았다. 그리고 인지는 한 생물체의 뇌 활동과 관련된 것으로 설명되었다. 이때 뇌는 연산조작상 폐쇄적으로 작동하기 때문에 외부의 대상물을 직접적으로 파악할 수 없고, 이전의 연산작용에서 생겨난 결과물(경험)과의 비교·검토를 통해서 인식할 수 있는 중앙신경체계로 설명되었다. 인지가 형성되는 방식을 이렇게 이해할 경우에, 다음과 같은 물음이 뒤따르게 된다. 인지적으로 접근이 불가능한 가운데 인지체계들은 어떻게 상호작용을 할 수 있는가? 그리고 어떻게 서로 이해할 수 있는가? 인지적 정보를 형성하고 구체화시키는 데 있어서 인간 사이의 상호작용이 필수적인 역할을 한다는 사실은 II장에서 든 예를 통해서도 짐작할 수 있다. 이번 장에서는 서로에게 인지적으로 접근이 불가능한 개개인들이(복수!) 어떻게 상호작용을 할 수 있고 또한 이해할 수 있는지를 구체적으로 알아보도록 하자.[17] 이를 위해서 루쉬의 구성주의 이해모델을 소개하고자 한다.

루쉬의 구성주의 이해모델을 알아보기에 앞서, 필자는 이해를 독자와 텍스트 사이 (Umgang eines Lesers mit schriftlichen Texten)가 아니라 인간 사이의 대면 커뮤니케이션 (zwischenmenschliche Interaktion)에서 일어나는 것으로 간주하면서 이해문제를 다룰 것을 제안한다. 이러한 제안을 하게 된 구체적인 이유에 대한 글은 다음을 기약하고 우선은 다음과 같은 가정으로 그 설명을 대신하고자 한다. 상당히 비슷한 경험이 이루어지는 동질적 사회에서 대면 커뮤니케이션을 통한 이해는 상대적으로 큰 어려움 없이 실현된다고 생각할 수 있다. 왜냐하면 대면 커뮤니케이션의 참가자들은 계속적인 접촉을 통해서 이미 유사한 경험세계를 가지고 있고, 또한 당장 이해가 쉽게 실현되지 않을 경우에는 즉각적인 물음과 대답을 통해서 이해의 걸림돌을 제거할 수 있기 때문이다. 이렇게 볼 경우 대면 커뮤니케이션에서의 이해는 거의 성공적으로 실현된다고 여겨지고, 바로 이런 이유 때문에 대면 커뮤니케이션에서의 이해는 관심의 대상이 되기가 상대적으로 어렵게 된다. 이에 반해서 문자로 이루어진 텍스트와 관련된 이해는 특별한 기술을 필요로 한다는 공감대가 형성되어 있다. 이것은 텍스트가 작성될 때 이미 맥락으로부터 벗어나고 그리고 읽힐 때는 맥락에 의거해서 이해되어야만 하는 상황에 기인한다. 이런 상황은 독자로부터 특별한 이해방법을 요구하고, 이러한 요구는 텍스트를 읽을 때 생기는 물음에 대한 답을 즉각적으로 얻기 어렵다는 점에서 더욱 커지게 된다 (특정한 텍스트를 해석하는 일이 직업으로 자리 잡을 수 있는 이유이기도 하다).

그렇다고 해서 대면 커뮤니케이션에서 생기는 이해문제가 해결되었다고 말할 수는 없다. 앞 장에서 알아본 뇌의 작동방식을 통해서 이 문제를 잠깐 살펴

17 인간은 다른 동물에 비해서 미성숙한 상태로 태어나기 때문에 상대적으로 긴 시간 동안 타인의 도움에 의존해야만 한다. 이런 상황으로 인해 보호자와 피보호자(대표적으로 부모와 자식) 사이의 상호작용은 오랜 시간동안 지속될 수밖에 없다. 이런 지속적인 상호작용을 통해서 피보호자는 급박한 생존의 문제를 해결할 수 있을 뿐만 아니라 다가오는 삶을 효율적으로 살기 위해 필요한 정보를 습득할 수 있는 기회를 가지게 된다. 이때 정보습득의 기회를, 즉 상대적인 미성숙함으로 인해 주어지는 경험축적의 기회를 인간이 유용하게 사용할 수 있는 것은, 태어날 때의 인간의 뇌 상태가 다른 동물의 그것보다 더 유연하다는 점에 기인한다. 그렇지만 이런 기회는 적절한 (넓은 의미에서의) 커뮤니케이션 없이는 효과적으로 이용될 수 없다. 이렇게 볼 때 인간은 한편으로는 유연한 뇌 덕분에(생물학적인 요인), 다른 한편으로는 인간 사이의 상호작용을 통해서(비생물학적인 요인) 생존의 가능성을 높일 수 있다.

보면, 대화에 참여하는 사람들 사이에 실현되는 이해는 다음과 같이 설명될 수 있다. 각각의 대화 참여자가 비슷한 사회화과정을 근거로 해서 대화에서 다루어지는 주제에 대한 비슷한 인지적 결과물을 자신의 인지체계 내에서 가지고 있을 때, 이해는 실현된다. 이 조건을 모두 만족시키는 것이 어렵다는 (사실은 불가능하다는) 것은, 뇌가 계속되는 자극과 이에 대한 처리과정 때문에 똑같이 유지될 수 없는 인지적 정보(경험)를 근거로 해서 외부의 자극을 처리한다는 사실과 둘 이상의 인지체계가 동시에 이 작업을 수행하는 경우에 발생하는 복잡성으로 설명될 수 있다. 이렇게 볼 때 대면 커뮤니케이션의 이해는 여전히 어려운 문제이고 이에 맞는 관심이 필요하다고 할 수 있다.

루쉬는 대면 커뮤니케이션에서의 이해를 설명하기 전에, 인지가 철저히 연산작동상 폐쇄적으로 이루어진다는 사실을 강조한다. 이러한 강조를 통해서 대면 커뮤니케이션에 참여하는 개개인은 상대방의 인지(상태)에 대해서 접근이 불가능하다는 것을, 즉 대화참가자는 자신의 인지영역 내에서만 상대방을 인식할 수 있다는 것을 분명히 하고 있다. 이렇게 볼 때, 루쉬의 목적은 인지적 접근 불가능성을 근거로 대면 커뮤니케이션에 참가하는 사람들 사이의 이해과정을 설명하는 것이다.[18]

대면 커뮤니케이션은 최소한 두 명 이상의 대화참가자를 필요로 한다. 대화참가자(A)는 다른 대화참가자(B)와의 대화에서 특정한 행위로 대화를 유발한다. 이때 A는 자신의 정향적 행동 Orientierungshandlungen을 통해서 B에 대해서 정향자 der Orientierende로, B는 A의 정향적 행동에 대해서 반응한다는 입장에서 정향되어지는 자 der Orientierte의 역할을 수행한다. A가 미디어제공물 Medienangebote을 통해서 대화를 시작할 때, B는 자신의 인지적 상태를 근거로 A의 미디어제공물에 대해서 반응한다. 이때 A는 B의 반응을 자신의 인지영역에서 확인하고 처리하면서 자신의 기대가 실현되었는지를 점검한다. 그리고 A는 정향적 행동을 통해서 자신이 의도했던 결과를 확인하게 될 때야 비로소 B

18 루쉬는 다른 구성주의 이해이론들이 이해를 설명하는 데 있어서 인지적 접근 불가능성을 끝까지 적용하지 못하기 때문에 기존의 해석학적 이해이론과 유사한 방식으로 이해를 설명하고 있다고 비판적으로 지적하고 있다(Rusch, Gebhard :Konstruktivistische Theorien des Verstehens. In: Rusch, Gebhard (Hrsg.): Wissen und Wirklichkeit. Beiträge zum Konstruktivismus. Eine Hommage an Ernst von Glasersfeld, Carl-Auer-Systeme Verl. u. Verl. Buchh., Heidelberg, 1999. S. 127-160, 128쪽 참조.

가 이해했다고 생각하게 된다. 이 경우에 이해가 실현되었는지 여부는 B가 아니라 A에게 달려있다. 즉 이해의 성사여부는 자신의 인지적 상태를 근거로 A의 미디어제공물을 처리하는 B에 의해서가 아니라, 자신의(A) 기대가 이루어졌을 때 B에게 이해를 부여하는 A에 의해서 결정된다는 것이다. 이때 A 역시 자신의 인지적 상태를 바탕으로 이런 판단을 내린다. 이런 의미에서 루쉬는 대면 커뮤니케이션에서의 이해를 "타자에게 이해부여하기 Fremdzuschreibung des Verstehens"라고 표현하고 있다.[19] 이 과정을 좀 더 명확하게 설명하기 위해서, 유아와 어머니 사이에 일어나는 상호작용을 예로 들어보겠다.

젖먹이 아이는 보통 울음을 통해서 불편함을 표현하고, 이를 통해서 어머니의 관심을 끌어내고 동시에 자신이 지금 겪고 있는 불편함이 어머니에 의해서 제거되기를 기대한다. 이때 아이는 정향자로서 A의 역할을 맡게 된다. 아이가 울 때, 어머니는 지금보다 더 많은 관심을 가지고 아이가 우는 이유를 살피게 되고, 아이를 달래기 위해서 여러 가지 조치를 취한다. 어머니는 이때 정향되어지는 자로서 B의 역할을 하게 된다. 아이가 어머니의 관심과 조치에 만족하지 않을 경우에 (가령 어머니가 기저귀를 갈아주는 대신에 젖을 먹이려고 할 경우에), 아이는 어머니가 자신의 필요를 이해하지 못했다고 여기고 계속해서 그리고 더 큰 목소리로 울게 된다. 아이의 이런 반응을 접한 어머니는 자신의 노력이 성공적이지 못했다는 것을 깨닫고 다른 방법을 통해서 아기를 만족시키기 위해서 노력하게 된다. 어머니가 마침내 새 기저귀를 아기에게 해 줄 때, 아기는 어머니가 자기를 이해한다고 느끼고 우는 것을 멈추게 된다. 즉 아이는 자신이 원하는 행위를 어머니가 할 경우에, 다시 말하면 자신의 목적이 어머니의 행위를 통해서 달성되었을 때에, 어머니가 자신을 이해한다고 느끼게 된다. 어머니 입장에서 볼 때도, 아기로부터 이해를 부여받음으로 좋은 결과가 생겨난 것을 확인할 수 있다. 즉 울음을 그치고 만족스러운 웃음에 차 있고, 또한 위생적으로 나은 상태에 있게 된 아기를 보면서, 어머니는 자신의 노력에 대한 결과에 만족하게 된다. 그리고 어머니는 앞으로 이와 유사한 상황이 생길 경우에, 이 경험을 바탕으로 아기를 만족시키기 위한 혹은 아이로부터 이해를 부여

19 이 개념은 문자로 이루어진 미디어매개물을 다루는 행위로서의 글읽기(Lesen)개념을 구성주의적 관점에서 설명할 때 적용될 수 있다는 점을 밝혀둔다.

받기 위한 노력을 좀 더 효과적으로 할 수 있게 된다.

위의 예에서 우리는 두 가지를 확인할 수 있다. 첫째는 아기와 어머니는 상대방에게 인지적 접근을 하지 않고 성공적인 커뮤니케이션을 수행하고 있다는 것이다. 직접적인 표현을 빌자면, 아기와 어머니는 서로의 뇌를 혹은 인지적 상태를 꿰뚫어 볼 필요 없이 이해를 실현했다는 것이다.[20] 둘째는 상호작용이 진행되거나 끝났을 때, 이해를 결정하는 것은 B로서의 어머니가 아니라 A로서의 아기라는 것이다. 이런 의미에서 이해는 A (A의 미디어제공물)에 대한 B의 심리적인 작업의 결과가 아니라, "정향되어진 자에게 부여되고, 정향적 행동이 이루어지는 상호작용에서만 가능하고 아울러 정향자의 관점에서만 확인될 수 있는 속성"[21]이라는 것이다. 일상적인 경험으로 비추어 볼 때, 인지적으로 접근이 불가능함에도 불구하고 이해가 실현될 수 있다 라는 사실을 이해하기가 쉽지 않다. 왜냐하면 성공적인 커뮤니케이션이 반복되면서 대화당사자들은 마치 상대방의 입장에 들어가서 Hineinversetzen 상대방을 이해한다고 믿기 때문이다. 즉 거듭되는 시도와 착오의 과정 Trial-Error-Prozesse을 통해서 대화당사자들은 커뮤니케이션에서 긍정적인 경험을 얻게 되고, 이러한 경험 덕분에 이어지는 커뮤니케이션에서 이해를 실현하기 위한 시간적, 정신적, 물질적 등의 비용은 점점 적어질 것이고, 이런 방식으로 커뮤니케이션의 경험이 오랜 시간동안 계속되면 대화당사자들은 상대방의 뇌에 들어 가 앉아서 이해하고 있다는 착각을 할 수 있다는 것이다. 그렇지만 위에 설명된 구성주의 이해모델을 통해서, 이해를 설명하기 위해서 인지적 접근 가능성 (II장에서 얻은 결론에 의하면

---

20 "자기 자신의 행태 외에 그 어떤 것도 인지적으로 직접 관리되고 계산되지 않는다. 말하자면, 자기 자신의 행태만이 관찰을 통해서 관리될 수 있다는 것이다. 이때 관찰은 특별한 행태이자 동시에 항상 자기관찰, 즉 자신의 인지적 영역 내에서 이루어진 관찰을 의미한다" "Nur das eigene Verhalten, nichts sonst ist unmittelbar kognitiv kontrollierbar und kalkulierbar, d. h. der Kontrolle durch Beobachtung, die selbst ein spezielles Verhalten und immer zugleich Selbstbeobachtung, Beobachtung innerhalb des eigenen kognitiven Bereichs ist, zugänglich"(Rusch, G., 1999. 151쪽 참조).

21 "eine dem Orientierten zugeschriebene, nur in der Orientierungsinteraktion mögliche und nur aus der Sicht des Orientierenden feststellbare Eigenschaft" Rusch, Gebhard: Auffassen, Begreifen und Verstehen. Neue Überlegungen zu einer konstrutktivitischen Theorie des Verstehens. In: Schmidt, Siegfried J. (Hrsg.): Kognition und Gesellschaft, Suhrkamp, F. a. M. 1992, 231쪽.

불가능한 것이지만)을 전제조건으로 삼을 필요가 없다는 것을 확인하였다.

IV. 대면적 커뮤니케이션에 있어서의 이해에 관한 해석학적 입장에 관하여

이번 장에서는 쾰러를 통해서 대면 커뮤니케이션에서의 이해에 대한 해석학적 입장을 알아보기로 하자.

> 나는 본 논문에서 이해개념이 어떻게 인간에게 적용되는가를 해석학적으로 설명하고자 한다. 말하자면 인간에 의한 인간의 이해가 어떻게 가능한가 라는 물음을(이 물음에 대한 답을) 살펴보고자 한다. 왜냐하면 이러한 이해가 가능하다는 것이, 예를 들면 딜타이에게는 자명한 것이었기 때문이다. 그러한 적용(이해의 개념을 인간에게 적용하는 것, 김용현)이 비해석학 현대철학에서 익숙하지 않은 것처럼 여겨지는데, 이런 현상은 해석학에서조차 해석의 문제가 단지 일반적으로만 논의될 뿐, 인간이해로서 특별히 다루어지지 않는다는 사실을 감안하면, 전혀 놀랄만한 일이 아니다.
>
> In diesem Aufsatz geht es mir um eine hermeneutische Klärung der Anwendung des Verstehensbegriffs auf Personen, das heißt um (eine Antwort auf) die Frage, wie ein Verstehen von Personen durch Personen möglich ist. Denn daß es möglich ist, ist zum Beispiel für Dilthey eine Selbstverständlichkeit gewesen. Eine solche Anwendung scheint der außerhermeneutischen Gegenwartsphilosophie nicht geläufig zu sein, was aber nicht verwundern kann, wenn sogar in der Hermeneutik selbst das Verstehensproblem nur im allgemeinen diskutiert wird, aber nicht speziell als Personenverstehen.[22]

위의 인용문으로부터 인간이해 Personenverstehen에 대한 쾰러의 출발점을 다음과 같이 추론할 수 있다. 첫째, 인간이해는 자명한 것으로 여겨져서 해석학에서 크게 다루어지지 않는다. 둘째, 인간이해에 대한 쾰러의 작업은 일반적으

22 Köhler, Wolfgang R.: Intentionalität und Personenverstehen. In: Forum für Philosophie Bad Homburg (Hrsg.): Intentionalität und Verstehen, Suhrkamp, F. a. M., 1990, S. 273-309. 여기에서는 273쪽.

로 받아들여지는 해석학적 이해개념을 바탕으로 이루어지고 있다. 즉 쾰러는 해석학에서 중요하게 다루어지지 않고 있는 인간이해의 문제를 해석학적 이해개념에 의거해서 설명하고자 한다. 이러한 쾰러의 작업을 비판적으로 살펴봄으로써, 필자는 전 장에서 알아본 구성주의 이해개념과 그 출발점을 좀 더 분명하게 하고자 한다.

쾰러는 인간이해에 대한 해석학적 이해를 설명하기 위해서 의도 Intentionalität, 이해 Verstehen 그리고 인간 Person 등의 개념에 대한 정의를 내린다. 간략하게 살펴보면, 의도는 정신적 상태로 설명되고 있고, 이때 정신적 상태는 존재하는 상황 그리고 존재하지 않는 상황 모두와 관련되어 있다. 이해는 좁은 의미에서의 이해와 넓은 의미에서의 이해로 구분된다. 전자는 인간의 발화와 행위에 관련된 반면에, 후자는 "인간의 발화행위 뒤까지 가능한 한 멀리 so weit wie möglich hinter ihr SprachHandel" 있는 것을 아는 것과 관계된다. 그리고 이해의 주체로서의 인간은 의도성을 가지고 있고, 아울러 자기 자신뿐만 아니라 타인의 의도도 파악할 수 있는 존재이다. 쾰러는 이런 개념을 바탕으로 인간이해를 다음과 같이 설명하고 있다.

> 타자이해를 위해서 우선,
> (1) P1이 P2의 자기이해를 이해한다면, P1은 P2를 이해한다.
> (2) P1이 P2의 타자이해를 이해한다면, P1은 P2를 이해한다.
> 그리고 나서 자기이해를 위해서는,
> (3) P1이 자신과 관련된 P2...Pn의 타자이해를 이해한다면, P1은 자신을 이해한다
> (4) P2...Pn이 P1의 자기이해를 이해한다면, P1은 자신을 이해한다.
> Zunächst für Fremdverstehen:
> (1) P1 versteht P2, wenn P1 P2's Selbstverstehen versteht.
> (2) P1 versteht P2, wenn P1 P2' Fremdverstehen versteht.
> Sodann für Selbstverstehen:
> (3) P1 versteht P1, wenn P1 das auf P1 bezogene Fremdverstehen von P2...Pn versteht.
> (4) P1 versteht P1, wenn P2...Pn P1's Selbstverstehen versteht.[23]

23 Köhler, W. 1990. 288쪽.

위의 인용문에 따르면 두 대화당사자, P1과 P2 사이의 이해는, P1이 자신과 P2를 이해하고 그리고 P1이 (자기 자신을 이해하는 존재로서) P2에 의해서 이해될 때, 실현된다. 즉 대화참가자들 (P1과 P2)의 자기이해와 타자이해가 양자 모두에게 교차적으로 이루어진다면, 인간이해가 실현된다고 쾰러는 믿고 있다. 그런데 쾰러는 자기이해와 타자이해가 각각 어떻게 실현되는가에 대한 물음에는 구체적인 답을 하지 않고, 인간이해를 위한 전제조건으로, 즉 "인간이라는 것은 이해될 수 있고 이해할 수 있다는 것을 함축한다"[24]라는 표현으로 답을 대신하고 있다. 그렇지만 쾰러는 이러한 전제조건이 어떻게 성립되는가? 라는 물음 역시 설명하지 않고 있기 때문에, 전제조건을 통해 내린 대답 역시 자기이해와 타자이해를 설명하는 데 큰 도움을 주지 못하고 있다. 왜 그럴까? 혹시 이해를 그리고 이해할 수 있는 능력을 인간적이고 자명한 것으로 간주하고 있기 때문은 아닐까? 만약 그렇다면, 이러한 이해의 자명성은 어디에서 비롯되는 것일까? 여러 가지 대답이 가능하겠지만, 혹시 대화당사자들이 인지적으로 서로 접근할 수 있다고 생각하기 때문은 아닐까? 말하자면, 서로의 경험과 인식을 알 수 있고 또한 알아낼 수 있기 때문에 서로를 이해한다 라고 말하고 싶은 것은 아닐까? 쾰러의 이런 입장을 인용을 통해 확인하고 결론을 맺도록 하자.

> 이미 언급되었듯이, 그것은(자기이해의 방법은, 김용현) 무엇보다도 나와 커뮤니케이션하는 인간의 발화행위를 해석하고 특히 발화행위에서 표현되는 나에 대한 타자이해를 이해하는 것에서 찾을 수 있다. (...) 내가 어떤 유의 사람인지를 알고 싶다면, 나는 다른 사람에 기대어야만 한다. 자기이해의 방법은 즉 타자이해를 이해하는 것이다.
>
> Sie (die Methode des Selbstverstehen, Y. H. K.) besteht, wie gesagt, vor allem darin, das SprachHandel der mit mir kommunizierenden Personen zu interpretieren und insbesondere das darin zum Ausdruck kommende Fremdverstehen meiner Person zu verstehen. (...) Wenn ich wissen will, was für einer ich bin, muß ich mich an die anderen halten. Die Methode des Selbstverstehens ist Verstehen des Fremdverstehens.[25]

24 "eine Person zu sein, impliziert, verstehbar zu sein und verstehen zu können" (Köhler, W., 1990. 282쪽. 강조는 원문에서 이루어졌음.)

25 Köhler, W., 1990. 287-288. 강조 김용현.

쾰러가 자명하게 여기고 있는 인지적 접근 가능성이 과연 가능할까? 이 가능성을 의식적이든 무의식적이든 전제하고 있는 쾰러의 해석학적 이해이론 내에서는 제기되기 어려운 이 물음에 대한 답은 이미 내려졌을지도 모른다. 아니면 답을 좀 더 기다려보아야 할지도 모른다. 다만 좀 더 분명해진 것은, 우리는 구성주의 인식이론의 도움으로 인지적 접근 가능성을 전제할 필요 없이 대면 커뮤니케이션에서의 이해를 설명할 수 있다는 것이다.

V. 결론

본고는 이해과정에 대한 관심이 좀 더 필요하다는 입장에서 이해문제에 접근하였다. 즉 특정한 이해이론이 의식적이든 무의식적이든 전제되어 있는 텍스트해석 중심의 연구에서는 이해문제가 다루어지기 어렵다는 판단에서, 필자는 특정한 이해이론을 중심으로 하는 텍스트해석의 방법론적인 문제로부터 이해 자체에 대한 문제로 관심을 돌리고자 하였다. 그리고 이 관심을 구체화하기 위해서, 이해문제의 축을 비대면적 커뮤니케이션 (글읽기)에서 대면 커뮤니케이션으로 옮길 것을 제안하였다. 이 제안에 대한 좀 더 구체적인 근거가 필요하지만, 본고는 대면 커뮤니케이션에서의 이해 역시 자명한 것이 아니기 때문에 이에 맞는 관심이 필요하다는 직관적 이유로 우선은 답을 대신하였다.

관심의 축이 옮겨진 이해문제를 살펴보기 위해서, 먼저 인간이 외부 대상물을 인식할 때 인간내부에서 어떤 일이 일어날까 라는 물음에, 즉 인지에 관한 물음에 대해 답하고자 하였다. 이 작업을 위해서, 필자는 마투라나의 인지이론을 비판적으로 수용한 로트의 인지개념을 알아보았다. 로트는 생물체의 생존과 유지에 직접적으로 관련되는 자기생산적 체계와 우선은 덜 직접적으로 관련되는 뇌를 구분하였다 (생물체의 생존에 당장 영향을 주었다면, 뇌 역시 다른 신체기관과 마찬가지로 처음부터 고도로 안정된 법칙에 따라 작동하였을 것이라는 가정이 가능하다). 뇌는 외부세계와 직접적으로 접촉하지 않고, 즉 감각기관을 통해 들어오는 자극을 평가하고 처리하면서 외부세계를 경험한다. 그리고 계속되는 자극을 이전에 평가하고 처리한 결과물(경험)과 비교하면서, 뇌는 자극을 준 특정한 대상(미디어제공물)에 대한 인지적 정보(경험)를 축적하고 나아가 축적된 인지적 정보를 근거로 그 대상을 인식한다 (그 대상에 대한 현실을 자신의 인지적 영역에서 구성한다). 요약된 바와 같이, 뇌는 인지적 자율성을 근거로 외부대상을 인식한다. 즉 특정한 대상에 대한 인간의 인식은 이미 축적된 경험과의 비교를 통해서만 가능하기 때문에, 이 대상물을 있는 그대로 재현하는 것은 불가능하다. 이런 의미에서 인지는 연산작동상 폐쇄적으로 이루어진다.

인간의 인식이 인지적 자율성을 바탕으로 이루어진다면, 즉 인간 사이의 상호작용도 자기 자신의 인지에만 의지할 수밖에 없다면, 도대체 어떻게 이해가 가능할까? 본고는 루쉬의 구성주의 이해모델을 통해서 이 물음에 답하고자 했다. 루쉬는 인간 사이의 상호작용에서 일어나는 정향적 행동을 통해서 이해를 설명하였다. 정향자로서의 대화참가자(A)는 정향되어지는 자로서의 대화참가자(B)에게 다음과 같은 경우에 이해를 부여한다 (B가 이해했다고 A가 간주한다). B가 자신의 인지적 상태를 근거로 A의(대화의 시작을 위해서 A가 제시한) 미디어제공물을 처리한 결과물(이것은 B가 A에게 제시하는 미디어제공물이 된다)을 A가 자신의 인지적 상태를 근거로 처리하면서 만족할 경우에, 이해가 실현된다(즉 A는 자신의 목적이 이루어졌다고 판단할 때 B가 이해했다고 생각하고 B에게 이해를 부여한다). 이때 이해는 B가 A의 미디어제공물을 해석함으로써 이루어지는 것이 아니라, A가 B에게 이해를 부여함으로써 실현된다. 이런 의미에서 루쉬는 대면적 커뮤니케이션에서의 이해를 "타자에게 이해부여하기로 파악하고 있다.

루쉬의 이해모델과 그 출발점인 인지적 접근 불가능성을 좀 더 분명하게 설명하기 위해서, 필자는 이해에 대한 해석학적 입장을 쾰러를 통해서 알아보았다. 쾰러는 텍스트에 관련된 해석학적 이해이론을 중심으로 대면 커뮤니케이션에서의 이해문제를 (해석학에서도 잘 다루어지지 않는다고 지적하면서) 설명하였다. 쾰러의 이해모델은 살펴본 바와 같이 대화참가자들 사이의 인지적 접근 가능성에 근거를 두고 있지만, 인지적 접근 가능성은 자세히 다루지 않고 있다. 즉 대화참가자들이 서로의 인지적 영역에 어떻게 접근할 수 있는지를 설명하지 않고, 인간은 "이해될 수 있고 그리고 이해할 수 있는" 존재라는 인간에 대한 정의로 그 답을 대신하고 있다. 정리해보도록 하자. 쾰러의 해석학적 이해모델은 대면 커뮤니케이션에서의 이해문제를 인지적 접근 가능성에 근거해서 설명하고 있는 반면에, 루쉬의 구성주의 이해모델은 인지적 접근 불가능성을 근거로 해서 이해를 설명하고 있다. 전자에서와는 달리 후자에서는 인지적 접근 불가능성이 인지과정과 인지작동방식에 대한 작업을 통해 구체적으로 설명되었다. 이렇게 볼 때, 대면 커뮤니케이션에서의 이해는 해석학에서 전제되어 있는 인지적 접근 가능성을 전제하지 않고도 설명될 수 있다. 그렇다면 구성주의 시각에서 이루어진 대면 커뮤니케이션에서의 이해에 대한 설명이 비대면적 커뮤니케이션에서의 이해, 즉 텍스트이해에는 어떻게 적용될 것인가라는 물음이 생겨난다. 이 물음에 대한 자세한 답은 다음을 기약하고, 다만 이 물음이 대면 커뮤니케이션에서 적용되었던 인지적 접근 불가능성을 기초로 해서 설명될 때, 구성주의 인식론은 일관성을 가질 수 있다는 것을 언급하고자 한다.

하인리히 뵐의 초기 '단화(Kurzgeschichte)'[1]에 나타난 독일 사회

-직업 풍자를 중심으로-

류 미 희

I. 들어가는 말

제 2차 세계 대전이라는 인간들에 의해 자행된 전쟁으로 인한, 즉 그 폭력행위가 낳은 결과는 실로 엄청난 것이었다. 주범인 독일의 경우 1945년 5월 8일 무조건적인 항복으로 전쟁은 끝나게 되었지만 그들에게는 폭격과 총탄 그리고 포탄의 세례 속에서 잿더미가 된 땅덩어리와 빚더미가 남겨져 있었다. 게다가 그들에게는 나치 독일이 저지른 만행들, 그리고 이에 대한 그들의 암묵적인 동의 등이 책임으로 남겨져 있었다. 다시 말해 세계 대전이라는 엄청난 사건을 겪은 독일인들은 나름대로 크고 작은 죄책감에 시달리게 되었으며, 특히 도덕이라는 것이 전쟁을 경험한 세대들에게는 큰 문제로 부각되게 되었다. 이러한 도덕적 문제 인식에 대해 파이퍼 J. Pfeifer는 "제 2차 세계대전과 민족사회주의, 이 두 가지가 연관된 역사적인 결과는 인류에 대해 그 당시까지는 상상조차 할 수 없는 고통을 가져다주었다. 많은 독일인들에게 특히 전쟁 참여자들에게 이것은 도덕적인 문제가 되었다."[2]고 지적하고 있다. 히틀러의 광기 어린 전쟁이

1 본 논문에서 독일어 'Kurzgeschichte'라는 용어는 필자의 박사논문에서 밝힌 바와 같이 '단화(短話)'로 표기한다(Vgl. 류미희: 전후 독일의 반전문학 연구-W. Borchert, H. Böll, W. Schnurre, A. Andersch의 '단화(短話 Kurzgeschichte)를 중심으로-, 고려대학교 박사논문(2000)).

2 Jochen Pfeifer: Der deutsche Kriegsroman 1945-1960, Ein Versuch zur Vermittlung von Literatur und Sozialgeschichte (Monographien Literaturwissenschaft Bd. 49). Königstein/Ts 1981. S. 6.

긴 했지만 뵐 역시 독일인으로서 그 전쟁에 참여했으며 바로 그 시대와 결부된 작가[3]였다. 다시 말해 뵐은 전쟁에 참여한 '평범한 시민'이었으며 동시에 책임감을 느끼고 반성했던, 전쟁 때나 그 이후에도 늘 이웃사랑과 인간성을 강조한 도덕주의자였기 때문에 아직도 '독일의 양심'으로 자리 잡고 있으며 독일 국민의 의식 속에 여전히 '좋은 작가'로 남아 있는 것이다.[4] 하지만 물질적으로 엄청난 피해와 더불어 비인간화, 인간 소외를 야기한 전쟁은 인간의 반성어린 목소리에도 불구하고 지금도 계속되고 있다. 지금도 여전히 지구 내에 크고 작은 내전이 나타나며 이와 더불어 평화를 원하는 시민의 목소리, 그리고 지구 먼 나라 민족에 대한 이해의 목소리 역시 함께 존재하고 있다. 인류의 역사가 시작된 이래로 지구 내에서 계속되고 있는 크고 작은 전쟁은 또 다른 전쟁을 키워내고 그리고 인류의 역사가 끝나는 그 날까지도 계속될 것이다. 이와 더불어 아이러니컬하게도 전쟁에 대한 그리고 전쟁 후의 사회에 대한 글쓰기 역시 계속 될 것이다. 그것이 '풍자'라는 수단을 사용하든 사실주의적 묘사기법 혹은 다른 어떤 문학적 수단을 사용하든지 간에. 이러한 전쟁을 잊지 않고자 했던 전후의 독일의 젊은 세대 작가들은 자신들의 경험을 사실적으로 그리고 집약적으로 나타내고자 '단화 Kurzgeschichte'라는 장르를 선택했다. 단화에 관해서는 국내의 경우 이론에 대한 연구 및 이를 토대로 하여 어느 한 작가의 작품을 통한 연구가 주로 이루어져왔다. 본 논문에서는 전쟁 직후의 작가 들 중 하인리히 뵐의 초기 단화를 그리고 그 속에서 사용 된 '풍자'라는 문학 수단에 초점을 두며 특히 직업 풍자에 대해 개별적으로 분석을 하고자 한다. 전쟁으로 인해 잃어버린 문학을 찾고자 했던 문학가들, 특히 전쟁을 겪은 뒤 주로 포로수용소 등으로부터 귀향을 했던 젊은 세대들은 자신들의 경험을 다룰 새로운 그릇을 필요로 했다. 그들은 모든 것이 피폐화 된 전쟁 직후의 독일의 어려운 제반 상황 하에서 살만한 나라를 꿈꾸며 살만한 언어를 가질 수 있기를 기원하면서 모든 전수된 형식들을 경멸하고 새로운 시대의 정신적인 내용들을 담고자 했던 것이다.[5] 하지만 당시의 그들에게는 시간적 여유나 경제적인 여유 같은

3 Vgl., Heinrich Böll: Frankfurter Vorlesungen, 4. Aufl. Köln 1977. S. 7.

4 Newsweek, July 29, 1985, Zit. nach Fritz Raddatz: Die nachgeborenen. Leserforschungen mit zeitgenössischer Literatur, Frankfurt am Main 1983, S. 148.

5 당시의 새로운 시작에 대한 열정에 대해 여러 개념들이 사용되고 있다. 특히 홀트후젠

건 없었다. 물론 절대적인 새로운 시작이란 존재하지 않는다. 하지만 그들이 작품 속에서 그렸던 것은 무엇보다도 전쟁으로 인해 겪었던 경험과 무의미한 전쟁에 대한 저항이었으며 나아가서는 이러한 공격을 통한 인간에 대한 사랑과 평화에 대한 갈망이라고 할 수 있을 것이다.

이러한 점은 세대의 대표 주자라고 할 수 있는 뵐의 경우 전쟁이 끝난 직후 그의 단화를 통해 때로는 적나라한 모습 그대로의 현실을 그린다. 하지만 시간이 지나면서 어느 정도 거리감을 획득한 뵐은 단화라는 장르 속에서 때로는 풍자적으로 비판하면서 전쟁이라는 상황에 그리고 그 이후의 사회와 갈등을 그리며 새로운 희망에 관심을 기울이게 된다.[6]

II. '단화'를 통한 문학적 실천

II.1. 전쟁 직후 새로운 시작으로서의 단화

전쟁 직후 모든 독일인들은 일단은 살아남았다는 안도의 숨을 내 쉬게 된다. 그들은 그 무시무시한 전쟁에서 다행스럽게도 살아남았다. 그렇지만 전쟁 이후의 평화는 그들에게는 가장 큰 소득인 동시에 위협으로서 작용하게 된다. 전쟁의 화염과 포탄 속에서 살아남았던 그들은 이제 매서운 추위와 굶주림을 견뎌내고 다시 한 번 살아남아야만 했다. 하지만 그 곳에서 또 다른 시작의 의미를 보고자 하는 사람들이 존재했다. 패전 그리고 제 3 제국의 붕괴는 다음의 시대를 가져 왔을 뿐만 아니라 근본적으로 새로운 것을 가져 온 것으로서 작가들은

Hans-Egon Holthusen은 「백지 TABLA RASA」 (In: Die Wandlung, H.1. (1945/46), S. 65)라는 그의 시에서 백지라는 개념을 사용하고 있으며 그 밖에도 '영점(Nullpunkt)'이나 '언어벌채((Kahlschlag)'(Wolfgang Weyrauch: Kahlschlag. Nachwort zu 》Tausend Gramm《, in: Mit dem Kopf durch die Wand. Geschichten-Gedichte-ein Hörspiel 1929-1971, Darmstadt-Neuwied, 1977, S. 45-53)라는 개념 역시 전후와의 단절 의식과 새로운 시작에 대한 젊은 세대의 의식을 반영하고 있는 말들이다.

6 뵐의 풍자적인 글쓰기는 50년대의 단편들(Erzählungen)에서 나타날 뿐만 아니라 전후 초기의 단화들에서부터 마지막 장편인 『강 풍경을 마주한 여인들 Frauen vor Flußlandschaft』(1985)에 이르기까지 계속해서 나타난다(Vgl., Bernhard Sowinski u. Wolf Egmar Schneidewind(Hrsg.): Heinrich Böll. Satirische Erzählungen, München 1988, S. 13).

받아 들였다. 이러한 시대적 환경 속에서 세기 전환기에 이어졌던 문학의 한시대도 끝나게 되었다. 이러한 어려운 상황 속에서 다른 세대와의 구별을 시도하며 지나온 과오를 반성하고 나아가 앞으로 어떻게 살아갈 것인지에 대해 생각을 하는 일단의 무리가 나타난다. 그들은 윤리적 정치적 문제에 반응을 보이며 참여적으로 활동을 펼치게 된다. 대부분 전쟁 시기 중에 글을 발표하기 시작했거나 혹은 전쟁 이후에 글을 쓰기 시작했던 당시의 젊은 세대 작가들의 경우처럼 작가 뵐은 단화라는 장르를 통해 전쟁의 경험과 전쟁 이후의 상황 속에서 불행한 과거를 지나가 버린 것으로서 잊으려 하지 않았으며, 진정으로 과거를 뉘우치며 극복하려는 노력의 일환으로서 궁핍한 시대 속에서 새로운 문학을 건설하려는 열정을 자신의 초기 작품을 통해 보여주고 있다.

뵐은 그의 문학적인 작업을 이미 전쟁이 계속되던 제 2차 세계 대전 당시 이미 시작했다. 직접 군인으로서 총을 들고서 전쟁에 참여했던 그는 전쟁이 끝나고 고향 쾰른으로 돌아온다. 그리고 작가로서 자신이 겪었던 전쟁을 그리고 전쟁 이후 계속되는 당시의 절박하고 궁핍한 상황을 작품 속에서 연결시킨다. 당시 그가 선택한 단화라는 장르는 원래 독자를 즐겁게 하거나 웃음을 선사하기보다는 그들의 눈을 뜨게 하고 마음을 움직이게 하기 위해 존재하는 것이다. 전쟁 직후에 이어 계속적으로 뵐은 서독의 사회적 그리고 정치적 상황의 비판자이자 풍자적인 작가로서 자신의 글을 써내려갔다. 어떤 것도 아름답게 만들려 하지 않았으며 인간의 문제를 적절한 표현 양식으로 찾아내어 전쟁이 끝나고 난 후의 새로운 시대, 불안과 혼돈에 대해 예민하게 반응하면서 시대적 체험과 밀접하게 연관시켰다.

젊은 세대들이 선택한 단화라는 장르는 물론 당시의 점령국의 문화정책과도 어느 정도 관련되어진다. 점령 당국 특히 미국의 숏 스토리의 영향력이 나타나고 있기는 하지만 또한 이것은 젊은 세대들이 자신의 체험을 가공해 낼 그릇이 되어 주었던 것이다. 그렇기 때문에 여기에는 다른 모든 것에 우선해 진실을, 그들이 경험한 역사의 진실은 말해야 한다는 요청이 들어 있다.[7] 여기에 전쟁을 겪었으며 인간의 극단적인 상황까지 목격한 그들이었기에 전후의 어지러운

7 Manfred Karnick: Vom <<Nullpunkt>> bis zur Etblierung der Systeme(1945-1952), in: Wilfried Barner(Hrsg.): Geschichte der deutschen Literatur von 1945 bis zur Gegenwart, München 1994, S. 50f.

상황을 주제로 하면서도 휴머니즘의 경향이 강조된다. 단화라는 장르를 통해 있는 그대로의 진실을 드러내고 전체적인 폐허의 풍경을 눈앞에 생생하게 제시하면서 전쟁의 무의미함을 나타낼 수 있었던 그들은 자신의 문학 속에서 이웃과 인간에 대한 사랑을 나누고자 하는 휴머니즘의 소망을 함께 표명한다. 그들의 글쓰기는 바로 "휴머니티를 위한 작은 발걸음"[8]이 된 것이다. 물론 단화라는 형식은 전쟁 직후 새로 생겨난 새로운 문학 장르는 아니다. 하지만 바로 이러한 시대적 상황 속에서 비로소 그 전성기를 경험했다는 사실은 어느 면에서는 당연한 결과라고 할 수 있을 것이다. 전쟁의 모습과 그 전쟁이 남겨 준 유산은 여러 모습으로 나타난다. 이러한 다양한 모습에도 불구하고 이 시기 단화의 메시지는 전쟁과 비인간적인 것, 그리고 비인간적인 사회, 잘못된 변화 등 모든 것에 대한 도덕적 호소를 의미한다. 그렇기 때문에 단화의 열린 결말은 단화가 독자와 함께, 독자의 실천을 통해 완성될 수 있다는 함축적 의미를 갖게 된다. 이처럼 '열려 있다'는 점에서 풍자적 단화 역시 일직선상에 놓여지게 된다.

II.2. 전후 초기 풍자적 단화의 역사적 의미와 특징

무의미한 전쟁에 대해 그리고 이후의 독일인의 힘겨운 생활의 모습을 진솔하게 묘사하던 전쟁 직후의 반전문학적 단화를 써 내려갔던 뵐은 시간이 흐르면서 사회의 변화에 대해 단화라는 같은 장르를 택해 글을 쓰면서 또 하나의 수단으로서 '풍자'라는 기법을 사용하고 있다. 뵐이 '풍자문학의 대가'였다는 사실에 대해서는 뵐 연구자들의 경우 공통적인 입장을 취하고 있다.[9] 그렇다면 전쟁 이후 쓰여 진 그의 단화에서 풍자적인 특성이 문학적으로 어떻게 이루어지고 있으며 어떤 특성을 가지고 나타나는지에 대해서 본 논문에서는 '풍자적인' 단화 작품을 통해서 살펴보고자 한다. 원래 '풍자'라는 개념은 일반적으로

8 Wolfdietrich Schnurre: Schattenfotograf, Aufzeichnung, München 1978, S. 389.

9 Francis James Finlay: Aspekte und Tendenz der Böll-Forschun seit 1976, S. 320-332, in: Bernd Balzer(Hrsg.): Heinrich Böll 1917-1985 zum 75. Geburtstag, Bern 1992. (특히 이 책에 따르면 프리드리히스마이어 E. Friedrichsmeyer는 뵐의 풍자에 대한 특성과 기법을 여러 연구의 대상으로 삼았는데 프리드리히스마이어가 1981년 썼던 뵐의 풍자적인 단편에 대한 연구를 공헌도가 높은 책이라고 밝히고 있다).

과일 쟁반을 뜻하는 라틴어 'satura'에서 유래한 것으로 보고 있으나, '풍부한, 풍족한'이라는 의미를 가진 'satur'에서 유래한 것으로 보기도 하고 그리스어 'satyros'와 연관시켜 Satire를 'satyre'로 표기하기도 하였다. 풍자는 문학장르 명칭이기도 하지만, 18세기 이후에는 모든 문학장르에 나타날 수 있는 특유한 어조나 태도를 뜻하게 되었으며 오늘날에는 문학, 영화, 만화 등에서 이용되고 있다. 세계관, 인생관, 사건, 인물, 사회적 부조리를 과장이나 아이러니 등을 통해서 신랄하게 조소하는 문체양식으로, 명랑하고 적극적인 것에서부터 침울하고 비판적인 것에 이르기까지 아주 다양하다.[10] 다시 말해 전도되거나 왜곡된 현실을 웃음거리로 만들어 따끔하게 비판하는 예술형식 또는 그 기법으로서 풍자는 시, 소설, 희곡 등 모든 문학형식과 결합가능하며 명랑한 조롱에서부터 어둡고 우울한 총체적 환멸까지도 포괄하는 근본 특성을 갖는 것이다. 그러한 특징을 갖고 있는 풍자의 문학적 목표는 전도된 세계에 대한 고발, 인간과 사회의 뒤틀린 관계에 대한 폭로 등 부정적인 비판에 있으나 궁극적으로는 여기서 그치지 않고 반성적 폭로와 파괴를 통해 개선을 꾀하고자 하는 것이다. 바로 이러한 문학적 목표 때문에 풍자는 단순히 로마시대부터 근대를 지나 현대에 이르기까지 지속되어 온 단순한 하나의 문학장르가 아니라 늘 가능한, 그때그때 항상 새롭게 실현되는 특정한 비판적 태도의 표현이라고 할 수 있다. 제2차 세계대전에서의 독일의 패망과 서독의 급속한 외면적 건설은 빈번히 사회적 삶을 위한 구속력 있는 규범과 가치들의 결합을 초래하였는데 바로 이러한 상황에서 풍자문학에 유리한 사회적 분위기가 조성되었다고 할 수 있다.[11] 그러한 사회적 분위기 속에서 풍자적 스펙트럼에서 중요한 것은 바로 그 시대를 함께 살아 간 나아가서 오늘날까지도 개연성 있는 주제에 대해 공감을 표하는 독자이다. 잘못된 풍자가는 기법을 대중 혹은 독자로 하여금 자신의 선입견을 강요하는 반면에 훌륭한 풍자가는 추악하고 그릇됨으로부터 세상의 변경 가능성의 믿음을 독자에게 주거나 강화시킨다. 바로 이러한 풍자를 통해서 다른 어떤 문학 형식보다도 더욱 능동적인 역할이 나타나게 되며 독자에게는 교훈을 얻고 이를 통해 완벽한 결론에 도달케 하는 과제가 부여된다. 독자에로의 요청

---

10 Vgl., Gero von Wilpert: Sachwörterbuch der Literatur, Stuttgart 1979, S. 671 (Artikel "Satire")

11 김병옥, 안삼환, 안문영 엮음: 도이치문학 용어사전, 서울대학교출판부 2001, S. 720ff.

이 강한 것이 바로 풍자인 것이며 그런 면에서 풍자는 하나의 열려있는 형식이라고 할 수 있다. 풍자가는 질문을 내던지지만 그 문제들은 해결되지 않은 채 그리고 행위가 행해지지 않은 채 열려 있다. 바로 이 점이 단화와 연결되어 그 목적에 이르게 되는 가장 큰 연결고리라 할 수 있는 점인데 이미 언급했듯이 풍자의 목적은 독자를 판단하는 사람, 행동하는 사람의 상황으로 고양시키는 것이며 풍자가 공격하는 대상은 더러는 그의 비판적인 지성에서, 더러는 숙고적인 웃음으로부터 비웃음과 경멸, 조롱을 경유, 분노, 격분, 증오로 도달하게 하는 모든 단계의 정서적인 반응에 내맡기면서 이루어지게 된다.[12]

무엇보다도 풍자란 도덕성을 바탕으로 해서 대상에 대해 수긍하고 인정을 하는 긍정의 형식이 아닌 부정의 형식으로 대상을 비판하고 공격해 나가는 수단이다. 그렇기 때문에 훌륭한 풍자가는 언제나 현실에서 출발하여 현실로 돌아간다. 초기의 뵐의 단화에서 풍자를 통해 그리고 있는 여러 대상의 모습 역시 당연히 그 출발점은 현실인 것이다. 이 속에서 젊은 세대의 대변인의 한 사람으로서 전쟁이라는 경험과 그 이후의 전후 사회의 부정적인 모습을 잊으려 하거나 폐기시키려 하지 않는다. 이러한 노력들은 진실 되게 살아가고자 했던 양식 있는 지식인으로서의 평화로운 사회를 창조하려 노력의 한 부분에 해당하는 것이라 할 것이다.

전쟁이라는 상황과 이후의 변해가는 사회상은 여러 가지 모습으로 나타나지만, 전쟁의 무의미함과 권태로움 그리고 그 무시무시한 전쟁을 잊어가는 사회에 대한 공격적인 수단의 하나로서 나타나고 있는 풍자가 바로 필자가 조명을 맞추고 있는 부분이다. 무엇보다도 중요한 것은 뵐이 이 수단을 통해서 그리고 상징적인 기법 등을 통해 독자의 양심에 대고 호소하고 있는 것이 과연 무엇인지 하는 것이다. 그는 작품에서 전쟁과 전후 사회의 본질을 조명한다. 최소한의 실존의 조건만을 허락하는 하나의 상황, 무의미하고 파괴적이며 비인간적인 사건으로 기술되는 전쟁이라는 상황, 그리고 그 무시무시한 전쟁을 겪고 난 후의 피폐해진 인간의 모습, 책임을 잊어버리려 하는 사회를 묘사하는 단화들을 통해 뵐은 파괴와 절멸의 가혹한 힘 앞에 내던져진 실존을 압축적으로 제시하

12 Lothar Huber: Ironie als Mittel der Satire im Werk Heinrich Bölls, in: Sprachkunst, Beiträge zur Literaturwissenschaft Jahrgang IX, Östereichische Akademie der Wissenschaft, 1978, S.101f.

고 있다.

'단화'가 전성기를 이뤘던 전후 초기의 서독의 경우는 결코 안정을 구축한 사회는 아니었다. 그 점에 있어서 단화는 어느 면에서는 위기 시대의 장르라고 할 수 있을 것이다. 대게 나치와 전쟁을 둘러 싼 시대가 결정적인 역할을 했으며 또한 이후로 그것이 정치적인 힘이든 혹은 경제적인 그 무엇이든 총체적인 이름 없는 무력에 의해서 인간이 무기력할 수밖에 없었던 시대였지만 뵐은 미래에 대한 믿음, 휴머니즘 정신에 기초한 인간을 인간답게 만드는, 인간의 존엄성을 지킬 수 있도록 노력하며 반성했던 언어라는 '우회로'를 통해 당시를 표현하면서 나쁜 것을 제거하고자 노력했던 '비밀스런 도덕주의자'였다.[13]

III. 뵐의 초기 풍자적 단화 속의 사회 풍자

III.1. 초기 풍자적 단화의 목적

자신의 체험을 효과적으로 전달하고 공감을 일으키기 위해 이런 단화라는 형식을 빌려서 압축의 미를 살려 묘사하면서 또한 풍자 혹은 그로테스크, 상징, 그리고 극단적인 낯설음의 상태를 나타나게 하는 등 단순히 지나칠 수 없게 한다. 뵐은 풍자가로서는 다소 '독자적인 입장'에 서 있다.[14] 다시 말해서 뵐에게 있어서는 문화산업시대, 기술시대에 있어서 정신 혹은 영혼에 대한 분석이 중요한 문제는 아니었으며 또한 중용의 손실이나 문화적 타락에 대해 새로운 안전망구축 역시 중요한 테제는 아니었다. 그는 풍자라는 형식을 통해서 무엇이 안 좋은 것인지를 보여 주고자 하며 이를 제거하고자 한다. 즉 논쟁가로서 그는 사실을 명확하게 직시하고 겨냥하고자 하는 것이다.

자신들의 의지를 상대방에게 강제하기 위하여 폭력행위를 사용하는 정치인들에게 경종을 울리며 평화를 원하는 여러 세계 시민들의 대변인으로서 뵐은 죽음과 가혹함을 가져다주었던 무의미한 전쟁을 그리고 계속해서 당시의 사회

---

13 Karl Korn: Das Salz der Satire, in: Werner Lengning(Hrsg.): Der Schriftsteller Heinrich Böll, Ein biographischer Abriß (dtv 530), München 1977, S. 75-76, hier S. 75.

14 Ebd., S. 76.

를 공격한다. 물론 풍자를 통해 뵐이 의도했던 것은 조소와 냉소를 통한 단순한 웃음은 아니었다. 그는 동시대의 슬픔과 어려움을 함께 겪었던 혹은 당시 겪고 있던 독일인들에게 자신의 태도나 어조의 성격 혹은 그 배경을 낱낱이 설명하지 않는다. 왜냐하면 이는 모두 자연스럽게 수긍을 할 만한 것들이기 때문이다.

언급했듯이 전쟁 직후 초기의 뵐의 단화에서도 풍자적인 특징이 이미 드러나고 있다. 귀향군인으로서 전쟁에서 돌아온 뵐의 경우는 신체적으로 눈에 띄는 부상을 당하거나 한 것은 아니었다. 하지만 많은 귀향군인들의 경우 정신적인 충격뿐만 아니라 신체적인 결함을 안고 집으로 돌아오게 된다. 현실에 뿌리를 두고 있는 뵐의 현실과의 관계는 동일한 방식으로 산출되지는 않는다. 전후의 관료주의적인 행정에 맞서는 상이군인의 상황(『내 값비싼 다리 Mein teures Bein』(1948), 『다리에서 An der Brücke』(1949))에서 풍자적으로 그들의 모습을 그리고 있으며, 전쟁에 대한 이어지는 기억 속에서의 아이들의 놀이가 풍자적으로 낯설게 하는 방법(『그런 미치광이 소동 So ein Rummel』(1950))에서 드러나기도 한다. 그 밖에 전쟁 직후의 사회에서의 암시장이나 인간 상호간의 왜곡된 모습들이 그의 단화(『일은 일이다 Geschäft ist Geschäft』(1950))에서 잘 나타나고 있다.

뵐의 풍자적 문학에 대한 연구는 주로 그의 장편을 중심으로 이루어졌다. 여기에서 분석되는 전후 초기라는 시기는 작가의 풍자적 성향을 띠는 이후의 다른 작품과 연계성을 가지고 있는 시기이다. 부연 설명하자면 전쟁 직후의 뵐의 사실주의적인 단화에서 바로 이후의 그의 초기 단화에서 계속되어서 사용되어진 풍자적 묘사방식이 하나의 중요한 단계로서 구체화되어 나타나는 단계라 할 것이다.[15]

여기에서 연구 된 단화의 경우 초기의 뵐의 풍자적인 묘사 가능성을 보여준다. 풍자를 통해 처음에 일상적으로 나타나는 과정이나 혹은 처음에는 익숙

---

15 B. Sowinski u., W. E. Schneidewind: a.a.O., S. 13 (1956년의 장편들과 노동 도덕의 몰락에 대한 일화 Anekdote와 같은 청탁 매수에 대한 이야기 역시 풍자 계열로 놓을 수 있다. 후기의 단화에서부터 수도원 풍자인 『스태흐에서의 변화 Veränderungen in Steach』(1969), 반소련적 스첸코 파로디 Sostschenko-Parodie인 『항공기 조종사의 고백 Geständnis eines Flugzeugentführers』(1977)에서도 여전히 풍자적인 특징들이 나타난다. 또한 종교에 대한 풍자나 정치적인 풍자에 이르기까지 이는 광범위하게 나타난다.

한 활동이 극단 상황으로 나아가게 되는 경우도 있고 풍자를 통해 개별적인 것들이 또 다른 형태로 노출되기도 한다. 즉, 뵐이 주제로 삼고 있는 매일의 주변에서 일어나는 혹은 일어날 수 있는 평범한 화제들이 더러는 자기비판으로까지 이어지게 되는 형식을 여기에서 만나게 된다. 바로 그러한 점들을 그의 언급된 그의 초기 단화의 해석을 통해 구체적으로 나타나고 있는 풍자적인 묘사수단과 의도 그리고 목적에 대해 분석해 본다.

다른 어떤 형식보다도 작가의 초기 글쓰기를 규정할 뿐만 아니라 그의 창작국면에 있어서 언제나 이 형식으로 돌아가고 있다고 볼 수 있을 정도로 뵐이 좋아하는 형식인 단화라는 장르 속에서 전쟁이 직접 혹은 간접적인 테마가 되고 풍자라는 수단이 사용되어 신중하고 사실적으로 생활 주변에서 일어나고 있는 일들이 그려진다. 뵐의 초기 단화에 이어 계속적으로 변화되어 가는 사회 속에서 더러는 웃음과 눈물을 교체해가면서 독자로 하여금 공감적인 동일화를 일으키기보다는 오히려 엄격하고 지적인 기쁨 혹은 혐오감을 일으키기도 하는 이후의 단화에서는 부분적으로 풍자적인 경향이 나타난다. 예를 들어 전쟁 직후의 단화에서는 시대의 일상의 삶을, 더러는 쓰레기처럼 내던져 지기도 하는 것들 그리고 무시되는 소수에 대한 또한 평범한 사람들의 경험에 대해서, 즉 주변의 자그마한 것, 혹은 일상사를 뵐은 세심한 관심의 눈으로 바라보며 인간이 진정한 인간이 되어지기 위한 노력으로 풍자라는 수단을 사용하고 있다. 아이러니컬하게도 제 2차 대전 이후 독일의 패망 및 급속한 경제부흥으로 인하여 가치체계가 흔들림으로써 풍자가 움틀 수 있는 분위기가 조성되었다. 풍자라는 어느 정도는 공격적인 수단을 이용해서 뵐은 독자들에게 어떤 개인적인 죄책감을 요구하지는 않지만 그들의 양심에 대고 죽은 사람, 추방당하고 억압당한 사람들을 하는 사람을 잊지 말 것을 호소한다. 함께 동시대를 살았으며 궁핍상황을 겪고 있는 독자들에게 과거의 잘못을 진정으로 뉘우치고 속죄할 것을 그리고 여전히 문 밖에 서 있는 많은 사람들에게 사랑의 치유제가 될 수 있기를 바라며 뵐은 풍자라는 기법을 그의 단화에서 사용하고 있는 것이다.

풍자란 그 특성상 당연히 안정된 사회보다는 예를 들어 구사회의 도덕이나 조직이 여전히 남아서 권위를 잃지 않고 잔존해 있어서 새로운 사회의 도덕이나 조직이 여기에 대해 반발과 대립의 태도를 취하게 될 때 공격을 하기 위한 수단으로 나타나게 된다. 뵐이 살았던 시대가 바로 그런 시대였으며 바로 그

기법을 사용해서 뵐은 자연스럽게 자신의 목소리를 냈던 것이다.

III.2. 초기 단화에서의 직업 풍자

인간의 삶의 모습이 다양한 것처럼 풍자는 여러 모습으로 나타날 수 있다. 본 논문은 이 중 무엇보다도 뵐이라는 작가가 찾아 낸 당시의 사회 모습을 특히 직업 풍자를 통해 살펴보고자 한다. 작품 속의 직업 풍자는 당시의 상황보다는 어떤 면에서는 물질의 홍수와 풍요 속에서 살고 있는 오늘날의 경제적인 삶과 세상의 모습이며 또한 우리가 진실이라고 믿는 것들이 진실이 아닐 수도 있다는 의구심을 품게 한다. 뵐의 문학작품이 시대를 뛰어 넘어 이 오늘날까지도 널리 읽혀지고 연구되는 이유 중의 하나가 바로 이 점이라 할 것이다.

필자가 다루고자 하는 뵐의 50년대의 직업에 대한 풍자적인 글들은 작가의 풍자적인 성향의 전체 작품과의 연관 속에 놓여져 있으며 그 속에서 그의 묘사방식의 발전에 있어서 중요한 단계가 구체화되는 단계라 할 수 있다. 다시 말해 작품들은 이후 뵐의 장편들에서 계속되는 풍자적인 묘사가능성에 대한 예시적인 작품들이라 할 수 있다.

후기의 장편소설의 전 단계에 해당되는 뵐의 50년대 풍자적인 글들은 풍자적이라는 특징 속에서 어떤 공통점을 지니고 있지만 그 안에서 비판되는 내용은 서로 다르다. 서로 다른 성질의 장르의 서술 영역에서뿐만 아니라 작가의 점차적인 발전에서 나타나는 차이점을 분명하게 보여주고 있다. 이러한 풍자적 단화(혹은 단편)에서 나타나는 공통점은 그것들은 대부분 전후 시대의 사건들을 반영한다는 점이다. 가령 크리스마스 풍자와 『종잡을 수 없는 손님들』에서의 가족들의 잘못된 전개 양상과 그 밖의 단편들에서의 풍자적 비판으로의 동기를 일으키는 매우 상이한 특정한 직업행위가 나타난다. 풍자가 나타나는 단화에서는 먼저 일상적으로 나타나는 사건이나 처음에는 일상적이지 않은 활동이 극단 상황으로 치닫게 된다. 그로테스크한 착상으로, 과장을 통해서 현존하는 현실의 폐해 Mißstand와 잘못된 전개를 제시하기도 한다.[16] 『크리스마스 기

16 Ebd., S. 103.
Jeziorkowski, Klaus: Rhythmus und Figur. Zur Thechnik der epischen Konstruktion in Heinrich Bölls "Der Wegwerfer" und "Billard um halbzehn." Bad Homburg 1968, S. 84f. 에

간뿐만 아니라』에서 밀라 아줌마의 영구적인 크리스마스 축제는 가족의 시간적 발전에 있어서의 모순적인 모습을 드러낸다. 『웃는 사람』에서는 이에 반해 레크리에이션 플래너라는 직업활동을 통해 인간의 소외상황을 분명하게 나타내고 있다.[17] 『어느 들개잡이의 고백』에서는 복무 의무와 개인적 호의의 대조적인 모습을 통해 정치적 풍자의 모습을, 『이곳은 팁텐입니다』의 경우는 파토스적 과장을 통해 여행지의 매력을 느끼게 하는 어느 가상세계에 대해 언급한다. 무의미적인 것, 가짜의 것에 대해 이를 진실로 알고 유명한 여행지를 방문하는 방문객의 모습이 적나라하게 반영된다. 『쓰레기 처리꾼』의 경우에서는 광고와 동정의 호소에 맞춰서 일련의 관대함과 믿음성을 표명하면서 동시에 이를 조롱하고 있다. 『쓰레기 처리꾼』에서의 과장이 광고의 난무를 그리면서 사회적인 모습을 겨냥하고 있다면 『수도의 저널』에서는 군국주의의 위험이 국방부에서 과거의 장교들을 통해 과장적으로 토로되고 있다.

이러한 단화들을 이미 말한 것처럼 여러 모습으로 분류될 수 있는데 위에서 말한 내용적인 면의 분류는 물론 주인공의 역할에 따라서 내지는 서사적 인물에 따라서 그 분류가 행해질 수 있다. 뵐은 단화의 대부분을 '나'라는 서술자로서 기본적으로 나타내고 있는데 이 경우 서술자와 관련해서 서술된 사건과 차이점이 나타난다.[18]

서 예치오르코프스키는 뵐의 풍자 단편을 세 가지로 분류하고 있다. 첫 번째는 유토피아적 풍자인데 여기 『Der Wegwerfer 쓰레기 처리꾼』(1957)과 같은 단편의 경우 풍자적인 직선구조의 연장은 "불합리적인 것과 소외된 것의 환상적인 구성으로 이끈다. 두 번째 "비유토피아적 풍자"인데 여기에서 직선 연장적인 구조가 결여되거나 혹은 반대적인 전개가 중단된다. 세 번째 "풍자적 특징의 단편" 즉 풍자적 요소들이 다만 삽입물로서 포함되는 부류로 그는 구분하고 있다. 첫 번째 부류에는 『웃는 사람 Der Lacher』(1952), 『어느 들개잡이의 고백 Bekenntnis eines Hundefängers』(1953), 『쓰레기 처리꾼』, 『수도의 저널 Hauptstädtisches Journal』(1957) 등이 속한다. 두 번째 부류는 『여기는 팁텐입니다 Hier ist Tibten』(1953), 『무르케 박사의 냉정한 침묵 Doktor Murkes gesammeltes Schweigen』(1955/58) 이 세 번째 부류로는 『종잡을 수 없는 손님 Unberechenbare Gäste』(1954)이 속한다.

17 B. Sowinski u. W. E. Schneidewind: a.a.O., S. 103.

18 Ebd., S. 104 (가령 『웃는 사람』, 『쓰레기 처리꾼』과 『수도의 저널』에서는 서술인물들이 의심을 하거나 깊이 생각하지 않고 그들의 부정적인 이상향을 직선적 구조에서 전개하는데 반해 다른 단화의 화자 Erzähler와 주인공들은 그들이 풍자적 혹은 노출시키는 구상의 부분으로서 그 속에 관여하고, 위협받는 특정한 이념이나 가치영역을 구원하고자 한다. 예를 들어 크리스마스 풍자에서 사촌 프란츠의 진실한 경건함과 작가의 "가족"이념, 팁텐-단화에서는 진짜인 무덤 부장품, 어느 들개잡이의 경우는 고유한 동물사랑, 종

뵐의 풍자적 단화들이 어떤 부류로 나타나든 그 정신적 토대는 인간의 행복이란 전쟁이 없는 평화 속에서 가능하다고 생각하는 평화주의에서 찾을 수 있다. 전쟁의 무의미함과 권태로움을 나아가 전후 독일의 현실에 대해 상세히 그리고 풍자적으로 묘사면서 뵐의 풍자적인 글쓰기는 계속되었다고 할 수 있다. 전후 초기의 단화들로부터 시작되어 마지막 장편인 『강 풍경을 마주한 여인들 Frauen vor Flußlandschaft』(1985)에 이르기까지 그 속에서 뵐은 망각에 대해 그리고 나아가서 낙관주의에 대항해서 글을 쓴다.

1985년 7월 16일 뵐이 죽은 후 잡지 '슈피겔'에서는 그에 관한 특집을 낼 정도로 독일인에게 있어서 뵐은 중요한 작가로 자리매김 된다. 하지만 뵐이 언제나 독자들과 문학 비평계의 인정과 호응을 받았던 것은 아니다. 비판적이며 풍자적으로 묘사되어 나타나는 현실과 그것을 문학적으로 표현하는데서 서로간의 상이점이 나타나는 경우 더욱 그러했다. 그렇다면 과연 전쟁이라는 혹은 또 다른 열악한 상황 속에서 문학이 할 수 있는 역할은 과연 무엇일까? 뵐은 이 역할 중 하나를 풍자로써 행하고 있는 것이다. 혹자는 풍자적인 색조를 띠지 않는 작품이란 거의 존재하지 않는다고 말한다.[19] 기형적인 발전이나 부정적인 상황에 대해서 풍자적으로 이를 드러낸다는 것은 현실을 역행하려는 것이 아니라 현실로 향해 있는 문학의 중요한 과제다. 풍자가 실효를 거두기 위해서는 무엇보다도 현실에 바탕을 두어야 한다. 과거를 풍자하는 것은 다소 맥이 빠지는 결과를 낳을 수 있으며 미래에 대한 풍자란 공상과 망상으로 이어질 수 있다. 뵐의 경우 역시 마찬가지로 현실에 굳건히 발을 딛고서 당시의 전쟁과 전쟁 직후의 사회를 풍자하고 있다. 이것은 인류의 역사가 시작된 이래로 끊이지 않은 채로 지금 이 시간에도 계속되고 있는 전쟁에 대한 경종이며 평화를 갈망하는 꿈인 것이다. 그렇기 때문에 뵐은 세상에 대해 분노한다. 분노란 사랑의 필수불가피한 이면이라고 할 수 있다. 인간을 사랑하는 사람은, 인간의 평화를 갈망하는 사람은 자신의 분노를 가지고 이를 방해하는, 여기에 해악을 끼치는

잡을 수 없는 손님에서는 가족의 실존, 무르케의 침묵에서는 침묵이라는 피난처를 통해서 부정적인 전개를 때로는 제거하고자 하며 사건에 대해 의심을 하거나 걱정 혹은 비판적 거리감을 드러내기도 한다).

19 H. M. Enzensberger: Satire als Wechselbalg. In: Joachim Moras, Hans Paschke(Hrsg.): Merkur 125, Deutsche Zeitschrift für europäisches Denken, Deutsche Verlag. Anstalt Stuttgart 1958, S. 686-689. hier S. 686.

자들을 -의식적이든 무의식적이든- 박해하지 않을 수 없다. 뵐의 분노는 이에 대해 무력이라는 행태가 아니라 풍자를 통해 유화되어 나타난다.[20] 권력자들, 부자들, 명망 있는 사람들, 영향력이 있는 사람들, 소위 이 땅의 엘리트들에 대한 뵐의 분노는 그들이 대부분의 독일인이 몰락한 이후 대중이 소원했던 것들은 엘리트라는 자들이 지탱해 주려는 노력이 없었기 때문이다. 하지만 그 속에는 어떤 거만함이 아니라 겸손함, 즉 자신과 다른 사람을 인식하는 자의 겸손함이 깃들어 있다. 단화 속에서는 그런 모습들이 구체적으로 어떻게 나타나는지 이를 통해 뵐이 진심으로 목적했던 것은 무엇인지에 대해서 다음으로는 그의 직업 풍자적인 단화를 그 내용을 중심으로 살펴보고자 한다.

III.2.1. 『웃는 사람 Der Lacher』

인간에게 있어서 직업이란 경제적인 목적 이외에 자아 계발과 성숙에 도움을 줄 수 있는 중요한 것이다. 하지만 1952년에 쓰여 진 단화 『웃는 사람』의 경우는 제목과는 반대로 달리 직업으로 인해 나 자신의 고유성마저 상실한 어느 면에서는 다소 슬픔을 느끼게 하는 이야기로서 인간의 소외상황을 분명하게 나타내고 있다. 단화의 내용을 간략하게 요약하면 다음과 같다. '웃는 사람'이라는 직업을 가진 '나'라는 인물은 자신의 직업에 대해 다른 직업과는 달리 설명을 필요로 한다는 진기하고 독특한 면을 인정하며 단화는 시작된다. 직업적인 능력에 있어서는 그는 시대적, 공간적 모든 웃음을 전문적으로 만들어 낼 수 있는 노련한 사람으로서 프로로서의 직업 정신과 근성을 갖고 있는 사람이다. 하지만 이러한 '웃는 사람'이라는 직업적 재능의 소유자인 당사자인 주인공은 바로 이 능력 때문에 늘 과로함에 시달린다. 그리고 자신의 재능을 한탄하기조차 한다. 이는 "젖을 짜는 직업을 가진 사람은 젖소를 잊어도 좋을 때 기쁘고, 미장이는 모르타르를 잊어도 좋을 때 행복하고 목수의 집에는 작동하지 않는 문이나 아주 힘을 들여야 열 수 있는 서랍이 있으며, 달콤한 빵을 만드는 제빵사는 신 오이를 좋아하며, 푸줏간 주인은 과자를, 빵집 주인은 빵보다 소

---

20 Vgl. Iring Fetscher: Menschlichkeit und Humor: Ansichten eines Clowns, in: Marcel Reich-Ranicki(Hrsg.): In Sachen Böll Ansichten und Aussichten, Kipenheuer & Witsch, Köln, Berlin 1968, S. 275-284, hier S. 277.

시지를 더 좋아하는"[21] 것과 마찬가지 이치이다. 자신의 직업과 실제 삶은 애석하게도 대립으로 나타나는 것이다. 바로 그런 점에서 웃는 사람이라는 직업은 현실과는 철저하게 대립되는 것이다.

원초적으로 웃음이란 누군가가 억지로 강요해서 나오는 것이 아니라 인간의 자연스런 정서적 표현이다. 인간은 즐거우면 웃고 슬프면 눈물을 지을 줄 아는 감정적 동물이다. 하지만 이런 감정을 직업적으로 나타내야 하는 '웃는 사람'이라는 진기한 직업이 바로 작품의 주인공의 직업이다. 주인공인 '나'는 직업정신에 투철한 삶을 살지만 이로 인해 정작 중요한 자아를 상실하게 된다. 직업이 자아 확립에 도움을 주는 것이 아니라 자아의 정체성마저도 상실하게 만들어 버린다. 하지만 그는 자신의 직업적 요구에 대해 저항하지 않고 그저 묵묵하게 행동할 뿐이다.[22] 그렇기 때문에 『웃는 사람』은 영원한 "예스 맨 Ja-Lacher"[23] 라는 이름을 붙일 수 있을 정도이다.

> 나는 진실을 사랑한다. 그리고 진실이란 내가 웃는 사람이란 것이다. 나는 광대도 아니고 희극 배우도 아니다. 나는 인간들을 즐겁게 해 주는 것이 아니라 즐거움을 표현한다. 잘 알려져 있는 로마의 독재자나 예민한 졸업반 학생처럼 웃는다. 17세기의 웃음은 내게는 마치 19세기의 웃음처럼 막힘이 없다(이나 마찬가지 이다). 그리고 만일 그래야만 한다면 나는 모든 세기의 웃음을 웃을 수 있고 모든 사회계급의 웃음을 웃을 수 있으며 모든 나이의 웃음을 웃을 수 있다. [...] 하얀 웃음, 빨간 웃음, 노란 웃음 - 그리고 상응하는 보수에 맞게 나는 연출이 지시한 것처럼 그렇게 웃음이 나오게 한다.
> [...] 아침의 웃음, 저녁의 웃음, 밤의 웃음, 해질 녘의 웃음, 간단히 말하자면 어디서건 그래야만 하는 경우 나는 바로 그렇게 웃는다.[24]

그는 모든 것을, 인간으로서의 그를 경시하는 것조차 그것이 자신의 수입에

---

21 Heinrich Böll: Erzählungen, Kiepenheuer & Witsch, Köln, 1994, S. 561.

22 Sonntagblatt (Hamburg) vom 30. Januar 1955, Vgl. B. Sowinski u. W. E. Schneidewind: a.a.O., S. 38(하지만 이 작품에서는 또 다른 직업 풍자인 『다리에서 An der Brücke』, 『어느 들개잡이의 고백』, 『여기는 텝텐입니다』의 화자와는 다르게 '나'라는 일인칭 화자의 행위에서 자신의 직업기능에 대한 혁명적인 저항으로의 단초 같은 건 나타나지 않는다.

23 Erhard Friedrichsmeyer: Die satirischen Kurzprosa Heinrich Bölls. Chapell Hill 1981, S. 62.

24 H. Böll: a..a.O., S. 560.

도움을 주는 한 시인하는 영원한 동시대인이다. 그의 웃음은 인위적인 것이며 동시에 자연스러운 것이 아닌 만들어 낸 기만적인 감정표현이기 때문에 어떤 사회적 가치를 창출하는 것은 아니다. 하지만 그는 "아주 진지한 todernst" 사람으로 가끔 부인의 웃음에 화답을 하는 사람이다. 자신의 직업이 너무 힘들기 때문에 자신의 재능을 한탄하기는 하지만 결코 저항이라는 행위로 나아가지는 않는다. 게다가 아직은 정체성을 유지하고 있는 다시 말해 정서적인 감정 표현을 드러낼 수 있는 가족 즉, 아내라는 인물이 구성원으로 존재하고 있음에도 불구하고 가족에게까지도 절대적인 영향을 미쳐 가족의 분위기마저 지배해 버린다. 그럼에도 불구하고 앞서 강조했듯이 화자인 '나'에게는 반항적인 충동 같은 건 결여되어 있으며 이로 인해 그로테스크한 가족 상황이 연출되기도 한다..

> 우리가 결혼했던 신혼 초에 아내는 자주 내게 이런 말을 했다. "제발 웃으세요", 하지만 이런 말을 하는 사이에 결코 내가 이 소원을 들어줄 수 없으리라는 사실이 그녀를 비탄에 빠지게 만들었다.
> [...] 다른 사람의 웃음도 나를 신경 쓰이게 한다. 그 웃음이 나로 하여금 내 직업을 상기하게 만들기 때문이다. 아내 역시 웃는 습관을 버렸기 때문에 우리는 고요한, 평화로운 결혼생활을 했다. 가끔 나는 아내가 웃고 있는 현장을 급습하는 경우가 있었는데 그리고 나면 나도 살짝 미소를 짓는다. 우리는 서로 나지막한 소리로 이야기한다. [...] 내가 시끄러운 소음을 싫어하기 때문에.[25]

이와 같은 그로테스크한 상황을 야기한 것은 바로 다름 아닌 직업적으로 웃어야 하는 극단적인 '나'라는 주인공 때문이다. 이러한 직업적 웃음으로 인해 그에게는 직업적인 일과 개인생활 사이의 간극이 나타나게 되고 소외현상이 연출된다. 50년대를 뛰어 넘어 오늘에 까지 이를 수 있는 이 상황 풍자는 잘못된 원래의 것이 아닌 조작된 웃음, 낯설게 규정된 웃음은 바로 "인간의 조작된 인생에 대한 비유"[26]라고 할 수 있다. 이러한 그로테스크한 과장 내지는 강조

---

25 Ebd., S. 561ff.

26 B. Sowinski u. W. E. Schneidewind: a.a.O., S. 35, Zit. nach: W. Kocher: Der Dichter und seine Sprache, In: W. Lengning(Hrsg.): Der Schriftsteller Heinrich Böll. Ein biographisch-bibliographischer Abriß. München 1977, 5. Auflage., dtv 530.

를 통해 그로테스크한 현실을 재생시키고 그리하여 인간의 전반적인 조작을 가능하게 만드는 것이다. 물론 '웃는 사람'이 잃어버린 자아를 순간이지만 '작은 미소'를 통해 찾는 경우도 있다. 하지만 곧바로 그는 자신의 정체성을 잃어버린 채로 자신의 과거조차 의심을 한다.[27] 웃음을 팔면서 그것을 직업으로 먹고 사는, 웃음마저도 상품이 되어 버린 그로테스크한 현실의 과장, 이것을 좀 더 확대시키면 매스 미디어와 선전 등을 통해 계획적으로 인간의 모습을 제한시킴으로써 만들어 낸, 조작된 '상 Bild'을 믿게 만드는 현실을 풍자한 것이라 할 수 있다. 직업과 삶, 노동과 개인 삶의 이러한 대립은 나아가서 현대의 문화산업과 의식산업을 통한 인간의 개성 말살, 조직적인 왜곡에 대한 사회 풍자로까지 이어질 수 있다. 『웃는 사람』이라는 풍자적 단화를 통해 뵐이 공격하고자 했던 점이 바로 이것이 아닐까?

III.2.2. 『여기는 팁텐입니다 Hier ist Tibten』

『여기는 팁텐입니다』라는 단화는 여행객들로 하여금 로마 후기에 살았던 어느 젊은이의 무덤이 있는 여행지인 매력적인 소도시 '팁텐'에 대해 소개하는 직업을 갖고 있는 팁텐역의 안내원(역무원)의 자신의 직업에 대한 자부심과 고백으로부터 시작된다.[28]

> 냉혹한 사람들은 이해하지 못한다. 가치 없는 일이라고 여기는 어떤 일을 내가 얼마나 조심스럽고 겸손하게 행하는지를. 그 일은 내가 받은 교육수준에 상응하지 않을 수도 있을 것이다. 또한 그것은 내 요람에서 불려졌던 무수한 노래에 나오는 대상도 아니었다. 그렇지만 나는 그것이 재미있고 그것은 나를 풍요

27 H. Böll: a.a.O., S. 562. "[...] Mit unbewegter Miene gehe ich durch mein eigenes Leben, erlaube mir nur hin und wieder ein sanftes Lächeln, und ich denke oft darüber nach, ob ich wohl je gelacht habe. Ich glaube: nein. [...] So lache ich auf vielfältige Weise, aber mein eigenes Lachen kenne ich nicht."

28 시작이 자신의 일(직업)을 무가치하다고 여기는 냉혹한 사람들에 대한 화자의 인식으로 시작했던 이 단화는 끝에 가서 다시 한 번 반복적으로 강조를 한다. 다시 말해 아무런 의식도 변화된 것은 없으며 작품의 내용의 주축을 이루는 진실 문제 역시 같은 일직선상에 놓여지는 것이다(Ebd., S. 540. "Und ich begreife nicht, daß man diese Beschäftigungen menier für unwürdig hält ...").

롭게 한다.[29]

일인칭 화자인 주인공은 자신의 직업에 대한 비평가들(냉정한 사람들 Herzlose Menschen)의 이해력에 대해 조금은 가여운 마음으로 보고하면서 그들에 대해 동정심을 갖는다. 『여기는 팁텐입니다』에서 두 개의 박사학위를 가진 즉, 교육수준이 높은 화자이지만 그는 역에서 관광지인 팁텐이라는 장소의 안내자로서 여행객들에게 고전의 순례지로서 그 장소를 선전하고자 하며, 자신이 가공해 낸 티부르티우스 무덤의 부장품들을 (진실인 것으로) 가르쳐주고자 한다.[30] 단화의 서론 부분에서 의식적으로 단어들을 나열, 반복하면서(교육수준, 아주 조심스러움, 겸손함 Bildungsgrad, viel Sorgfalt, Demut) 자신의 일에 대해 그는 변호하고자 한다. 단화의 시작 부분에 구체적으로 어떤 직업 이름을 보여주지는 않았지만 첫 문장을 통해 독자들은 뭔가 호기심을 느끼면서 앞으로 진행될 이야기의 전개 방식에 대해 관심을 갖게 된다.[31]

티부리티우스의 무덤을 보러 오는 많은 관광객들 속에서 자신의 권위를 공고히 하기 위해서 화자는 무덤의 부장품인 작은 장난감 모형을 훔쳐 낸다. 그리고는 마가린 회사의 마가린 제품으로 그것을 바꿔 놓는다. 그 속임수에 대해서 그 누구도 알지 못한 채 그의 진실 조작은 계속된다. 왜냐하면 마가린으로 만든 대용품과 티부리우스 무덤의 부장품이라는 원본이 비교가 되지 않기 때문이다. 또한 화자 자신도 원래의 부장품과 대용품의 차이에 대해 별로 의식하지도 죄의식을 느끼지도 않는다. 원래의 진실은, 즉 진짜의 무덤 부장품은 다만 그가 아무렇게나 내팽겨 쳐 둔 서랍 속에 들어 있을 뿐이다. 거기다가 대용품이라는 동물 장난감의 의미라는 것은 역사학 이론을 잘못된 것으로 표명하는 것이기 때문에 그는 모든 것을 동시에 알고 있는 사람으로서, 심지어는 과

29 Ebd., S. 537. (뵐의 의도는 단편의 서론 부분에서 이미 반복적으로 풍자적인 문체수단을 사용하면서 나타난다고 할 수 있다).

30 Bernd Sowinski: Heinrich Böll, Stuttgart · Weimar 1993, S. 47.

31 B. Sowinski u. E. M. Schneidewind: a.a.O., S. 47. (이와 같은 일련의 단어들을 통해 자신의 직업에 대한 시민적(교육적) 정당화를 결여하고 있다는 사실은 이미 시민 사회에서 2차적 미덕과 대리 만족의 모순에 대한 풍자를 통해 단초에서 분명하게 나타내고 있다. 일과 교육정도의 대립, 사회적 가치판단과 자기평가의 대립은 주제 상으로 단화에 대한 본질 구성적인 의미를 갖는다. 자신의 직업 활동에 대한 규정은 이러한 대립에 대한 진술에 상응한다).

거의 행위에 대해서 의심을 품으면서 역무원으로서의 자신의 역할을 만족스럽게 수행한다. 단화에서 티부리티우스 무덤을 둘러싼 역사적 과정, 역사에 대한 그의 가공적 시도를 통해 가짜가 진짜로, 무의미한 것은 실재적으로 의미 있는 것으로 둔갑한다. 관광객을 포함한 사람들이 이 세상의 지혜를 배울 수 있을 견본을 만들고자 하는 그의 가공적, 조작적 시도가 진실이 되어버린 것이다.[32]

> 나는 박물관에서 그것들을(원래의 형상들) 훔쳤다. 그리고 내가 1/2 파운드의 마가린을 살 때 덤으로 얻은 마가린으로 바꿔치기했다: 2 마리의 코끼리와 한 마리 말 그리고 개 한 마리로. 이것들은 티부리티우스의 동물들처럼 하얗고 그것들과 동일한 크기와 무게를 가지고 있고 -내가 가장 중요하다고 생각하는 점인데- 그것들은 티부리티우스와 동일한 목적을 실행한다.[33]

그에게 있어, 그의 직업에 있어서 가짜가 실제와 동일한 목적에 이를 수 있다면 그것은 문제가 되지 않는 것이다. 팁텐이라는 여행 목적지에 있는 어느 젊은 로마의 납상인의 무덤은 그리하여 역사적이며 문학적인 의미를 갖고 있는 그것의 가공을 통해 독자는 단화를 읽으면서 이 세상의 진리에 대해 의심을 품을 수 있는 눈을 갖게 된다. 팁텐이라는 어느 한적한 시골 도시에 있는 티브리티우스의 무덤은 향토 박물관에서 역사적인 전시품으로서 나타나지만 이미 언급했듯이 무덤의 부장품은 '클뤼스헨너 노른자-마가린 Klüßhenners Eigelb-Magarine' 회사에서 역무원이 받은 공짜 경품으로 만든 가짜이다. 이처럼 가짜를 진짜로 만들어 버림으로써 가상과 존재 문제, 가상과 존재 그리고 그 기능 사이에 대립이 나타나게 된다. 기만적인 거짓말쟁이인 역무원에 의해 조작된 잘못 된 현실이 독자의 눈앞에 나타난다. 그리하여 단화의 시작에 언급된 이성적으로 사고하는"냉혹한" 사람들에게 화자는 "의심스러운 것"을 조작해내어 이를 진실이라고 공포하고 설명하면서 자신만이 알고 있는 "이 세상의 진리"를 유지하려 한다. 명확한 것에 의문을 제기하고, 단순한 것을 과장하고, 안내자로서의 고백 속에서 존재와 가상 사이에, 진실과 기만 사이에 줄타기를 보여주려는 것이 바로 뵐의 의도인 것이다.[34] 삶의 도피처인 팁텐이라는 가상 세계

32 Ebd., S. 47.

33 H. Böll: a.a.O., S. 539.

의 풍자를 통해 공격하고자 하는 대상은 알리는 사람(역무원)과 관광객(대중)과 같은 대립적인 인물들을 통해서 대표되는 문화관광학이 그 전면에 놓여있다. 알리는 사람의 시야에서 관광객은 관광의 희생자로서 나타난다. “팁텐으로 오세요 Come to Tibten!”[35]라는 문구 뒤에 여러 가지를 약속하는 그 이면에 숨겨져 있는 것은 단화가 진행되는 동안 점점 그곳이 삶을 쉴 수 있는 안락한 장소가 아니라 점점 의심쩍은 것임을 독자는 인식하게 된다. 풍자적인 묘사를 통해서 대상 공간이 한정되면서 동시에 그와 더불어 세계와 인생 복합체의 축소적인 모습이 드러나고, 평범한 일상의 현실로부터 사실적인 것의 경계에 이르기까지 나아가 역사의 진실에까지 이 직업풍자는 확대될 수 있다.

III.2.3. 『쓰레기 처리꾼 Der Wegwerfer』

현재에 대한 회상과 보고를 교체적으로 사용하고 있는 단화 『쓰레기 처리꾼』에서 과다한 광고 선전물을 처리하는 사람으로 보험사에서 활동하는 한 남자의 자화상이 나타난다. 이 자화상은 ‘이성으로의 반전 Umkehr zur Vernunft’라는 필연을 두려워하기 때문에, 우체국과 인쇄소에서 이미 “쓰레기 처리 학교”와 “쓰레기 처리꾼”을 반드시 필요로 하는 (광고물을) 포장하고 다시 이를 내버리는 사회의 미래상으로 된다.[36] 단화 『쓰레기 처리꾼』은 이 처럼 현실적 동기를 갖고 있는 작품이라고 할 수 있다. 현실적으로 현대 인간은 무수한 종류 광고물의 범람으로 그 안에서 허우적거리며 자원과 노동력을 낭비한다. 불합리하게도 “포장은 내용보다 더 큰 가치”를 지니게 된다. 노동 분화에 의해 인간이 기능화 되어 버린다. 생산과 소비조차도 “무의미한 절차”가 된다.

---

34 B. Sowinski u. E. M. Schneidewind: a.a.O., S. 48.

35 H. Böll: a.a.O., S. 539.

36 B. Sowinski u. E. M. Schneidewind: a.a.O., S. 80, Zit. nach: Enzensberger, H. M.: Satire als Wechelbalg. In: Merkur 12 (1958), 7, 688., 이러한 뵐의 단화에 대해 엔첸스베르거는 “뵐의 트릭은 인쇄물과 수화물을 처리하는 일에 어느 정도 시간을 빼앗기게 되는 활동을 어느 특정한 피고용인에게로 집중해야 한다는 데 있다. 그것은 바로 전체적으로 분명한 진보적 노동 분화의 한 예이며 [...] 풍자적인 기획과 현재의 상황 사이에 한계를 넘나드는 것 [...] 그 읽을거리가 야기하는 쇼크는 비유사성에서 출발하는 것이 아니라 현실과 풍자의 유사성에서 출발한다.”고 언술함으로써 뵐이 공격하는 것이 현실의 경험에서 나온 것임을 강조하고 있다.

> 오랫동안 나는 포장지와 포장하는 일에 관계되는 일을 계산하는 일에 몰두했다. 이곳은 아직도 경작되지 않은 분야이며 아직까지 아무런 일도 일어나지 않았다. 중요한 것은 인간을 이 때문에 신음하게 하는 그런 쓸데없는 헛수고에서 벗어나게 하는 일이다. 날마다 무수한 쓰레기 처리 행위가 일어나고 있으며, 사람들이 이 땅의 모습을 변화시키는 데 충분히 이용될 수 있는 에너지가 낭비된다.[37]

독일이라는 나라는 한국에 비해 포장이라는 면에 있어서 덜 신경을 쓰는 나라이다. 가령 꽃을 선물하려는 경우에도 혹자에 따라서는 그 숫자에는 신경을 쓰지만 신문지에 포장을 한 뒤 직접 줄 때는 포장을 풀고 주는 경우도 많은 그런 나라이다. 그럼에도 불구하고 백화점 쓰레기의 많은 부분을 차지하는 포장을 고객들이 포기하거나 혹은 포장대 바로 옆에서 막 포장된 것을 다시 풀고 포장지를 즉각 재활용할 수 있도록 하는 일을 수행하는 '쓰레기 치우는 사람' 같은 직업적 실험에 대해 이 단화는 제안한다.

> [...] 포장을 포기하거나 포장을 위한 포장대 옆에 막 포장된 것의 포장을 다시 풀고 물건을 쌌던 포장지를 즉시 재생용지상인을 위해 묶어 두는 숙달된 쓰레기 처리꾼을 배치해 두어야 하지 않을까?[38]

단화의 서론 부분에서 주인공인 나는 교육을 잘 받은 평범한 시민의 직업적 일상을 살아가는 것처럼 보인다. "매일 아침 일정한 시간에 전철에 올라타서 다른 모든 사람들과 마찬가지로 겸손하게 차장에게 나의 탑승카드를 제시한다. 회색빛 더블 양복에 녹색 셔츠, 녹색 빛깔이 도는 넥타이를 매고 있으며 평평한 알루미늄깡통에 들어 있는 아침 빵과 조간신문을 가볍게 말아서 손에 들고 있다."[39] 즉 성공한 어느 시민의 모습을 보여 주고 있는 것이다. 그는 교양 있는 시민으로서 어느 여자 노동자에게 자신의 전철 자리를 양보하기도 하고 신문을 읽으면서 정치면에 대해서 살짝 언성을 높이기도 하는 그런 시민이다. 또한 함께 전철을 타고 가는 탑승객에게 SA와 USA사이에는 분명한 차이가 존재

37 Ebd., S. 690.
38 Ebd.
39 Ebd., S. 683.

한다는 사실을 밝히기도 하고 라이터 불을 켜서 잘 알지 못하는 사람임에도 불구하고 아침 담배에 불을 붙여 주기도 함으로써 "교육을 잘 받은 wohlerzogen" 동시민의 모습, 교양 있는 시민의 모습을 연출한다.[40]

하지만 이런 위장은 마리엔플라츠 Marienplatz에서 전철을 내려서 고풍스런 회계실, 공증인 사무실과 변호사 사무국 등이 늘어서 도시의 혼잡 속으로 사라지면서 그 모습을 드러낸다. 그는 보험사에서 일하는 즉 우비아 Ubia 건물의 뒷문을 통해 들어가서, 직원들이 8시 30분에 사무실로 몰려 들 때까지 끝내야만 하는 활동을 수행하는 직업 활동을 한다. 즉 그의 직업은 보험사 지하실에서 아침 8시에서 8시 30분 사이에 되풀이되는 단지 '없애는 것 Vernichtung'에 종사하는 일이다.[41] 그는 없애 치우는 일에 종사하는 '쓰레기 처리꾼'이라는 독특한 직업을 갖고 있으며 이는 분명 평범한 시민의 모습과는 같지 않은 대립되는 상이다. 직업적인 엉뚱함과 천재성 사이에 있는, 비사회성과 사회와의 일치 사이에 있는 쓰레기 처리꾼이라는 존재를 이해할 수 있도록, 다시 말해 화자와 그 인생 상황의 특징에 대해 파악하는데 적지 않은 지면을 이 단화는 할애하고 있다.[42] 이처럼 경제적 성장 그리고 성장에 따른 생산과 소비의 증가, 소모를 통한 가치 증식에 근거하는 모순적인 사회의 대표자로서 '쓰레기 처리꾼'을 묘사하는 작가의 의도는 인물을 대비적으로 처리함으로써 한층 더 분명히 나타나고 있다. 종종 불투명한 현실성에 직업의 위장은 상응해서 나타나며 쓰레기 처리꾼 활동이라는 현실에 대한 정확한 기술이 성취 자부심에 상응해서 나타나기도 한다. 비록 무의미한 과정으로서 소비와 쓰레기를 처리해야 하는 사회의 본질을 분명히 보여주고 있음에도 불구하고 항상 새로운 쓰레기 처리 규정에 의해 과다한 수고와 불필요함의 잘못된 순환, 즉 무의미의 순환구조를 단화는 드러낸다.[43]

쓰레기 처리꾼이라는 화자의 직업을 통해서 단화에서 인물의 개인적 특징뿐만이 아니라 개인이 관계되는 사회가 더불어 고찰된다. 그는 프리드리히스마이어 Friedrichsmeyer가 말한 것처럼 "아메리카니즘이라는 특징 하에 놓여진 나치

40 Ebd., S. 684.
41 Ebd., S. 685.
42 Vgl., Welt der Arbeit(Berlin/Köln) vom 3. September 1954.
43 B. Sowinski u. E. M. Schneidewind: a.a.O., S. 81.

시대의 지속으로서 그들의 고유 영역을 받아들인"[44] 동시민들과는 대립되는 인물이다. 매일 매일 일상의 삶에서 쓰레기 처리 행위와 가령 재활용과 같은 사회적, 국가적인 모으기 규정 사이의 불일치는 쓰레기 처리꾼이라는 존재를 이중생활자로 만든다. 현식과 가상의 대립은 쓰레기 처리와 모으기라는 대립쌍에서 뿐만 아니라 역할, 위장과 마스크 같은 주개념에서도 나타나게 된다. 특징적인 점은 그가 직업이 드러남에도 불구하고 결론 부분에서도 처음 서론 부분에서 그랬듯이 그의 익명성을 지속한다는 사실이다.

> '나는 쓰레기 처리꾼이다'라고 글로 좀더 가볍게 나타낼 수 있는 것을 입으로 고백하지는 않을 것이다.[45]

쓰레기 처리꾼은 뵐의 단화에서 자신의 얼굴, 자신의 목소리와 심지어 자신의 웃음을 체제의 강요 하에서 극단적인 소외와 자기소외의 표시로서 그런 것들을 잃어버린 인물들과 비슷하다. 쓰레기 처리라는 직업 현실이 이 단화에서 정확하게 묘사된다. 준비과정에서부터 시작해서 고유한 활동과 그 결과가 묘사된다. 이어지는 회상 속에서 쓰레기 처리꾼이라는 직업을 전기적으로 설명한다. 모으는 사람으로서 쓰레기 처리꾼이라는 직업이 나타났음을 보여 주듯이, 이어지는 단락에서는 관리조직사회에서 비사회적인 인물로 나타나게 된다. 뵐은 풍자적 대립을 통해, 우리가 평소에 그냥 흘려보냈던, 무심히 지나쳤던 현상들에 대해 생각해 볼 수 있도록 결론을 내리지 않고 오픈 된 채로, 빈 공간으로 내 버려둔다. 그 빈 공간을, 빈틈을 찾아 매우는 는 것은 다름 아닌 독자의 몫이다.

IV. 나가는 말

지금까지 필자는 뵐의 세 단화 『웃는 사람 Der Lacher』, 『여기는 팁텐입니다

---

44 Friedrichsmeyer, E.: Die satirische Kurzprosa Heinrich Bölls. Chapell Hill 1981, S. 66.

45 Vgl., H. Böll: a.a.O., S. 693. (Ich würde nicht gern mündlich bekennen, was mir schriftlich leichter fällt: daß ich Wegwerfer bin.)

Hier ist Tibten』, 『쓰레기 처리꾼 Der Wegwerfer』에 나타난 직업 풍자를 중심으로 일상생활과 직업 간의 불일치, 나아가서는 정체성을 상실하게 하는 모습을 고찰해 보았다. 이 단화들은 모두 뵐의 50년대의 풍자적인 단화들로서 작가의 풍자적인 성향의 전체 작품과 서로 연관성을 지니고 있으며 이 시기는 작품에 나타 난 묘사 방식의 발전에 있어서 중요한 하나의 단계로서 나타나고 있는 시기이다. 뵐의 눈은 우리가 흔히 주변에서 볼 수 있는 평범한 직업으로 향하고 있지는 않는다. 하지만 그렇다고 해서 이 직업은 그저 작가의 단순한 상상력에 의해 만들어 낸 직업은 더욱 아니다. 현실에 뿌리를 두고 작가의 경험으로 그리고 동시대를 살아가는 우리의 경험에서 나온 직업을 통한 공격이기에 한 층 공감하는 바가 크다 할 것이다. 잘 정돈된 사회에서는 풍자란 기법이 사용되지는 않는다. 다시 말해 풍자란 왜곡된, 사회의 뒤틀린 관계에 대한 폭로 등 부정적인 비판에 있으나 궁극적으로는 반성적 폭로와 파괴를 통해 개선을 꾀한다. 하지만 세 단화에서 좀 더 구체적으로 살펴보았듯이 모든 시도의 공통된 근거가 되는 것은 비역사적인 장르적 특수성이 아니라 역사적이며 인간적인 상수(常數)라는 사실이다. 풍자는 미학적 재현이자 규범을 벗어난 것에 대한 비판(브루마크)인 것이다.[46] 이는 늘 가능한 비판적 태도의 표현이다. 풍자문학에 유리한 사회적인 모습은 아이러니컬하기는 하지만 왜곡되고 부정적인 상을 안고 있는 사회이다. '유토피아'란 현실 세계에서는 존재하지 않는 이상향 일 뿐이다. 그러기에 어느 사회에서나 현재의 세계와 되어져야 할 꿈꾸는 세계 사이에는 갈등과 간극이 존재하기 마련이다. 대립이란 물론 과거와 현재 그리고 미래라는 넓은 의미에서뿐만 아니라 세부적으로 들어가 개별적인 면면에까지 이르게 된다. 그러기에 '풍자'라는 수단 역시 역사적으로 계속 되풀이되어 나타나게 되는 수단이 되는 것이다. 오늘을 살아가는 우리에게도 뵐의 작품은 분명히 공감이 가는 바가 많다.

이 세상에는 평범하지 않은 진기한 직업이 많다. 얼마 전 신문에 호주에서 주 정부와 민간기업이 죽은 사람의 조직을 의료품으로 다시 사용하기 위한 이른바 '시신재활용 공장' 설립을 추진하면서 시신을 이용한 영리 추구의 허용범위 등을 놓고 논란이 벌어지고 있다는 기사가 실렸다.[47] 이 공장에서 일하는

46 김병옥, 안삼환, 안문영 엮음: a.a.O., S. 721.

47 경향신문, 2006년 7월 4일, 13쪽.

직업을 가진 사람들, 즉 '시신 재활용'에 종사하는 직업이 있을 것이고, 이는 죽음이라는 문제와 연결되어 앞의 세 직업만큼이나 새로운 이슈로 떠오를 수 있을 것이다. 어쩌면 종교적인 문제로까지 불거지게 될 지도 모를 일이다. 뵐이라면 어떤 식으로 이 직업을 풍자했을까? 2005년 손가락 안에 꼽히는 인터넷 검색어 '줄기세포' 신드롬의 수의학자라는 직업은 또 어떤 식으로 문학 속에서 공격을 받을 것인가?

뵐은 풍자라는 공격성을 띠는 개방적인 형식을 사용하긴 했지만 분명 이것이 당시의 혼란과 궁핍으로 얼룩진 사회를 파괴하거나 폐기시키려 함은 물론 아니었다. 뵐은 교정과 개량을 위해서 '살만한 언어를 가지고 살만한 사회'를 만들고자 대상을 비판하고 공격한 것이다. 바로 여기에 뵐의 휴머니즘이 있는 것이다.

상징과 심미적 해방

- 카시러의 문화론 -

문 광 훈

흔히 말하여 '고전적' 저작을 남긴 사상가들은 대개 한두 가지의 관점 안으로 해소되기 어렵다. 그들은 대개 철학자이면서도 문학자이고, 언어학자이면서도 사회학자이며, 역사학자이면서도 정치학자이며, 때로는 자연과학의 몇몇 분과까지도 통괄하는, 또 거꾸로 말하여 그가 자연과학자라면 인문학의 어떤 분야까지도 흡수하여 응용하는 깊이와 폭을 가지고 있다. 그래서 이들 저술가는 '보편적 사상가' 또는 '인문학자'라는 이름을 마침내 갖게 된다. 그의 저작이 갖는 깊이와 폭은 한편으로는 그를 읽고 해석하는 독자들을 지치게 하면서 스스로의 무능을 절감케 하지만, 다른 한편으로는 바로 그 깊이와 넓이로 하여 비견될 수 없는 각성의 기쁨을 주기도 한다. 그러나 이런 성찰의 기쁨을 누리기 위해서는 몇 가지 전제조건이 충족되어야 한다. 그 최소한의 조건이란 간단히 말하여 명석한 논리와 선명한 언어이다.

다루는 소재에 대한 논리는 사고의 복합성에도 불구하고 늘 명석하게 견지되어야 하고, 이 논리의 명료성은 또한 선명한 언어에 의해 일목요연하게 드러나는 것이어야 한다. 그러나 고전적 저작을 남긴 대가들은 대체로 난해하다. 그도 그럴 것이 그들이 탐구하는 인간과 세계, 현실과 사물의 성격 자체가 그리 단순하지는 않기 때문이다. 그리하여 이들 가운데 명료한 논리를 선명한 언어에 담아내는 저자들은 그리 많지 않고, 있다고 하여도 그의 저작 전체를 통해 일관된 논리적 사상적 문장론적 스타일을 구현하는 경우는 더더욱 드물어 보인다. 게다가 이 모든 것이 그의 생애적 진실과 융합된 경우는 극히 희박하다 할 것이다. 이 점에서 독일의 문화철학자인 에른스트 카시러 Ernst Cassirer

(1874-1945)는 명료한 논리를 선명한 언어 속에 구사하면서도 그의 개인적 삶이 시대의 보편적 진실을 구현한 보기 드문 학자라고 할 수 있을 것이다.

카시러에 대한 많은 논문들의 제목이 시사하듯이, 그의 문화철학 또는 상징이론에 깃든 문제의식은 그야말로 전인적(全人的)이고 포괄적이다. 그것은 그 어느 곳에서 접근해도 얼마만큼의 논거를 제공할 수 있을 만큼 전체적이고 그러면서도 통합적이다. 그의 르네상스 인문주의가 그렇고, 공화주의 이념을 지지하는 정치적 입장이 그렇고, 칸트에 대한 재해석이나 라이프니츠의 수용, 독일 고전주의의 인간성 이상에 대한 관심이나 근대 자연과학적 세계관에 대한 논의, 언어철학적 기원에 대한 성찰, 상징이론의 다차원성과 복수주의 등이 그러하다. 그는 칸트와 데카르트 그리고 라이프니츠에 대해 책을 썼으며, 피코 델라 미란돌라 Pico della Mirandola와 니콜라우스 폰 쿠에스 Nikolaus von Kues, 갈릴레이, 스피노자와 루소에 대해 그리고 동시대인이었던 아인슈타인과 헤게 슈트롬에 대해 여러 편의 글을 썼다.

카시러의 철학은 인식이론인가, 생철학인가, 문화철학인가, 철학적 인간학인가 아니면 형이상학인가? 그의 문제제기 방식은 그의 시대에 흔히 그러하였듯이, 학문적 개념적 인식에 집중하는 것이 아니라 '의미이해'라는 보다 넓은 영역 - '보기'나 '직관', '해석', '이해'와 같은 지각의 여러 형식에 걸쳐 있다. 그것은 이전과는 확연히 다른 새로운 문제의식을 갖고 있다고 말할 수 있다. 그의 사상은 예를 들어 생철학처럼 삶의 구체적이고 직접적인 것을 중시하지만 이 역사적 생철학보다 훨씬 포괄적인 관점에서 전개된다. '정신의 에너지'를 강조한다는 점에서 그것은 여전히 '이상주의적'이지만, 그러나 '상징'이나 '문화'개념의 도입을 통해 이런 관념론의 환원주의로부터도 거리를 유지한다. 그에게 중요한 것은 논리나 개념이 아니라 이를 통해 드러나면서 제거되기도 하는 삶의 전체모습 - 그 자율성과 독자성이기 때문이다.

이 글에서 제기하는 필자의 핵심물음은 카시러 문화론의 궁극적 지향점이 과연 무엇인가 하는 점이다. 카시러가 내게 흥미로운 것은 바로 이 점이다. 즉 그가 어떻게, 또 어떤 이유로 하여 그 참혹한 현실을 겪으며 그의 고국으로부터 추방되면서까지 상징과 언어, 예술과 문화 그리고 그 해방적 가능성에 대한 믿음을 포기하지 않았고, 이 믿음을 그의 학문적 탐구를 통해 입증하고자 하였던가 하는 점이다. 이런 물음은 좀더 구체적으로 다음과 같이 다시 번역될 수

있겠다: 상징형식은 내외적으로 어떻게 작용하는가? 상징형식의 어떤 점에서 그는 인간을 자유롭게 하고 삶을 해방시키는 계기를 보았던가? 이런 그의 생각과 고민들은 오늘날 그를 읽는 우리에게, 그리고 우리 문화현실의 성숙을 생각하는 우리에게 어떤 반성적 자료가 될 것이다. 이를 위해 우선 필요한 것은 카시러가 살았던, 살면서 겪었던 사회정치적 현실의 전체 윤곽을 간략하게 조감하는 일이다.

1. 현실의 신화화

글을 시작하기 전에 참고로 그의 전기적 사실을 간단히 살펴보자. 독일에서 유태인으로 태어난 카시러는 대학시절 이미 독일문헌학, 독일문학사 그리고 철학 등을 공부하였다. 그가 짐멜의 강의를 들었던 것도 이때였고, 나중에 그의 학위논문 지도교수가 되는, 칸트 연구자이자 마부르크 학파의 수장이던 코엔 H. Cohen으로 가게 된 것도 짐멜 덕분이었다. 카시러는 '직업으로서의 학문 Wissenchaft als Beruf(Weber)'을 결심하였지만, 그런 결심은 열악한 현실적 정황 속에서 빈번히 좌절된다. 가령 1902년에 그가 쓴 『학문적 토대에서의 라이프니츠 체계 Leibniz' System in seinen wissenschaftlichen Grundlagen』는 베를린 학술원상을 받지만, 교수자격논문을 쓰기 위한 그의 노력은 실패로 끝난다.(그것은 이미 정년한 딜타이의 개입에 의해 나중에서야 가능하게 된다.) 법에 명시된 동등권에도 불구하고 독일제국에서 유대인은 여전히 크고 작은 불이익과 불평등을 감수해야 했기 때문이다.

이런 여러 장애에도 불구하고 1906년에 카시러는 교수자격논문을 통과하지만 1919년에서야 사강사로부터 정식교수로 임명되었고, 이때 그의 나이는 이미 마흔 다섯이었다. 그러니까 그는 45살에 이를 때까지 사강사, 즉 재야학자로서 머문 것이다. 그러나 그는 그 이전에 이미 라이프니츠와 칸트 저작의 편집자로서 명성을 얻었다. 45살에 이르러서 그가 그나마 함부르크 대학의 교수직을 얻게 된 것은 1차 세계대전 후 독일사회와 그 헌법이 그 이전보다 조금 더 민주화되었기 때문일 것이다.

1919년에서 1933년까지 이어진 카시러의 함부르크 생활은 그에게 있어 학문적으로 가장 결실 있는 시기였다. 그의 주저인 『상징형식의 철학』(1923, 25, 29)이 완성된 것도 이때이다. 그는 저술 작업 이외에도 교수로서 활발한 대학활동을 한다. 많은 사람들로 하여금 학문적 대화로 나아가도록 그는 제의, 자극하였고, 스스로도 철학적 모임을 주재하거나 다른 분야의 학자들과의 공동작업을 흔쾌히 하였다. 그는 다른 분과의 주제와 방법론에 대해 늘 열려 있어서 가령 독일 심리학회에서도 강연을 하였다. 여러 저술활동을 하는 일 이외에도 그는 프리츠 작슬 Fritz Saxl이나 에드가 빈트 Edgar Wind, 헤르만 노악 Herman Noack과 같은, 훗날 명망 있는 예술사학자로 성장하는 제자들의 박사학위 논문과 교수자격논문을 지도하였고, 1929년에는 다보스에서 하이데거와의 유명한 논쟁에도 참여하였다.

그러나 하이데거가 1933년 프라이부르크 대학 총장연설에서 「독일대학의 자기주장」을 공표했을 때, 카시러는 이런 주장의 희생자로서 대학 교수직으로부터 쫓겨나야 했다. 카시러가 함부르크를 떠날 때 그러나 그 해직의 부당성에 대해 탄원하거나 귀를 기울이는 사람은 없었다. 그것은 명백히 한 학자이자 시민에 대한 나치의 시민권 박탈이자 인권침해였으나 그의 교수직 박탈에 대해, 이런 박탈과 침해를 정당화한 동시대의 법과 정치의 폭력성에 대해 한마디 거부의 말을 했던 학자 동료는 없었다. 이것은 한 텍스트에 대한 해석을, 그것이 학술적 저작이든 예술가의 창작품이든, 사회역사적 연관항에 대한 고려 없이 텍스트내재적 문제로 제한하는 독일의 문헌적 전통과 무관하지 않다. 1950년대 볼프강 카이저 류의 작품내재적 비평 werkimmanente Kritik은 그 한 예에 해당한다.

카시러 삶의 전기적 사항을 개략적으로 살펴볼 때 드러나듯이, 그가 살던 사회정치적 역사적 병리학, 말하자면 크고 작은 인권침해 또는 좀더 큰 맥락에서의 반유대주의는 학문내적인 일에서만이 아니라 학문외적으로도 흔히 일어나는 일이었다. 그것은 사회정치적 현실이나 일상적 삶에서도 이전부터 빈번하게 체험되는 것이었다. 이러한 삶의 왜곡현상은 '전체주의'라는 개념 아래 이해될 수 있다. 전체주의 사회에서는 일상적 삶이 제식화祭式化되고, 언어가 국가의 이데올로기를 광범위하게 전파하면서 모든 것을 감정화한다. 여기에서는 특정 인종의 생물학적 가치(예를 들어 아리안 종)가 최상의 것으로 간주되고, 정신이나 기술은 '효율성'이라는 이름 아래 도구화한다. 도구적 합리성이 이렇게 남용된 현대의 기술을 가르킨다면, 전체주의는 그 정치적 변주형식이라고 말할 수 있다. 역사의 발전은 더 이상 인간이 관여하여 변화시킬 수 있는 대상이 아니라 밖으로부터 미리 주어지며, 인간은 그저 그에 따라 복종할 뿐이라는 숙명론이 일상을 지배한다. 여기에 자율적 삶을 위한 개인의 능력이 보장될 리 없다. 기술 자체가 숭배되고 마침내 신화화하는 것이다.

참으로 현실적인 것 그리고 진실한 것이 무엇인가를 아는 것 그리고 이 삶의 내용을 지금 여기에서 생생하게 실행하는 것은 그리 간단한 문제가 아니다. 실천의 문제는 즐거우면서도 괴로운 일이다. 그러나 학문의 자유가 '사회적으로 구속력 있는 sozial verbindlich' 책임성으로 연결되지 않는다면, 그것은 어디에 소용될 것인가? 실천이 누락된 여유는 거짓관용의 다른 이름이다. 오로지 책을 읽고 생각하며 글을 썼던 삶을 일평생 살았던 카시러 같은 뛰어난 인문학자가 전혀 낯선 땅에서, 전혀 낯선 언어와 문화의 공간 속에서 어떻게 자신의 문제의식을 구체화하면서 자신과 시대의 삶을 정향지우고자 했던가는 탄식 없이 떠올리기는 어렵다.

그러나 중요한 것은 한 시대의 과오를 변호하건 하지 않건 그 자체가 아니라 있는 그대로의 사실을 직시하는 가운데 그 사실의 비판적 검토 속에서 그것을 다시 오늘의 의미 있는 반성적 자료로 삼는 일이다. 지식은 역사의식 속에서 또 현실인식을 통해 지금 여기의 삶을 방향 짓는데 잠시 완성되기 때문이다. 그것은 부단한 자기거리 속에서, 그러나 어떤 보편성의 척도를 희구하고 설정하는 가운데 비로소 성립될 수 있다. 그러므로 우리는 그의 학문적 활동의 중단이 어떤 고통을 주었고, 그 망명의 현실 속에서 그가 어떤 실존적 고민 속에 있었으며, 또 얼마나 자주 생계의 위협 속에 시달렸는지를 기억하여야 한다. 문화론에 대한 카시러의 관심 역시 인간이성과 인간성이 우리 시대의 신화 속에서 어떻게 위태롭게 되는가에 집중되었기 때문이다. 상징에 대한 그의 생각은 바로 이런 관심으로부터 전개된다.

2. 삶의 상징적 매개

문화란 무엇인가? 한없이 늘어질 수 있는 이 개념에 대한 규정을 가장 간단하게 나타내자면, 그것은 '인간에 의해 만들어진 세계'라고 말할 수 있을 것이다. 문화세계란 인간이 현실과 세계 그리고 자신과 인간 일반에 대해 느끼고 생각하고 만드는 것의 총합 또는 그 전체적 짜임새이다. 여기에서 문화의 개별 영역은 여러 형상과 기능 그리고 방향에 따라, 또 자신의 독자성에 따라 제각각의 문제의식 속에서 펴져나가면서 다차원적 크기를 지닌다. 문화철학은 이때 삶의 전체성을 포괄하는 문화론의 가능성의 조건을 검토한다. 그런데 기이한 사실은 문화철학이 이런 문화의 전체 성격과 방향을 다루면서도 그 스스로 문화의 한 계기라는 점이다.

문화는 철학만이 아니라 삶의 모든 가능한 주제를 포괄하고 그에 따른 방법과 이 방법 속의 의미 있는 활동을 포함하는 전체성의 개념인 것이다. 그것은 관찰하고 고찰하며 분석하고 해석하는 가운데 자신의 가치평가를 통해 스스로 규범으로서 어떤 실제적 이상을 추구하고자 한다. 그런데 이렇게 말하고 보면 문화개념이 다소 추상적으로 들린다. 그렇다면 문화 자체를 알아보기 전에 문화를 추동시키는 것으로서의 정신에 대해 먼저 말해야 할 것으로 여겨진다. 정신에 대한 카시러의 이해를 분명하게 윤곽 지을 수 있다면, 정신의 활동으로서의 철학도 그리고 문화도 저절로 드러날 것이기 때문이다.

카시러는 철학과 인간정신에 대해 이렇게 적었다. "'사물 그 자체'나 보이는 현상 세계 '너머' 혹은 '그 뒤에' 있는 대상 대신에 그것(철학: 역자주)은 '나타나는 것 자체'의 다양성과 충일성 그리고 내적인 이질성을 찾는다. 인간정신은, 오로지 그것이 자신 속에서 스스로 변별화하는 sich in sich selbst zu differenzieren 힘을 가짐으로써, 현상의 내적 다양성과 충일성을 파악할 수 있다."[1] 정신은 현재의 상태에 자족하는 것이 아니라 스스로 분화되고자 한다. 자기분화적 다양성으로의 충동을 통해 그것은 자신의 현상태를 넘어서고자 한다. 자기분화적 힘 또는 경향은 정신의 본성이다. 여기에서 자기분화적 힘이란 자기초월적 힘에 다름 아니다. 이 자기분화적이고 자기갱신적인 추동력에 의해 정신은 보이는 것의 내적 다양성과 충일성 자체를 찾고자 한다.

정신의 이 같은 논리에서 카시러는 문화과학의 논리를 찾는다. 그에게 있어

---

1 Ernst Cassirer, Zur Logik der Kulturwissenschaften, Darmstadt, 4. unveränderte Aufl., 1980, S. 19.

문화과학의 일은 정신과학의 논리와 동일시되기 때문이다. 즉 정신과학은 문화적 형상물과 관계하고, 이 문화적 형상물은 학문이전적/비개념적으로 구성된다. 그가 말하는 '상징들 Symbole'이란 이런 정신의 에너지를 지칭한다.(여기에서 상징'들'은 정신적 세계의 다차원성을 나타낸다. 그것은 세계를 형상화하는 방식이 여럿이라는 함의를 지닌다.) 중요한 것은 세계의 인식 그 자체나 인식의 일반적 조건이 아니다. 오히려 문제는 세계를 이해하는 여러 근본형식을 서로 구분하고 이해하는 것이다. 상징은 이 다양한 근본형식들 가운데 대표적인 것으로써 "정신의 자유로운 활동"으로 이해된다.[2] 그리고 이 정신은 "단순히 모방적인 것이 아니라 "근원적으로 형성적"이다.[3]

다른 방식으로 상징을 설명해보자. 상징화의 역동성은 감각-지각-표상이라는 우리 의식에서 어떻게 나타나는가? 하나의 현상은 그 자체로 나타나 우리에 의해 느껴지고 생각되는 것이 아니다. 우리는 하나의 것을 하나의 것 그 자체로서가 아니라 '어떤 것'으로 간주하여 받아들인다. 그리하여 하나의 것과 어떤 것에는 늘 일정한 간극이 있다. 주체의 해석과 상상은 이런 간극에 개입한다. 주체는 지각된 대상에 일정한 의미를 부여함으로써 대상에 접근한다. 형식은 이렇게 부여된 의미의 틀이라 할 수 있다. 대상과 대상의 해석 사이에는 그러므로 주체의 의미공간이 들어간다. 이 의미의 공간을 카시러는 '상징' 혹은 '상징적 함의 symbolische Prägnanz'라고 부른다. "'상징적 함의'란 어떤 지각체험이 '감각적' 체험으로써 동시에 일정한 비직관적 '의미'를 그 자체 안에 포함하고, 그럼으로써 이 의미를 직접적이고도 구체적으로 묘사할 때의 방식이다."[4] 여기에 핵심적인 것은 상징이란 감각적인 것 das Sinnliche과 의미 der Sinn를 통합시킨다는 점이다.

일상적 예를 하나 들어보자. 흰 종이 위에 그려진 직선이나 창 밖에 보이는 곧게 뻗은 자작나무 한 그루는 사물을 단순히 지시하고 명명하는 것이면서 동시에 그 자체로 하나의 상징이라고 말할 수 있다. 그것을 우리는 일정한 수

---

2 Ernst Cassirer, Philosophie der symbolischen Formen, III, 6. Aufl. Darmstadt 1975, S. 16. 이하 PsF, III으로 표기.

3 Ernst Cassirer, Philosophie der symbolischen Formen, I, 6. unveränderte Aufl. Darmstadt 1973, S. 9. 이하 PsF, I로 표기한다. 여기에서 우리는 '형성'이 상징과 정신에 공통되는 고유한 성격임을 확인한다. 매우 중요한 이 문제는 뒤에 상술될 것이다.

4 PsF, III, S. 235.

치 속에서 헤아릴 수도 있지만(수학적으로), 일정한 비례와 법칙을 담고 있는 것으로(기하학적으로), 아니면 산소를 공급하는 신진대사의 한 요소로(생물학적으로) 볼 수도 있고, 또는 릴케가 그러하였듯이, 고독의 상징으로(미적으로), 나아가 성스럽거나 속된 이미지로도(신화적으로) 읽을 수 있다. 사물은 그 자체로 여러 가지 의미를 지닐 수 있고, 이 의미의 다양성은 '상징적으로' 나타난다. 따라서 상징은 수학적으로 생물학적으로, 또 미적으로 신화적으로 종교적으로 다양한 의미형식 속에서 해석될 수 있다. 상징이 소재와 형식, 대상과 의미를 결합한다는 이유에서 이 상징형식에 카시러는 문화적 의미를 부여하였다.

인간의 지각체험은 대상에 대해 단순히 감각적으로 반응하는 일에서 그치는 것이 아니라 이 대상을 묘사하는 일로 나아가고, 이런 묘사 속에서 대상은 어떤 의미를 지니게 된다. 상징적 형식화는, 그것이 지각적 사실 속에 사라지는 것이 아니라 이런 경험 사실들을 구분하고 배열함으로써 일정한 표현을 대상에 부여한다. 결국 상징화란 감각적인 것을 의미론적으로 이해하는 일이고, 이런 의미를 형식화하는 일이다. 형식부여적 의미화는 그 자체로 문화행위이며 문화활동인 것이다.

그러므로 상징은 그 자체로 풍요하고 다채로우며 함축적이다. 그것은 그 자체로 무엇인가를 "낳는다." (카시러 문화철학의 핵심개념인 상징적 함의에서 '함의'란 단어 'Prägnanz'는 'prägnant'라는 말에서 나왔고, 이 말의 어원은 '각인하다' 또는 '주조하다'라는 뜻의 prägen/praegnans에서 왔다. 그것은 달리 말해 '새겨 넣다'라는 뜻이다. '아이를 배다'거나 '임신하다', 또는 '풍부한 의미를 지니다', '함축하다'라는 의미의 변화와 확대는 이런 맥락에서 나온 것이다. 이 때문에 그것은 풍부한 의미의 함축이란 뜻을 지닌다.) 그것은 이미 있는 설명의 반복이 아니라 모든 인식과 행동을 최초로 있게 하는, 따라서 근원적인 창출이다. 그리하여 상징은 세상에서 처음으로 세우고 일으키고 만들며 심는 일 urstiften이다. 지각의 일에는 그 자체로 태어남-창시-산출이 있다. 개념적 환원이나 이론적 분석이 아니라 어떤 새로운 것의 태어남이 상징화 작용에는 발생하는 것이다.

이 상징적 능력 속에서 주체와 객체, 내용과 형식은 하나로 매개된다. 감각과 의미, 물리적인 것과 심리적인 것, 주체적인 것과 객체적인 것을 포괄하는 상징개념에 대한 바로 이런 카시러적 이해방식에서 우리는 대상을 오성의 작용 또는 인식과 의식의 대상으로만 분석한 기존의 전통철학적 흐름과는 분명한 차별성을 확인한다. 이것은 세계를 느낌-생각-이해-형식부여-의미와 같은 인식의 '현상학' 속에서 고찰하는 그의 '확대된 인문학적 태도'일 것이다. 상징의 의미창출적 작용을 한편의 시를 통해 좀더 구체적으로 생각해보자. 우리의 해방 이전 시인 가운데 백석(白石, 1912-?)이라는 뛰어난 시인이 있다. 「나와 나타샤와 흰 당나귀」는 민족언어의 원형을 간직하고 있는 그의 서정적 작품 중의 하나이다. 그 전문은 이렇다.

가난한 내가
아름다운 나타샤를 사랑해서
오늘밤은 푹푹 눈이 나린다.

나타샤를 사랑은 하고
눈은 푹푹 날리고
나는 혼자 쓸쓸히 앉아 소주를 마신다
소주를 마시며 생각한다
나타샤와 나는
눈이 푹푹 쌓이는 밤 흰 당나귀를 타고
산골로 가자 출출이 우는 깊은 산골로 가 마가리에 살자

눈은 푹푹 나리고
나는 나타샤를 생각하고
나타샤는 아니 올 리 없다
언제 벌써 내 속에 고조곤히 와 이야기한다
산골로 가는 것은 세상한테 지는 것이 아니다
세상 같은 건 더러워 버리는 것이다

이 작품은 백석이 사랑했던 두 여인 – 난蘭과 자야子夜 가운데 조선 권번의 기생이었던 자야를 찾아가 하룻밤을 보낸 뒤 떠나면서 그녀에게 써준 시이다. 그러나 이런 배경이나 작가적 성향을 굳이 모른다 해도 우리는 이 시가 매우 서정적이고, 그 어조는 조용하며 화자의 태도가 세상에 대하여 적극적 능동적

이라기보다는 수동적이고 내면적인 것을 발견한다. 이것은 이 시가 지닌 두세 개의 상징어, 즉 "나타샤"나 "흰 당나귀"에 담겨 있는 것으로 보인다. 이 상징이 무엇을 뜻하는지, 또 무엇을 지시하는 지 굳이 알 필요는 없다. 또 알기도 어렵다. 분명한 사실은, 그것이 시적 화자인 "가난한 내가" 현실 속에서 기다리고 사랑하는 것이며 또 꿈꾸는 것이다. 그리하여 화자에겐 눈도 "내가/아름다운 나타샤를 사랑해서" "푹푹" "나리"는 것이고, 이 "나타샤를 생각하"면, 그녀는 "언제 벌써 내 속에 고조곤히 와 이야기하"는 것으로 여겨진다. 그리하여 현실과 꿈, 감각과 의미가 상징 속에서 만나는 것이다.

그러므로 상징은, 마치 "흰 당나귀"처럼, 내가 현실 속에서 할 수 없는 일, 그러나 하고 싶은 일, 즉 나타샤와 "출출이 우는 깊은 산골로 가서 마가리에 살자"는 그의 바람을 충족시키는 매체가 된다. 달리 말하자면: 상징은 꿈을 현실로, 나타샤를 나의 곁으로 옮겨 나르는 "흰 당나귀"와 같은 것이 된다. 결국 우리는 상징이 있는 한 "세상한테 지는" 일 없이 산골로 갈 수 있다. 상징은 감각적으로 충일한 전체의 의미형식이다. 그럼으로써 그것은 새로운 출발 - 삶의 재탄생을 가능하게 하는 것이다.

여기에서 우리는 이렇게 질문할 수 있다. 카시러가 상징을 옹호하였다면, 그 이유는 무엇인가? 상징이 예술언어의 핵심을 지칭하고 있다면, 이 예술 또는 심미적인 것이 지닌 구체적 내용은 무엇인가? 또 예술의 여러 장르를 그는 동일하게 간주하였던가, 아니면 어떤 특정장르에 희망을 걸었던가?

3. "심미적으로 해방된 삶"

문화적 상징형식은 카시러에 따르자면 언어, 신화, 종교, 예술, 과학, 역사 등으로 점진적 분화과정을 겪어 왔다. 이들 다양한 문화산물의 근본구조는 유기적 전체의 형식을 지닌다. 그러나 그 내용과 종류는 서로 분리하기 어렵고, 또 역사적으로 어떤 순서에 따라 배열할 수 있을 것인지는 쉽게 말할 수 없다. 그것들은 그 나름의 독자성을 지니면서도 서로 관계하면서 발전해왔기 때문이다. 그는 이들 다양한 문화적 상징형식들 사이에 우열이나 우선순위를 설정하지 않았다. 그러나 이 가운데 특히 예술의 어떤 기능을 그가 굳게 믿고 탐구했음은 틀림없어 보인다. 그렇다면 이때의 예술의 원리는 무엇인가? 이를 알기 위해 우리는 그가 정신의 스승으로 삼았던 이들에 대해 어떻게 그가 생각했던가로부터 시작하는 것이 좋을 듯하다.

카시러가 정신적으로 또 사상적으로 의지하고 몰두하였던 학자와 철학자 그리고 작가는 매우 많다. 그 가운데서도 칸트와 괴테는 그가 오랫동안 그리고 심도 있게 사숙하였던 인물들이다. 그는 칸트의 철학적 전통으로부터 이성의 통일성에 대한 단초를 끌어내었고, 괴테로부터는 사물의 다양성에 대응하는 창조적 형상의 자유에 대한 뛰어난 예증을 보았다. 현상의 다양성에 감각의 다양성이 상응한다면, 이 감각의 다양성은 표현의 다양성에 의해 드러날 수 있다. 이때의 표현형식은 그러나 더 이상 감각적 혼돈 위에 있지 않다. 그것은 감각적 경험의 바탕 위에 있으면서도 정신의 일정한 질서 위에서 통일된 모양과 구조를 지닌다. 그런 점에서 카시러는 괴테와 칸트에게서 각각 배우면서도 특히 괴테에게서, 정신의 통일성이란 형상화하는 정신에 의해 실현된다는 점에서, 감각과 사고의 통합적 모범을 보았다.

예술창조의 정신에서 카시러는 대립되는 것의 통일을 지향하는 정신의 근본성격을 확인한 다. 여기에서 정신의 통일능력이란 다름 아닌 형식을 만들어내는 능력, 즉 예술을 형상화하는 능력을 의미한다. 예술은 물질적인 것과 정신적인 것, 감각과 의미를 창조적으로 매개하기 때문이다. 상징은 그에게 이런 변증법적 매개의 대표적 방식에 해당한다. 그렇다면 상징으로 구성된 문화영역이란 인간의 예술적 자기연관이 최대한으로 확대된 마당을 일컫는 것일 것이다.

인간은 세계이해를 위한 모든 문화적 형식의 중심에 서 있다. 그리고 이 문화적 세계이해의 형식은 궁극적으로 인간의 자기이해를 겨냥한다. 그리하여 상징적 형식화 과정에서 만나게 되는 것은 자기이해와 세계이해이다. 예술 나아가 문화가 근본적으로 인간학인 이유는 바로 여기에 있다. 이 다양한 문화형식 가운데 카시러는 특히 언어와 예술에 무게를 두었던 것으로 보인다. 왜냐하면 언어 속에는, 마치 신화적 이미지 속에서처럼 정신의 어떤 근원적 힘 또는 형상력 Bildkraft가 보존되어 있다고 그는 생각했기 때문이다. 정신의 근원적 힘은 그 언어가 문학의 언어일 때 두드러진다. 그래서 그는 예술의 여러 장르 가운데 문학 언어, 그 중에서도 시에서 형상력의 모범적 예를 본다.

"인간이 행할 수 있는 것은 힘의 전체적 연관항, 그 부서지지 않은 통일성으로부터 나온다. 따로 떼어놓아진 모든 것은 비난받아 마땅하다. 헤르더 철학의 초기에 있어 이런 통일성은 인간사의 시초에 있는 어떤 역사적 사실의 빛 속에서 여전히 나타난다. 이 통일성은 그에게 잃어버린 낙원이고, 이 낙원으로부터 인류는 찬란한 문명의 발전 속에서 점점 더 멀어져왔다. 오로지 시학만이 가장 오래되고 근원적인 형식 속에서 낙원에 대한 기억을 아직도 보존한다. 그것은 헤르더에게 '인류의' 고유한 '모국어'로서 간주된다. 이점은 하만이나 비코도 그렇게 생각하였다. 시학에서 그는 근원적인 통일성을 드러내고 생생하게 살아 있는 것으로 만들고자 하는데, 이 통일성은 인간사의 시초에 언어와 신화, 역사와 문학을 하나의 참된 총체성으로, 어떤 분리되지 않은 전체로 형상화하였다."[5]

헤르더는 인류가 문명화에 들어서기 전의 어떤 통일성, 그 전체성을 시학에서 본다. 그것은 "인류의 모국어"로서 모든 문명적 분화과정 이전에 구현된, "어떤 분리되지 않은 전체"를 보여주기 때문이다. 이것은 어떻게 가능한가? 그것은 시가 구체적인 것으로부터 보편적인 것으로, 개별적인 것으로부터 일반적인 것으로 나아가는데 있기 때문이다. 시는 감각적 경험을 직관적 구체적으로 표현하는 가운데 감각의 직접성을 넘어서서 보편적인 것에 가 닿는다. 감성과 이성, 감각과 정신 사이의 교류와 이런 교류를 통한 대립의 지양은 이런 보편성으로부터 온다. 이것을 카시러는 「정신과학의 구조에서의 상징형식의 개념」이라는 글에서 이렇게 명료하게 설명한다. "감각적인 것과 정신적인 것이 표현 속에서는 더 이상 대립되지 않는다는 바로 그 점에 진실로 완성된 시적 표현의 비밀이 있다. 단순한 기호의 모든 경직성은 이 표현에서 해체되고, 모든 단어는 그에 고유한 개별적 내용으로 다시 채워지며, 그럼으로써 감정의 내적 움직임과 순수한 역동성은 표현된다."[6] 시는 감각 가운데 정신을 포함하고, 이런 정신의 의미 속에서도 경험적 사실로부터 유리되지 않는다. 그리하여 시는, 그가

---

5 Ernst Cassirer, Zur Logik der Kulturwissenschaften, a.a.O., S. 11. 시학이 '인류의 모국어'라는 생각은 헤르더의 친구이자 스승이었던 하만Georg Hamann의 생각이기도 하였다. Siehe auch ders., Der Begriff der symbolischen Formen im Aufbau der Geisteswissenschaften, a.a.O., S. 192; ders., Language and Art II(1942), in) Symbol, Myth and Culture, ibid., p.184.

6 Ernst Cassirer, Der Begriff der symbolischen Formen im Aufbau der Geisteswissenschaften, in: ders., Wesen und Wirkung des Symbolbegriffs, 6., unveränderte Aufl., Darmstadt 1977, S. 191.

위에서 썼듯이, "가장 오래되고 근원적인 형식 속에서 낙원에 대한 기억을 아직도 보존한다." 시는, 예술은 낙원적 근원성을 상기시킨다.

지속과 변화, 동일성과 이질성, 정태성과 유동성은 여타의 예술 장르, 예를 들어 건축이나 음악에서도 많이 나타난다. 그러나 서정시는, 그것이 개인적이고 주관적인 감정상태에 밀착되어 있다는 점에서 예술장르 가운데 가장 움직임이 많은, 따라서 유동적인 것이다. 그것은 주체와 객체, 인간과 신, 물질과 생명의 경계가 가장 불분명한, 그리하여 변화와 변신으로 가득 찬 마법적이고 신화적인 원천과 잇닿아 있다. 그러나 그렇다고 해서 서정시가 그 자체로 신화적인 세계인 것은 아니다. 그것은 형식 속의 유동성 또는 제어된 객관성이기 때문이다.

예술은 삶과 사물의 근본적 유동성을 형상화 속에서 객관적으로 표현한다. 표현 속에서 사물은 그 근본 속성인 형성성 - "되어감 속에서 드러나는 존재"를 알린다.[7] 되어감 속에 있음, 그것은 사물의 본성이자 인간의 본성이다. 모든 존재하는 것은 오거나 가고 있고, 나타나거나 사라지는 가운데 있다. 서정시는 나타나거나 사라지며, 오거나 가고 있는 사물과 이 사물에 반향하는 마음의 크고 작은 흔적과 가냘픈 메아리를 어떤 울림 속에서 표현해 보인다. 그리하여 서정시는 모든 존재하는 것의 유동적 본성을 암시하는데 가장 적합한 형식이 된다. 서정시에서 경험되는 감각과 정신의 통합 그리고 이 통합 속에서의 재탄생 또는 그런 삶을 가리켜 카시러는 "심미적으로 해방된 삶"이라고 말한다.

> "말이 그 근원적 형상력을 보존할 뿐만 아니라 끊임없이 이 형상력을 갱신하는 정신의 영역이 있다. 그 속에서 말은 자신의 영혼적 부활 - 감각적이고 동시에 정신적인 재탄생을 경험한다. 이런 재탄생은 말이 예술적 표현으로 형식화될 때 이루어진다. 여기에서 표현은 삶의 충일성을 갖는다. 그러나 이때의 삶은 더 이상 신화적으로 결부된 삶이 아니라 심미적으로 해방된 삶이다."[8]

카시러는 정신의 통일성이 하나의 정식 속에 지시되거나 완성될 수 있는 것

7 Ernst Cassirer, Zur Logik der Kulturwissenschaften, a.a.O., S. 122.
8 Ernst Cassirer, Sprache und Mythos, in: ders., Wesen und Wirkung des Symbolbegriffs, a.a.O., S. 157.

이 아니라 끊임없이 계속되는 비판적 분석 속에 나타난다고 하면서 이런 분석 과정을 "정신의 구체적 전체성 die konkrete Totalität des Geistes"이라고 부른 적이 있다.[9] 이 정신의 에너지가 문화창조의 원동력이고, 이 원동력 가운데, 그가 위에서 언급하였듯이, 시가 낙원을 기억하는 근원적 형식이라고 한다면, 이때의 정신은 곧 시의 정신에서 가장 잘 구현된다고 할 수 있다. 예술과 과학, 시와 이성의 결합은 시적 이성이라 할 수 있다. 그리하여 카시러의 문화론은 근본적으로 시적 이성에 의해 추동되어 미적으로 해방된 삶을 지향한다고 우리는 말할 수 있다.

시적 이성이란 김우창적 맥락에서 달리 말하자면 '심미적 이성'이 될 것이고, 아도르노적 의미에서 말하자면 '심미적 합리성 ästhetische Rationalität'이 될 것이다.[10] 인식의 모든 형식에 대해서는 포괄적이고도 통일적인 개념이 필요하다. 그러나 그것은 일반언어가 그러하듯, 혹은 과학적 현실이해가 보여주듯, 개념적 종합이나 논증적 인식의 형태와는 다른 것이어야 한다. 이것들은 대상을 부단하게 추상화함으로써 그 충일성과 다양성을 걷어내기 때문이다. 따라서 절실한 것은 창조적인 지각과 유연한 사고의 틀이다. 예술의 형식이 중요한 것은, 그것이 이 두 가지 요구를 충족시키는 것으로 보이기 때문이다.

구체와 일반을 비강제적으로 통합하고자 하는 원리로 심미적 이성을 이해한다면, 우리는 시의 정신에서 카시러적 의미의 '심미적 이성'을 본다. 그는 물론 심미적 이성의 개념을 예술의 지각의식이나 창조적 정신과 관련시켜 직접 주제화하지는 않았다. 산발적으로 다루어진 이런 주제들은 그에게 있어 전체적으로 보아 '철학적 문화론'의 성격을 띠는 것이었다. 그러나 그렇다 해도 카시러에게 중요한 것은 수학적 논리도 아니었고, 감각적 직관도 아니었다. 오히려 그것은 수학적 논리의 명징성과 예술적 감각의 충일성을 어떻게 결합할 수 있는가 하는 문제였다. 이 둘을 결합하는 계기를 그는 다양성의 통일성을 추구하는 정신의 에너지에서 보았고, 예술은 이 에너지가 발현된 형식으로 이해하였다. 그리고 이 예술형식 가운데 그는 시학을 가장 근원적인 형식으로 이해하였

---

9 PsF, III, S. 10.

10 예술의 개별적 일반성 또는 구체적 보편성이 어떻게 우리 삶의 원리로 이해되고 실행될 수 있는가를 필자는 김우창과 관련하여 살펴본 적이 있다. 졸저, 『구체적 보편성의 모험: 김우창 읽기』, 삼인, 2001.

다. 그러나 그가 자신의 문화론에서 누누이 강조한 것이 정신의 자발성과 독자성이었고, 이 정신의 에너지를 표현한 것이 상징, 즉 표현형식이라면, 정신의 구체적 전체성은 표현형식의 구체적 전체성, 다시 말해 예술의 구체적 전체성으로 이어질 수 있다. 카시러가 칸트의 이성적 통일성과 괴테의 예술적 다양성을 통합시키는 것을 자신의 학문적 과제로 생각했던 것도 이와 관련해서 이해될 수 있을 것이다.

카시러의 이성은, 우리가 살펴보았듯이 1차적으로는 정신의 통일성과 관련하여 나타난다. 그러면서 그것은 어느 하나로 고착된 것이 아니라 유동적 현실에 대응하여 유동적으로 작동한다. 그는 예를 들어 계몽주의를 언급하면서 정신이란 단순히 대상을 모방하는 것이 아니라 자유롭게 창출한다고 말한 적이 있지만, 이때 정신의 자발성은 사실상 예술적 정신 또는 이 정신을 그 일부로 하는 문화적 형상력의 자발성에 다름 아니다. 왜냐하면 정신의 활동이 창출하는 여러 형식들과 그 방향으로 예술은 창조되고 문화는 구성되기 때문이다. 카시러는 이 점을 '심미적 이성'의 이름 아래 본격적으로 주제화하지는 않지만, 상징적 형상화 또는 형식화 Gestaltung/Formung가 삶의 형성에 어떻게 기여하는가라는 문제에 지속적으로 천착하였다. 이 점에서 심미적 이성의 문제의식은 그에게서 전혀 주제화되지 않은 것이 아니라 다른 개념 아래에서, 그러나 그 함의는 근본적으로 동일한 차원에서 그의 상징이론의 암묵적 핵심으로 작용하고 있다고 나는 생각한다.

문학의 언어 속에 표현되는 것은 신화적 세계의 악령이나 마신이 아니라 구체적 사실에 뿌리박은 진리의 일반형식이다. 시는, 문학은 그리고 예술은 개별적인 것과 전체적인 것, 구체적인 것과 일반적인 것을 가장 잘 혼융시킨다. 예술경험 속에서 주체는 다른 주체 그리고 다른 세계를 보편적으로 경험한다. 예술은 다른 보편성의 세계를 추구하는 것이다. 이 보편성은 다양성과 통일성의 균형으로부터 온다. 그리하여 우리는 예술 속에서 한편으로는 현실과 관점의 다양성을 수용해야 할 이유를 배우고, 다른 한편으로는 이런 다양성에도 불구하고 현실과 관점이 하나로 통일되어야 할 필요를 느낀다. 다른 보편성과의 만남 속에서 우리는 자신의 주체성도 어떤 식으로든 변화함을 경험한다. 이성의 창조적 형상화 성격은 예술에서 최대한으로 발현된다. 표현 속에서 우리는 삶의 확대된 주체성 - 이질적 자기동일성을 비로소 찾아가는 것이다. 우리가 자율을 실행하고 책임을 의식하는 것도 이 확대된 주체성의 경험으로부터 가능하다. 예술이 표현을 통해 확대된 주체성과 확대된 삶의 가능성을 추구하는 것이라면, 그리고 이런 추구 속에서 자율의 실행과 책임의 의식을 연습하게 하는 것이라면, 그것은 문화의 바른 방향과도 결코 무관하지 않다. 예술을 그 일부로 하는 문화 역시 누구나 서로 어울리는, 폭력 없고 강제 없는 자유로운 삶의 보편적 가능성을 지향하기 때문이다.

그러므로 카시러의 시적 정신과 이 정신이 추구하는 보편성으로의 경향이 예술에만이 아니라 문화의 다른 형식들에도 나타나는 것은 자연스럽게 보인다. 보편성의 추구는 예술에서 이상적으로 실현되지만, 학문 일반의 과제 역시 이 통합에 있다고 그는 본다.[11] 학문의 과제도 문화의 한 형식으로서 특수한 것과 일반적인 것의 종합을 마련하고자 하기 때문이다. 이것은 결국 예술만이 아니라 예술을 그 일부로 하는 문화가 삶의 감각적 정신적 재탄생을 어떤 식으로든 경험케 함으로써 종국적으로는 보편성을 지향해야 한다는 생각을 그가 지녔음을 보여준다. 우리는 이 점에서 카시러의 사고가 새로운 존재론으로의 전환 – 미학의 존재론이라는 의미에서–을 보여주고 있다고 말할 수 있다.[12]

시적 정신은, 마치 심미적 이성처럼 가치의 보편성을 지향한다. 더 일반적으로 말하여 문화의 향방 역시 이와 다를 수 없다. 보편성에 대한 관심과 그 아름다움의 추구권을 보장하지 않는다면, 문화는 사물화된다. 문화의 사물화란 삶의 신비화와 인간의 몽매화에 다름 아니다. 그것은 계몽 이전의 단계이다. 현대의 우리에게 아직도 계몽이 필요하다면, 그것은 계몽의 폐해까지도 의식하고 반성하는 계몽 – 탈계몽적 계몽을 의미한다. 보편성의 문화는 이 탈계몽적 계몽을 지

11 Ernst Cassirer, Zur Logik der Kulturwissenschaften, a.a.O., S. 37.

12 필자의 주된 관심은 바로 이 점 – 그가 이루어 놓고 또한 놓친 점, 다시 말해 상징적 형식화가 삶의 형성에 기여하는 방식을 심미경험적 차원에서 보다 구체적이고 다양하게 탐구하는데서 시작된다. 예술이 그 자체로 감각의 다양성과 정신의 통일성을 통합하는 표현형식이라면, 이 표현형식은 우리가 독자–감상자로서 그것을 해석하고 이해하는 데서 광범위하게 경험되기 때문이다. 이것은 달리 말해 수용미학적 과정이다. 어떻게 예술작품을 비독단적으로, 또는 선입견 없이, 또는 최소한의 선입견을 경주하는 가운데, 그리하여 균형적 시각 속에서 수용할 수 있는가, 이를 위한 수용적 메카니즘은 무엇일 수 있는가를 설득력 있게 논의할 수 있다면, 우리는 이 심미경험적 영향력의 도움으로 삶의 바른 꼴을 세우는데도 기여할 수 있을 것이다. 또 그럴 수 있을 때, 우리는 상징–형상–예술의 개인적 사회적 해방의 잠재력에 대해서도 비로소 말할 수 있을 것이다.

향한다. 그것은 개인적 삶의 자율적 형성능력을 장려하고 보장함으로써 생활세계를 인간화하고자 한다. 그러므로 필요한 것은 예술의 잠재력에 대한 존중이자 그 문화적 확대이다. 참된 해방은 심미적으로만 가능할지도 모른다.

한독 생태문학 연구

- 하인리히 뵐과 김원일을 중심으로 -

사 순 옥

I. 들어가는 말

오늘날 전 지구적으로 일어나고 있는 생태계의 훼손은 이 시대를 살아가는 모든 사람들이 절실하게 생각하고 꼭 해결하지 않으면 안 되는 인류의 과제가 되었다. 제 2차 세계대전 이후의 세계문학과 6.25 이후의 우리문학이 실존적 메시지를 담은 작품과 휴머니즘을 추구한 작품들이 주류를 이루었으며 이에 대한 담론이 학문적 차원이 아니라 그들이 살고 있는 상황 자체였듯이, 지구상의 모든 생명체를 사랑하고 자연을 회복해야 하는 일이 우리의 현실이 되었다. 요컨대 "한국 근대문학사에서 1950년대 전후세대 문학만큼 자기시대를 세계사적 보편성과 완벽히 일치시킨 시대는 없었다"고[1] 한 평론가가 말한 적이 있듯이, 이제 우리문학이 또다시 세계문학과의 일체감 속에서 동시대적이고 전 지구적인 문제의 해결을 위해 그 역할을 해야 할 때가 되었다.

그래서 필자는 독일과 한국작가들의 생태문제에 대한 관심과 참여도를 검토하게 되었고 그러던 중에 하인리히 뵐과 김원일을 만났다.[2] 뵐의 소설 『신변보

---

1 김우종: 동인문학상 수상작품론. 실린 곳: 사상계, 1962.2, 250쪽.

2 하인리히 뵐은 50 연대부터 독일의 무자비한 개발과 자연파괴에 대하여 대단한 우려를 표명하였으며 70 연대는 녹색당을 적극적으로 지지하였다. Vgl. Böll: Essayistische Schriften und Reden, Bd.1 (=ESR 1), Hrsg. v. Bernd Balzer, Köln 1979, S. 226-254; Böll/Vormweg: Weil die Stadt so fremd geworden ist. Bornheim-Merten 1985 S. 73-86.
김원일은 『도요새에 관한 명상』(1979)을 시작으로 『따뜻한 돌』(1981), 『히로시마의 불꽃』(2000)을 발표하면서 지속적으로 환경오염의 문제에 관심을 보였다. 그는 이 소설들에

호 Fürsorgliche Belagerung』는 아직 논의가 미미한 독일소설 장르에서 흔지 않은 "환경소설"로 일컬어지며,[3] 김원일의 소설 『도요새에 관한 명상』은 "한국현대소설에 있어서 환경문제를 처음으로 진지하게 다룬 작품"[4] 또는 "우리나라에서 씌어진 최초의 생태소설이라고 해도 크게 틀리지 않다"[5]는 평을 받고 있다.

생태문학과 환경문학의 용어는 아직 혼용되어 사용되고 있다. 환경은 인간중심적인 개념으로 인간과 자연을 구분하는 이원론적 인식에 바탕을 둔 용어인 반면에 생태계란 유기적이고 총체적인 세계인식, 즉 모든 생명이 서로 관계를 맺고 의존하고 있다는 일원론적인 인식에 바탕을 둔 용어이다.[6] 하지만 단순히 환경파괴를 고발한 문학도 근본적으로는 생태파괴와 닿아 있으므로 필자는 환경문학을 생태문학의 범주에 포함시켜 생태문학이란 용어를 사용하겠다. 그러니까 생태학적 인식이 명백히 드러나 있지 않을지라도 인간중심적 사고와 이윤추구만을 목표로 하는 무자비한 개발, 그로 인한 폐해와 삶의 피폐화, 산업화와 진보가 초래한 악영향을 비판하는 등 파괴의 실상을 폭로하거나 이에 문제를 제기하는 작품까지 생태문학 개념에 포함시켜 넓은 의미로 사용하겠다는 말이다. 왜냐하면 "두 문학을 지나치게 구분하는 관점은 문제를 지나치게 세분화시켜서 새로운 문학조류에 대한 성격규명이나 개관을 어렵게 할 뿐만 아니라 새로운 생태사회를 세우는데 문학이 맡아야 할 과제를 축소시키기 때문이다."[7]

하인리히 뵐과 김원일은 같은 해 (1979)에 발표한 작품 『신변보호』와 『도요새에 관한 명상』에서 산업화와 문명화로 인하여 자연과 인간사회가 얼마나 황폐화 되어버렸는지를 여실히 보여주고 있다. 특히 김원일은 1960년대 이후, 즉 경제개발 5개년 계획 이후 오로지 공업화와 도시화로만 치닫는 한국의 사회상

서 수질오염, 중금속 오염, 방사능 오염으로 인한 폐해와 원자폭탄의 피해상황을 다루면서 해박한 지식을 보인다.

3 Reid: Heinrich Böll. Ein Zeuge seiner Zeit, München 1991, S. 267.

4 이남호: 녹색을 위한 문학. 서울 1998 (민음사), 65쪽.

5 김욱동: 문학생태학을 위하여. 서울 1998 (민음사), 176쪽.

6 박이문: 문명의 미래와 생태학적 세계관, 서울 (당대) 1998, 71-72쪽 참조.

7 김용민: 생태문학의 정의와 분류를 위한 하나의 시도. 실린 곳: 독일언어문학, 제 12집 (1999.12), 199쪽.

황과 이에 필연적으로 수반되는 환경오염과 그 폐해를 하인리히 뵐보다 훨씬 더 집중적으로 조명한다. 그는 소설에서 환경파괴, 가치관의 붕괴, 학생운동, 분단으로 인한 실향민의 고통 등을 묘사하고 있는데, 그 중심에 환경오염의 문제를 두고 있다. 이에 비해 뵐은 당시 독일사회가 직면하고 있었던 여러 문제, 즉 정치계와 경제계 인물들의 부도덕성, 언론과 경찰의 결탁, 테러리즘과 그에 맞선 국가의 보안조치 등을 작품의 전면에 내세운다.[8] 그러면서 그는 뜯어보지도 않은 채 곧장 쓰레기통으로 향하는 숱한 정당들의 선전 책자와 광고용 팜프렛 등에 의한 산림의 희생과 낭비, 석탄 채굴, 지속적인 산업화와 도시의 광역화로 인하여 전원적인 마을이 파괴되어 가는 모습을 보여준다. 이때 그는 "혼돈과 와해"[9]가 지배하는 독일사회를 다양한 시각에서 묘사한다. 즉 21장으로 구성된 소설은 각 장마다 다른 인물이 등장하여 이야기를 전개해간다.

뵐과 마찬가지로 김원일도 한 가정의 가족구성원을 중심으로 펼쳐지는 이야기에서 복합시점을 사용하고 있다. 1 장은 작은아들 (병식), 2 장은 큰아들 (병국), 3 장은 아버지의 시점이고, 4 장은 전지적 작가시점이다. 또한 소설의 제목이 제시하고 있듯이 아버지와 큰아들과 작은아들이 어떤 방식으로든 철새에 지대한 관심을 나타낸다. 때문에 새가 소설에서 핵심적인 역할을 한다.

뵐도 소설의 초고에서는 그 제목을 '새의 비상 Vogelflug'이라고 붙일 만큼 자유의 상징인 새에 비중을 두고 며느리로 나오는 베로니카를 새전문가로까지 설정하였다. 그러나 6 번에 걸친 교정 작업과정에서 이를 대폭 수정하였으며 독일사회의 비민주적인 본성을 드러내고자 『신변보호』라는 제목으로 낙착하였다.[10]

---

8 이 소설은 1977년 가을 독일에서 있었던 사건들을 제시하고 있다. 68 학생운동 이후에 결성된 테러 집단 적군파(RAF)가 감금되어 있는 그룹의 지도급 인물들을 석방시키기 위해 테러를 가하기 시작했다. 이들은 1977년 4월부터 그 해 가을까지 정치, 경제계의 고위급 인물 3명과 그들의 기사와 경호원을 살해하고 87명의 승객이 탄 루프트한자 여객기를 납치하여 감방에 갇히어 있는 동료와 교환할 것을 요구하였다. 적군파의 테러행위가 절정에 이르렀던 1977년 가을까지 28명이 죽었고 17명의 도시 게릴라군이 시체로 발견되었으며 전혀 관련이 없는 2명의 시민도 추적 시에 경찰의 오인으로 사살되었다. 결과적으로 모두 47명이 목숨을 잃었다. Vgl. Stefan Aust: Der Baader-Meinhof-Komplex, München 1989, S. 592.

9 Böll: Werke. Romane und Erzählungen. Bd. IV, Hrsg. v. Bernd Balzer, Frankfurt a. Main/Wien 1987. S. 224 이하 작품의 인용은 본문의 괄호 안에 쪽수만을 표시한다.

앞서 언급하였듯이 이 두 소설은 같은 해 (1979)에 출간되었으므로 두 작가가 동시에 문명과 진보로만 치닫는 반생명적인 자본주의 사회의 정책과 경제제도에 문제를 제기하고 인간의 끝없는 욕망에 제동을 걸었다고 볼 수 있다. 따라서 본 연구는 흔히 문학의 비교연구에서 행해지는 영향관계를 고찰하지 않고 양국 문학텍스트의 분석을 통하여 전 지구적 현상이 각각 어떻게 문학적으로 형상화되어 있고, 서로 다른 지역적 상황에서 생활하는 작가의 문제의식의 초점이 어디에 있으며, 거기에 내재되어 있는 모순을 어떻게 해결하고 있는지를 고찰해보고자 한다.

II. 자본주의 사회의 문명화와 삶의 황폐화

뵐은 『신변보호』에서 독일 경제계의 거물급 프리츠 톨름의 시각으로 독일사회의 반생명적 개발과 '밀실'은 없고 '광장'만 있는 비민주적인 본성을 포착한다. 이때 뵐은 정치계와 경제계의 결탁관계를 구체적으로 다루고 있지는 않지만 정치와 유착된 자본가들의 끝 모를 욕망과 기득권 유지에 대한 미련이 땅을 죽게 만들고 자유를 죽여가고 있음을 드러낸다. 작은아들 헤르베르트가 환경보호 운동가이지만 이 역시 프리츠의 시점으로 그려져 있다. 반면에 김원일은 독재정권의 희생자가 된 큰아들 병국이 직접 환경오염의 실태를 고발하게 한다.

프리츠 톨름은 지방의 조그만 신문사를 상속받아 '언론제국'을 이루었으며 이제 막 독일 경제인협회 회장으로 선출되었다. 하지만 그의 부와 경제계에서의 막강한 실력은 전후사회가 경제재건을 이룸으로써 자연스럽게 성장한 "독일 전후사회 발전의 전형적인 산물"이다.[11] 그러니까 톨름은 기업 확장을 위해서 수단과 방법을 가리지 않는 기회주의자는 아니다는 말이다. 그럼에도 그의 보잘 것 없었던 작은 신문사가 대언론사가 되고, 그가 엄청난 양의 부를 축적할 수 있게 된 이유 중의 하나는 정부의 "경제적 에너지 정책적 필연성 wirtschafts- und energiepolitsche Notwendigkeiten" (281)에 의한 반생명적 개발에

10 Schnepp: Vogelflug-Vertreibungen-Fürsorgliche Belagerung. Studien zu Heinrich Bölls Roman *Fürsorgliche Belagerung*, Trier 1997. S. 170ff.

11 Böll: Einführung in die *Fürsorgliche Belagerung*. In: Text + Kritik, H. 33 (1982), S. 74.

협조했기 때문이다. 그는 석탄을 채굴하는 당국의 시책에 따라 '낙원'같은 아이켈호프 집을 내놓아야 했다. 프리츠 톨름은 그에 대한 대가로 현재 살고 있는 저택인 톨름스호펜을 구입할 수 있는 액수를 챙겼다. "정지와 굴착 - 그리고 나면 석탄이 말해준다 Planieren und Buddeln- dann stimmen die Kohlen"(280)가 당시의 슬로건이었다. 또한 이펜호펜 전체가 갈탄 광구를 위해 정지되고 굴착되었다. 굴착 때에 나온 갖가지 유물들은 문명화의 발자취를 연구하는 고고학자들에게 커다란 즐거움을 주고선 박물관에 소장되었다.

이처럼 자본주의 사회의 물적 욕구는 경제적 가치가 있는 물질이면 무엇이든 수단과 방법을 가리지 않고 도구화시키고 자본화시켜 이윤을 얻어 낸다. 그리고 이러한 반생명적 개발이 계속되어 가면서 착취의 대상도 점점 확대되어 간다. 톨름은 이사 온 지 7년 밖에 안 된, 개축하여 현대적 시설을 갖춘 성 Schloss에서 다시 '쫓겨날' 처지에 있다. "건축사적" 가치가 있는 톨름스호펜의 밑바닥에 수십억 톤의 석탄이 매장되어 있기 때문이다. 이제 또다시 "풀 한포기"는 커녕 "두더지 발자국 하나 찾아볼 수 없게" 파헤쳐 질 것이다.

예전에 아내 캐테는 신문사를 팔아버리고 자연이 숨 쉬는 아이켈호프를 지킬 것을 권했었다. 그때에 톨름은 아내와 자식의 마음에 상처를 입히고 고향에서 추방된 듯한 느낌을 갖지만 결국 타협하고 말았다. 그는 자유경제체제 하에서 가장 자유스러운 사람 같으면서도 '친절한 강요'에 굴복해야 하는 가장 부자유스러운 사람이기 때문이다. "노동조합, 경제인 연합회, 국가와 교회"가 합의하고 있는 상황이었기에 선택의 여지가 없었다고 하지만 사실 그는 자기합리화 하면서 은근히 명예욕과 소유욕을 충족시켜 나갔다. 이번에도 그는 성에 대한 대가로 몇 갑절을 받을 것이다.

개발 이후 발전소는 "현대기술이 보여주는 마술적인 장관"을 보여주기 위해서 "서커스단의 전경처럼 빛나고" 있는데, 하늘은 늘 뿌옇다. 뿌연 구름이란 사실 그냥 시커먼 "연기 기둥"이다. 톨름은 예전에 새들이 푸른 하늘을 비상하는 광경을 즐겨 보았다. 새들이 속박 받지 않고 자유롭게 날 수 있는 것이 부러웠던 그는 남은 여생을 새의 비상을 관찰하며 차를 마시고" 아내가 뜨개질하는 모습이나 바라보며 욕심 없이 살고 싶었다. 하지만 지금은 새의 비상을 거의 볼 수 없을 뿐만 아니라 혹시 나는 새를 보더라도 그 새를 진정으로 살아있는 새로 믿을 수 없을 정도로 위협을 느끼는 처지가 되어 버렸다. 그가 경제인협회의 회장으로 선출되면서 테러리스트들의 목표가 되고 있기 때문이다. 더구나 며느리였던 베로니카가 테러리스트가 되어서 가끔 전화를 걸어오고 있기 때문에 그의 가족에 대한 보안과 감시가 동시에 이루어지고 있다. 고성능의 폭약을 채운 새들이 갑자기 수평비행을 하여 열려 있는 창문으로 날아들 수도 있다는 불안감으로 그는 평화도 휴식도 취할 수 없으며 진정한 자유도 사생활도 누릴 수가 없다. 그는 "안전망" 속에서 소진되어가는 '포로'이다. 그야말로 산업화와 자본주의화에서 얻은 그의 풍요가 무화되어 버릴 지경에 이른 것이다. 성공을 향한 집념은 인간적인 가치와 양심을 외면하고, 그 결과는 삶의 황폐이다. 젊은 시절에 그는 지나가버린 과거의 시대를 그리워하지 않았으며 "좋은 새 시대를 기뻐했었다." (324) 그 시대에는 새들이 푸른 하늘과 숲 속을 마음대로 날아다녔고 사람을 믿을 수 있었던 시기로 오로지 미래를 꿈꾸며 지낼 수 있었던 시대이다. 하지만 "지금의 시대는 아무도 그리워하지 않을 아주 새로운 시대이다." (324) 지금은 "베벨로의 시대이자 암플랑거의 시대"이다. 덧붙이면 테러리스트와 체제에 순응하는 성공지향적인 자본주의자가 동시에 득세하는 시대이다. 그의 자식들, 즉 롤프의, 헤르베르트의, 자비네의 시대는 이 새로운 시대 다음에 올 것이다. 다시 말하면 사회정의가 실현되고 인간과 자연이 공생하며 여성과 가치관이 다른 사람을 배려하는 시대는 이 시대 다음에 올 것이라는 말이다.[12] 톨름은 "자본주의의 심장부에서" 활동하고 있지만 진정한 성취감을 맛볼 수가 없다. 사실 그는 피폐해가는 삶을 직시하고 있다. 그의 사회적 성공은 그에게 뿐 아니라 그의 가족에게도 진정한 기쁨이 되지 못하며 비인간적인 사회에서 훈기를 맛볼 수 있는 "마지막 보루"인[13] 가족공동체마저 빛을 잃어 간다.

김원일의 소설에서는 문명화로 인한 삶의 황폐화가 특히 큰아들 병국의 눈을 통해 드러난다. 서울의 명문 국립 대학교에 재학 중이던 병국은 불온 유인물을 만들어 배포한 혐의로 재적당하고 귀향하였다. 이후 실의에 빠져 있던 그의 의식을 깨웠던 것이 도요새이다. "실체를 잃어버렸던" 그는 나그네새의 소리를 "생명의 찬가"로 "자기 짝을 부르듯 나를 부르는 소리로" 느꼈다. 그는 새의 지저귀는 소리와 함께 명상에 잠기고 어떤 깨달음에 도달한다. 그 깨달음이란 도요새가 환경에 적응하기 위해서 일 년에 두 번씩 대륙과 바다를 횡단하면

---

12 이에 대하여는 다음 장에서 구체적으로 설명될 것이다.

13 Böll: ESR 1, S. 302.

서 온갖 고통을 참아내고 인내하여 생존의 자유를 얻어낸다는 것이다. 그런데 자신은 "낙향을 젊음의 끝"으로 생각하고 "권태에 감금당하여" 있었다. 그는『도요새에 관한 명상』을 통하여 자신을 반성하고 성찰하기에 이른 것이다.[14] 요컨대 그는 새가 지저귀는 생명의 소리를 듣고 새와 교감하며 자아를 찾는다.

그가 여름 내내 이렇게 도요새와 일체감을 이루며 환상 속에서 지낼 수 있었던 것은 동진강 하구에서 야영하던 신입생시절의 추억 덕분이다. 그때 그는 새의 기상과 함께 하루를 시작하며 대자연에 완전히 취했었다. 그런데 지금 도요새가 도래하는 가을이 되어도 동진강 하류 삼각주에서 중부리도요를 볼 수가 없다. 그는 "공업도시로 탈바꿈한 이 도시의 매연 낀 거리와 폐수로 오염된 동진만 개펄과 기름띠가 형성된 삼각주 모래톱을 끝없이 방황"하다가 또 다른 사실을 깨닫는다. 즉 "인간은 [...] 결국 자연환경을 파괴하고 끝내 [...] 스스로를 파멸시킨다" (223)는 것이다. 그러니까 그는 도요새로 인하여 생태의식을 얻고 존재의 이유를 찾게 된 것이다. 따라서 그는 "이 도시의 생활환경과 자연훼손이란 문제" (222)를 파헤치기로 작정한다.

병국이 성창비료 석교공장이 암모니아 가스를 무단 방출시켰다는 내용의 진정서를 시에 제출하자 공장의 일행이 병국의 집으로 들이닥친다. 일행은 병국이 낸 진정서를 "정신병자가 쓴 낙서" 취급하며 "국민소득 일천 달러 달성에 조국 근대화의 성과를 이룬 게 다 무엇으로 이루어진 것"이냐고 성장이데올로기와 "사람이 아닌 한갓 새나 물고기가 죽었다"는 인간중심적 사고로 병국의 아버지를 협박한다. 즉 사람 이외에는 자연이건 동물이건 정복의 대상물일 뿐이다라는 것이다.

인간 우위적 의식은 또한 소설의 처음부분에 나오는 병식과 족제비와의 대화를 떠올리게 한다. 독극물을 투입한 콩으로 철새들을 음독시켜 박제사에게 넘기는 족제비에게 병식이 "살인자"라고 하자, 족제비는 "인이 아닌 살조자"라고 강조하며 "인간은 무엇이든지 죽일 수 있어. 인간은 파괴자야"라고 대꾸한다. 이어서 "인간은 자연을 정복했어. 정복이란 곧 파괴와 살인이지"라고 덧붙

---

14 때문에 필자는 다음과 같은 김욱동의 평은 타당치 않다고 생각한다: "작가가 작품 제목에 붙인 [...] 명상이라는 말은 왠지 걸맞지 않는 것 같다. 왜냐하면 이 작품은 도요새에 관한 어떤 철학적 명상보다는 오히려 도요새를 바라보는 구체적인 태도를 담고 있기 때문이다." (김욱동: 앞의 책, 177쪽)

인다. 이 말 역시 인간은 모든 생명체 위에 있으며 이들을 정복하고 파괴할 수 있다는 정복자적인 자연관을 드러낸다. 이는 족제비에게만 해당하는 것이 아니며, 이것이 당시 경제개발을 시작한 1960년대부터 중화학공업시대를 이루었던 1970년대 한국의 생태의식이다. 이러한 의식수준은 공장의 이익과 직접적인 관련이 있었던 공단관계자 뿐만 아니라 행정기관의 정책수립자도 마찬가지다. 예컨대 병국은 진정서를 관계당국에 제출했다. 그러나 그는 관계당국으로부터 진상을 조사하고 시정한 결과를 통지받은 것이 아니라 직접 성창비료 공장으로부터 방문을 받는다. 이는 행정기관과 기업이 유착관계를 맺고 있다는 증거이며 환경오염 그 자체뿐만 아니라 민원을 무시하는 태도이다. 경제개발계획으로 발전이 눈에 보이고 성장지수가 상승 그래프를 그리고 있는 순간에 그까짓 새가 몇마리 죽고 강물이 오염되는 것이 무슨 대수로운 일이었겠는가. 당국은 눈앞에 펼쳐질 근대화와 번영의 모습에 도취되어 "문명화의 부산물인 공해병이 얼마나 무서운 파괴력으로 인류사회에 침투" (218) 되는지를 깨닫지 못한다. 이는 "자연정복이 곧 인류문명을 낳았고 인류문명은 자연의 파괴 위에 세워놓은 집" (218)이라는 인식에 이르지 못하고 생명체에 대한 윤리의식의 부재를 드러내는 모습이다.

산업사회의 도덕성의 부재는 이에 그치지 않고 연쇄반응을 일으킨다. 공단이 들어서면서 마을 사람들은 땅을 팽개치고 향락생활에 빠져들었다. 그들은 뛰어오른 땅값으로 예기치 못했던 목돈을 만지자 건실한 생활인에서 건달이 되어갔다. 푸른 논밭에서 서로 품앗이를 해가면서 농사를 짓던 농부들은 폐인이 되어버렸으며 녹색의 마을은 여기저기 우뚝 솟은 굴뚝과 검은 연기로 뒤덮여 버렸다. 그야말로 "마을 생기고 처음 있는 난리"인 셈이다. 삶터가 뿌리 뽑히고 대지가 희생되고 자연 생태계가 무너져 가는 모습이다. 독재정권의 개발신화 이데올로기가 발전이라는 미명 아래 가치관을 붕괴시키고 사랑이 소멸하는 '죽임'의 사회로 이끌고 있는 것이다.

III. 생명력을 잃은 가정

산업사회의 자본주의 이데올로기는 빈틈없이 파고들어 가족공동체마저 흔들어 놓는다. 두 소설에 등장한 가정은 세대갈등으로 인하여 균열을 일으킨다. 그러나 그 갈등의 해결에 있어서는 두 가정이 차이를 보인다.

톨름가의 큰아들 롤프는 경제학 박사이며 은행장감이다. 하지만 그는 "히드라 Hydra"와 같은 본성을 가진 자본주의 사회에 저항하기 위해서 산업사회의 상징인 자동차에 불을 지르고 돌을 던진 죄로 꼬박 4년을 복역하며 취업을 금지 당한다. "권력의 핵심부"에 있는 아버지의 도움을 거절한 그는 아버지처럼 양심과 현실 사이에서 갈등하지 않고 자신의 길을 고수한다. 즉 그는 정체성을 유지한 것이다. 이후 그는 공산주의자인 카타리나와 살면서 토마토를 재배하고 닭을 기르며 생활하고 있다. 그리곤 "급속한 현대화"로 인하여 쓰레기가 된 건축용 목재나 버려진 가구들을 손질해서 쓰거나 내다 팔아 생계를 유지해간다.

작은아들 헤르베르트는 군복무를 거부했으며 환경운동가로서 반 자동차운동 Anti-Auto-Aktion을 벌이고 있다. 헤르베르트의 친구들은 오늘날은 화장지와 신문을 이중으로 생산함으로써 숲과 나무가 무자비하게 희생되고 있다고 주장한다. 때문에 신문사의 간행물이나 광고물 등은 "산림의 희생에 의한 낭비"이며 "위생에 대한 테러"라고 신문사 사장인 프리츠 톨름을 공격한다. (340f.) 그들은 진보를 무조건적으로 반대하는 것은 아니지만 "원자력발전소와 살인적인 도로건설에 반대"한다. 또한 이들은 "성장만을 추구하는 자본주의 체제에 끔찍스러운 암이 내재해 있다"고 지적한다. 헤르베르트는 모든 교량과 간선도로와 대형교차로를 견인화물자동차로 막아서 온 도시를 자동차 지옥으로 만들려고 계획한다.

딸 자비네는 경호원 후베르트와 함께 파리로 떠난다. 그녀는 자본가인 남편 에르뷘 피셔의 파렴치함과 사악함에 염증을 느끼고 그와의 "허위적인 삶"[15]을 청산한다.

부모와 전혀 다른 가치관으로 살아가는 자식들을 아버지는 마치 전혀 다른 별에서 온 것 같다고 하여 "위성의 아이들 Satellitenkinder"이라고 부른다.

『도요새에 관한 명상』에 등장하는 아버지는 월남 피난민으로 해방 후에는 서울대학교에 적을 둔 적이 있는 지식인이다. 한때 공립중학교의 서무실에 근무했다가 아내 때문에 불명예스러운 퇴직을 하고는 더욱 상실감에 빠져 지낸

---

15 Reid: a.a.O., S. 269.

다. 그는 자신의 무의욕과 소심함을 “고향을 잃을 때부터 가슴에 큰 구멍이 뚫렸기 때문”이라고 전쟁과 분단을 탓한다. 한 마디로 그는 과거에 갇혀 현실을 잃어버린 소극적인 인물이다. 그는 동진강 삼각주에서 우연히 도요새를 발견하고 “헤어진 부모와 동기간과 약혼녀를 만난 듯” 반가워한다. 휴전선 위 고향 통천을 거쳐 날아왔을 것이기 때문이다. 이후 그는 도요새를 보며 향수를 달래고 해방을 꿈꾼다. 애정이 없는 아내로부터의 해방과 자본만이 지배하고 남에 대한 배려가 없는 사회로부터의 해방이다. 하지만 수질오염으로 인하여 철새가 날아들지 않자, 그의 희망이 점점 힘을 잃어 간다. 환경오염이 그로부터 삶의 의욕과 살아갈 가치를 빼앗아 버린 것이다.

어머니는 자본주의 사회에서 오로지 부만을 쫓는 극히 현실지향적인 인물이다. 그녀는 “중학교도 채 졸업하지 못하였지만” 대단한 수완가이다. 남편을 통하여 학교공금을 빼내어 깨지려는 계를 막아내고 무허가라는 이유로 헐려버린 아래채를 다시 복구해내며 아파트의 분양을 받아낸다. 그녀가 나서서 안 되는 일이 없다. 하지만 분양받은 아파트가 부동산투기억제법에 묶이자 분노의 화살이 가족에게로 향한다. 그녀가 해내는 일들은 모두 윤리의식이 없는 자본주의 사회에서 돈으로 해결되는 일들이다. 큰아들 병국이가 반정부 데모에 참여했다가 제적당하고 고향으로 내려오자 어머니는 “표범”으로 변하며 아들을 완전히 범죄자 취급한다. 병국이가 “공학박사로 동진의 공업단지를 총괄할 행정책임자”가 될 것이라고 믿었던 어머니는 병국의 물품을 모조리 불살라 버린다. 병국은 어머니가 아들에게 걸었던 기대가 모성애가 아니라 “허영심”이었음을 깨닫는다. 소유욕과 금전욕이 대단한 어머니는 아들을 투자의 대상으로 보았던 것이다. 남편이나 아들이 처한 상황에는 전혀 관심이 없고 오로지 외적인 성취만을 강요하는 그녀는 “아비나 아들이나 한 통속으로 미쳤어. 개펄에서 새떼나 보며 세월 보내겠지” (236)라고 독설을 퍼붓는다. 이 어머니에게는 가정을 유지시키는 내면적인 힘, 즉 사랑과 인내, 아량과 같은 인간의 진정한 힘이 결여되어 있다.[16]

작은아들 병식은 재수생이다. 성적 욕망을 주체하지 못하는 그는 주로 고고

---

16 병국의 어머니는 하인리히 뵐의 소설 『어느 어릿광대의 고백』의 한스 슈니어의 어머니와 동일한 유형이다.

장에서 젊음을 발산한다. 길을 가다가 억울한 일을 당한 여공들의 이야기를 엿들어도 병식은 그들의 얼굴과 몸매에만 관심을 보인다. 도요새의 자유롭고 힘찬 비상을 보고 자신도 억눌린 현실로부터 해방되고 싶어 하지만 현실적인 욕망을 이기지 못하는 그는 당장의 유흥비를 마련하고자 새밀렵에 나선다. 그는 지구상에는 수십 억 마리의 새가 존재할 터인데, 몇 십 마리가 박제된다고 해서 뭐 그렇게 대단한 일이냐고 형에게 대들며 폐수로 인한 오염과 새의 희생을 막으려는 형을 비현실적이라고 비난한다. 그러나 소설의 서두에서 족제비에게 새 밀렵은 "자연보호에 위배 된다"고 말하며 "대자연은 [...] 나를 늘 처참하게 구겨버렸다" (197)는 자기비하적인 독백으로 미루어 보아 그는 자연을 정복의 대상으로 생각하는 것은 아니다. 그보다는 생명에 대한 존중이나 생태의식은 미약한데 반해 쾌락에 대한 욕망은 그 스스로가 통제할 수 없을 정도로 크기 때문에 새 밀렵에 큰 갈등 없이 동조한다. "벌레처럼 살고 있다"고 그 스스로가 말하듯이 그는 무질서하고 목표 없는 삶을 지속하고 있지만 자신의 생활에 대하여 진지하게 고민하거나 반성할 의지가 없고 그럴 동기조차 부여되지 않는다. 병식은 확고한 신념과 미래에 대한 전망 없이 쾌락 속에서 허우적대는 우리 사회의 이십 대이다. 그는 자신의 감정을 감당하기에도 벅찬 아버지와 돈만을 쫓는 어머니로 이루어진 가정과 도덕성이 부재한 자본주의 사회의 산물인 것이다.

작가는 분단이라는 역사적 상황과 독재정권 및 자본주의적 욕망이 진정한 사랑과 믿음을 바탕으로 해야 할 가정마저 파괴로 몰아가고 있음을 고발한다. 그는 한 공간 안에서 살면서 유대감이라곤 없는 이 가정을 통하여 절망적인 우리 사회의 한 단면을 보여줄 뿐이다. 그에 대한 판단은 독자의 몫이다.

이에 반해 『신변보호』의 가정은 다른 결말을 제시한다. 이 가정은 아버지 톨름의 완전한 의식전환으로 가족구성원 간의 화합을 암시한다. 아버지의 완전한 태도변화는 큰아들 롤프의 친구이자 테러리스트인 베벨로가 자폭하는 일을 계기로 일어난다. 자본가 톨름은 동료의 장례식에 참여하는 대신에 반자본주의 테러리스트 베벨로의 장례식에 참석함으로써 자본주의 체제의 선두에서, 경제인 협회 회장직에서 '하차'하여 버린다. 그는 자본주의의 중심부에 있었지만 그의 양심은 이 사회에 저항하고 현실을 직시하고 있었으며 경찰의 안전보호 조치에도 신뢰감을 갖지 못하였다. 그는 이제 더 이상 주변에 의해 떠밀려가는 인생이 아니라 주체적인 삶을 살기 위해 자발적으로 이 길을 택한다. 그는 베벨로의 장례식이 끝난 후에 그동안 은밀하게 품어왔던 소망, 그러나 한 번도 입 밖으로 표현하지 않았던 "어떤 사회주의가 와야 하고 승리해야 한다" (534)는 말을 내뱉음으로써[17] 그동안 중간단계에서 어색하게 있었던 인생을 청산하였음을 밝힌다. 뵐은 소설에서 "이 쪽 저쪽 -소련을 말함- 할 것 없이 매일 더 많은 환자와 노예를 만들어 내는 체제" (343)라고 말할 뿐 "어떤 사회주의"를 구체적으로 묘사하지는 않는다. 하지만 여기서 가리키는 "어떤 사회주의"는 70년대에 실제로 존재하고 있는 그런 사회주의가 아니라, "이윤과 계급의 차이가 없고"[18] 분배가 제대로 이루어지며 인간성이 살아 있는 사회이다. 이런 사회를 건설하기 위해서 톨름 부부는 큰아들이 살고 있는 시골마을 후프라이헨에 모여서 작은 공동체를 형성하고자 한다. 그 곳의 사람들은 우유를 농장에서 직접 사오고 빵을 손수 구우며 채소밭을 직접 가꾼다. 아주 "단순한 생활"이[19] 펼쳐지는 곳이다. 안전망의 감옥과 인공정원이 아니라 가공되지 않은 거칠고 소박한 자연 그대로의 작은 시골 마을이다.

큰 아들 롤프는 서로 긴밀하게 연대하고 있는 체제의 강력한 힘에 더 이상 폭력으로 맞서지 않고 "내면으로의 망명"[20]생활을 한다. 그는 "언제나 낡아버린 헛소리를 하는 그런 사람들을 경멸"하고 "인식한 사실을 배반하지 않기로 결심한" 채 (444) 자긍심으로 살아가고 있다. 그러나 이는 자본주의 사회의 거대한 힘에 대항하는 체제반대운동의 무력함을 인정하는 것이 아니라 폭력적인 저항을 자제하고 있는 것이다. 폭력은 폭력을 낳을 것이며 이 악순환의 연속으로 인하여 결국 무고한 시민들만 피해를 볼 것이기 때문이다. 이는 앞서서 프리츠 톨름이 시사했던 아들 "롤프의 시대"는 이런 폭력의 시대, 즉 "와해와 혼

---

17 라이히 라니츠키는 톨름이 소설의 결말에 와서 사회주의를 언급하는 것은 느닷없는 일이라고 하며 "톨름에게 사회주의란 가톨릭적인 정서와 테러리즘적인 에너지가 혼합된 종합 테제라는 인상을 받는다"고 냉소한다. 하지만 자본주의 체제에 대한 톨름의 은밀한 불신과 경멸은 소설 전체에 깔려 있다. 따라서 톨름을 모순적인 인물로 보는 라이히 라니츠키의 혹평은 타당치 않다. Vgl. Reich-Ranicki: Nette Kapita- listen und nette Terroristen. In: Ders.: Mehr als ein Dichter, Köln 1986, 103ff.

18 Böll: Drei Tage im März, Köln 1975, S. 73.

19 Balzer: Einfach leben - einfach leben. In: Bernd Balzer/Norbert Honsza (Hrsg.): Heinrich Böll, Wroclaw 1995, S. 22.

20 Reid: a.a.O. S, 265.

돈의 시대"가 끝난 다음에 올 것이라고 한 말과 같은 맥락에 있다. 이처럼 폭력성에 자중을 기하는 모습은 헤르베르트가 폭력적인 반 자동차운동 Anti-Auto-Aktion을 포기하며 테러리스트인 베로니카가 소설의 결말에서 자수하는 데에서 더욱 분명해진다.

요컨대 뵐이 바라는 세계는 반생명적인 개발이 없고 모든 생명체가 공생하며 평화적으로 개선해나가는 사회이다.[21] 이러한 세계는 "자본주의의 전체적 기제 및 그 마성에 대한 통찰과 비판"[22]이 이루어질 때만이 가능하다.

IV. 생태페미니즘적 관점

생태페미니즘은 여성에 대한 남성의 억압이나 자연에 대한 인간의 억압이 모두 남성우월주의에 뿌리를 두고 있다고 본다. 때문에 남성중심주의와 인간중심주의에서 기인된 지배와 착취를 반성하고 수정해 나가면서 차이의 다양성을 존중함으로써 차별이나 억압 없는 생명공동체를 실현시켜 나가고자 한다. 따라서 "이는 생존을 위한 투쟁의 논리 대신 생명에 대한 경외감을 담은 상생의 윤리를 강조함으로써 신뢰와 정감을 생명권 전반에 확대하고자 하는 새로운 휴머니즘에로의 전회이다."[23]

이러한 생태페미니즘적인 관점을 『신변보호』와 『도요새에 관한 명상』에서도 찾아 볼 수 있다.

뵐은 에르나 브로이어라는 인물을 통하여 여성에 대한 억압과 자연에 대한 억압을 동시에 보여준다. 자비네의 이웃인 그녀는 남편의 운전수와 관계를 갖다가 피셔가를 보호하는 경호원의 감시망에 걸려서 결국 블로르를 떠나야 하는 운명에 처한다. 이후 비좁은 집에서 그녀의 비참한 생활이 시작된다. 그녀

21 뵐은 유고작 『강 풍경을 마주한 여성들』에서도 뜻이 통하는 남녀가 서로 연대감을 형성하고 반사회 집단을 이루어 그들의 뜻을 실현해 나가려는 의지를 밝힌다. 그리고 더 나은 사회를 위해서 사회적 행동을 요구하는 것이 아니라 체제 내에서 평화적으로 개선해 나가야 한다는 것을 명백히 한다. Vgl. 졸고, 뵐의 작품에 나타난 여성인물의 저항의식 연구, 독일어문학 제 10집 (1999) 1-26쪽.

22 박희병: 한국의 생태사상, 서울 (돌베개) 1999, 131쪽.

23 방희정: 21세기와 여성적 가치. 실린 곳: 문화와 사람 2, 서울 (사계절) 2000, 218쪽.

가 도피처에서 겪는 참담함 중에서도 가장 극복하기 어려운 것은 소음 때문에 잠을 이루지 못하는 일이다. “도시의 한복판에 고속도로가 놓여 있는데다가 대각선 방향으로 진입로까지 놓여 있어서 밤이나 낮이나 방아 찧는 소리가” (254) 나는 곳에 그녀의 초라한 아파트가 위치하고 있기 때문이다. 자연의 몫을 빼앗아 건설한 고속도로와 대로들은 도시를 광역화시키고 인구를 한 도시 안에 집중시킴으로써 이웃을 사라지게 하고 공동체를 무너뜨린다. 현대 산업도시는 자연과 단절된 채 회색 콘크리트의 빌딩들만이 들어찬 엇비슷한 얼굴들을 하고 있다. 체온을 느낄 수 없는 이 무개성의 도시 속에서 인간은 오히려 익명의 편안함을 느낀다. “지방적인 것”이 “신뢰할만한 지역을 만들고 이웃을 형성하며 살 수 있는 유일한 가능성”[24]이라고 여기는 뵐에게 현대문명과 기계에 내맡겨진 세상은 “온통 혼돈과 와해 Ringsum Chaos, Auflösung” 속으로 빠져들어 갈 수 밖에 없다. 이 대목에서 뵐은 에르나 브로이어의 스캔들이나 탈세수사에 걸릴 처지에 있는 그녀 남편의 불행을 모두 “신변보호의 부산물” (262)이고 “보안조치의 희생자” (421)라고 반어적으로 표현한다. 그야말로 황폐화되어 버린 세계, 무반성과 무질서가 지배하는 세계에 대한 풍자이다. 그러니까 뵐은 질서유지와 문명화라는 미명 하에 인권이 파괴되고 자유와 땅이 죽어가고 있을 뿐만 아니라 가치관의 붕괴와 무너지는 도덕성까지 고발하고 있다. 이 모든 것이 별개의 것이 아니라 서로 연계되어 있다고 그는 말하고 있다.

‘벌집회사 Binenkorb’를 운영하고 있는 톨름의 사위 에르뷘 피셔는 이익을 위하는 일이라면 망설임이 없으며 그의 그물망에 걸려든 모든 것을 상품화시킨다. “사람을 단계적으로 경악시키는” 그는 승마선수인 아내 자비네마저 성적 도구로 생각하고 자신의 사회적 이미지를 높이기 위한 수단으로 이용한다. 피셔는 대부분의 제품을 임금이 싼 동부 유럽에서 생산해내고 있으며 동남아시아의 저임금국에 생산망을 구축하여 이익을 얻고 있다. 그는 그곳에서 값싼 여성노동력을 이용하고 성적 욕망을 채우며 정력을 자랑한다. 요컨대 그는 후진국의 여성노동력을 상대로 하여 이윤을 챙기고 쾌락적인 생활을 즐긴다. 그의 무자비한 착취에 노조 역시 동참한다. 피셔는 “노동조합들은 아주 기꺼이 보조

24 Böll: Essayistische Schriften und Reden, Bd. 2, Hrsg. v. Bernd Balzer, Köln 1979/1980 (=ESR 2), S. 49.

를 맞추지" (282)라고 넘치는 자만으로 말한다. 노동조합은 노동주와 결탁하여 풍요로움을 추구하고 있는 것이다.

현대 고도산업사회는 세계화라는 이름으로 개발도상국의 사람들과 자연에 대한 착취를 세련된 방법으로 신속하고도 광범위하게 진행시키고 있다. 거대 자본주의가 문명화라는 미명 하에 세계를 획일화된 거대주의로 만들고 세계 각국을 오로지 이윤을 앞세운 무한 경제체제로 내몰고 있는 것이다. 결국 뵐은 사회적 불평등과 부조리가 지배하는 한, 또 상품화의 가치만을 높이 평가하는 한 사회적 약자와 자연에 대한 착취가 멈추지 않을 것임을 암시한다.

김원일은 남성의 여성에 대한 착취와 인간의 자연에 대한 억압을 병국의 시각으로 포착한다.

70년대 초 중화학공업시대로 돌입하면서 정부는 동남만 일대를 대단위 중화학공업단지로 고시하고 동진읍을 시로 승격시켰다. 불과 몇 년 후에 일등 호답에 기름이 스며들어 마을은 폐농을 하고 마을사람들은 공단에서 뿜어져 나오는 매연으로 각종 공해병에 시달린다. 옛 포구였던 웅포리는 폐수오염으로 고기가 잡히지 않자 유흥가로 바뀌더니 도시에서 몰려온 투기꾼들로 인해 소문난 유흥가로 변모하였다. 공업화와 도시화는 자연환경과 생활환경만을 피폐화시킨 것이 아니라 인간의 정신까지 마비시켜 버린다. 동진은 공단지대를 중심으로 성범죄가 사흘에 한 번 꼴로 일어나고 비어홀과 살롱이 빽빽이 들어차 밤에 거기서 쏟아져 나오는 여급들의 수만도 수백 명이 되고 여관이 성업을 이루는 타락된 도시로 변모했다. 생활환경과 땅을 죽여서 얻어낸 물질적 풍요는 향락산업을 번창 하게 했고 여성의 성을 상품화한다.

개발도상의 자본주의 사회에서 여성이 할 수 있는 일이란 공장의 생산직이나 비어홀과 살롱의 여급이다. 어느 쪽이든 성적으로 경제적으로 착취당한다. 비(B)공단 플라스틱 공장의 사장은 벤츠를 타고 다니면서 야근 수당을 석 달이나 미루고 납품숫자가 모자란다고 여공원들을 알몸 수색한다. 이에 항의하자 농성을 주도한 여공을 해고해 버린다. 이때 노조는 기업가의 손발이 되어 문제의 해결에 나선다. 독일이건 한국이건 노조와 기업가가 유착하는 모습을 볼 수 있다.

여성은 사회의 노동현장에서 저임금과 임금 체불과 성폭력의 희생자가 되고 있다. 이들은 상한 야식용 빵을 먹고 야근을 하며 상사와의 관계에서 낙태수술을 하고 나서도 수술비조차 받지 못한다. 힘을 가진 남성들은 "말썽 안 피울 순진뜨기"만을 골라서 상습적으로 일을 벌이고, 여성들은 몸이 "만신창이"가 되어가면서도 이에 대항하지 못한다. 억울하지만 이들은 이를 묵인하고 견디어내며 남성들은 이를 악용한다. 그럼으로써 악순환의 상황은 지속된다. 이때 김원일은 여공들의 얘기를 엿들은 병식의 시각을 오로지 여공들의 몸매에만 두는 무관심으로 일관시킨다. 이는 남성중심적 사고부터 거리를 유지하면서 착취당하는 여성들의 실태를 객관적으로 서술하기 위한 작가의 의도이다. 달리 표현하면 그는 문명과 개발이라는 이름으로 여성과 자연이 착취당하는 남성우월주의 사회의 현실에 문제를 제기하고 있는 것이다. 흥미롭게도 그는 이를 여성 자신들이 아닌 남성의 시각으로 포착하고 있다. 김욱동이 지적한 바처럼 "생태페미니즘에서는 남성을 이제 더 이상 적대자로 보지 않고 오히려 동반자로 보려고 한다는 사실을 염두에"[25] 둔다면 작가는 이러한 담담한 묘사를 통해 남성들에게 우리의 현실을 있는 그대로 보여주면서 반성과 성찰을 촉구하고 있다고 볼 수 있다. 더 이상 억압과 착취가 아니라 화합과 조화의 사회로 나아가야 함을 말하고 있는 것이다.

반면에 뵐은 자비네가 생명력이 없는 인형의 집, 남편 피셔의 "돈의 세계"[26]를 벗어나듯이, 여성들에게 남성중심사회에 저항하게 한다. 그는 남성들이 하는 거창한 일이 파괴적인 반면에 여성들이 하는 일은 하찮게 보일지라도 생산적이라고 생각하는데,[27] 이러한 생각은 특히 그의 전쟁 체험에서 기인한다. 제2차 세계대전을 직접 경험한 뵐은 남성들이 행하는 전쟁을 단지 잔인함만이 존재하는 "무의미"하고 "엄청난 권태의 기계"라고 말하며 전쟁이라는 모순과 부조리 때문에 남성들을 경멸하게 되었다고 말한다.[28] 반면에 여성들은 전쟁으로부터 돌아와 상실감에 빠져 있는 남성들에게 용기를 주고 아이들을 전쟁의 상흔으로부터 벗어나도록 보살피며 강인한 의지로 가정을 지키려고 노력하였던 것이다. 즉 뵐은 여성들이 하는 일은 '살림'과 '생명'과 관련된다고 본다. 그

---

25 김욱동: 같은 곳, 195쪽.

26 Balzer: a.a.O., S. 22.

27 Böll: Interviews 1961-1978. Köln 1978, S. 545.

28 Ebd., S 542. 그는 덧붙여 이렇게 말한다: "만약 전쟁이 일어나지 않았으면 어떤 직업에서 남성들의 우스꽝스러움을 발견했을 것입니다."

는 이렇게 말한다. "여성은 자기 자신과 육체와 자연에 대해 덜 복합적이고 덜 복잡하며 덜 지적인 관계를 가지고 있습니다. 그것이 그들을 더 자유롭고 해방스럽게 만듭니다."[29] 때문에 여성들은 체제와 돈과 권력이라는 힘의 논리가 지배하는 사회에 동조하지 않고 과감히 저항할 수 있다고 그는 여긴다. 그래서 그는 초기작품부터 부정하고 부패한 사회에 저항하는 힘을 특히 여성에게 부여하였다. 하지만 이 사회에 대한 그들의 저항은 증오와 분노의 형식을 띠는 것으로 수동적이고 소극적이다. 현실에 대한 이러한 소극적인 거부는 소설 『9시 반의 당구』(1959)를 기점으로 점점 더 강하고 적극적인 저항으로 나아가고 급기야는 이 저항을 행동으로 보여준다. 이 저항은 『카타리나 블룸의 잃어버린 명예』(1974)에서 정점에 달한다. 그러니까 작가는 작품의 인물들에게 점점 더 "실천적 저항"을 요구하는데, 이는 작가 자신의 의식의 변화와 사회개선에 대한 의지가 강화되었다는 것을 의미할 것이다. 게다가 70년대의 독일 사회와 학계에서 일어난 페미니즘 운동의 영향이 그의 시각에 가세를 했을 것이다. 이 소설에서도 그는 "여성해방을 실천하고 있는" 17세의 소녀라든지 "여성해방주의적인 창녀들까지도 존재한다"는 표현들을 사용하며 동성애에 빠진 정치가를 등장시키기도 한다. 하지만 그는 더 이상의 상세한 서술은 하고 있지 않다. 이로 미루어 보아 그는 페미니즘 운동에 적극성을 표명하기보다는 다양함을 인정하고 상대를 배려해야 한다는 견해를 간접적으로 내비치고 있다고 볼 수 있다. 따라서 그는 최근에 생태페미니스트들이 주장하고 있는 것처럼 대립주의적인 인간관을 극복하고 타인을 배려하고 인정해주며 상호 연대하여 새로운 인간관과 세계관을 세웠으면 하는 바람을 표현하고 있다. 이것은 결국 인간해방에 대한 바람이고 휴머니즘에로의 전회이다. 그리고 이러한 가치는 인간과 자연에 대한 관계에서도 실현되어야 함을 말하고 있는 것이다.

V. 맺는 말

위에서 고찰한 두 소설은 사회적 모순상황이 인간을 소외시키고 그의 고향

29 Böll/Vormweg: Weil die Stadt so fremd geworden ist. Bornheim-Merten 1985, S. 128.

을 앗아갈 뿐만 아니라 환경의 파괴까지 가져옴을 여실히 드러내고 있다. 두 작가는 소설에서 환경파괴 역시 단독적인 문제가 아니라 정치, 사회문제와 얽혀있으며 바로 이 사회적 모순상황에 그 원인이 있음을 드러낸다.

위의 두 소설에는 독일사회와 한국사회의 병리현상들이 다양하게 언급되어 있다. 문명과 성장과 이익에 최고의 가치를 두고 있는 자본주의 사회의 본성이 그 원인이다. 이 사회의 끝없는 욕망으로 인하여 여성이 상품화되고 경제적으로 유용한 자연은 착취의 대상이 되어 거침없이 훼손되고 파괴되었으며, 인간은 거기서 얻어진 물적 풍요로움에 흐뭇해하고 진보와 발전에 감탄하였다. 하지만 문명의 편리함에 길들여진 인간은 이제 소비와 탐욕의 노예로 전락하고, 과학기술의 폐해와 환경의 오염은 인류를 위협하는 수준에 이르렀다. 이 모든 문제가 두 작가의 작품에 밀도있게 응축되어 있다. 뵐은 이를 경제계의 심장부에 있는 인물을 내세워 자본주의 사회의 모순과 지도층의 부패성을 드러내는데 주력하면서 사회의 부패와 환경의 파괴와 인간성의 황폐가 한 줄기에 있음을 보여주고 있다.

한편 김원일은 이야기의 중심에 환경오염의 문제를 두고 있다. 그는 개발독재의 희생자가 된 서민의 실상을 바로 당사자들의 입을 통해 직접 고발한다. 이처럼 두 작가는 시대정신과 문제의식을 공유하면서도 각자가 처한 지역적 상황에 따라 초점을 약간 달리하고 있다. 또한 그에 따라 그 문제의 해결에 있어서도 차이를 보인다.

뵐은 현실의 모순을 가차 없이 비판하고 있지만 소설의 결말을 단지 부정적이고 절망적으로 끝내지 않고 하나의 대안을 제시한다. 그것은 서로 뜻이 통하는 사람끼리 '작은 공동체'를 형성하는 것이다. 근본적인 해결책이 되지는 못할지라도 이 대안으로 그는 작중인물들에게 희망의 빛을 던진다. 이는 인간세계에 대한 기대와 바람을 버리지 않는 그의 긍정적인 사고와 작가생활 초기부터 가졌던 문학 강령 "인간주적인 것의 미학 Ästhetik des Humanen"에 근거한 것이다.[30] 뵐에게 있어서 "인간적인 것의 미학"이란 물질만능주의와 이윤추구에 사로잡힌 광기 속에서 인간의 존엄성을 지키고 진실 된 삶을 살려고 하는 사람들을 보호하고자 그들에게 희망을 주는 것이다. 문학의 기능 중의 하나가

30 Böll: ESR 2, S. 34.

강요받는 사회와 비틀린 세상에 진실과 아름다움이 살아있음을 보여주는 것이라면 뵐은 이를 실현시킴으로써 독자에게도 희망을 준다.

그는 이러한 결말이 유토피아적으로 들릴 수도 있으나 실현가능하다고 강력히 주장하며 인간이 권력과 타인에 대한 지배욕에서 벗어나 서로를 배려하고 인정할수록 형제애에 가까워진다[31]고 강조한다. 그의 견해에 의하면 이러한 모델은 "연대감"을 갖고 "어떤 세계에서 우리가 살고 있는지 아주 정확히 파악"하면 실현될 수 있다.[32] 예컨대 1973년 작은 도시 빌 Wyhl에서 원자력 발전소 건설을 반대하는 포도재배업자들의 시위가 있었다. 이 농부들은 자기들의 생존기반을 지켜내기 위해서 몸으로 맞섰다. 이에 뵐뿐만 아니라 지식인과 의식 있는 사람들이 참여하였다. 이외에도 뵐은 여러 편의 글에서 '문명과 대지에 대한 인식을 새로이 하자'고 호소하며[33] 이를 위해 몸으로 실천하였다. 때문에 뵐은 이 소설에서 국가는 발전과 진보를 추구할지라도 국민이 연대감으로 공동체를 지켜야 한다는 의지를 밝히며 실천 가능한 소박한 대안을 내놓은 것이다.

또한 그는 억압받는 여성에게도 화합하고 연대할 수 있는 공동체를 마련해준다. 자비네는 남편의 속물성에 염증을 느끼고 생명력을 잃어버린 가정을 스스로 떠나지만 주변으로부터 소외되지 않고 이해를 받는다. 브로이어는 고향의 품으로 돌아간다. 흔히 고향이란 따뜻한 향수의 대상이며 순박한 이웃인심과 문명의 힘이 닿지 않는 전원적인 모습을 떠올리게 한다. 요컨대 고향사람들의 따뜻함이 그녀를 고통에서 구제한다. 이것 역시 착취당하고 정복당하기만 한 자연과 억압받은 여성의 권리를 회복하여 진정한 자유가 존재하는 풍요롭고 다양한 삶이 있은 곳으로 만들어보자는 그의 강력한 희망의 피력이다. 이처럼 뵐은 '희망의 원칙'을 일관성 있게 유지함으로써 사회의 개선에 대한 확고한 신념을 보인다.

김원일은 『도요새에 관한 명상』에서 "비극적 분단역사와 부정적 정치권력이 삶을 황폐화시키는 오염원이라는 이야기와 공업단지가 아름다운 철새도래지를 황폐화시키는 오염원이라는 이야기를 중첩시키고 있다."[34] 경제개발계획으로

---

31 Böll: Interviews, S. 462.

32 Böll: Im Gespäch. Heinrich Böll mit H. L. Arnold, München 1971, S. 57.

33 Vgl. Böll: ESR 3, S. 417/ 462-468.

34 이남호: 같은 책. 67쪽.

발전 일로에 있었던 한국은 환경오염에 대한 의식이 높지 않았으며 더구나 정부 측의 대안은 형식적일 뿐이었다. 그래서 작가는 우리 사회가 이를 어떻게 대처해나가야 할 것인가라는 질문을 던지고, 이에 대한 답을 독자의 몫으로 남겨 둔다. 그러면서 그는 환경을 살리기 위해서 노력하는 젊은이를 내세워 환경문제에 대한 관심을 요구한다. 독재정권의 희생자가 된 병국은 오로지 "고통의 원인을 제공한 이 땅을 떠나 멀리로 완전한 자유인이 되어 떠나고 싶은" 욕망을 나그네새를 통하여 구현하고자 한다. 때문에 그는 개발독재에 의해 보금자리를 잃어버린 새에게 생존의 자유를 찾아주기 위해서 강렬한 집념을 보인다. 개발신화에 매달려 생명체를 억압하는 곳에서 이들의 서식지를 되찾아주는 일은 곧 독재정권의 탄압에 의해 소외된 자신의 가치를 되살리고 자아를 찾는 일이 된다. "절망의 눈빛으로 작가에게 간절하게 해방을 요구하는"[35] 억압받는 생명체를 위해 김원일은 병국을 생명주의의 실현자로 만들었다. 병국이 뿐만 아니라 그의 아버지도 생명을 갈구하고 자연과 교감하며 일체감을 느낀다. 반면에 어머니는 공격적이고 파괴적이다. 이는 지배자 남성 - 피지배자 여성이라는 이분법적 공식을 뒤집어 놓은 반대구도로써 그 위치만 바뀌었을 뿐 여전히 대립적인 관계를 나타낸다. 전혀 개선이 없는 양상이다. 요컨대 작가는 남녀의 적대적인 관계를 청산하고 이제는 남녀가 동반자적인 관계로 상생相生하기를 강력히 희망한 것이다.

---

35 김원일: 히로시마 불꽃, 서울 2000 (문학과 지성사), S. 9.

기술시대를 비판하는 현대시

-독일시와 한국시를 중심으로-

송용구

인간의 이성이 만들어낸 최고의 산물은 과학기술일 것이다. 과학기술은 이성에 대한 서구인들의 절대적 신뢰를 증명해주는 대변자가 되었다. 20세기 이후의 시대를 여러 가지 이름으로 명명할 수 있을 것이다. 그러나 과학기술이 주도적인 위치를 차지하여 산업과 경제를 이끌어왔다는 왔다는 점에서 오늘의 시대를 '과학기술의 시대'라고 명명하는 것이 타당하리라. 과학기술은 동양 및 남반구에 대한 서구세계의 지배를 가능케 한 원동력이었고, 적어도 20세기 중엽까지만 해도 인류의 무한한 발전을 보장하는 증표처럼 보였다.

과학기술은 제 3세계의 저개발 국가들을 선진화의 단계로 끌어올릴 수 있는 단서가 되었다. 지난 역사를 돌이켜보면 수많은 국제회의와 정치회담에서 저개발국의 기술 향상과 경제 지원에 논의를 집중해왔던 것이 사실이다. 서구의 선진국들이 저개발 국가들을 지원하는 정책은 제국주의 시대의 식민활동이라는 역사적 오명을 깨끗이 씻어줄 수 있는 보상 행위처럼 보이기도 하였다. 영국·독일·프랑스·미국 등 제국주의 국가들은 20세기 중엽 이후 그들의 경제력을 가난한 제3세계 국가들에게 지원해주는 구원자로 탈바꿈한 것이다.

아프리카와 동아시아의 자원들을 탈취하여 산업발전을 가속화하고, 원주민들을 노예로 삼아 산업생산의 노동력으로 전환시키던 만행의 시대는 자취를 감춘 것처럼 보였다. 지배와 착취로 얼룩진 식민통치의 시대는 사라지고 서구와 제 3세계가 코스모폴리타니즘의 깃발 아래 과학기술을 교류하면서 진보와 발전을 함께 추구해나가는 '협력의 시대'가 전개되는 듯 했다. 서구세계의 지원을 통하여 낙후성을 극복하고 진보를 이룩하려는 것은 아프리카와 동아시아,

남미 등 저개발 지역의 모든 국가들이 갖고 있었던 기대였다. 그리하여 제 3세계도 서구의 선진국들처럼 풍요로운 복지를 누릴 수 있다는 희망을 갖게 되었으며, 이 희망을 실현하기 위해서는 – 서구의 지원을 통해서라도 – 과학기술의 수준을 발전시키는 것밖에는 대안이 없다는 결론에 이르게 되었다. 따라서 과학기술에 대한 믿음은 그 어떤 종교의 전파 속도보다도 더 빠르게 저개발 국가들을 사로잡았다. 발전의 일념에서 비롯된 과학기술을 향한 낙관적 신뢰가 그들을 번영의 환상 속으로 인도하였다. 발전의 속도를 가속화함에 따라 생겨나는 문제점들에 대하여 비판적 견해를 제시하는 것은 발전에 역행하는 배반 행위로 취급당하기도 했다. 그러나 이같은 비판적 견해들에 귀를 기울이지 않으면 발전과 진보는커녕 멸망의 종국점을 향해 다가갈 수밖에 없다. 진보만을 추구하며 과학기술을 남용해왔던 행동이 오히려 인간 공동체를 하루 아침에 무너뜨릴 수 있는 시한폭탄이 된 것이다.

그런데, 그런데 말이지
요새는 숨 쉬기가 어렵고
인제 몸도 정신도
나는 건 고사하고
자라지도 않는다
우리는 모두 발육정지 됐는데
몸도 마음도 더는 자라지 않는데
오호라 우습고나
성장이다 발전이다 가갸거겨
앵무새 앵무새 앵무새 놀음이다

– 정현종의 「푸른 하늘」 중에서

인간의 등은 굽어간다
날이 갈수록 앞으로 점점 구부러져
어느 날 인간의 입술은
땅바닥에 닿으리라
흙이 되리라

– 롤프 하우프스의 「진보」 전문

정현종의 시 「푸른 하늘」과 롤프 하우프스의 시 「진보」에서 시적 화자는 현대의 진보 논리를 풍자적으로 비판하고 있다. 테크놀로지의 황금마차를 타고 풍요로운 소돔성을 향해 앞만 보고 전력질주한 결과는 무엇인가? 물질적 욕망을 채우기 위하여 공동체의 구성원들을 도구로 이용하고 자연을 수단으로 삼으면서 달려왔던 '진보'의 종착역은 죽음뿐이다. '눈먼 소경처럼 지구의 마지막 밤을 향해' 달려왔던 현대인들의 어리석음을 두 시인은 자조적인 목소리로 비판하고 있다(독일의 시인 다그마르 닉의 「우리는」 참조).

과학기술의 급속한 발전은 군사무기의 파괴력을 증대시켰다. 제2차 세계대전에서 사용되었던 무기와는 비교도 안 되는 고성능 전략무기들이 출현하였다. 이제는 컴퓨터 버튼 하나만 잘못 눌러도 지구 전체가 불덩이에 뒤덮일 수 있는 위험을 안게 되었다. "컨테이너 뚜껑"을 열고 나온 화마火魔가 불과 몇 초 안에 인류를 비롯한 모든 생명체들을 삼켜버릴 수 있는 때가 된 것이다.

제 자신의 안전을 위하여
인간은 발 밑의 땅을
유도탄과 원자폭탄으로 가득 채우고야 말았다.
(...)
40억 중 30억의 인간들이 멸망해갔다.
한 무리는 인간이 길러냈던
병病 때문에 죽어갔다.
다음 번의 전쟁을 위해 미리 준비해둔
컨테이너 뚜껑을 닫는 것을
누군가가 깜빡 잊었기 때문이다.
(...)
마지막 인간들이 붉은 단추를 눌렀다.
그들로서는 위협을 느꼈기 때문이다.
불덩이가 지구를 뒤덮고
산들이 불타오르며 바다는 증발해버렸다.
도시의 콘크리트 조각들이
검게 그을린 채, 연기를 뿜고 서 있었다.
하늘의 천사들은
파아란 혹성이 빨갛게 되고

그 다음엔 더러운 갈색으로 변했다가 결국 잿빛이 되는 것을 보았다.
– 예르크 칭크의「인류의 마지막 7일」중에서

시인 예르크 칭크는 인류가 핵전쟁으로 멸망할 지도 모른다는 가능성을 묵시록의 표현방식을 통해 경고하고 있다. 이러한 비극적 종말을 충분히 예견할 수 있는 상황임에도 불구하고 20세기 중엽 이후 세계 각국은 막대한 자금과 고급 인력을 투자해가며 핵무기 증강에 열띤 경쟁을 벌여 왔다. 1945년 히로시마와 나가사키에 떨어졌던 원자탄의 파괴력을 수천 배 능가하는 핵폭탄, 바다 건너에 있는 목표물까지 날아가서 한 치의 오차도 없이 목표물에 명중되는 크루즈 미사일, 인류에게 새로운 정복의 시대를 열어주고 21세기에는 전쟁의 무대를 지구 밖으로 확대할 지도 모르는 저 늠름한 우주선들... 이러한 첨단 무기들은 이제 서구세계의 전유물이 아니다.

제3세계의 많은 국가들이 쿠데타로 인한 군사정권의 출현을 경험한 바 있고 지금도 경험하고 있다. 군사정권은 국민의 지지에 의해 태어난 정권이 아니기 때문에 태생적으로 정통성이 결여되어 있으며 외세에 의존할 수밖에 없는 한계를 지니고 있다. 그러므로 자국의 영토를 강대국의 군사기지로 고스란히 내어줄 수밖에 없다. 강대국의 군사적 지배를 받는다는 것은 필연적으로 정치적 종속과 경제적 예속을 낳게 된다. 내정간섭은 물론 상품의 판매시장마저 잠식당하고 마는 것이다. 저개발 국가들의 국고에서 막대한 비용이 군사무기의 수입을 위해 지출되고 있는 것은 이 같은 종속관계에 기인하고 있다. '원조'라는 미명하에 과학기술을 지원하는 행위도 엄밀히 말하자면 파괴와 재앙을 부르는 군사기술과 살상무기의 공급을 의미한다.

그러므로 지금은 지난 세기의 역사에 대한 좀더 많은 회의懷疑와 비판이 필요한 때이다. 제 3세계의 산업을 발전시키기 위해 서구세계의 과학기술을 지원해주는 것이 과연 저개발 국가들의 번영을 위해 기여하는 일인가를 냉정히 진단해볼 필요가 있다. 과학기술의 지원 행위야말로 낙후된 국가들의 발전을 목표로 하는 것이 아니라 서구세계의 시장경제를 더욱 활성화시키고 정치적 지배의 판도를 넓혀나가는 행위일 수 있다. 즉, 그것은 식민주의를 종식시키는 코스모폴리타니즘의 실현이 아니라 새롭게 탈바꿈한 제국주의의 얼굴일 수 있다는 얘기다. 그 증거로서, 제 3세계의 많은 국가들이 서구세계로부터 선진 과학기술을 받아들였음에도 불구하고 애초에 목표했던 번영과 행복에 전혀 접근하지 못하고 있다. 그들은 물질적 빈곤감, 부정부패, 상류층과 하층 민중간의 위화감, 전쟁의 위험과 불안, 토착문화의 파괴, 환경오염 등으로 인해 고통을 겪고 있지 않는가?

제 2차 세계대전 이후, 서구세계에서 재화財貨의 생산은 과학기술의 발전에 비례하여 비약적으로 증가하였고 생산규모도 거대해졌다. 산업국가의 모든 구성원들이 재화를 생산하고 소비하는 일에 영혼을 헌납하였다. 인생의 가치는 물질적 영역으로 확실히 이전되었고 물질은 신의 위치에까지 오르게 되었다. 서구인들은 '생산-소유-소비'라는 자본주의의 삼위일체를 자신들의 행복을 결정짓는 선결조건으로 받아들였다. 그들은 '물질=행복'이라는 신화를 스스로 가공해낸 것이다.

우리의 도시들
미끈하게 털을 깎았다.
콘크리트 덩어리들
민숭민숭한 대머리처럼 서 있다.
도심부의
백화점들.
만들어낸 꽃 뒷 켠에서
누구든 숨박꼭질을 즐길 수 있다.
실제 그대로의 상품 꾸러미는
더 이상 없다.
모든 상품에서 등꽃색과 초록색이
미끄러져 흐른다.
네온불빛 아래
번쩍이는 깃털 장식과
잔디를 본뜬 양탄자.
우리는 불빛에 홀려
물건들을 구한다.

- 에리카 라우슈닝의「백화점」중에서

에리카 라우슈닝의 시에서 드러나듯 서구인들은 산업 발전의 과정에서 '자연 그대로의' 사물을 더 이상 찾아볼 수 없게 되었다. '만들어낸 꽃'과 '잔디를 본뜬 양탄자'처럼 자연을 가공한 상품들과 모조품들이 현란한 '네온 불빛'으로 그들의 소유욕을 자극하였다. 그들은 갖고 싶은 물질을 손에 넣을 수만 있다면 그것이 자연의 모상模像에 불과한 것일지라도 만족스러워 했다. 이제 그들에겐 자연의 실체와 모상 사이에 가치구분이 무의미해진 셈이다. 자연의 실제 모습보다 더욱 아름다워 보이는 모상들의 '불빛'은 자연을 향한 서구인들의 향수를 '콘크리트 덩어리'처럼 마비시켰다. 데카르트의 "나는 생각한다. 고로 나는 존재한다." 라는 그 유명한 발언은 이제 "나는 내가 소유하고 소비하는 물질에 의해 존재한다." 혹은 "나는 내가 만든 기계에 의해 존재한다." 라는 말로 대체되었다. 서구인들은 물질의 소유와 소비 과정에서 나타나는 부작용에 대해 둔감하였다. 과학기술의 급진적 발전으로 인해 빚어지는 희생에 대해서도 눈길을 돌릴 수가 없었다. 괴물 메두사의 눈부신 빛을 보고 돌덩이로 변해버린 사람들처럼 그들의 눈길은 물질과 과학기술의 마력에 모든 감각을 빼앗겨 버렸기 때문이다. 풍요를 추구하는 과정에서 나타나는 자연의 희생조차도 과학기술의 능력으로 충분히 막을 수 있다는 일종의 낙관주의가 그들을 "부작용 없는 진보"의 환상에 도취하게 만들었다.

20세기에 들어와서 과학기술은 비약적으로 발전하였다. 그러나 과학기술의 발전 속도가 빨라질수록 자연파괴도 가속화되었다는 점에 심각한 문제가 있었다. 서구인들은 과학기술을 통해 대량생산의 시스템을 구축하고 생산규모를 확대해나가면서 경제적 이윤과 부富의 향상을 추구하게 되었다. 이러한 목표를 실현하기 위해 도구와 수단으로써 희생을 강요당하는 존재는 '자연'이었다.

20세기의 역사를 돌이켜보면, 과학기술의 발전과정에서 나타나는 자연의 희생을 방지하는 데 주력하기보다는 오히려 자연의 희생을 조장해왔다고 보는 것이 타당하다. 서구인들은 대량생산에 필요한 자원들을 수탈하기 위해 자연을 파괴하였다. 자연의 생식능력과 재생능력을 고려하지 않는 착취행위가 누적됨으로써 생물의 멸종과 자원의 고갈을 염려할 수밖에 없는 상황에 이르렀다. 폐경기에 접어든 여인처럼 자연은 메말라버린 자궁의 밑바닥을 드러내기 시작한 것이다. 물질의 생산과 소비를 촉진하기 위해서 자연을 끊임없이 착취해왔던 행위는 인간과 모든 동식물의 공생共生 시스템, 즉 생태계를 파괴하고 말았다.

자연의 역할은 자원을 공급하는 일에 그치지 않았다. 자연은 인간의 산업생산을 위해 노예의 멍에를 짊어질 뿐만 아니라 제조와 소비과정에서 배설된 쓰레기들을 끌어안아야 하는 거대한 폐기물 처리장의 의무를 강요당하였다. 과일이 탐스럽게 영글어가던 대지는 농약의 독성에 감염되어 페스트 환자처럼 병들어가고, 산그늘이 환히 비치던 강물은 제방처럼 두터운 화학물질에 숨이 막혀 더 이상 흐르지 못하고 있다. 자연은 소중한 생존권을 박탈당한 채, 생식능력의 고갈과 자정능력의 마비라는 이중적 수난을 경험하고 있다.

생명의 젖줄인 물, 공기, 흙이 망가지고 나무, 꽃, 새들이 차례로 인간의 마을을 떠나가고 인간조차도 생명의 위험에 직면하였다. 생존을 위협받는 시점에서, 과학기술과 물질을 통해 유토피아를 건설하려고 했던 서구인들의 희망은 낭만적 환상으로 변해가고 있었다. 산성비와 산성눈 때문에 살갗의 세포조직이 갈라지지 않을까 염려하고, 곡식과 과일에 농약이 묻어있지 않을까 의심하며, 산에서 흐르는 물조차 마음 놓고 마시지 못하는 현실에서 과학기술의 진보와 물질의 풍요는 무슨 의미가 있겠는가? “물질=행복”이라는 신념 자체가 무색해졌다.

우리의 삶 속엔 ‘소유’와 ‘소비’로 대체할 수 없는 행복의 조건들이 많다. 나무의 형제이자 꽃의 자매가 되어 자연과 함께 가족처럼 살아가는 것, 자연의 아름다움과 생명감을 향유하면서 정서를 풍요로이 가꾸는 것, 인간 상호간의 친밀감과 정신적 교류, 이웃 간의 협동과 유대, 자선과 봉사, 자유와 인권을 존중하는 것 등은 물질적 가치로 판단할 수 없는 행복의 조건들이다. 그러나 현대사회를 살아가는 수많은 사람들이 이러한 조건들로부터 소외되어 있다. 기술시대의 메커니즘은 인간의 행복을 실현하기 위해 생산의 동력과 스피드를 고조시켜 왔으나 오히려 인간의 행복을 깨뜨리는 모순들을 풍성하게 생산하고 말았다. 전진과 상승, 생산과 발전만을 추구하느라고 주변을 돌아볼 줄 모르는 현대사회에서 노인들, 장애인들, 고아들이 가족의 무관심, 이웃과의 단절, 사회적 냉대로 인해 눈물을 흘리고 있지 않는가! 지금은 일상생활 속으로 침입해 들어온 각종 환경호르몬으로부터 인간의 생명을 지켜내기에도 힘겨운 현실이다. 자연의 아름다움을 향유하려는 정서적 욕구조차도 책 속에서나 실현 가능한 것이 되었다.

현대인들은 자연친화의 욕구를 마음껏 충족할 수 없는 시대에서 살아가고 있다. 그러나 자연의 고결함과 아름다움만을 예찬하는 시인들은 아직도 상당수 존재하고 있다. 이른바 전통적 서정시의 양식樣式에 머물러 있는 시인들이다. 그들의 자연관自然觀은 가히 낙관적이다. 변화하는 시대 속에 살고 있으면서도 그들은 자연이 인간에게 생명의 자양분을 공급하는 순수한 원천임을 의심하지 않는다. 그들의 시 속에서 자연은 인간과 함께 조화롭게 살아가며 변함없는 아름다움을 간직하고 있다. 전통적 서정시의 맹점은 동시대의 현실과 자연을 이분법적으로 분리시켜 바라본다는 점이다. 자연은 시인의 주관적 상상을 통해 가공되고 변형될 수 있는 형이상학적 체험의 대상이 된다. 그러므로 전통적 서정시 속에서 자연을 바라보는 독자의 시각은 사회적 현실로부터 차단되고 만다.

전통적 서정시에서 나타나는 낙관적 자연관은 현대시에 이르러 부정되기 시작했다. 이제 시인들은 자연을 더 이상 아름다움의 정수精髓로 볼 수 없게 되었다. 20세기 중엽 이후 현대시에서 자연은 인간의 예찬을 받는 존재가 아니라 인간의 두려움과 탄식을 자아내는 존재로 변해가고 있다. 인간에게 혜택을 베풀어왔던 자연이 인간의 생명을 위협하는 존재로서 얼굴이 바뀌고 있는 것이다. 현대시에 등장하는 자연은 인간과 함께 조화롭게 살아가는 가족의 울타리를 벗어나 인간의 물질적 욕망 때문에 버림받고 유기당한 희생자의 모습을 드러내고 있다. 자연과 인간은 공생共生을 그치고 곳곳에서 불화를 일으키고 있다.

> 한강은 거대한 하수구이다
> 저 팔당 아래에서부터
> 저 아래 성산다리 행주다리까지는
> 드넓은 쓰레기의 강이다
>
> 한강은 강이 아니다
> 그저 우리들의 오물을 실어 나르는
> 컨베이어 벨트다
> 잠실에서 난지도까지는
>
> 한강은 죽었다

그것은 내장이다 죽어서도 우리들의
삶을 옮겨다주는 물체다
눈 먼 마음이다

복개하지 않은 거대한 하수구
한강은 흐르고
한강은 멈추지 않아도
서울에 와서 죽는다

— 고형렬의「한강 下水」전문

현대시에서 자연은 인간에게 앙갚음을 가하는 복수자의 모습으로 변해가고 있다. 생명의 젖줄로 예찬받던 '강'은 어제의 '강'이 아니다. 외관상으로는 생명의 자양분을 실어 나르는 것처럼 보이지만 실제로는 인간들의 '오물'과 '쓰레기'를 실어 나르는 '컨베이어 벨트'로 변하였다. '강'을 죽음의 '하수구'로 타락시킨 '오물'의 실체는 무엇인가? 현대인들의 물질적 욕망이 아닐까? 시인은 사회를 병들게 하고 자연을 타락시키는 원인으로 인간의 물질적 탐욕을 비판하고 있다. '한강은 멈추지 않아도 서울에 와서 죽는다.' 라는 발언은 자연의 보복 앞에 무방비 상태로 노출된 우리의 현실을 암시한다. '공장지대'의 주변에서 살아왔던 어느 '산모'가 폐놀과 수은이 섞인 강물을 식수로 마신 탓에 '무뇌아'와 기형아를 낳는 현실에 대해 우리는 어떻게 변명할 것인가?(최승호의 시「공장지대」참조). 아이들은 강물에서 '등 굽은 물고기를 건져 올리고', 노인들이 그 물고기를 '농약으로 얼룩진 상추에' 싸서 아무렇지도 않게 먹어버리는 풍경에 대해 어떤 미사여구가 필요하겠는가?(신경림의 시「이제 이 땅은 썩어가고만 있는 것이 아니다」참조). 결코 웃을 수 없는 이러한 풍경들을 만날 때마다 우리는 전통적 서정시 혹은 자연시로부터 물려받은 낭만적 자연관을 포기할 수밖에 없다. 인간에게 생명의 자양분을 아낌없이 베풀어주었던 대지의 여신 가이아(Gaia)는 죽음을 선사하는 복수의 여신 네메시스(Nemesis)로 변하고 말았다. 생태계가 파괴되는 현실은 자연을 바라보는 시인들의 시각을 바꿔놓았다. 어제까지 읽혀졌던 시가 '한강'의 아름다움을 예찬하는 찬가였다면 오늘부터 읽어야 할 시는 '한강'의 죽음을 슬퍼하는 비가이다.

자연과 인간의 관계를 변화시킨 근본적 원인은 물질적 욕망과 과학기술에 대한 맹신임이 밝혀졌다.

우리에겐 두려운 것이 없다. 우리가 믿는 것은
로봇의 두뇌와 그 위력.
죽어가는 지구의
마지막 밤을 향해 우리는 소경처럼 걸어간다.

모든 생명은 우리 손아귀에 있다.
우리에겐 말이 필요 없다.
목표에 따라 움직이면 되는 것. 우리의 이성은
실험관 속에서 죽음을 배양한다.

우리는 원자原子 알갱이들을 굴리며 논다.
암癌도, 페스트와 결핵도
우리는 더 이상 두렵지 않다.

\- 다그마르 닉의 「우리는」 중에서

독일의 시인 다그마르 닉은 물질적 욕망과 과학기술의 힘에 사로잡힌 현대인들을 '목표에 따라 움직이는 소경'에 비유하고 있다. 자연의 '생명을 손아귀에' 쥐고 도구처럼 이용하던 현대인들은 결국 '지구의 마지막 밤'을 향해 '죽음'의 길을 걸어가게 된다. 시인은 자연을 더 이상 아름답게 노래하지 않는다. 자연의 이름은 이미 시인의 미학노트에서 삭제되고 말았다. 자연은 인간이 '배양한 죽음'을 끌어안고 인간과 함께 멸망의 나락으로 떨어지고 있었기 때문이다. 다그마르 닉의 「증명」은 과학기술에 대한 맹신 풍조가 인류의 미래를 어둡게 한다는 비판적 목소리를 더욱 고조시켰다.

우리는 쾌락의 칼로
하늘의 내장을 도려냈다.
천사들은 이미 노래를 멈추었으니
뮤직박스를 틀어라!
광란의 재즈로
밤을 뜨겁게 달구어라.

욕망의 피여
우리 몸 속에 흘러라.
우주를 향해 새로운 영웅들을 쏘아 올려라.
우리는 우리가 지배하는 시대를
증명해주리라.
하늘의 천사들은 이미 노래를 멈추었으니
뮤직박스를 틀어라!

– 다그마르 닉의 「증명」 전문

시적 화자詩的 話者는 인간이 우주와 자연의 지배자임을 선언하고 있다. 그러나 시인은 침묵의 소리로 화자의 견해를 비판하며 화자와 보이지 않는 논쟁을 펼친다. 시적 화자는 과학기술의 힘이 인간의 행복을 보장해준다는 낙관적 생각에 사로잡혀 있다. 그러므로 행복을 실현하기 위해 자연을 소유하고 지배하는 것은 그에게 있어서 당연한 일이다. 화자가 '하늘의 내장을 도려냈다.' 라고 호언하는 것은 자연을 지배의 대상으로 여기는 서구인들의 의식구조를 반영한다. '우주를 향해 영웅들(로케트와 우주선)을 쏘아 올려라' 고 호소하는 화자의 발언으로부터 독자는 화자가 '증명'하려는 내용이 무엇인지를 알게 된다. 과학기술을 통해 자연을 지배할 때 풍부한 물질과 육체적 쾌락이 보장된다는 것이다.

'뮤직박스'에서는 수직적 상승을 선동하는 '광란의 재즈'가 톱니바퀴처럼 반복되고 있다. '천사들'은 지금도 인간을 향한 박애와 자연을 향한 사랑을 노래하고 있지만 화자의 귀에는 그 노래가 들리지 않는다. 천사들이 소중하게 여기는 정신의 가치가 화자의 눈에는 보이지 않는다. 그의 귀에 들리는 소리는 '쾌락'에 젖은 '광란의 재즈' 소리뿐이다. 그의 눈에 보이는 것은 '하늘의 내장'을 파헤치듯 자연의 몸에서 빼앗아온 물질뿐이다. 화자가 '광란의 재즈로 밤을 뜨겁게 달굴수록', 시인은 물질적 현실에 대한 저항의 힘을 키운다. 화자의 발언 뒤에서 시인의 비판의식이 역설적으로 드러나고 있다. 시인이 '증명'하려는 내용은 화자의 '증명'과 대립적이다. 시인은 화자가 물질적 욕망을 채우기 위해 과학기술을 남용하게 될 경우 오히려 치명타를 입을 수도 있다는 멸망의 징후를 '증명'하고자 한다. '욕망'을 절제하지 않는 한, 화자는 과학기술의 파괴력으로부터 자유로울 수 없다는 것이다. 욕망이 팽창할수록 과학기술의 힘을 남용하게 될 것은 자명한 일이다. 그 다음의 결과는 화자가 인과응보를 감수할 일만 남아있게 될 것이다. 과학기술의 과도한 사용으로 자연의 생명력을 고갈시킨다면 보복의 칼날은 고스란히 화자에게 돌아오지 않겠는가? 물질과 과학기술의 노예가 되어버린 우리 현대인들에게로.

떡갈나무 숲을 걷는다. 떡갈나무잎은 떨어져
너구리나 오소리의 따뜻한 털이 되었다. 아니면,
쐐기집이거나, 지난 여름 풀 아래 자지러지게
울어대던 벌레들의 알의 집이 되었다.

이 숲에 그득했던 풍뎅이들의 혼례婚禮,
그 눈부신 날개짓소리 들릴 듯 한데,
텃새만 남아
산山 아래 콩밭에 뿌려 둔 노래를 쪼아
아름다운 목청 밑에 갈무리한다.

나는 떡갈나무잎에서 노루 발자국을 찾아 본다.
그러나 벌써 노루는 더 깊은 골짜기를 찾아,
겨울에도 얼지 않는 파릇한 산울림이 떠내려 오는
골짜기를 찾아 떠나갔다.

나무 등걸에 앉아 하늘을 본다. 하늘이 깊이 숨을 들이켜
나를 들이마신다. 나는 가볍게, 오늘 밤엔
이 떡갈나무숲을 온통 차지해 버리는 별이 될 것같다.

떡갈나무숲에 남아 있는 열매 하나.
어느 산山짐승이 혀로 핥아 보다가, 뒤에 오는
제 새끼를 위해 남겨 놓았을까? 그 순한 산山짐승의
젖꼭지처럼 까맣다.

나는 떡갈나무에게 외롭다고 쓸쓸하다고
중얼거린다.
그러자 떡갈나무는 슬픔으로 부은 내 발등에
잎을 떨군다. 내 마지막 손이야. 뺨에 대 봐,

조금 따뜻해질거야, 잎을 떨군다.

– 이준관의 「가을 떡갈나무숲」 전문

시인은 맘몬 신(物神)이 지배하는 세상으로부터 큰 상처를 입고 떡갈나무 숲으로 발길을 돌린다. 기술문명의 속도가 지배하는 사회에서 물신주의에 저항하여 정신적 가치를 옹호하는 존재가 다름 아닌 시인이다. 예나 지금이나 물질보다 정신을 더 우위에 두는 사람은 외로울 수밖에 없다. 수많은 사람들이 과학기술의 소용돌이 속에 휩쓸려 황금의 소돔성을 향해 앞만 보고 전진하고 있다. 시인은 그 전진의 대열로부터 이탈을 선언한다. 시인은 혈혈단신으로 눈 먼 군중을 향해 "인간의 정신을 돌아보고 자연의 생명을 돌아보자!" 라고 선지자처럼 외쳐보지만 그들은 시인의 경고를 향해 귀를 돌릴 여유가 없다. 메두사를 바라보는 순간 모든 사람이 돌이 되듯이 현대인들의 정신은 물신의 황금빛에 사로잡혀 상품과 물건처럼 변해가고 있다. 이들과의 내면적 소통이 불가능하기 때문에 시인은 외로울 수밖에 없다. 외로움보다 더 큰 상처가 어디 있으랴!

시인은 외로움을 안고 떡갈나무 숲으로 돌아온다. 나무의 메마른 가지에서 떨어지는 마지막 잎새는 나무의 '마지막 손'이 되어 시인의 외로움을 어루만져준다. 시인은 한 그루 떡갈나무의 손길을 통해 상처를 치유 받는다. 시인과 나무는 각각 독립적이고 고유한 존재이다. 시인은 나무보다 우위에 있지 않고 나무는 시인보다 열등한 존재가 아니다. 양자의 관계는 수직적 관계가 아니다. 지배와 예속의 관계가 아니라 동등한 수평관계를 형성하고 있다. 시인은 나무를 지배하지 않고 나무도 시인에게 예속되지 않는다. 그러나 독립적으로 존재한다고 해서 시인과 나무가 서로 동떨어져 있는 것은 아니다. 시인과 나무는 '숲'이라는 생명공동체 안에서 함께 호흡을 주고받으며 가족이 되고 있다. 나무는 시인에게 마지막 위로의 손길을 내밀고, 시인은 나무를 자기의 분신처럼 아끼는 사랑의 손길로 화답한다. 양자는 보이지 않는 생명의 핏줄로 이어져 동등한 파트너로서 살아가고 있는 것이다. 이런 의미에서 '숲'은 자연과 인간의 상생이 이루어지는 생태학적 낙원이다.

그러나 '숲'의 바깥에 있는 세계에 대해 시인은 어떻게 대응해야 하는가? 시인에게 외로움을 안겨준 물질만능의 세계, 시인에게 비정함을 맛보게 해 준 기술만능의 세계에 대해 시인은 결별을 선언해야만 하는가? 시인은 그 옛날의 낭만주의자들처럼 '숲'을 은신처로 삼아 '숲' 속에서 평안을 누리는 것에 만족해야 하는가? '숲'은 또다시 낭만주의자의 '피안'이 되어야 하는가? '숲'을 벗어난 바깥 세상에서 시인에게 상처를 안겨준 테크놀로지의 칼날은 커다란 파괴력을 갖고 있다. 사람들의 영혼을 상품으로 변화시키는 물질적 메커니즘은 지금도 '숲'을 자본의 세계로 바꾸어버릴 기회를 호시탐탐 엿보고 있다. 이 시대의 메커니즘은 '풍뎅이들의 날갯짓 소리'를 마비시키고 '파릇한 산울림'을 동강내버릴 위력을 갖고 있다. 이제 시인은 숲과 문명세계의 경계에 서서 바깥을 바라보아야 한다. 시인은 '나무'의 마지막 손길로부터 받은 사랑의 힘으로 '숲'을 지키는 파수꾼이 되어야 한다. '숲을 쇠붙이로 변화시키자!' 라고 주장하는 물신의 언어에 맞서서 '생명의 길을 평탄케 하라!'고 외치는 요한의 언어가 절실해진다.

괴테와 데리다의 사유구조적 유사성에 대해

-자연과 문자의 타자성을 중심으로-

안 장 혁

본 연구의 취지는 괴테의 자연성을 분석함에 있어서 기존의 의미해석학적 Sinn-hermeneutisch[1] 방법론이 갖는 한계를 극복할 수 있는 새로운 가능성을 데리다의 해체주의적 독법에 의존해서 제시하고자 하는데 있다. 이를 위해 괴테의 원현상 Urphänomen, 변형론 Metamorphose, 마성적인 것 Das Dämonische 등의 개념들과 데리다의 차연 différance, 원문자 Urschrift, 원흔적 Urspur, 산포 Dissemination 등의 개념들 간의 구조적 유비성 Strukturanalogie을 드러냄으로써 자연(괴테)과 문자(데리다)의 아토피적 atopisch 특성이[2] 갖는 타자성의 함의에 주목하게 될 것이다. 그럼으로써 괴테와 데리다가 공유하는 사유체계가, 동일성의 유곽에서 자신의 정력을 탕진하는 해석학적 지평이 아니라 결정불가능성 Unentscheidbarkeit, 양자부정논리 Weder/Noch-logik 등과 같은 해체적, 비동일적 동인에서 시작되고 있음을 밝혀 보고자 한다.

---

1 여기서의 의미해석학은 텍스트의 보편적 이해가능성을 대전제로 삼는 전통적 방법론을 일컫는다. 해석학의 학문사적 배경과 철학적 문맥 파악을 위해서는 다음을 참조할 것. Gerhard Pasternack: Zum Rationalitätsbegriff der Hermeneutik. in: Gerhard Paternack (Hrsg.): Zentrum. Philosophische Grundlagen der Wissenschaften. Schriftenreihe B 6. Bremen, 1988, S. 96-115.

2 아토피 Atopie의 의미는 공간성 Topos을 갖지 않음을 표상하는 것으로서 그리스 인들로부터는 조화를 깨뜨리는 부정적 현상으로 간주되어졌다. 그 후로 기묘한 것, 설명 불가능한 것 등의 의미를 갖는 현상 일반을 지칭하게 되었다.

I. 들어가는 말-타자성 일반에 대해

주체철학 또는 동일철학적 전통으로부터 길러져온 대부분의 해석학적 방법론들은 이원론적 사유방식에 정향되어있기 때문에 그 의미가 중층결정화 überdeterminiert 되어있는 괴테의 자연성 개념을 포착해내기에 한계를 보여 왔다. 따라서 데리다의 해체주의적 이론틀 Theoriemodell에 의존해서 하나의 대안적 독해를 시도해 보고자 하는 것이 본 연구의 출발점이다.

서구철학의 좌표는 이성과 비이성의 양극 위에 위치 지워져 온 게 사실이다. 예컨대 특히 전통형이상학은 타자일반에 대한 가치폄하를 전제로 하는 주체중심적 subjektzentriert 이성의 자율성을 굳건히 담보해왔다. 인간중심주의 Humanismus의 기치 하에[3] 이성주체에게 주어진, 객관세계에 대한 개념화 능력은 인간에게 "자아중심적 사유 Cogito-Denken"[4]의 담지자로 행세할 수 있는 구실로 작용하게 된다. 바로 이성과 타자성을 나누는 이원론적 공리 Theorem가 제도화 되는 시점이다. 이때부터 진리, 지식, 의식, 로고스, 질서, 문화, 현존, 기의, 근원, 오리지널, 구어 die gesprochene Sprache, 남성중심주의 등등은 이성의 영역으로 그리고 자연, 광기, 무의식, 신화, 무질서, 기표, 주변성, 대리보충성 Supplement, 문자 Schrift, 부재, 죽음, 여성성 등은 타자성의 영역으로 이분화 되는 위계질서가 생겨난다.[5] 이때 동일성 Identität논리는 개념화의 범주 안에 가둘 수 없는 "차이 Differenz"를 통제 및 배척함으로써 이러한 위계화를 공고히

---

3 형이상학과 인간중심주의의 조응성에 대한 다음과 같은 하이데거의 논급은 시사적이다: „jeder Humanismus metaphysisch bleibt". Zitat nach Derrida. Randgänge der Philosophie. Ullstein 1976. S. 96.

4 인식주체에 의한 계몽의 기획은 프로이트에 의하면 이성이 신을 대신하게 되면서, 즉 자아가 엄격한 초자아로부터 해방된 후에 본격화 되었다. 이에 대해서는 다음을 참조할 것. Vgl. Nitzschke, Bernd: Liebe-Verzicht und Versöhnung. Das Ethos der Entsagung im Werk des Goethepreisträgers Sigmund Freud. In: Pott, Hans-Georg(Hrsg.): Liebe und Gesellschaft. Das Geschlecht der Musen. München. Fink 1997. (139-154) S. 151.

5 단순화시켜 말하자면 형이상학은 엄격한 두 대립자들의 체계를 구축하려는 시도의 전제이자 결과물이다. 중심/변경, 존재/가상, 안/밖, 오리지널/대리보충 등 이러한 대립항속에서는 항상 위계질서가 생겨날 수밖에 없는데, 그중 하나는 부정적으로 치부되어지는 필연을 겪는다. 예컨대 칸트에게서 역겨움과 추함은 교양화된 주체의 타자로 내몰린다. 이에 대해서 다음을 참조할 것. Vgl. J. Derrida: Das Pharmakon. In : Dissemination, Übers. von H.-D. Gondek. Passagen Verlag. 1995. S. 115.

하는 절대심급으로 봉사하게 된다.

헤겔에 와서 타자성에 대한 언급이 있긴 하나 (예컨대 정신의 타자로서의 자연) 어디까지나 동일자 das Selbe 속으로의 재편입을 위한 소외적 타자성일 뿐이었다.[6] 결국 이성의 타자에게 제 몫을 찾아주기까지 우리는 니체를 기다려야만 했다.[7] 이성의 자율성에(순수이성과 실천이성 모두에) 대한 회의는 니체에게 큰 빚을 지고 있는 프랑스 니체주의자들 곧 데리다, 푸코[8] 그리고 라캉[9] 등이 갖는 사상적 공통분모이다. 예컨대 이성과 타자성 간의 위계화에 의해 추동되어온 서구철학사의 거대담론인 로고스중심주의 Logozentrimus는, 주체의 탈중심화와 이성의 탈총체화 Detotalisierung를 통해 이러한 위계질서자체를 문제시 하고자 하는 데리다적 해체주의의 주표적이 된다.[10] 근원에 대한 믿음과 중

6 동일자 내의 타자를 지양해야한다는 요구, 다시 말해서 부정적인 것, 세계 내의 위악적인 것das Übel 일반을 동일자와 화해시켜야 한다는 요구, 그렇게 함으로써 궁극적인 전체화를 도모하려는 요구 등이 헤겔 철학의 핵심을 이룬다. Siehe. G. W. F. Hegel: Vorlesung über die Philosophie der Geschichte, in: ders., Werke in 20 Bänden. Hrsg.v. E. Moldenhauer u. K.M. Michel, Bd.12, F/M. 1986. S. 48.

7 "니체는 일견 역사적 이성이라는 사다리를 이용한다. 하지만 그 목적은 결국엔 그것을 버리고 신화(근원적 카오스, 디오니소스적 흔적들), 즉 이성의 타자성 안에 안착하기 위해서이다." Jürgen Habermas: Der philosophische Diskurs der Moderne, Frankfurt/M. 1986. S. 107.

8 성(쾌락), 광기, 침묵, 죽음 등을 서구의 이성적 질서에 의해 억압되어온 타자성으로 보는 시각이 푸코의 초·중기 저작을 관류하는 핵심주장이다.

9 예컨대 라깡에게 있어서 무의식은 타자의 담론으로 이해된다: "주체의 자율성이라는 환영은 자아의 본질적 착각과 맞닿아있다." Jacque Lacan: Das Spiegelstadium als Bildner der Ich-Funktion. In: Ders., Schriften I, Freiburg, 1973, S. 63-70, Hier. S. 69. 이와 아울러 괴테와, 라깡의 스승격인 프로이트 간의 사상적 연계점을 찾아내는 작업도 주목에 값하는 일일 것이다. 괴테는 인간의 행동은 본질적으로는 그의 무의식에 의해 조정된다는 점을 통찰해냄으로써 프로이트의 테제를 선취하고 있다: "인간이란 본래 의식상태에 오래 머물러 있을 수 없는 존재지; 그는 곧 다시 무의식속으로 피신해야 할 터인데, 그 이유는 바로 그 무의식속에 자신의 뿌리를 두고 있기 때문이지." (Aus Brief 1810 zu Riemer.) 이렇게 본다면 괴테와 프로이트에게 있어서 공히 무의식은 데카르트 이후 증명하고자 한 의식의 자기현전성에 반목하는 절대적이고 급진적인 타자성의 영역이라 볼 수 있다.

10 데리다는 "플라톤에서 출발해서 헤겔까지 이어지는 형이상학의 전체역사를, 차이를 좌시한 채 진리의 근원을 로고스에 두어온 역사"라는 점을 들어 이를 비판하고 있다. Jacques Derrida: Grammatologie, [De la grammatologie, Paris, 1967]. Übersetzt von Hans-Jörg Rheinberger und Hanns Zischler. 3. Auflage Frankfurt/M, Suhrkamp, 1990[1974]

심 Zentrum에 대한 집착이 어우러져 빚어놓은 로고스중심주의를 데리다는 의미 Sinn, 기의 Signifikat, 현전 Präsenz, 아버지 존재 Vaterschaft 등의 개념들과 동일선상에 놓고 이들을 비판하고 있다.

II. 괴테의 자연성과 데리다의 문자개념에 있어서의 타자담론

II.1. 괴테의 원현상 Urphänomen과 데리다의 원흔적 Urspur 및 원문자 Urschrift

괴테에게 있어서 원현상의 존재를 규명하려는 해석학적 시도들이 지금까지 만족할만한 성과를 거두지 못한 이유들 중의 하나는 원현상이 단순히 경험적 사실연관 Wahrheitsbezug에 의해 포착될 수 있는 것이 아니라 산포 Dissemination[11]에 의한 다양한 의미지시 Sinnverweisung의 미끄러짐 성을 내포하고 있기 때문이다. 다시 말해서 하나의 유일한 정합적 기의 Signifikat보다는 기표의 유희성에 이끌리기 때문이다. 이러한 원현상의 존재형상은 데리다의 차연 개념에서처럼 끊임없는 연기 Verschiebung와 변형 Metamorphose을 통해 드러나는 "순수운동성 reine Bewegung"[12] 그 자체로 드러난다.

원현상에 대한 괴테사유의 특이성은 저 유명한 쉴러와의 논쟁에서 분명하게 드러난다. 원현상을 상징적으로 드러내는 원식물에 대한 괴테의 견해표명에 대해 쉴러는 경험보다는 이념의 측면을 부각시킨다. "그러한 것은 경험이 아니라, 하나의 관념이라 해야겠군. Das ist keine Erfahrung, das ist eine Idee."[13]

그러자 괴테는 "인지의 단계를 거치지도 않은 채 하나의 이념을 획득할 수 있을 뿐만 아니라 더 나아가 그것을 눈으로 확인 할 수도 있다니 그거 괜찮군

S. 11f.

11 데리다에게 산포란 실정적, 통일적, 보편적, 선험적 기의에 따르는 것이 아니라 기표들의 유희적 힘들에 맡겨지는 과정을 말한다. 달리 말해 산포는 현전과 동일성의 형이상학을 비껴가는 차이와 변형의 메타포이다.

12 Derrida: Grammatologie. S. 109.

13 Goethes Werke, Hamburger Ausgabe in 14 Bänden, hrsg. von Erich Trunz, München 1981. B10. S. 540. 이하 괴테작품 인용표기는 (HA 권수, 쪽수로) 표기함.

요. Das kann mir nur lieb sein, dass ich Ideen habe, ohne es zu wissen, und sie sogar mit Augen sehe." (HA 10, S.540) 하고 맞대응 하고 있다. 쉴러에게 있어서의 이념은 칸트적 의미에서의 이성개념 안에 내재하는 순수현상을 지칭함에 반해서 괴테는 사물자체의 역동성에 무게를 실어 주고 있는 것이다.

> 그러나 순수현상이라는 것은 원현상과는 달리 직접적으로 관조될 수없는데, 그 이유는 현상을 드러나게 하는 다양한 조건들과 관찰자의 심적 상태를 규정하는 조건들이 그러한 순수현상을 제대로 포착해 낼 수 없기 때문이다. 순수현상은 단지 예지적으로만 파악될 수 있을 뿐이다. 이에 비해 원현상은 자연법칙이 갖는 다양한 형태의 관조적 표방이라 할 수 있다. (...) 이를테면 원현상은 특별한 순수현상인 셈이다, 즉 그것이 갖는 관념적 특성에도 불구하고 구체적으로 파악되고, 감성적으로 관조될 수도 있는 그러한 순수현상인 것이다.[14]

괴테가 언급하고 있는 "상징적 원식물 symbolische Urpflanze"(HA 10, S. 540)은 물적 대상에 머물면서도 동시에 초경험적인 효과를 불러일으킨다. 요컨대 현상의 언저리를 떠나지 않으면서도 순수 경험적인 의미에서의 현상으로부터는 벗어나 있는 이중성을 담지하고 있다. 이렇게 볼 때 괴테의 상징개념은 개별현상의 기능적 현존의 가능성이면서도 동시에 존재론적 의미에서의 현사실화의 불가능성을 함축한다. 다시 말해서 상징은 부재 속에서의 현존을 예시한다.[15] 경험성과 이념성 사이를 대리 보충적으로 supplementierend 유동하는 원현상의 본질은 동일화의 유보를 의미한다.

따라서 이러한 원현상을 선험적 규준 transzendentales Kriterium으로 파악할 것인가 아니면 경험적으로 규명할 것인가의 문제는 괴테 자신에게도 적지 않은 고민을 안겨주고 있다.

---

14 Gaby Ziegler-Happ: Das Spiel des Stils. Interpretation von Goethes Stilbegriff vor dem Hintergrund von Schillers Spieltheorie. Frankfurt a.M. Peter Lang Verlag, 1989, S. 153f.

15 현대의 가치정합적 담론체계와 로고스중심주의가 표방하는 현전의 형이상학과는 달리 괴테의 상징은 현상적 세계를 매개로해서 비담론적인 것 또는 말해질 수 없는 것 Unaus- sprechliches을 현실연관성에 구애받지 않고 문학적 텍스트 속으로 육화시키는 기제라 할 수 있다. 이런 점에서 괴테의 상징기능은 데리다의 기표지시 Signifikantenverweisung처럼 작동하고 있다.

> 자연 속의 항존적 유동성을 정적이고 머물러있는 것으로 취급할 때 해석의 가장 큰 어려움이 생겨난다. Die größte Schwierigkeit bei der Auslegung besteht darin, dass man etwas als still und feststehend behandeln soll, was in der Natur immer in Bewegung ist. (HA 13, S. 203)

괴테의 원현상이 내포하는 비정형적 본질은 데리다 사유체계의 핵심을 이루는 "원흔적",[16] "원문자", "근원효과 Ursprungseffekt" 그리고 "차연 différance" 등의 개념들과의 구조적 유사성을 보인다. 현상 속에 내재하면서도 경험의 가능성을 끊임없이 유보시킨다는 점에서 괴테의 '원현상'은 그 기능 구조면에서 데리다의 '원흔적'을 닮아있다.[17] 괴테에게 있어서 경험 가능한 모든 개별 현상들은 원현상이라는 준거틀 Grundschema로부터 파생되는 변형과정을 겪듯이, 데리다에게서의 모든 개별 기표들은 원흔적으로부터 산포되어지는 과정을 경험하게 된다.[18] 그렇다면 흔적의 메타형식으로 존재하는 원흔적을 우리는 어떻게 표상해낼 수 있는가? 이에 대해 데리다는 전통적인 차이의 개념과 자신의 신조어인 차연 개념을 대비시킴으로써 답변을 대신하고 있다:

> 여기서 문제가 되는 것은 이미 확립적 입지를 굳힌 차이가 아니라, 모든 내용적 규정에 선행하면서 이러한 차이를 야기시키는 순수운동성이다. 이러한 순수흔적이 곧 차연이다. 그것은 어떠한 감각적, 인지적, 가청적, 시각적, 음성학적, 도해적 충만함에 의존하는 것이 아니라 오히려 그러한 모든 것들의 조건이다. 차연은 비록 실존하지 않으며 현전적 존재자도 아니지만 우리가 기호일반(기의/기표, 내용/표현 등), 개념 또는 실행, 사물추동적 또는 감각적인 것으로 부르는 모든 것들에 선행하는 가능성으로 존재한다.[19]

---

16 흔적이란 비현재적인 것이 현재적인 것에 삼투되어있고, 예지적인 것이 바깥세계의 감성적인 것과 대리보충적으로 상호작용하는 원리라 할 수 있다.

17 예컨대 괴테의 다음과 같은 언급은 '흔적'을 이성질서의 대리보충적 (또는 메타)타자로서 상정하는 데리다의 사유방식을 선취하고 있다. "(...) 음울하고, 격정적인 (자연법칙의)필연성의 흔적들이 명쾌한 자유이성의 영토를 통해서도 관통하고 있다. (...) und auch durch das Reich der heitern Vernunftfreiheit die Spuren trüber, leidenschaftlicher Notwendigkeit sich unaufhaltsam hindurchziehen." (HA 6, S. 639)

18 괴테의 자연성과 데리다의 언어속성이 갖는 구조동형성을 취합해내고자 하는 시도는 해석학에 기대어있는 종전의 주류적 연구노선에선 등한시 되어온 게 사실이다.

19 Derrida: Grammatologie. S. 109. 데리다의 사유체계에 있어서 원문자 개념은 차연과 마찬

괴테의 원현상이나 데리다의 원흔적(또는 원문자)은 인간의 인식영역 밖에 머물러있으면서도 개별 현상들에 무한한 변형 Metamorphose의 가능성을 제공해준다는 점에서 맥을 같이한다. 준근원 Quasi-Ursprung 또는 데리다의 용어로 "근원보충 das Ursprungssupplement"[20]이라 불리는 이러한 일종의 모태형식 Matrixform은 일반적인 동일성 및 인과성논리로는 포착할 수없는 비동일적·비결정적 특성을 띰과 동시에, 존재와 비존재 Nichtsein의 이원성 안에 갇히지 않는 초선험적 ultratranszendental 기제로서 행사한다.[21] 결국 데리다는 이러한 비존재적 존재성을 제시하기위해 X자형 삭제표시 Durchstreichung에 의존하고 있다.[22]

> 차연이 현존적 존재자의 드러남을 가능케 하는 것이긴 하지만 그 스스로는 결코 그런 방식으로 현현되지 않는다. 그것은(차연)결코 현존적인 것에 몸을 내맡기지는 않는다. Wenn aber die différance das ist [...], was die Gegenwärtigung des gegenwärtig Seienden ermöglicht, so gegenwärtigt sie sich nie als solche. Sie gibt sich nie dem Gegenwärtigen hin.[23]

결국 여기서는 불규칙성 Irregularität과 무법칙성 Gesetzlosigkeit에도 불구하고 특정형태의 규정성을 배제하지는 않는 역설적 효과가 주목을 받게 된다. 원현상이 괴테에게 있어서 그때그때마다의 개별현상으로 변형되어 나타나는 "비가시적 모태 eine unsichtbare Grundform"[24]로 작용하는 것이라면, 데리다에게 있

가지로 학적wissenschaftlich 대상이기보다는 학적인식을 가능케 하는 메타존재로 기능한다.

20 Derrida: Grammatologie, S. 537. 데리다는 "근원효과", "근원보충" 등의 전략적 용어를 사용함으로써 서구형이상학적 사유전통의 모태인 '근원'에 대한 표상을 이로니화 하고 있다.

21 Vgl. Derrida: Grammatologie. S. 107. 차연은 괴테의 원현상처럼 스스로는 절대성을 (초월철학적 의미에서) 띠지 않으면서 기능면에서는 절대적 가치의 가능조건으로 작동하는 메타 절대적 Ultraabsolute 특성을 갖는다.

22 X자형 삭제 Durchstreichung의 개념은 데리다가 하이데거로부터 취해온 표현방식이다. 이러한 삭제표시아래서는 초월적 기의의 현전성은 사라지게 되지만, 그럼에도 읽을 수 있게 남아있다. 이로써 사라지면서도 읽을 수 있게 남아있고, 파괴되면서도 기표의 흔적은 놓치지 않는 아토피적 공간성을 획득하게 된다.

23 Derrida: Randgänge der Philosophie, S. 9.

24 Grete Schaeder: Gott und Welt. Vier Kapitel Goethescher Weltanschauung. Hameln, 1947, S.

어서의 원문자는 기표의 유희적 접목과정 Aufpfropfungsprozeß[25]에서 불러일으켜지는 비현존적-현존적 효과 ein abwesend- anwesender Effekt라고 할 수 있다. 이 경우 흥미로운 점은 괴테에게 있어서의 "원 Ur"은, 은닉과 드러냄을 동시에 수행하는 상징적 기능을 부여 받는데 반해,[26] 데리다의 테제에 있어서는 하나의 기표가 양가성이나 가치중립성을 띠는 문자들(예를 들면 Pharmakon,[27] Hymen, Simulakrum[28])의 산포과정에서 단지 기의의 유동적 효과만을 불러일으키는 은유적 기능을 취한다는 점이다. 산포란 데리다에 의하면 텍스트의 다의성 속에서 불러일으켜지는 차연의 효과를 말한다. 차연은 "흔적"이라는 자체논리를 통해 텍스트 속으로 원현상적 에너지를 불어넣는 기제로서 작동한다.

II.2. 변형 Metamorphose과 산포 Dissemination[29]

괴테와 데리다는 양자부정의 사유논리 Weder/Noch-Logik를 통해 이상성과 현실성이라고 하는 이분법적 척도를 벗어나고자 시도한다. 괴테에게 있어서의 원현상은 - 데리다의 근원효과와 마찬가지로 - 그 자체로서는 실존하지 않기 때문에 경험적인 특정형상으로 형식화하거나 체계화해내기란 불가능하다.[30] 따라서 괴테의 경우 원현상에 접근해가는 방식을 상징이라는 매개수단, 즉 여

209.

25 데리다의 텍스트성이 갖는 발생학적 성격은 포괄적 의인화로 이어지기도 한다. 예컨대 식물의 접목과 텍스트의 접목은 메타포 층 위에서 상관성을 갖는다. 데리다의 이러한 독특한 판텍스트성 Pantext은 괴테의 직물망 Verweben 개념과 맞닿아있다.

26 Vgl. Susanne Konrad: Goethes 『Wahlverwandtschaften』 und das Dilemma des Logozentrismus. Universitätverlag C. Winter Heidelberg, 1995, S. 222.

27 파르마콘 개념 안에는 약 Heilmittel/독 Gift, 선/악, 참/거짓 등의 대립 항들이 공존한다. 데리다는 이 개념을 통해 동일철학적 실증성을 문제시한다.

28 데리다를 위시한 소위 후기구조주의자들에게서 자주 등장하는 개념이다. 현실과 가상간의 경계 짓기가 불가능해진 세계에서 유일한 절충점은 대리보충 Supplement일 뿐이라는 게 이들의 주장이다.

29 산포는 정태적 고유성을 거부하는 접목화 과정이다. 달리 말해 본래성과 비본래성 사이에서 유동하면서 대리보충의 효과만을 자아내는 일련의 비결정적 동인이라 할 수 있다.

30 Vgl. Emrich, Wilhelm: Symbolinterpretation und Mythenforschung. In: ders.: Protest und Verheißung. Studien zur klassischen und modernen Dichtung. 2. Aufl. F/M. Athenäum, 1963, S. 67-94. hier 93.

러 가지 상이한 출현양식 Erscheinungsformen을 가능케 하는 기본조건에 의존하게 된다.[31]

원현상은 그 속성상 변형의 원칙을 통해서만 표상될 수 있다는 점은 앞서 밝힌 바 있다. 예컨대 원식물의 출현가능성은 시간화 Verzeitlichkeit(데리다의 용어로는 „Temporisation“)와 “공간화 Verräumlichung”라는 변형의 두 조건을 얼마만큼 충족시키는가의 문제와 결부되어있다.[32] 이런 맥락에서 볼 때 괴테의 원현상은 시공간성의 범주 위에 군림하는 순수 선험적 형이상학에 정면으로 배치되고 있다.

변형이론이나 기표의 미끄러짐, 또는 기표의 접목이론을 통해 존재론적 테두리를 넘어서고자 하는 괴테와 데리다의 시도는 절대적 유일근원을 바탕으로 하는 현존-, 로고스 중심적 사유에 대한 불신에서 시작된다. 절대적 근원으로서의 이념이나 기의 또는 로고스를 탈중심화 시킴으로써 괴테의 경우 경험에서 길어 올린 직관 Anschauung을 통해,[33] 데리다의 경우 해체적 시각[34]을 통해 지금까지 묵인되어온 수직적 위계를 수평적 균형으로 되돌리고자 한다.

---

31 괴테는 『색채론』에서 빛과 어두움의 관계를 모든 색채현상을 가능케 하는 원현상으로 예시하고 있다.(Vgl. HA 13, 384) 여기서 원현상은 단순히 빛이나 어둠의 독자영역에서 생겨나는 것이 아니라 이 두 영역간의 상호 보충적 착종을 통해 드러나게 된다는 것이다.

32 데리다는 시간화와 공간화를 시간과 공간의 질서를 가능하게 하는 근원적 운동으로 개념화한다. 하지만 데리다는 이 개념들을 경험적인 시공간질서를 근거 짓는 일종의 초월적 근거로 내세우려는 것이 아니라, 경험적 시공간적 질서를 가능케 하면서도 동시에 이 질서를 재편하는 유희적 운동성으로 제시한다. Vgl. J. Derrida: Die différance, in: Randgänge der Philosophie, Wien 1976, S. 12-15.

33 예컨대 원식물은 직관에 의해 포착된다 말할 수 있다. 즉 괴테에게서 직관이란 변형론에 대한 순수관념을 상정하되, 이 관념을 경험적 현실세계에서 체득된 지식을 통해 표상해내려는 시도의 결과물이다. 이런 의미에서 직관은 대상 속에서 관념의 그림자를 되비추어내는 대리 보충적 시선이라 할 수 있다. 이렇게 볼 때 괴테의 직관개념은 개별사물을 매개되어진 인식을 통해 파악하려는 칸트나 실러의 관념주의적 직관과는 거리가 있다.

34 데리다의 해체 Dekonstruktion 개념은 단순히 타파나 절멸의 의미가 아니라, 그간 서구 정신사(주체철학, 형이상학, 존재신학 등)의 사유 환경을 덧칠해온 ‘근원’과 ‘중심’의 퇴적층을 털어냄으로써 은폐되어온 본바탕을 드러내고자 하는 시도라 할 수 있다.

III.3. 마성적인 것 das Dämonische과 차연 die différance

괴테에게서 독특한 의미를 부여 받고 있는 마성적인 것의 개념은 이성주체의 성찰적 인식지평을 넘어서 있는 초인간적 힘들 übermenschliche Mächte로서 데리다의 차연과 구조유사성을 갖는 대표적인 타자 메타퍼로 등장한다. 괴테의 마성적인 것과 데리다의 차연개념은 이성적 질서에 편입될 수 없는 타자영역이라는 점에서 일치점을 보인다. 괴테의 마성개념과 마찬가지로 데리다의 차연은 개념의 정합성과 다양성, 동일성과 상이성 등의 대립범주 안에 가둘 수 없는 불가지한 특성을 띤다. 따라서 우리의 형식언어로는 이름 붙일 수 없는 비존재적 존재로만 표상 될 뿐이다.

> 존재보다도 오래된 그러한 차연에 대해 우리의 일상어는 어떠한 이름도 부여할 수 없다. 하지만 우리는 차연이 단지 일시적으로만 명명될 수 없는 것이 아니라는 것을 알고 있다. 그 이유는 우리의 언어가 그에 걸맞은 이름을 아직 찾아내지 못했거나 혹은 받아들일 준비가 되어있지 않기 때문이다. 또는 그러한 이름이 다른 언어 속에서, 즉 우리들의 한정적인 체계 밖에서 찾아져야 할지도 모르기 때문이다.[35]

괴테의 마성개념이 함의하는 불가지성은 서로 상이한 힘들의 비밀스러운 유희에서 기인한다.[36] 마성은 기표의 유희성에[37] 이끌리는 차연이 그러하듯이 그 자체로는 의미를 담지하고 있지 않지만 대상세계에 대해 의미부여의 가능성이자 동시에 불가능성의 조건으로 기능한다. 요컨대 기표들의 미끄러짐을 유도함으로써 궁극적인 기의에로의 환원을 거부하는 작동기제가 차연이라면, 마성은 인간과 인간 간에, 인간과 사물 간에 사건 Ereignis의 미끄러짐을 초래함으로써 주체중심적 사유체계를 흔들어 놓는 타자심급으로 출현한다. 이런 의미에서 괴

---

35 Derrida: Randgänge der Philosophie, Ullstein Verlag, 1976, S 35.

36 Vgl. Pierre Bertaux: Gar schöne Spiele spiel' ich mit dir! Zu Goethes Spieltrieb. Insel 1986.

37 "지시고리 Verweisungskette"와 "미끄러짐 성 Gleiten"을 통해 초월적 기의에로의 환원을 거부하는 기표의 유희성은 데리다 사상의 핵심적 사항이다. "기표의 연속적 지시유희로부터 벗어날 수 있는 기의란 존재하지 않는다. (...) 문자의 고향은 바로 이러한 유희가 시작되는 곳이다. 오늘날 유희는 경계를 없애버림으로써 자신에게로 귀향하고 있다." Derrida: Grammatologie. S. 17.

테의 마성을 칸트의 “선험적 주체에 대한 그림자(혹은 망령) Schatten des transzendentalen Subjekts”로 파악한 클라우스 포겔 Klaus Vogel[38]의 시각은 타당하다. 법칙성이나 인과성에 얽매이지 않으며, 개념화와 범주화에 강제되지 않는다는 점에서 마성은 “이성의 악몽 Alpträume der Vernunft”[39]으로 행사한다.

괴테의 변형이론이나 데리다의 접목개념에서도 드러나듯이, 이 두 기제의 출현양식은 양자부정 Weder/Noch의 형식을 취한다. 즉, 존재와 비존재, 의미와 무의미, 이상과 실재 등등의 두 가치 영역사이의 경계를 끊임없이 넘나드는 중간자적 색채를 띤다.

> “그것은 현전하든 부재하든지간에 존재자의 범주에 속하는 것이 아니다. Sie gehört in keine Kategorie des Seienden, sei es anwesend oder abwesend.”[40]

마성이 “신적 göttlich”, “인간적 menschlich”, “천사적 englisch”, “악마적 teuflisch” 등의 (HA 10, S.175)[41] 모든 가능한 주체적 형상들 Subjektschemata을 거부하는 “그림자적” 존재성을 갖듯이, 차연은 구분하기 Unterscheiden와 연기하기 Verschieben의 시공간적 효과를 통해 절대성, 본질성, 동일성 그리고 영원성의 도그마를 조롱하는 유희적 입지를 획득하게 된다.[42]

---

38 Klaus Vogel: Das Symbolische bei Goethe. Begriffs – “Bilder” des Scheinens. München 1997. S. 13-16. 괴테의 마성개념은 데리다에게서 기괴한 존재 Monströse, 유령 Gespenst 혹은 환영 Fantomhafte 개념으로 되살아난다. 유령은 속성상 살아있는 것도 죽은 것도 아니고, 현재 존재하지만 현전한다고 할 수 있는 것도 아니다. (하지만 현존의 형이상학은 이러한 유령성을 무 Nichts로 취급한다) 이렇게 볼 때 유령은 존재의 가상적 모습이라기보다는 현전으로서의 존재가 은폐하고 몰아내려는, 존재보다 더 근원적인 어떤 사태의 표현이라고 할 수 있다. 또한 환영은 가상과 실제의 대리보충적 작용의 결과라고 볼 수 있다. 데리다의 환영개념에 대해서는 다음을 참조하라. Grammatologie. S. 15, 73.

39 Hans Robert Jauß: Studien zum Epochenwandel der ästhetischen Moderne, 2. Aufl. Frankfurt/M 1990. S. 105.

40 Derrida: Randgäng der Philosophie S. 10.

41 괴테가 『문학와 진실 Dichtung und Wahrheit』을 통해 정의내리고 있는 마성의 본질은 당시 『판단력비판』의 칸트에 의해 극복되어져야 할 대상으로서의 자연숭고성 Naturerhabene과 맥을 같이하는 것으로 볼 수 있다. 자연의 무정형성을 접할 때 겪게 되는 감성혼란을 주체의 이성을 통해 극복할 때 생겨나는 사태를 진정한 숭고성이라 파악한 칸트와는 달리, 괴테는 이성이 작동하는 경계 밖의 일견 카오스적인 사건성 일반을 숭고미로 보고 있다.

42 차연의 작동방식인 차이내기와 연기하기는 헤겔 변증법의 부정성 Negativität 및 지양성

III. 맺는 말

본고는 괴테 연구의 주류로서 군림해왔던 전통적, 해석학적 접근방식에 대해 일종의 '사유의 가로지르기 Querdenken'를 시도하고자 했다. 따라서 하나의 예술작품을 이해 Verstehen와 통합적 가치평가의 대상으로 바라보는 의미해석학적 방법론의 성과를 비판적으로 성찰하는 데에 작업가설을 세웠다.

예술작품(또는 텍스트 일반)의 의미내용 및 형식구조분석을 위해 전통해석학이 의존하고 있는 두 축은 텍스트의 정합성 Kohärenz과 완결성 Geschlossenheit이다. 이 두 조건이 충족될 때 비로소 텍스트로부터 하나의 진의 Wahrheit를 이끌어내고 그것에 대해 가치 평가할 수 있다고 해석학은 믿기 때문이다.

그렇다면 과연 괴테의 글쓰기와 사유방식은 이러한 조건을 충족시키는가? 다시 말해서 괴테라는 텍스트는 과연 우리에게 해석학적 독법으로 무리 없이 읽혀질 수 있는 이해지평을 열어놓는가?

데리다의 해체주의이론에 기대어있는 본고의 방법론은 이러한 문제제기와 맞닿아있다. 괴테의 원현상, 변형론 그리고 마성 등과 같은 개념들은 종전의 수많은 해석학적 노력들에 이해의 좌초를 경험케 한 해석의 암초로서 여겨져 왔다. 특히 모순적, 역설적 그리고 비동일적 사건성으로 드러나는 마성적 존재는 의미결정의 불가능성을 함축한다. 이성에 의한 길들여짐을 거부하고 ungebändigt, 명징적 독해를 불가능케 하는 unübersetzbar 유희적 논리를 행사한다는 점에서 마성은 차연과의 구조적 유사성을 드러낸다. 이들에게서 공통적으로 보여지는 우연, 차이, 연기, 근원효과, 상보성, 비주체적 형상, 부재와 현존의 착종, 결정 불가능성 Unentscheidbarkeit 등의 속성들은, 해석학이 기반하고 있는 동일철학 및 주체철학 그리고 더 나아가서 형이상학적 위계성에 반목하는 타자성의 지형학을 일구어낸다.

Aufhebung 개념과는 구별된다. 동일성과 부정성의 명확한 영역구분을(따라서 위계화를) 설정하고 이들 간의 강요된 화해를 통해 목적론적인 재전체화를 도모하고자 하는 헤겔 변증법과는 달리, 데리다는 태초의 동일성 역시 자기차이화의 일시적 효과일 뿐 선험적, 근원적 가치인 것은 아니라는 점을 적시하면서 그러한 경계 짓기 자체를 문제 삼는다.

미디어화 된 지각과 미디어미학

-랄프 슈넬의 『미디어미학』의 문제성과 의의에 대하여-

육현승

I. 들어가는 말

20세기 초 발터 벤야민 Walter Benjamin은 그의 논문 「기술복제시대의 예술작품 Das Kunstwerk im Zeitalter seiner technischen Reproduzierbarkeit」에서 당시까지의 사진술이 전통적 회화와의 관계에서만 집중적으로 논의되고 있다는 사실을 지적하며, 19세기까지 예술을 바라보는 시각들은 기술이 가져다주는 예술의 "변화를 미처 파악하지 못했으며, [...] 정작 선행되어야할 물음, 즉 사진의 발명으로 인해 예술의 전체 성격이 바뀐 것이 아닐까 하는 물음은 제기하지 않았다"[1]라고 말하며 아쉬워한다. 그가 지난 세기에 이렇게 날카롭게 지적하였던 문제제기는 21세기의 우리들, 다시 말해 보다 새로운 기술에 의해 점차 더 가속화되고 더 역동적으로 움직이는 세계를 살아온 우리들에게도 여전히 유효하다. 왜냐하면 새로운 미디어들과 그에 의해서 이루어진 발전된 기술들이 기존의 문자문화와 예술의 전반적 지형에 커다란 변화를 가져왔음에도 불구하고, 그에 대해 문예학과 미학은 기술의 측면에서 이러한 변화를 고찰하거나 대응하는 데 소극적이었기 때문이다.[2] 그에 대한 단적인 예로 우리는 오늘날의 영

1 발터 벤야민(반성완 역): 발터 벤야민의 문예이론, 민음사, 1983, 211쪽.

2 시각미디어들과 이에서 진보된 기술들에 의해서 생겨나게 된 미적인 양상이나 변화에 대한 논의들은 80년대까지는 아주 예외적으로, 90년대에 들어서야 포괄적으로 논의되기 시작하였다. Vgl.: Ralf Schnell: Medienästehtik, Metzler, Stuttgart/Weimar 2000, 7쪽. (이하 Ralf Schnell: Medienästehtik으로 축약하고 쪽 수만을 표기함.)

화비평들이 아직도 내용에만 집착하고 있는 상황을 들어볼 수 있다. 그러나 벤야민이 사진이라는 새로운 미디어를 통해 지적하고자 했던 것처럼 우리가 이러한 기술적인 변화를 통해 주목해야할 것은 내용미학적 관점들만이 아니라, 그러한 기술이 가져다주는 구조적, 구성적인 예술적 지각이나 형식 언어의 변화들이다. 다시 말한다면 영화에 대한 비평은 그것을 통해 이루어지는 내용의 전개만을 문제 삼을 것이 아니라, 이를 가능하게 만드는 미디어 수단의 기술적 특성과 질에 대해 논의가 미학적으로 우선되어야 한다는 점이며, 이는 이러한 내용을 결정짓는 선제적 조건이라는 사실에 대한 재인식이 요청되어야 한다는 뜻이다. 이러한 요청은 비단 영화만이 아니라 오늘날에는 예컨대 디지털 기술과 컴퓨터 그리고 인터넷 등에 의해 이루어지고 있는 급격한 변화들을 통해 우리가 주목해야할 것은 그것의 내용뿐만 아니라 그것의 형식이 갖는 미적 특성들 역시 포함되어야 한다는 것이다.

이러한 새로운 미디어와 기술적 혁신들이 제공하는 변화에 걸맞게 문예학과 미학을 대응하게 하려는 최근의 한 가지 시도로서 2002년에 출간된 랄프 슈넬 Ralf Schnell의 『미디어미학 Medienästhetik』을 들어 볼 수 있다.[3] 이 책의 서문

3 같은 해에 미디어에 대한 개론적 성격의 책 『Grundwissen Medien』을 펴낸 미디어학자 베르너 파울스티히 Werner Faulstich는 미디어미학 Medienästhetik이란 용어가 미디어와 예술의 관계를 우선 그 주제로 삼고 있으나, 이제까지의 미디어미학은 영화미학, 텔레비전 미학, 비디오 미학, 컴퓨터 미학 등 개별 미디어들로 나뉘어 연구되어 왔다고 지적하며, 그런 까닭에 "미디어미학이라는 개념은 개별 미디어의 이론과 동일시"되어 왔으며, "개별 작품들 속에서 일반적으로 전형을 찾아왔다"라고 말하고 있다. 그의 이런 견해에 따라볼 때, 여러 미디어가 가지는 미적인 성격을 포괄적이고 보편적 시각에서 규명하려는 시도는 우리의 논의의 대상인 랄프 슈넬의 『미디어미학』이 최초의 공헌인 듯 여겨진다. Vgl. Werner Faulstich(Hrsg.): Grundwissen Medien, Wilhelm Fink, 2000, 93쪽. 또한 2001년에 안스가르 뉘닝 Ansgar Nünning의 편저에 의해 출간된 문학과 문화이론사전에도 미디어미학이라는 항목은 찾아볼 수 없다. 다만 랄프 슈넬이 편저자로서 펴낸 문화사전에는 미디어미학이 등장하나 이는 그의 책에서 언급되고 있는 이야기들이 축약되어진 결과로 이야기할 수 있다. Vgl. Ansgar Nünnig(Hrsg.): Metzler Lexikon, Literatur- und Kultur- theorie, Metzler, Stuttgart/Weimar 2001. Ralf Schnell(Hrsg.): Metzler Lexikon, Kultur der Gegenwart, Metzler, Stuttgart/Weimar 2000. 그밖에 미디어미학에 대한 또 다른 논의로 노베르트 볼츠 Nobert Bolz를 들 수 있으나, 그의 논의는 '전자 미디어들의 미학'분야에 해당하는 디지털 미학으로서의 미디어미학을 전개하고 있다고 볼 수 있다. Vgl. Martin Seel: Vor dem Schein kommt das Erscheinen. Bemerkungen zu einer Ästhetik der Medien, in: Ludwig Jäger u. a.: Germanistik in der Mediengesellscaft, W. Fink,

에서 밝히고 있듯, 우리 시대의 "의사소통형식이나 교통형식들의 특징으로 각인"되고 있는 "역동화나 가속화와 같은 요소들에 의해 묘사의 개념 역시 변화"[4]되고 있다는 단초에서 이 책은 이러한 기술적 장치들의 발전이 문학과 예술에 미치는 상관관계를 조명하려고 하였다. 이러한 관점에서 그가 붙인 책의 제목 『미디어미학』은 미디어를 통한 미학으로 이해할 수 있다.

미학이라는 용어를 바움가르텐이 감성의 영역을 학문적으로 정의하려 한 이후, 근대의 미학이 미를 주체의 인식론적 측면에서 고찰하려는 시도와 행위의 관점에서 윤리적인 것에 부속하려는 시도로 대별될 수 있으나, 정작 미의 고유한 영역인 감성적 판단은 "여전히 추상적인 사유, 이성적 판단, 합리적 추론의 아래에 놓인 '저급한 인식'에 불과했다."[5] 여기에서는 미에 대한 질료를 이루는 사물세계는 중요하지 않았으며[6] 이를 전달하는 미디어 역시 의미를 전달하는 텅 빈 전도체에 불과했다. 그러나 랄프 슈넬의 『미디어미학』은 미가 대상세계에서 매개체를 통해 전달되는 형식에 주목하고 있음으로써 유물론적이고 존재론적인 성격을 띤다.

> 모든 시청각 표현 형식들은 그 형식에 토대를 둔 독특한 고유의 지각 방식을 가지고 있다. 그리고 이것은 보여진 것들이나 말해진 것들, 그것과 일치되지 않는다. 그것들의 방법과 방식에는 나름의 특성이 있어, 주어지거나 만들어진 자료들을 작업하기 위해 자기에 맞는 가능성, 능력, 기술, 수단을 사용한다. 이러한 지각의 '방법'이 미디어미학의 중심 요점이다.
> Jede Form des audiovisuellen Ausdrucks besitzt eine spezifische, ihr zugrundeliegende und nur ihr eigene Weise der Wahrnehmung. Diese ist nicht identisch mit dem, was gezeigt oder gesagt. Sondern sie besitzt ihre Spezifik in der Art und Weise, wie sie die ihr eigenen Möglichkeiten und Fähigkeiten, ihre Techniken, ihre Mittel zur Verarbeitung von vorgegebenen oder hergestellten

München 1994, 200쪽 이하.

4 Ralf Schnell: Medienästehtik, Vorwort.

5 진중권: 현대미학 강의, 아트북스 2004, 189쪽.

6 인식론적 입장을 대변하는 칸트에게서 미란 '목적 없는 합목적성'으로서 주체의 쾌, 불쾌의 문제에 해당하며, 헤겔 미학에서 미는 정신의 소산인 '이념의 감각적 현현'에 불과하다. 이러한 주체 중심적 사유방식으로 미를 고찰하려는 미학적 전통은 현대에 이르는 가장 중심적인 미학의 흐름이다.

Materialien einsetzt. Das Wie dieser Wahrnehmung steht im Mittelpunkt dieser Medienästhetik.[7]

미디어가 가진 질료적 특성에 의해 인간의 인지구조가 달라지고, 이를 통해 미적인 체험 역시 차이를 갖게 될 거라는 이러한 달라진 인식의 조건들을 랄프 슈넬의 『미디어미학』은 추적하게 된다. 이러한 『미디어미학』의 단초는 최근의 미학 이론들, 특히 벤야민의 영향을 고루 섭취한 프랑스 구조주의자들의 미학적 연구들과 그 연관성을 드러내고 있다. 그들의 논의 역시 새로운 미디어에 의해서 주도되고 있는 현대 사회에서의 미적체험들이 가지는 문제점들이라고 볼 수 있다. 본 연구에서는 랄프 슈넬의 『미디어미학』을 이러한 최근의 미학들과 관련지어 그것들에서 통분되는 요소들을 '미디어화된 지각'과 현대사회에서의 미적 체험이라는 주제로 조망하고자 한다.[8]

II. 미디어화 된 지각과 현대사회에서의 미적 체험

1. 미디어는 인간의 확장이다

벤야민의 고찰에 따르면 기술혁신을 통해 이룩된 현대 사회에서의 변화는 어떤 한 "특별한 영역"에서 이루어진 것이 아니라, "사회의 모든 전망과 옛 관계들을 새로이 조직할 일군의 변화들"[9]이었다. 그는 특히 이러한 기술의 생산

7 Ralf Schnell: Medienästehtik, 11쪽.

8 국내에서 랄프 슈넬의 미디어미학에 대한 소개는 차봉희에 의해서 이루어졌다. 2002년 한국독어독문학회 학술대회에서 「미디어미학과 문예학」이라는 발표와 차후 이를 정리 책으로 출간한 『문학텍스트의 전통과 해체 그리고 변신』에서 저자는 국내의 독어독문학과의 위기를 생산적으로 극복하기 위한 대안으로 독일대학에서 일어나고 있는 새로운 학문적 동향들을 소개하고 있는데, 여기에서 랄프 슈넬의 『미디어미학』은 그 중 한 가지로 제시되고 있다. Vgl. 차봉희: 문학텍스트의 전통과 해체 그리고 변신, 활자텍스트로부터 하이퍼텍스트까지, 문매미, 2003.

9 Daniel Bell: "Die dritte technologische Revolution und ihre möglichen sozioökonomischen Konsequenzen", in Merkur 491, 44. Jg. (1990), H. 1. nach Zit.: Ralf Schnell: Medienästhetik, 8쪽.

력이 예술에 미치는 영향을 예의주시했다. 즉 그는 "생산력의 발전이 예술에 발휘하는 해방적 역할", 즉 "건축, 사진술, 광고 그래픽, 몽타주 등 생산력의 발전이 해방시킨 다양한 예술적 형상화 방식"에 주목했던 것이다.[10] 그의 판단에 따르면 인간의 지각이란 어떤 변하지 않는 인간의 자연적, 내재적인 실체가 아니었으며, 사회적, 역사적으로 변화 가능한 것이었다. 달리 설명하면 한 시대의 사회적, 물적 토대가 제공하는 것들이 인간의 지각 능력에 개입하고 간섭하며 지각에 영향을 미친다고 말할 수 있다. 이러한 설명방식이라면 인간이 가진 본질적이고 변치 않는 인식력이란 없으며, 이는 그가 서있는 역사적 유물론적 토대로 환원될 수밖에 없다. 이러한 의미에서 미디어라는 기술적 매체가 우리의 지각에 미친 영향이 의식될 수 있다. 현대의 미디어학자 마샬 맥루한 Marshall Mcluhan에게서 그러한 까닭에 새로운 미디어는 인간의 확장이 된다.[11] 그것은 한 가지 새로운 미디어의 도입으로 초래되는 사회의 환경 및 인간의 지각패턴의 변화를 의미한 것이라 할 수 있다.

랄프 슈넬의 『미디어미학』 역시 벤야민의 그러한 인식을 공유한다. 그는 벤야민의 미학이 성공한 이유를 "그가 미학을 철학이나 철학이론이나 예술철학으로서 전개시킨 것이 아니라 [...] 지각이론으로 전개했기 때문"[12]이라고 평가한다. 랄프 슈넬은 자신이 본격적으로 문제 삼을 오늘날의 시청각 미디어가 지닌 미적 질들을 연구하기 위해 우선 역사적으로 촬영기적 지각이 발전되어온 전사들을 추적한다. 여기에 그림, 원근법, 암실, 파노라마, 사진 등은 촬영기적 전사로서 파악되고 영화에서 그러한 촬영기적 지각변화가 완성되는 것으로 간주한다. 여기에서 예술의 물적 토대가 되고 있는 시청각 지각형식의 전개과정을 통해 예술과 그 문화적 과정에도 변화가 진행되었음이 확연해진다. 우리는 특별히 여기에서 원근법을 예로 들어 미디어의 발전이 어떻게 당대의 지각현실에 영향을 미치게 되는지를 이해해보도록 한다.

---

10 Walter Benjamin: Das Passagen-Werk, in: Gesammelte Schriften Bd. V/I, 59쪽.

11 맥루한은 "기술이 우리들의 다섯 가지 감각 가운데 어느 하나를 확장시키는 경우 그 새로운 기술이 내재화되는 속도만큼 문화의 새로운 변형도 신속하게 발생한다"라고 말하고 있다. Vgl.: 마샬 맥루한(임상원 역): 구텐베르크 은하계, 활자 인간의 형성, 커뮤니케이션북스, 2001, 86쪽.

12 Ralf Schnell: Medienästehtik, 9쪽.

> 원근법의 발견을 통해 르네상스 시대의 인간은 지각과정의 주인이 된다. 그는 현실을 그의 통찰에 예속시킨다. 그의 시선은 질서를 만드는 원칙이 되며, 그 원칙을 통해 그는 구분하고, 등급을 나누고, 위계질서를 만든다. 원근법의 발견은 단순히 정확한 현실파악이라는 기술적 조처 이상으로 새로운 자아와 자의식이 드러나게 되는 미디어인류학의 한 단계를 보여준다. 관찰자는 이제 각도를 정하고, 이 각도 아래에서 외부세계의 대상적 성격을 지각한다. [...] 원근법은 결코 '자연적인 보기과정'이 아니다. 그것은 오히려 기술적인 구성이며, 지각하도록 제공되는 어떤 것인데, 이것이 관습화되고 나면 자연 지각법칙과 유사한 힘이 그곳에서 성장된다.
>
> Mit der Entdeckung der Perspektive wird der Mensch der Renaissance zum Herrn des Wahrnehmungsprozesses. Er unterwirft die Wirklichkeit seinem Blick. Sein Blickwinkel wird zum Ordnung stiftenden Prinzip, das gliedert, staffelt, hierarchisiert. Mehr als nur ein technisches Verfahren zur exaten Wirklickkeits-erfassung, repräsentiert die Entdeckung der Perspektive eine Etappe der Medien-anthropologie, die ein neues Ich- und Selbstbewußtsein repräsentiert. Der Betrachter bestimmt von nun an den Winkel, unter dem die Gegenständlichkeit der äußeren Welt wahrgenommen wird. [...] Die Perspektive ist keineswegs Ausdruck eines natürliche Sehvorgangs, sondern sie ist eine technische Konstruktion, ein Wahr-nehmungsangebot, dem durch Konventionalisierung die Kraft eines quasinatürlichen Wahrnehmungsgebotes zuwächst.[13]

원근법에 의해 주체는 세계 인식의 주인이 된다. 이러한 과학적이고 주체 중심적인 시각을 통해 객관세계에 대한 약탈과 남획이 시작되었고, 이는 서구 물질문명 발전에 대한 토대가 된다. 원근법의 발견이 예술과 세계전반에 미친 영향은 이루 말할 수 없으며 이러한 지배하는 눈의 원리는 오늘날의 세계에까지 삶의 주된 원리로 작용되며 지속되고 있다. 이처럼 하나의 미디어 기술의 발명은 곧 인간의 인지 능력의 확장이며, 이러한 확장된 인지능력은 수많은 새로운 지평을 열게 한다.

이러한 관점에서 현대의 여러 가지 새로운 기술적 발전에 의해 수많은 새로운 미디어의 등장은 우리의 인지구조를 새롭게 변화시켰으며, 이를 통해 사회적, 문화적 내용들 역시 변동해가고 있다고 말할 수 있다.

---

13 Ralf Schnell: Medienästehtik, 25쪽.

2. '신체의 코기토'와 미디어화 된 지각

세잔느는 보는 대로 그리고자 여러 차례 노력한 결과 원근법적인 시각과 장치에 의해 기계적이고 수학적으로 분할된 재현에 이르지 않고, 여러 초점에 의해 부분들이 통일되지 않고 심지어는 좌우의 평행선이 맞지 않는 그림을 그리게 되었다. 그렇게 관찰하는 세잔느의 눈에서 지각된 세계는 사진이나 원근법에 의한 그림처럼 그렇게 일목요연하지 않았던 것이다.

이러한 관찰로부터 우리의 눈이 하는 지각행위가 암실에 찍히는 사진처럼 순간적이며 공간적으로 인식되지 않는다는 사실이 밝혀졌다. 오히려 '보기 Sehen'라는 과정은 하나의 시간과정의 연속으로서, 시간경과에 따른 여러 가지 작은 단위들의 빠른 중첩과 이의 연결과정이라는 사실이다. 메를로 뽕띠 Merleau-Ponty는 이러한 지각방식을 데카르트의 코기토와 대립적으로 '신체적 코기토'라는 말로 대립시키고 있다.[14] 다시 말해 이 말은 시지각인 눈이 대상을 받아들이는 행위과정은 "지각이 감관을 통해 받아들인 정보를 정신으로 퍼 올리는 인식론적 현상이 아니라",[15] 오히려 살 chair이라는 촉각적 접촉에 의해 이루어지는 운동과정이라고 설명하는 것이다. 뽕띠에 따라볼 때 이제 정신이 아니라 육체에 결부된 운동이라는 이러한 감각적 지각이 우리의 인식의 요체가 된다.[16]

---

14 뽕띠는 "외적인 것을 나의 내면에로 환원시켜 버리는 관념론"으로 나타나는 데카르트 이후의 과학적, 합리적 이성에 의한 지성주의는 "실제로 현실적인 앎을 넘어서는 모든 가능한 앎을 예측하면서" 세계를 법칙성과 통일적 구조를 갖고 있는 것으로 잘못 판단한다고 비판한다. Vgl. Merleau-Ponty: Phänomenologie der Wahrnehmung (Phénoménologie de Perception), Berlin 1966, 417/51쪽. 최재식: 이성적, 실재론적 자아에서 신체적 자아로, -메를로-뽕띠를 중심으로, 2003년 강릉대학교 인문학 연구소 가을철 학술대회 발표집, 33-56쪽, 여기 40쪽에서 재인용.

15 진중권: 앞의 책, 189쪽.

16 뽕띠에 대한 이해를 돕기 위해 여기에 다음과 같은 최재식의 설명을 인용한다. "신체는 이성(지성)과는 달리 그 본질은 상대성이며 유한성을 갖고 있다. 예를 들어 내 신체의 힘에 비해서 이 물건이 너무 무겁고, 내 감각에 대해서 이 물건은 어둠 속에서 만져질 뿐이고, 내 입맛에 대해서 이 음식이 맛이 있다 등등. 신체적 지각에 의해서 파악된 모든 것은 단지 유한적인 방식으로만 나타나고 구체화되며 표현된다. 이런 유한성은 간접적으로 시간 속에서 형성되는 하나의 특정한 방향중심체와 특정한 지각수단, 의지수단 그리고 표현수단을 지시한다. 신체는 바로 이런 것의 총괄개념이다. 신체는 그것의 개

랄프 슈넬의『미디어미학』역시 뽕티의 이러한 인식을 공유하고 있다. 여기에서는 이러한 인간의 지각과정을 인체의 특히 신경학의 연구를 통해 보다 더 과학적인 근거에서 다음과 같이 보고하고 있다.

> 보기의 과정이 지각과정이 되기 위해서는, 일련의 정보들이 전체적으로 처리되는 단계들이 필요하다. 이를 조사한 연구들을 통해, '보기'는 복잡한 전제조건들과 결합되어 있다는 점이 점차 분명해졌다. 그러한 전제조건들은 전통적인 '영상이론'이 이해하고 있던 바와 같은 현실의 단순 모사관계라는 것과는 아무런 관련이 없었다. 전통적인 이론들은 복잡한 무엇이 형성되어 있는 곳에는 어떤 위계적이고 단계적인 체계가 있다는 점을 기초로 삼고 있다면 [...], 그와는 달리 새로운 지각연구는 지각과정에서 주변환경과의 기능관계를 표현하려는 가정에서 시작한다. [...] 이러한 기능관계는 행위의 시각에 정향되어있는데, 즉 지각과정이 이루어질 때 행위 문맥에 알맞게 대상들의 사용의미가 결정되고, 이에 따라 구체적으로 주변정보와 신체정보들에 대한 선택이 이루어진다는 것이다. 이에 상응하여 보기과정에서 외부자극으로서 망막 위에 모사된 상을 분석하는 것 역시 추상적으로 이루어지지 않는다. 본다는 것은 부분적인 여러 체계들의 계보라는 문맥에서 일어나며, 전체 망막과 신경세포적인 처리단계들을 모두 포함해 눈은 그러한 체계들 중 단지 한 가지 단계일 뿐이며, 눈의 병렬적 운동이나 신체의 움직임 그리고 주변세계에서의 방향잡기 등과 함께 상호작용하며 이루어진다. 게다가 거기에는 다음과 같은 요소들도 나타난다. 즉 적응능력이나 학습능력, 옳은 자극이나 거짓 자극에 대한 판단, 해독능력과 교정능력, 주변세계와의 무리없는 대결 및 심리적인 대결과 같은 요소들이 함께 나타난다.
>
> Damit er(der Vorgang des Sehens) zu einem Wahrnehmungsvorgang werden kann, bedarf es einer ganzen Reihe von informationellen Verarbeitungsschritte. Deren Erforschung hat zunehmend deutlich gemacht, daß das Sehen an komplexe Voraussetzungen gebunden ist. Sie haben mit einem einfachen Abbildungsverhältnis zur Wirklichkeit, wie es traditionelle Bildtheorien verstanden habe, nicht zu tun. Lag diesen Theorien die Annahme eines hierarchisch abgestuften Systems von Komplexionsbildungen zugrunde [...], so geht die neuere Wahrnehmungsforschung

별 기능들이 하나의 세계의 매개 속에서 함께 영향을 발휘한다. 이점에서 우리는 신체를 통해서 세계에 접근하고 세계를 이해하며 세계 속에서 살고 있고 살게 된다." 최재식: 앞의 책, 48쪽.

> von der Annahme aus, daß sich im Prozeß der Wahrnehmung ein Funktionsverhältnis zur Umwelt ausdrückt. [...] Dieses Funtionsverhältnis ist orientiert am Aspekt des Handelns: Die Auswahl von Umwelt- Körperinformationen im Wahrnehmungsvorgang bemißt sich konkret nach der Gebrauchsbedeutung von Objekten für Handlungskontexte. Dementsprechend erfolgt eine Analyse des im Sehvorgang als Umweltreiz auf der Netzhaut abgebildeten Bildes nicht abstrakt. Sehen findet statt im Kontext einer Hierarchie von Teilsystemen, von denen die Augen samt Netzhäuten und neuronalen Verarbeitungsstationen nur eine Stufe repräsentieren, eingebettet in das Zusammenspiel von Augenkoordination, Körperbewegung und Umweltorientierung. Hinzu treten Faktoren wie Anpassungs- und Lernfähigkeit, Vertifikations- und Falisfikationsimpulse, Entschlüsselungs- und Korrekturvermögen, motorische und psychische Auseinandersetzung mit der Umwelt- Faktoren also, die auf eine intelligente Auswahl und Verarbeitung von Informationen deuten.[17]

여기에서 우리가 알 수 있는 것은 이런 하나의 '보기'과정은 내적으로 완결된 전체가 아니라, 가장 작은 지각단위들이 중첩되는 몽타주과정이며, 또한 '보기'에는 '보기'의 과정에 미치는 주변적 관계와 아울러 대상을 인식하는 주체의 경험도 깊이 관여되고 있음을 확인시켜준다. 그에 대한 단적인 예로 출생시 이미 맹인이었던 사람은 수술로 시력을 얻게 된 후에도 시력을 얻을 수 없다는 사실을 들 수 있다. "왜냐하면 그들에게는 어린 유년시절 때에만 형성될 수 있는 복잡한 지각능력이 없었기 때문이다. 그들의 뇌는 시각을 통해 들어온 광학적 자극을 해독하는 학습을 받지 못했던 것이다."[18]

이 점에서 우리는 미디어적 역사에서 비롯된 다음과 같은 사실을 지적할 수 있다. 현대에 들어서 여러 가지 발전된 미디어는 우리에게 전혀 다른 지각환경을 제공하게 되며, 이를 통해 지각에는 혁명적 변화가 일어나게 되었다. 고속으로 질주하는 경주용차에 부착된 카메라를 통해 지각을 훈련받게 된 '보기'과정은 그러한 경험으로 훈련받지 못한 보기와는 다른 것이다. '눈'이 가져야 할

17 Ralf Schnell: Medienästhetik, 17쪽 이하.

18 Ralf Schnell: Medienästhetik, 18쪽.

> 두 가지 능력, 즉 정신적 현재의 능력이나 변화할 수 있는 눈의 능력들은 단순히 소유되는 것이 아니라 활동사진기적 지각형식들이 운동을 견뎌낼 수 있도록 훈련이 필요하며, 거의 알아차리지 못하나 그래도 아주 오래 지속적으로 적응이 필요하다. 눈은 -지성 역시 그 방식에서 똑같은데- 그러한 지각변화의 상태에 있는데, 왜냐하면 그러한 지각과정 자체는 선형적인 것이 아니라 지속적으로 조직되는 것이기 때문이다. [...] 영화와 비교할 수 있는 인간의 지각능력은 그 측면에서 볼 때 몽타주방식으로 구조화되어 있다. 그런 까닭에 영화는 그러한 인간의 지각능력에 이용될 수 있으며 영향을 줄 수 있다.
>
> Beide Fähigkeiten, die der Geistesgegenwart wie die des variablen Auges, sind nicht einfach vorhanden, sondern bedürfen, um der Dynamik kinematographischer Wahrnehmungsformen gewachsen zu sein, des Trainings, der Gewöhnung in Gestalt eines langwierigen und lange währenden, wenngleich kanum merklichen Prozesses der Wahrnehmungsveränderung. Das Auge ist -wie der Intellekt auf seine Weise auch- zu solchen Perzeptionsveränderungen in der Lage, weil der Wahrnehmungs-vorgang selber nicht linear und kontinuierlich organisiert ist. [...] Die dem Film vergleichbare Wahrnehmungsfähigkeit des Menschen ist ihrerseits montageartig strukturiert - eben deshalb kann sich der Film ihrer bedienen und auf sie einwirken.[19]

이로써 영화는 시각을 훈련시키는 가장 중요한 연습수단이 된다. 이렇게 미디어에 의해 훈련받고 학습된 지각을 우리는 ‘미디어화 된 지각’이라 부를 수 있으며 랄프 슈넬은 그의 『미디어미학』에서 이러한 미디어화된 지각과정을 통해 일어나는 미적인 내용들을 추적하고 연구하게 된다.

3. 몽타주의 미학-숭고와 하이퍼 리얼리티

원본의 도상 icon인 사진과의 경쟁에서 현대의 회화는 더 이상 재현적 도상이기를 포기하고 추상으로 나아갔다. 대상을 유사성에서 제시하기를 포기한 기호는 상징이 된다.[20] 사진은 그 재현의 방식에 있어서 본래 원본에 대한 도상이었다. “영상은 어떤 개념을 보여주는 것이 아니라 사물을 보여 준다”[21]라는 닐

---

19 Ralf Schnell: Medienästhetik, 102쪽.

20 퍼스 C. H. Peirce는 기호를 도상 icon, 지표 index, 상징 symbol으로 구분한 바 있다.

21 Neil Postman: Das Verschwinden der Kindheit, Ffm. 1983, 86쪽. nach Zit.: Ralf Schnell:

포스트맨 Neil Postman의 언급은 바로 이러한 연관관계에서 이해할 수 있다. 영화를 포함한 모든 시청각적 미디어의 재현방식은 사진처럼 기본적으로 유사성에 기본을 두고 있다.

> 인간의 지각형식은 20세기에 와서 대중, 자원전쟁, 출판, 교통망의 조밀화, 기술적인 생산 및 재생산수단, 현대적 미디어, 데이터, 사실 그리고 정보의 시대를 경험하면서 비연속성, 연관 없음, 순간성 그리고 비약성 등을 특징으로 한다. 이러한 전반적인 산업화 그리고 도시화의 과정이 각 예술분야들의 지각형식 또한 장악했다. 예술의 자체 기술적 발전은 몽타주를 가능하게 했고, 몽타주는 나름대로 완전히 현대의 예술적인 지각형식과 처리방식이 된다.
> Entscheidend werden die Wahrnehmungsformen der Menschen im Laufe des 20. Jahrhunderts, im Zeitalter der Massen, der Materialschlachten, der Presse, der Verdichtung des Verkehrs, der technischen Produktions- und Reproduktionsmittel, der modernen Medien, der Daten, Fakten und Informationen, durch Diskontinuität, Zusammenhanglosigkeit, Momenthaftigkeit und Sprunghaftigkeit geprägt. Dieser Prozeß der universellen Industrialisierung und Verstädterung hat auch die Wahrnehmungsformen der Künste erfaßt. Deren eigene technische Entwicklung führt zur Montage - Montage ihrerseits wird zur künstlerischen Wahrnehmungs- formen und Verfahrensweise der Moderne schlechthin.[22]

이러한 미디어들을 통한 예술적 재현의 형상화 원칙은 몽타주이다. 여기에서 드러나는 사물세계는 이념에 의한 형상화를 위해 폭력이 가해진 대상세계가 아니며, “현실에서 받아들여진 미메시스적 단편들의 존재를 존중하면서, 그들 사이에 눈에 보이지 않는 내적 구성을”이루며, 여기에서 작품은 “유기적 전체가 아니라 여러 가지 제 모순과 요소들이 긴장을 이루는 팽팽한 자기장”이 된다.[23]

그러나 영화는 카메라에 포착된 대상과 그 흐름을 여러 가지로 개별체로 잘라내고 분리하여 다시 연결하여 보여줌으로써 새로운 사물세계의 모습을 보여주게 된다. 여기에서 몽타주로 분절된 영상을 보는 관객은 그 사물의 분열에서

Medienästhetik, 5쪽.

22 Ralf Schnell: Medienästhetik, 52쪽 이하.

23 진중권: 앞의 책, 103쪽.

생기는 충격으로 인해 조화로운 미를 살펴낼 수 없다. 발터 벤야민 역시 이러한 연관관계에서 생겨나는 충격의 경험을 현대의 표지로서 지적했으며, 그의 논문 「기술복제 시대의 예술작품」에서 그러한 충격경험이 생산 미학적으로 중요한 역할을 할 수 있음도 인정했다. 몽타주로 인해 생겨난 영화의 "기술적인 구조"에 의해 관중의 수용적 태도에는 폭력이 가해진다고 벤야민은 말한다. 즉 "실제로 이러한 영상을 보는 사람의 연상의 흐름은 끊임없는 영상의 변화로 인하여 곧 중단되어 버린다. 영화의 충격효과는 바로 이러한 데에 그 근거를 두고 있으며, 또 이러한 충격효과는 다른 충격효과가 모두 그러한 것처럼 단단히 정신을 차리고 깨어있는 상태에서만 어느 정도 완화되어질 수가 있다."[24]

이러한 충격 효과를 리오타르 Jean-François Ryotard는 '숭고미'로 고찰한다. 칸트에게 있어서 미의 대상과 숭고는 그 대상의 크기에 달려 있었다. 다시 말해 주체가 자기의 인식으로는 도저히 파악할 수 없는 그런 범위의 미를 마주할 때 그것은 숭고의 체험이 된다.[25] 이처럼 "칸트의 테마에서 발견"되고, "근대예술이 그 동력을 발견했고, 아방가르드들의 논리가 그 공리를 발견한 곳이 바로 이 숭고의 미학 esthétique du sublime이다."[26] 영화라는 미디어가 행하는 몽타주에 의해서 생겨난 비연속적이며 충격적인 사물들의 결합은 인간의 이성적인 이해를 넘어 어떤 것을 체험하게 하는 거북스러운 느낌의 연속을 의미한다. 이것은 리오타르의 의미에서 숭고미에 해당되며 이는 현대의 미디어 기술이 만들어 준 미적 경험세계로서 숭고미에 해당된다.[27]

그러나 비록 벤야민이 기술복제를 통해 아우라의 소멸을 대중에게 긍정적으

---

24 발터 벤야민(반성완 역): 앞의 책, 226쪽.

25 리오타르는 그의 글 「숭고와 아방가르드」에서 숭고미는 "숭고한 것을 파악하고자 하는 지성의 무능력, 지성의 무장해제"(163쪽)로부터 발생된다고 말하며, 칸트에게서 숭고미는 "구상력(이) 자신의 대상을 이성의 대상과 조화시키려 함이 역으로(a cotrario) 구상력의 무력함을 드러내주는 것이라는 사실에서 나오는 쾌"(177쪽)라고 설명한다. 결국 리오타르에게서 이러한 숭고미는 "무엇(quid)이전에, 「우선」일어나고 있다는 사태(quod)가 선행"된 것으로서 "일어나고 있다는 것은 무엇이 일어나고 있는가 라는 질문보다 항상 앞서는 것"(157쪽)으로 설명하고 있다. 장-프랑수아 리오타르(이현복 편역): 지식인의 종언, 문예출판사, 1993, 153쪽 이하 참조.

26 같은 책: 31쪽.

27 물론 리오타르는 아방가르드의 미와 키치화되고 대중의 취향에 아부하는 '시장의 시대정신'을 구분하며 비판하고 있다. 이에 대해서는 같은 책 178쪽 이하 참조.

로 이용하려는 의도를 가지고 있었다고 하나, 다른 한편으로 복제는 원작이 갖는 의미와 가치를 탈락시킬 뿐만 아니라 "이성의 여과 없이 모든 것을 그대로 대중의 몸에 기입하는 역효과를 낳았다."[28] 장 보드리야르 Jean Baudrillard는 미디어에 의해 생겨난 부정적 현상을 지적하며, '미디어가 인간을 확장시켰다'는 앞선 맥루한의 명제를 이제 인간이 '미디어로 확장'되었다고 뒤집는다. 다시 말하면 이제 미디어는 자신이 재현하는 사물에 대해 끊임없이 복제를 함으로써, 원본과 복제본의 관계나 복제본과 복제본의 관계 사이의 위계를 상실하게 만든다. 여기에서 "매스 미디어의 기능은 세계의 실제 현실에서 일어난 단 한 번의 사건으로서의 성격을 약화시키고, 서로 의미를 보완하고 서로 참조하게 하는 동질적인 각종의 매스 미디어로 된 다차원적 세계로 현실의 세계를 대체시켜버리는 것이다."[29] 여기에서 기의는 소멸되고 기표만이 동어반복된다. 결국 미디어가 만들어낸 "'하이퍼 리얼리티'가 실재보다 더 실재적인 것이 되어버려, 인간은 미디어가 만들어낸 시나리오의 배우가 되어버린다."[30] 사물들 역시 이러한 '기호학적 환원'에 의해 그 의미와 '사용가치'에서 벗어나 상징체계의 교환체계로 뒤바뀐다. 이렇게 리얼함이 과다해서 만들어진 '하이퍼 리얼리티'가 다시 인간을 지배한다는 의미에서 '인간이 미디어'로 확장되었다는 말은 이해될 수 있다.

다음 장에서 우리는 이러한 미디어에 의한 현대사회의 문제점들에 대해 랄프 슈넬의 『미디어미학』이 어떻게 대응하려는지를 개괄적으로 다루고자 한다.

III. 『미디어미학』의 연구대상과 과제

랄프 슈넬의 『미디어미학』은 이러한 현대의 미디어들에 의한 시뮬라시옹 Simulation에 대해 보드리야르처럼 비관적으로 바라보지 않고, 오히려 이를 생산적으로 이용하고자 한다. 그러한 현대의 미디어들의 발전과 영향에 방어적 태도로만 일관하는 것은 "인식론적으로 반 생산적이며 학문적으로도 성과가

28 진중권: 앞의 책, 53쪽

29 장 보드리야르(이상률 역): 소비의 사회, 그 신화와 구조, 문예출판사 2004, 179쪽.

30 진중권: 앞의 책, 260쪽.

없다"[31]고 판단한다. 오히려 "이러한 논쟁적 저항들의 모든 몸짓들이 새로운 미디어들의 장점이나 적어도 새로운 미디어가 가진 색다른 성격을 규명하려는 자세를 압도"[32]해왔다는 사실을 지적한다.

그러한 단적인 예를 랄프 슈넬은 어문학 Philologie을 들어 설명하고 있다. 어문학에서는 비디오가 시적인 은유를 추방한다고, 디지털 미디어 현실의 시뮬레이션이 문자적 의미생산을 제거한다고, 전자미디어가 인쇄매체를 위협하며 해체할 것이라는 두려움에 차있다고 랄프 슈넬은 판단한다. 그러나 문학과 예술에서도 여러 가지 다른 미디어의 영향이 개입되어 있고 영향을 미쳤고 미칠 것이라는 사실을 인정하고 그 차이들, 즉 시각미디어와 문자미디어들의 차이와 형식 언어의 질적 차이와 특성들을 연구하여 서로 보완하는 작업이 생산적일 것이라고 『미디어미학』에서 랄프 슈넬은 판단한다. 이를 위해서 랄프 슈넬은 문예학도 비단 기존의 체계와 방법론만이 아니라 과감히 공학적인 체계와 방법들에 대한 연구로 확장되어야 한다고 생각한다.[33]

이를 위해 『미디어미학』에서 랄프 슈넬은 우선 영상의 문자화에 주의를 기울인다. 닐 포스트맨이 "영상은 어떤 개념을 보여주는 것이 아니라 사물을 보여 준다"라고 쓰고 있지만, 여기에는 어떻게 '영상들이 사물을 보여주는지'라는 결정적인 문제가 남아있다.[34] 즉 그 재현의 방법, 다시 말해 기술적으로 사물을 시각적 형태로 실현화시키는 작업에 대한 연구가 필요하며, 이러한 연구는 다른 식으로 조직된 문학적 구조들을 연구하는 것만큼이나 쉽지 않다고 랄프 슈넬은 판단하며, 이러한 "현재의 시대 변화에 맞춰 시각화 시대의 알파벳들, 자세히 말해 몽타주 방법, 커트 기술, 미장센, 카메라 이동이나 쇼트, 저속촬영, 고속촬영, 조리개와 인테리어 등을 문자화하는 능력을 길러야"[35]만 한다고 그는 생각한다. 결과적으로 랄프 슈넬은 『미디어미학』에서 미디어에 대한 비판적 지각이나 미디어의 기술과 미학 그리고 영향들에 대한 분석을 연구의 대상으로 삼고 있다.

---

31 Ralf Schnell: Medienästhetik, 8쪽.
32 Ralf Schnell: Medienästhetik, 4쪽.
33 Vgl. Ralf Schnell: Medienästhetik, 8쪽 이하.
34 Ralf Schnell: Medienästhetik, 10쪽.
35 Ralf Schnell: Medienästhetik. 10쪽.

또한 새로운 미디어들의 상호 각축적 상황을 통해 미디어의 경쟁과 위기가 비단 문자성과 영상성의 대립에만 존재하는 것이 아니라고 랄프 슈넬은 판단한다. 즉 텔레비전과 컴퓨터 그리고 디지털화라는 새로운 도전들은 기존의 미디어들 예를 들어 영화와 같은 미디어에 또한 위협으로 인식되고 있다고 판단한다. 하지만 『미디어미학』에서 슈넬은 이러한 인식이 오히려 각각의 미디어들이 가진 개별적 성격과 한계들에 대한 연구가 필요하다는 것을, 다시 말해 개별 미디어들의 정체가 확립되지 않았다는 것을 반증하는 것으로 판단한다. 이러한 까닭에 『미디어미학』에서 랄프 슈넬은 "우선 영화에 초점을 맞추고 있으나, 다른 시청각적인 지각형식들, 예를 들어 텔레비전이나 전자미디어 그리고 디지털화는 물론 최근 현상인 비디오 클립이나 가상현실의 미학에 이르기까지 시청각 지각형식들의 역사를 폭넓게 추적"[36]하여 역사적이고 이론적인 설명과 분석을 제공하고, 이를 통해 미디어들이 가진 성격과 미적인 영향력을 분석해내며 그 정체들을 확립하려는 목표를 갖고 있다.[37]

하지만 랄프 슈넬은 전체 미디어미학을 총괄하는 설명을 그의 『미디어미학』에서 중요하게 생각하지 않는다. 왜냐하면 계속 발전해가는 미디어의 발전으로 인해 선택된 관점들도 종결되지 못할 것이기 때문이다. 그런 연유로 랄프 슈넬의 『미디어미학』은 일종의 "시청각 미디어의 중간 결산물"[38]로서 역할을 하려 한다.

---

36 Ralf Schnell: Medienästhetik, Klappentext.

37 노베르트 볼츠와 비교해볼때 랄프 슈넬의 미디어미학적 연구는 현재 진행되고 있는 미디어적 현상을 분석하는 까닭에 좀 더 구체적이며 실제적이고, 그래서 자신이 말한 바처럼 '소박'하다고 볼 수 있다. 그에 반해 볼츠의 미디어미학은 이론적이고 추상적이며 미래예시적이다. 그는 체계이론의 입장에서 "인간이 점점 더 완벽하게 되어가는 미디어들 속에 커뮤니케이션의 주체가 아니라 주변환경에 불과"하게 되었고, 그러한 인간 "미래의 중요한 지적인 과제는 인간과 기계의 시너지 관계를 밝히고 그것을 극대화하기 위해 양자의 인터페이스를 최적화시키는 하드웨어(사용자환경) 디자인과 지식디자이너에 의해 해결될 수 있다"고 생각하며, 미디어미학은 이러한 지식디자인을 위한 학문이 되어야한다고 판단한다. 그의 이론들은 이러한 이론적 당위들을 정초하는데 주력하며 구체적인 방법론으로 실현되진 않고 있다. 직접인용 및 참조: 노베르트 볼츠(윤종식 역): 구텐베르크의 은하계의 끝에서, 새로운 커뮤니케이션 상황들, 문학과 지성사, 2000, 310쪽 이하.

38 Ralf Schnell: Medienästhetik, Vorwort.

프리드리히 뒤렌마트의 셰익스피어 패러디

-두 편의 정치코미디 : 『존 왕 König Johann』과
『타이터스 앤드러니쿠스 Titus Andronicus』-

이 경 미

I. 서론

현실의 범주는 명확하게 이해될 수 없으며, 기껏해야 이분법과 패러독스 속에서만 겨우 파악될 수 있는 차원으로 규정된 지 오래이다. 보편적 인식원리가 현실을 파악하는데 더 이상 도움이 되지 않듯이, 작가 역시 하나의 형식으로 여러 가지 소재들을 형상화할 수 있는 시대는 이미 지나가 버렸다. 이러한 상황에서 코미디 작가로서 프리드리히 뒤렌마트 Friedrich Dürrenmatt가 이루어내는 작업의 근간은, 대상을 해체하고 새롭게 조합하는 유희의 과정 속에서 그가 느끼는 희극적 즐거움이다.

> 이러한 이유로 인해 예술가가 자신이 만나는 [...] 형상들을 다시 소재로 만들려면, 그러한 형상들을 축소시켜야 한다. 자신이 그 형상들을 패러디하는 것, 다시 말해 그 형상들을 기존의 모습과 의식적으로 반대되게 만들 수 있기를 바라면서 말이다.[1]

뒤렌마트는 이와 같은 유희적 창작과 변용의 과정에 자신의 기존 작품은 물론이고 다른 작가들의 작품들까지 적극적으로 끌어들인다.[2] 본 논문에서는 뒤

1 Friedrich Dürrenmatt: Werkausgabe in dreißig Bänden, Hrsg., in Zusamenarbeit mit dem Autor. Gebundene Ausgabe, Bd 24, Zürich 1980, S. 68. (이하 본 논문에서는 WA 권수로 표시.

렌마트가 엘리자베스 시대의 전형적인 역사적, 정치적 입장이 그대로 반영된 셰익스피어의 작품을 20세기라는 현대적 상황 속에서 어떻게 풀어내고, 이를 통해 자신의 문학적, 세계관적 입장을 확인하고 있는가를 논의하고자 한다.

뒤렌마트는 셰익스피어의 작품이 기대고 있는 당시의 연극적 관행과 정치, 사회적 조건에 대해 다음과 같이 언급하고 있다.

> 그들 [귀족들] 이 엘리자베스 연극에서 보았던 것은 자신들을 공격하지 않고 자신들의 모습을 그리는 법정의 모습이었다. 그래서 그들은 셰익스피어에서 적이 아닌 그들의 작가의 모습을 발견했던 것이다. 엘리자베스 연극 무대에서 귀족계급은 마음대로 행동했다. [...] 그 [셰익스피어] 는 자신이 재현하는 세계에 대해 전혀 의심하지 않는다. 세계는 보이는 그대로일 뿐 다른 어느 것이 될 수 없다. 주인공과 악당은 함께 공멸한다. 주인공은 자신의 죽음을 통해 정의를 재조명하는 가운데 비극적으로 죽어가며, 악당은 합당한 죄과를 받아 관객을 즐겁게 해주면서 죽어간다. 결말은 텅 빈 무대로 끝이 나고, 새로운 공포만이 얼어붙은 듯 남아있다.(WA 11, S. 209 f.)

셰익스피어의 연극은 궁극적으로 신의 권한을 부여받은 군주와 귀족계급이 주축이 된 정의롭고 조화로운 세계에 대한 비전을 거듭 확인하고 있다. 그러나 뒤렌마트는 "현대성에 대한 의식이 한층 고조되고 그에 따라 역사적 표상능력의 급격히 위축된 20세기적 상황"에서,[3] 셰익스피어의 작품은 더 이상 원래의 모습대로 무대에 올려질 수 없다는 결론에 도달한다. 그가 이미 초기 작품을 통해 거듭 주장해왔듯이, 오늘날 인간의 실제적 삶을 외면한 정의와 이데올로기는 그 독단적이고 결정론적인 허구성으로 말미암아 오히려 인간을 억압하고,

---

2 본 논문에서 다루고자 하는 두 편의 희곡 이외에 『트로일러스와 크로시다 Troilus & Crossida』, 『Urfaust』, 『보이첵 Woyzeck』, 『스트린드베리 연극 Play Strindberg』 등은 그가 다른 고전 작가들의 작품에 대한 재해석과 변용을 시도한 대표적 예에 해당한다. 이들 작품들은 그가 바젤 극단과 함께 무대를 염두에 두고 공동 작업을 했던 1960년대 중반을 전후로 본격적으로 발표되었는데, 이 당시 뒤렌마트는 '각색자로서의 자신의 역할'에 대해 상당한 매력을 느꼈음을 고백한 바 있다. Vgl. R. H. Linder: Der Autor als Leser – NZ Gespräch mit F. Dürrenmatt. In: National Zeitung, Basel 16. 9. 1968, hier S. 9. "Ich habe jetzt zweimal bearbeitet..., und ich glaube, es hat nicht nur seinen Reiz, sondern es gehört zum Metier des Dramatikers."

3 Ebd. S. 31.

권력을 유지하기 위한 하나의 구실로 전락한 지 오래이다. 뒤렌마트 스스로 지적하듯, "애국심이란 그것의 덕을 보는 자, 즉 권력을 쥔 자나 믿는 것"이며, 정의는 "그들의 권력을 더 합법화하기 위한 수단"에 불과하다.[4]

뒤렌마트가 그의 코미디의 근간이 되는 우연의 요소를 도입, 셰익스피어의 『존 왕』과 『타이터스 앤드러니커스』를 '잘 정돈된' 국가조직 구조 속에 존재하는 비인간적이고 불합리한 측면을 강조, 이를 근거로 작품을 그 특유의 코미디로 이끌어가는 이유도 그 때문이다.

Ⅱ. 『존 왕』

II.1. 바스타드와 존 왕 : 합리적 개혁을 꿈꾸는 현대적 정치가로의 변신

셰익스피어의 작품에서 조카 아더의 왕위 계승권을 박탈하고 왕 위에 오른 존 왕은 도덕적으로나 현실적으로 인정받지 못하는 왕위 찬탈자에 불과하다. 따라서 그에게는 아더의 왕권을 봉쇄하고 자신의 불안한 왕권을 바로 세우는 것만이 전부이다. 셰익스피어는 이러한 존 왕을 개인적 실리를 추구하는 기회주의적 인물이자, 어린 아더의 살해를 사주했다가 철회하는 과정에서 휴버트에게 모든 책임을 전가하는 모습이 보여주듯 비겁한 인물로 그리고 있다. 반면 일명 바스타드라 불리는 필립 폴콘브릿지는 사자 왕 리처드 1세의 서자라는 열등한 혈통에도 불구하고 도덕적으로나 이성적으로 존 왕을 압도하는 인물이다. 그는 사생아라는 자신의 운명을 저주하지 않으며, 기회를 잘 이용하는 실리적 기회주의자이면서도, 정직하고, 결단력 있으며, 타락하고 무능한 지배자들을 비판할 줄 아는 적극적 인물이다.[5] 실제로 그는 무기력한 존을 대신해 영

---

4 WA 11, S. 202.

5 2막에서 그는 존 왕과 필립 왕이 블랑슈와 루이스의 결혼을 성사시킴으로써 양국이 구하던 대의명분을 포기한 채 이익과 '편의'만을 추구하는 두 나라를 냉소적으로 비판한다. Vgl. 『셰익스피어: 존 왕』(김재상 역), 서울 1964. S. 451-519, hier S. 474ff. "미친놈의 세상! 미친놈의 왕들! 미친 타협! 존 왕은 전권을 아더에게 주기 싫어 기꺼이 그 일부를 내던졌고, 프랑스 왕은 의리를 표방하여 양심으로 가장하고 신군이라 자청했으면서도, 편리라고 하는 저 간사스런 악마 놈에게 속삭임을 받아 [...]"

국의 실제적 지도자로서 위기에 처한 존 왕과 영국을 구하기 위해 모든 어려움을 감내한다. 그러나 그는 자신의 무능한 군주 존 왕을 배반하기는커녕 그에게 충정을 바친다. 오직 영국만이 중요하고, 이 영국을 위기에서 구하는 것이 최대 목표인 바스타드에게 있어, 군주는 개인이기에 앞서 '영국'을 상징하는 절대적 존재이기 때문이다. 이처럼 자신의 정치적 야망과 이익을 과감히 포기하고 영국을 위해 헌신하는 모습이 바로 셰익스피어의 바스타드란 인물이 지닌 강점이다. 그의 성격은 국가의 존립을 위한 명예로운 싸움이라는 대의와 함께 성숙되면서 존 왕을 압도하는 위대한 인물로 발전되어 나간다.[6]

뒤렌마트는 그의 『존 왕』에서 셰익스피어의 작품이 구현하고 있는 왕권의 정통성 문제와 이상적 국가에 대한 확신 보다는, 그러한 권력정치가 보여주는 비이성적 측면이라는 현실적 구조에 주목한다. 이것이 바로 셰익스피어의 정치극 『존 왕』이 뒤렌마트에 의해 전혀 새로운 의미의 "정치 코미디 die Komödie der Politik"로 태어나는 출발점이 된다.[7] 뒤렌마트의 바스타드에게서는 셰익스피어의 작품에서 그가 보여줬던 영국과 국왕에 대한 충성심을 찾아볼 수 없다. 뒤렌마트는 온갖 희생을 감수하는 맹목적 애국주의는 오늘날의 상황에서 무의미하고 불가능하다고 생각한다.[8] 따라서 그는 바스타드를 아웃사이더 특유의 냉소주의를 바탕으로 부조리한 정치 세계를 '이성적'으로 '개혁'하려는 매우 합리적인 인물로 변모시킨다. 이를 위해 무엇보다 뒤렌마트는 군주들과 교회를 종교를 등에 업고 자신의 개인적 이익을 위해 배반과 야합을 일삼는 봉건적 구세력이자, 민중의 의지에 반대되는 살인자들이라는 공통분모로 통분함으로써, 온갖 결함에도 불구하고 신으로부터 절대적 권한을 부여받은 존재들이라는 원작의 위엄을 지워 없앤다. 필립의 다음 대사는 군주들 모두가 같은 부류의 속물들임을 보여주는 좋은 예가 된다.[9]

---

6 존 왕에 대한 바스타드의 우월함은 특히 5막에서 압축적으로 보여진다. 즉 5막에서는 왕과 신하의 위치가 완전히 바뀌어, 바스타드는 왕이 아님에도 불구하고 모든 정치적 결단에 있어 왕처럼 말하고 행동하고 있다. Vgl. Ebd., S. 507ff.

7 Trudis Elisabeth Reber: König Johann, nach Shakespear, Daniel Kiel(Hrsg.), Zürich 1990, S. 197.

8 Vgl. WA 11, S. 202. "Doch durch seine politische Haltung, die er bei Shakespeare einnimmt, wird er für uns doch etwas bedenklich. Nichts gegen diesen wilden Prachtkerl, aber ein Patriotismus um jeden Preis leuchtet uns nicht mehr ohne weiteres ein."

필립 왕 : 저기 존이 오는군. 그를 만나게 되어서 기뻐. 비록 적이긴 해도 우린 같은 족속이지 [...] 서로에게 심한 상처를 주고 있긴 하지만, 우리가 갈라 선 이유는 어디까지나 일 때문이지 증오 때문은 아니라구.(WA 11, S. 27.)

이처럼 뒤렌마트는 군주들과 교회를 그들의 계급적, 개인적 이익을 위해 온갖 술수와 야합을 마다하지 않는 정치적 속물들로 표현함으로써, 셰익스피어의 작품을 지배하던 "존=영국, 필립=프랑스"라는 신성불가침의 차별화된 권력의 공식을 걷어내고 그 자리에 "존=필립=봉건주의"라는 공식을 새롭게 도입한다.[10]

이처럼 봉건주의라는 구질서를 대변하는 군주들의 모습이 기형적으로 일그러질수록, 민중의 편에 서서 세계를 합리적으로 개혁하려는 바스타드의 계획은 그만큼 타당성을 얻는다. 이제 뒤렌마트의 바스타드는 조국에 대한 맹목적 애국심에 불타 피범벅이 된 칼을 지켜들고 적진을 향해 달려 나가지 않는다. 대신 그는 불합리한 정치적 상황을 이성적으로 풀어가기 위해 노력하는 확신에 찬 "감독" 내지 정치라는 "놀이"의 "계획자"가 되어 극 전체의 흐름을 일관되게 지배한다.[11] 그리고 그 과정에서 그는 존 왕을 이성적 정치가, 다시 말해 "개혁적 정치가"로 변모시키는데 성공한다.

이제 존 왕과 바스타드는 단순히 군주와 신하라는 주종의 관계에만 머무르지 않는다. 오히려 존 왕은 바스타드의 신분상의 한계를 상쇄시켜줄 절대 권력

---

9 그 외에도 뒤렌마트는 셰익스피어의 작품에서 가장 이상적인 군주로 표현되었던 사자왕 리처드 1세의 사망원인을 다름 아닌 오스트리아 공작의 부인과의 염문설로 처리함으로써 그의 영웅적 이미지를 제거한다. Vgl. WA 11, S. 26. König Phillip: Arthur/ Dein Adler Onkel Richard Löwenherz/ Kam früh ins Grab durch diesen edlen Herzog, /Weil mit der Herzogin dein edler Onkel – /Doch das verstehst du noch nicht, liebes Kind. [...] 또한 프랑스 왕 필립이 내심 영국과의 전쟁을 피하고 싶어 하는 이유도 정치적 경제적으로 어려운 국내사정과 귀족부인들과의 좋지 않은 스캔들 때문이며, 오스트리아가 프랑스를 후원하는 것 역시 프랑스 영토를 약탈하려는 구실에 지나지 않는 등 훨씬 현실적이며 개인적인 이유 때문이다. Vgl. WA 11, S. 25. König Phillip: [...] Denn dieser Krieg käm mir zu früh. Verschuldet, /Provinzen rebellieren, schlechte Ernte, Viel Pech mit teueren Weibern. Österreichs Zug/ hierher ist nur ein Vorwand, unser Land/ Zu plündern.

10 Vgl. WA 11, S. 203.

11 Jan Knopf : Friedrich Dürrenmatt, München 1988, S. 130.

의 소유자로, 바스타드는 존 왕이 그의 불완전한 왕권을 바로 세우기 위해 필요한 유일한 조언자라는, 현대적 의미에서 정치적 협력 내지 동반자의 관계로 발전하고 있다.

> 존 왕 : 난 자네를 경멸하면서도 존경해./ 자네 역시 나를 경멸하면서도 존경하지./ [...] 우리 둘은 세상을 버텨내기 위해 서로가 서로를 받쳐주는 참 대단한 커플인 듯 해./ 빌어먹을 일이야.(WA 11, S. 51.)

그러나 바스타드를 통해 어느 정도 이성적 정치가로서의 안목을 얻긴 했어도, 존 왕은 이성적 사고와 행동방식과는 애초부터 거리가 먼 그의 신분의 한계를 완전히 벗어내지 못한다. 그가 매번 자신을 '꼬드겨대는' 이성에 거북해하고, 바로 그 이성 때문에 조만간 자신의 권력이 치명적인 타격을 받을지도 모른다고 불안해하는 것도 그 때문이다.

> 존 왕 : 이성! 이성! 자넨 항상 이성을 들먹여대고 난 거기에 따르지! 이성의 이름으로 그 놈의 앙셀름과 결혼했고, 블랑카와 함께 포티어, 앙주도 적에게 넘겨 준 것도 그 이성의 이름으로 한 것이었어.(WA 11, 79.)[12]

그럼에도 불구하고 존 왕이 번번이 바스타드의 계획에 동조하는 것은, 이제 그들의 관계가 정치가로서의 현실적 필요성에 의해 유지되는 미묘한 상생의 관계임을 부각시킨다. 또한 극 전체의 틀에서 볼 때 존 왕의 이러한 행보는 궁극적으로 바스타드의 계획이 보다 합리적, 절대적인 타당성을 부여받는 동인으로 작용하면서, 장차 바스타드에게 닥칠 절망적 상황을 더더욱 치명적으로 부각시키는 장치로 작용한다.

II.2. 치명적 우연으로 인한 희극적 전환, 그리고 비극성

뒤렌마트 코미디의 독특함은 논리적 사고와 계획을 통해 자신의 운명을 개척하고자 노력하던 극 중 인물이 결말 부분에 이르러 전혀 예기치 못한 최악의

12 Ebd.

불합리한 상황에 맞닥뜨린다는 점이다. 뒤렌마트는 이러한 반전을 "생각할 수 있는 가장 최악의 전환 die schlimmstmögliche Wendung"이라 표현한다. 극중 인물에게 닥친 불행은 한결같이 매우 치명적이지만, 그 불행의 동기 자체는 매우 사소하고도 터무니없는 우연에서 비롯되었기 때문이다. 인과관계를 벗어난 원인과 결과 사이의 이러한 "의미상의 대조 Bedeutungskontrast"[13] 탓에, 뒤렌마트의 작품에 등장하는 인물들의 실패는 표면상 매우 희극적으로 느껴지지만, 실제적으로는 다른 어떤 경우 보다 더 회복 불가능한 비극성을 담고 있다. 이처럼 "한 사건이 취할 수 있는 가장 최악의 전환"이 곧 "코미디로의 전환"이며,[14] 이것이 바로 뒤렌마트 코미디의 토대가 된다.

셰익스피어의 작품에서 아더의 죽음은 전혀 의도하지 않던 우연한 사건이다. 그러나 아더의 죽음을 장차 도래할 존 왕의 죽음과 연결지을 경우, 이는 존 왕이 몰락하게 되는 무수한 원인 가운데 하나일 뿐이다. 오히려 존 왕이 정적들에 의해 독살당하는 궁극적 이유는, 아더의 죽음이 아니라 그 이전부터 이미 우유부단함과 비겁함으로 일관하면서 영국을 위기에 몰아넣었던 그의 군주답지 못한 행동 때문이다. 따라서 셰익스피어의 작품에서 아더의 죽음 자체는 예상치 못한 우연이라 할 수 있으나, 존 왕의 죽음에 결정적 영향을 미치지 않는다. 존 왕의 죽음은 본질적으로 죄와 벌이라는 필연적 인과관계의 틀에서 결코 벗어나지 않는다. 반면 뒤렌마트는 코미디에 대한 자신의 컨셉에 따라, 셰익스피어 작품을 관통하는 필연성을 완전히 제거, 이를 통해 존 왕과 바스타드의 몰락을 보다 치명적으로 부각시킨다. 뒤렌마트 작품에서 바스타드와 존 왕을 둘러싼 사건의 흐름들은 크고 작은 우연들에 의해 계속 그 인과적 흐름이 중단된다. 그런데 중요한 것은 이처럼 순간순간 중단된 사건들이 종국에 가서 전혀 뜻하지 않는 순간, 전혀 예기치 않던 사건과 연결되면서 매우 치명적인 상황을 몰고온다는 사실이다. 우선 바스타드의 제안에 따라 이루어진 정략적 이중 결혼부터 살펴보기로 하자. 이때 뒤렌마트는 바스타드와 블랑카를 연인관계로 설정하는 한편, 스페인 공주 이사벨이라는 전혀 새로운 인물을 등장시켜 루이스

13 Urlich Profitlich : Der Zufall in der Komödien und Detektivromanen Friedrich Dürrenmatts, in: ZfdP, Bd. 90, 1971, S. 258-280, hier S. 261.

14 WA 10, S. 128. "Die schlimmstmögliche Wendung, die ein Geschichte nehmen kann, ist die Wendung in die Komödie."

가 이미 그녀와 약혼한 사이로 설정함으로써, 상황을 보다 복잡하게 구성하고 있다. 그러나 바스타드는 크게는 프랑스와 영국의 충돌을 막고, 작게는 앤저스 시민을 보호하기 위해 자신의 연인 블랑슈를 루이스와 결혼시키고, 존 왕과 앙셀름을 결혼시킬 것을 제안한다.[15] 그런데 이러한 제안은 상황이 절박하다는 이유 때문에 불가피한 것처럼 보이지만, 인간적으로 볼 때 너무나 억지스럽고 불합리하기 짝이 없다.[16] 그럼에도 불구하고 억지로 맺어진 이중결혼은 존 왕과 필립이 함께 단순한 화풀이로 앤저스를 공격하고, 로마 교황청이 개입해 존 왕을 파문하고, 프랑스로 하여금 영국을 공격하게 만들면서 이내 무의미한 해프닝으로 어이없이 끝나버리고 만다. 그 와중에서 어쩔 수 없이 필립과 결혼해야 했던 블랑카는 자신의 연인이었던 바스타드를 다음과 같이 저주한다.

> 블랑카 : [...] 세상을 개혁하겠다니 고마워요./ 당신이 엄청난 일을 저질렀네요./ 처음엔 앤저스를 잿더미로 만들더니/ 이제는 영국과 프랑스가 그 더러운 평화협정을 체결하기 전 보다 더 무섭게 서로를 미워하고 있지요./ 당신이 그토록 막고자 했던 피바다는 곱절로 늘어났구요 [...] (WA 11. S. 61.)

그러나 이러한 냉소에도 불구하고 바스타드는 뒤로 물러서기 보다는, 오히려 반신반의하는 존 왕을 설득해가면서 온갖 정치적 역경과 위기를 극복, 자신의 이상을 향해 앞으로 나아간다. 그리고 결국 존 왕은 바스타드의 조언에 따라 이성적으로 상황에 대처하기 위해 로마교황청에 화해를 청하는 한편, 귀족들을 제압할 수 있는 유일한 힘으로서 민중의 실체를 인정하기에 이른다. 그리고 그것은 존 왕이 민중을 위한 새로운 법을 선포할 것을 결심하는 직접적 동

---

15 셰익스피의『존 왕』에서 영국의 공주 블랑슈와 프랑스 왕세자 루이스가 결혼하게 되는 계기는 앤저스 시민이 자신들의 성을 지키기 위해 하나의 화해책으로 제안했기 때문이다.

16 이 결혼의 억지스럽고도 비인간적인 면모는 결혼의 당사자들의 태도에서도 뚜렷이 나타난다. 이중결혼이라는 정치적 거래의 '제물'이 되는 두 여인은 자신들이 결코 필요에 따라 교환될 수 있는 물건이 아님을 간절히 호소한다. Vgl, WA 11, S. 45f. "Blanka: [...] Ich liebe ihn(Bastard) und er ist versprochen/ Von König Johann selbst zum Gatten. Niemals/ Laß ich von ihm, denn ich bin keine Ware, /Die man verhandelt. Ich bin euresgleichen. "Isabelle: Ich liebe meinen Loius, möcht nicht tauschen."

기가 된다.

> 존 왕 : 내 백성들은 귀족들로 인해 엄청나게 시달려왔어./ 귀족들은 그들의 적이자 내 적이기도 하지./ 때문에 난 온갖 핍박을 당하는 내 불쌍한 백성들을 보호해 줄/ 새로운 법을 선포할거요.(WA 11, S. 100.)

이처럼 합리적이고 근대적 의미의 정치가로 거듭나게 된 존 왕에게, 바로 그 순간 전해진 부인 앙셀름의 출산 소식은 또 하나의 축복이자 행복이 아닐 수 없다.[17] 그러나 바로 이 지점에서 뒤렌마트는 우연을 통해 상황을 치명적으로 뒤엎어버린다. 다시 말해 그는 존 왕에게 찾아온 또 다른 행운, 즉 아들 헨리의 탄생을 수세에 몰린 교황청과 귀족들에게 정치적 호재로 던져줌으로써, 극 전체에 치명적 반전을 몰고 온다. 이로써 존 왕과 바스타드의 정적들은, 자신들에게 정치적 걸림돌이 된 존 왕을 독살하고 헨리를 새로운 왕으로 추대함으로써, 합법적으로 다시 정치적 재기를 노리는 것이다.

그런데 존 왕과 바스타드가 결정적으로 몰락하는 계기가 된 헨리의 탄생이 과연 어느 사건에서 비롯되었는가를 따져보면 당혹감이 배가된다. 엄밀히 따진다면 헨리의 탄생은 무리하게 강행되었지만 이내 아무런 정치적 결실도 얻지 못했던 이중결혼, 특히 존 왕의 입장에서 볼 때 모든 결혼에 통상적으로 요구되는 최소한의 애정조차 없이 오로지 정치적 이유 하나로 맺어졌던 앙셀름과의 결혼에서 비롯되었기 때문이다.[18] 그런데 오래 전에 끝나버린 사건, 그래서 이후의 어떤 사건에도 영향을 미치지 않은 채 잊혀졌던 그 사건이, 전혀 예기치 않은 순간 전혀 예기치 않은 모습으로 순식간에 극적 사건의 순차적 흐름을 뒤엎어버리는 것이다. 이것이 바로 『존 왕』의 극적 사건이 취한 '생각할 수 있는 최악의 전환'이며, 이로써 극중 인물은 물론이고 관객의 기대지평은 여지없이 파괴된다.

존 왕의 몰락 이후 신이 정해 준 또 다른 왕을 중심으로 새로운 질서를 회복

---

17 Vgl. WA 11, S. 100. "König Johann: Geliebter Vater. Ich bin glücklich, mehr / Als glücklich, denn zu diesem Glück stößt noch / Ein zweites Glück: Ein Sohn ist mir geboren."

18 셰익스피어의 작품에서 존 왕은 이중결혼의 당사자가 아니다. 그는 합법적인 절차에 따라 이미 결혼을 하여 헨리를 낳은 상태였으며, 이미 장성한 헨리 왕자는 독살당한 존 왕이 죽어가는 순간에 영국을 위기에서 구해줄 새로운 군주로 등장한다.

한다는 셰익스피어의 조화로운 세계상은, 뒤렌마트에 의해 완전히 그 근거를 박탈당한다. 존 왕은 자신의 애꿎은 '생식능력 Zeugskraft'을 원망하면서, 자신과 바스타드의 노력에도 불구하고 정치적 소인배들에 의해 온갖 비열한 정치적 협잡이 계속될 것을 한탄한다.

> 존 왕 : [...] 영국은 이제 어린 아이를 왕으로 맞아들였어. 어린 애를!/ 기저귀를 차고 그 못생긴 앙셀름의 밋밋한 젖가슴을 찾는/ 젖먹이 어린 애가 나라를 다스릴 거야/ 귀족들은 이겼고 왕은/ 그들의 횡포와 탐욕에 아무런 장애가 안돼/ 플랜테저넷가의 모든 적들이/ 이 나라를 다시 약탈하게 될 거야 [...] (WA 11. S. 111)

이 우려는 앞으로 영국은 "얼간이들에 의해 방해받지 않고 전과 동일한 궤도로" 굴러가게 될 것이라 말하는 펨브로케의 마지막 대사에 의해 부정할 수 없는 현실로 드러난다.[19] 셰익스피어의 존 왕과 달리 뒤렌마트의 존 왕은 '아무렇게나 아무 곳에 묻혀져버리는' 신세로 전락하고, 바스타드에게 남겨진 것은 죽어가는 존 왕이 퍼붓는 저주와 원망뿐이다.

> 존 왕 : [...] 자네가 가져온 것은 불행 밖에 없어./ 세상을 개혁한다고 하면서 세상을 더 못쓰게 만들기만 했다구./ 자네 돼지들한테 돌아가. 자네 농장의 그 똥무더기로 돌아가라구./ 내 눈 앞에서 당장 꺼져버려.(WA 11, S. 112.)

셰익스피어의 『존 왕』은 새롭게 추대된 왕을 중심으로 발전해 갈 조화로운 영국의 미래를 꿈꾸는 바스타드의 대사로 끝난다.[20] 반면 뒤렌마트의 바스타드는 자신의 시골집으로, 배 다른 형제의 마구간지기로 돌아가면서 다음과 같이 냉소한다.

---

19 WA 11, S. 113.

20 극의 마지막 대사를 항상 높은 지위의 인물에게 허락하는 것이 당시 연극의 관례였다는 점을 감안한다면, 셰익스피어가 『존 왕』의 마지막을 바스타드의 대사로 끝맺음하고 있다는 것은, 바스타드가 줄곧 존 왕과 대조를 보이면서 부족한 존 왕을 보필하고, 결정적 순간에는 실제로 왕의 역할을 해 온 인물임을 보여준다.

바스타드 : [...] 권력자들의 세상 속에 끼어들어/ 그것을 바꾸려했으나 헛일이 었어. [...] 영국이 나와 무슨 상관이지? 역사는?/ 괴물은 죽었지만 악마들은 여전히 남아있겠지.(WA 11, S. 113.)[21]

이제 그에게 남겨진 대안은 더 이상 이들의 정치라는 비합리적이기 짝이 없는 놀이에 관여하지 않는 것이다. 이제 바스타드는 애국심 하나로 무능력한 군주를 대신해 영국을 위해 모든 것을 바치는 '막무가내의 싸움장이'가 아니라, 세계의 운명을 바꾸려 권력의 세계에 뛰어들었다가 '어리석음만이 운명의 수레를 끌어가고 있음을 확인한 채' 좌절하는 바보에 지나지 않는다.[22]

존 왕의 죽음에도 불구하고 신이 정해 준 또 다른 왕을 중심으로 새로운 질서를 회복한다는 셰익스피어의 조화로운 세계상과 역사상은, 뒤렌마트에 의해 완전히 그 근거를 박탈당한다. 그는 어떠한 합리적 개혁과 행동도 거부하는 모든 정치적 메커니즘의 비합리성을 보여주면서, 이를 통해 현대에 있어 애국주의 뿐 아니라 일체의 정치적 영웅의 의미를 철저히 부정한다. 나약하고 이기적인 군주에 맞서서 민중을 위해 싸우는 "엘리자베스 시대의 이상적 인간상"으로서의 셰익스피어의 바스타드와 달리,[23] 뒤렌마트의 바스타드가 이성적으로는 치유될 수 없는 현실의 허구성과 비합리성, 더 나아가 현대의 비극성을 폭로하는 좌절된 희극적 영웅으로 머무르는 것도 그 때문이다.[24]

---

21 상호 텍스트적 측면에서 살펴볼 경우 바스타드의 이 대사는 셰익스피어의 바스타드의 애국적 대사와 대조되면서, 희극적 패러독스를 극대화시킨다. 셰익스피어의 바스타드는 존 왕이 죽고 난 뒤 바스타드는 새로운 왕에게 충성을 맹세하면서 새로운 영국의 건설에 대한 비전을 피력한다.

22 Vgl. WA 11, S. 113. "BASTARD : [...] Ich mischte/ Mich in die Welt der Mächtigen hinein,/ Versuchte sie zum beßren Ziel zu lenken./ Doch Dummheit zog den Wagen des Geschicks./ Und Zufall. "

23 Arnim G. Kuckhoff : Das Drama William Shakespeares, Berlin 1964, S. 94.

24 Rummer-Gross는 뒤렌마트가 바스타드의 몰락을 통해 미래에 대한 자신의 페시미즘적 입장을 밝히고 있다고 말한다. Vgl. Hanna Rummler-Gross: Thema und Variation. Eine Analyse der Shakespeare- und Strindberg- Bearbeitungen Dürrenmatts unter Berücksichtigung seiner Komödienkonzeption. Köln;Wien: Böhlau 1985, S, 165. 그러나 그녀의 견해는 맞지 않다. 오히려 뒤렌마트는 바스타드의 치명적 불행을 통해 현대세계를 비판적으로 고찰해볼 것을 촉구하고 있다.

Ⅲ. 『타이터스 앤드러니커스』

III.1. 현대 정치상황 속으로 들어온 로마 비극

오비드 Ovid의 『변신이야기 Metamorphos』에 나오는 필로멜 Philomel의 강간 이야기가 토대가 된 『타이터스 앤드러니커스』는 1593-1594년 사이에 쓰여진 것으로 추정되는 셰익스피어의 초기비극이다. 살인, 강간, 수족절단, 고문, 식인에 이르기까지 인간의 모든 악행과 잔혹 행위로 점철된 이 작품은 당시 런던 관객의 취향과 맞아떨어지면서 『햄릿』을 능가하는 인기를 누렸던 것으로 알려져 있다. 전쟁을 끝내고 로마에 입성한 타이터스는 인간적 감정 보다는 명예의식, 특히 가문의 명예를 앞세우는 등 전형적인 전사의 에토스를 보여준다. 그는 자신의 명령과 권위에 대해 절대적으로 복종할 것을 강요하는데, 이 과정에서 그가 전쟁영웅으로서 구현하는 미덕들은 차츰 악덕으로 변질된다. 특히 타이터스는 로마의 관례에 따라 포로로 잡힌 고트족의 여왕 의 아들을 죽이는데, 이로 인해 는 그녀의 모성이 무참히 짓밟히는 수모를 당한다. 그리고 이 사건은 그녀가 황제 새터나이어스의 아내가 된 후 타이터스와 그의 가문에 대해 실로 엽기적인 복수를 감행하는 발단이 된다. 그러나 궁극적으로 셰익스피어는 그녀를 국가의 건전한 토대를 위협하는 섹슈얼리티의 화신이자 악녀 내지 요부로 규정하여 처벌하고, 타이터스의 손을 들어줌으로써, 불안과 콤플렉스에 사로잡힌 조화로운 국가의 토대를 다시 일으켜 세운다.[25]

그러나 이 작품은 매우 훌륭한 연극적 재료들을 담고 있음에도 불구하고, 셰익스피어의 4대 비극 및 로마 비극들에 비해 다소 작품성이 떨어지는 것으로 평가된다. 예컨대 클라이맥스를 전후에서 극적 구성이 산만하게 풀어지는가 하면, 타이터스의 복수는 햄릿이나 맥베스, 리어의 복수에서 느껴지는 보편성과 장엄한 비극미 보다는 사적인 복수의 성격이 매우 강하다. 그러나 20세기 중반, 영국의 연출가 피터 브룩 Peter Brook이 로열 셰익스피어 컴퍼니의 무대에 이

25 그럼에도 불구하고 타이터스가 비극적 영웅의 범주에 속하지 못하는 이유는, 엄청난 복수극 이후 자신의 실추되었던 명예를 회복하긴 했지만, 그에게 남겨진 것은 광기에 찬 살인자라는 오명 뿐 실제로 자신의 행동으로부터 그 어떤 교훈도 배우지 못했기 때문이다. Vgl. Evelyn MecLellan: Titus Andronicus & King John. Notes, 1983 Nebreska, S. 16.

작품을 올리면서, 다시금 비상한 관심을 불러일으키게 된다. 비비안 리와 로렌스 올리비에가 각각 라비니어와 타이터스 역을 맡아 열연한 이 공연에서, 피터 브룩은 『타이터스 앤드러니커스』를 문학성이 결여된 작품이라는 기존의 평을 뒤엎고, 원작의 잔혹함을 그대로 살려 아르토의 잔혹극에 충실한 제의성이 풍부한 작품으로 형상화하였다.[26] 이 공연을 계기로 그 동안 외면당했던 이 작품에 대해 본격적인 재평가가 이루어지게 되었다.[27]

뒤렌마트가 『타이터스 앤드러니커스』를 개작, 독일 무대에 올려보리라고 결심하게 된 것 역시 그가 1957년 파리의 떼아뜨르 사라 베른하르트 Théâtre Sarah Bernhardt에서 있었던 피터 브룩의 공연을 관람한 것이 계기가 되었다. 그 당시 뒤렌마트는 이 작품에 대해 별 다른 지식이 없었을 뿐 아니라 대사조차 알아들을 수 없었지만, 매우 커다란 충격과 아울러 그가 꿈꾸는 연극의 새로운 가능성을 발견하게 되었다.

> 그 날 밤 내가 파리의 무대에서 벌어지는 잔혹한 장면들을 통해 체험했던 것은, 내가 꿈꾸고 있던 연극, 즉 그의 가능한 불가능 속에 놓여 있는 연극이자, 비뚤어지고 과장되긴 했으나 바로 그 비틀림과 과장으로 인해 진실하고, 현실을 너끈히 감당해낼 수 있는, 세상을 비추는 거울로서의 연극, 우리의 끔찍한 현실을 그리는 끔찍한 현실세계로서의 연극이었다. 모든 것은 무의미한 동시에 의미로 가득했다. 세상은 무대였고, 무대는 세상이었다. 동시에 나는 이러한 세상은 셰익스피어 식으로는 더 이상 표현할 수 없다는 것, 세상을 표현하기 위해서는 다른 언어와 다른 낯설게 하기 그리고 일그러뜨림이 필요하다는 사실을 깨달았다. 나는 너무나 흥분한 나머지 공연이 끝날 때까지 참고 기다릴 수가 없었다. 나는 난폭하고, 그로테스크하며, 셰익스피어적인 어떤 것, 즉 현실을 담은 작품을 쓰고 싶다는 바램을 떨쳐버릴 수 없었다.[28]

무엇보다 『타이터스 앤드러니커스』를 개작하면서 그가 가장 신경 썼던 부분은, 전형적인 비극의 모범에 따라 만들어진 셰익스피어의 이 드라마를 '현실적'

---

26 http://Members.aol.com/xtralinks/pb/pbrsc.htm.

27 이 작품은 줄리 테이머 Julie Taymor에 의해 앤소니 홉킨스, 제시카 랭을 주연으로 1999년 영화화 되기도 하였다. 우리나라의 경우 이 작품은 2003년 4월 김철리의 연출로 국립극장에서 초연되었다.

28 Friedrich Dürrenmatt: Turmbau. Stoffe Ⅳ-Ⅸ, Diogenes 1990, S. 44f.

구조에 따라 새롭게 검토해야 한다는 점이었다. 셰익스피어 연극의 토대가 되는 귀족중심적인 엘리자베스 연극의 전형적 관행이 20세기의 상황에서는 그 어떤 설득력도 얻지 못하기 때문이다. 특히 그는 로마제국 말기를 배경으로, 모든 시민을 애국적이고, 정의를 신봉하는 인물로 표현하면서, 궁극적으로 가부장적이며 유토피아적인 평화국가에 대한 비전을 재확인하는 결말은 전혀 현실적이지 못하다고 생각했다. 따라서 뮐렌마트는 사건의 이면에 도사리고 있는 등장인물들의 인간적 배경, 특히 권력에 대한 그들의 욕망과 심리적 측면을 부각시키면서, 이를 통해 엘리자베스 시대의 정치의식을 후기 시민사회의 정치의식으로 치환시켜보고자 노력하였다.

III.2. 정의의 허구성과 그에 대한 희극적 전복

1970년 12월 뒤셀도르프 샤우스필하우스에서 초연된 뒤렌마트의 『타이터스 앤드러니커스』는 원작의 차별성 없는 인물묘사는 물론이고, 무대 위에서 갖가지 엽기적이고 잔혹한 살인, 심지어 식육행위가 벌어짐에도 불구하고 궁극적으로 강조되는 유토피아적인 평화제국의 비전을 철저히 거부한다. 그가 셰익스피어 연극의 궁극적 토대가 되는 조화로운 세계질서의 이상을 첫 번째 장에서부터 이미 부조리하게 처리하는 것도 그 때문이다. 셰익스피어의 타이터스와 달리, 고트족을 섬멸하고 개선했음에도 불구하고 뒤렌마트의 타이터스에게서는 전사로서의 드높은 명예의식에 사로잡힌 용감한 승자의 모습은 전혀 찾아볼 수 없다.

> 타이터스 앤드러니커스 : 승리라는게 뭐야? /모든 고트인들이 학살당하거나/ 여기 이 자들처럼 포로가 되었지 [...] / 내가 잃어버린 것들이 승리를 가져다주지 않아/ 이 늙은이가 받은 것은 명예의 지팡이 하나가 고작이라구.(WA 11, S. 124)

자신의 손으로 모든 적을 죽이고 그 와중에서 심지어 자신의 아들들까지 희생시켰다는 사실에 회의하는 타이터스의 모습은, 전쟁을 통해 정치적 권력을 확보하려는 행위에 대해 회의한다는 점에서 얼핏 로물루스를 연상시킨다. 그런데 이러한 타이터스의 모습은 아이러니하게도 그가 무능하기 짝이 없는 왕자를, 그것도 정의의 이름을 빌어 황제로 지목하는 과정에서 순식간에 전혀 다른 모습으로 뒤집어진다.

> 타이터스 앤드러니커스 : 로마가 위대한 것은 칼 때문이 아니라/ 이 세계를 다스리고 있는 법 때문이오./ 이 법이 무너진다면 로마는 국민들로 하여금/ 로마의 법에 복종하게 만들 권한을 잃게 되는 것이오./ 우리 자신도 이 법에 복종해왔소/ 황제의 큰 아들이 황제가 되어야하는 이유도 그 때문이오. 그것이 바로 법입니다/ 따라서 나는 이 법에 따라 그를 왕으로 추대하라고 명령하는 바입니다.(WA 11, S. 125.)

새터나이어스를 황제로 지목하는 셰익스피어의 타이터스에게서는, 장자상속법과 상관에 대한 절대복종의 강령에 매인 나머지 현실적인 정치 감각을 얻지 못한 그의 “가부장적 세계관의 한계”가 드러난다.[29] 반면 뒤렌마트의 타이터스는 법을 내세워 새터나이어스를 황제로 지목하는데, 이때의 법은 유능한 왕자 배시에이너스를 제쳐두고 무능한 왕자를 황제로 지명하는 것과 맞물리면서 권력의 도구 내지 이데올로기로 전락해버리고 만다. 그가 내세우는 법의 이면에는 무능한 황제를 통해 자신의 권력을 보다 확고히 하려는 타이터스의 정치적 계산과 술수가 도사리고 있기 때문이다. 그의 아들 뮤시어스는 딸 라비니어를 황제에게 바치면서까지 군인이 아니라 정치가로서의 입지를 노리는 아버지의 정치적 술수의 실체를 정확하게 간파한다.

> 뮤시어스 : 도대체 아버지의 직업이 뭐죠? 야비한 직업이죠,/ 적을 포위해서 무참히 도살하고, 밤에는/ 추위에 떨고 오랫동안 행군하면서 목마름과 갈증에 허덕이지요./ 국가와 도시들은 더 이상 아버지를 믿지 않아요./ 아버지가 황제가 되지 않는 이유도 그 때문입니다./ 그렇다고 인기가 좋은 베시에이너스를 황제로 택한다면/ 그거야말로 아버지에게는 너무 무모한 일이지요./ 그는 아버지가 필요 없을지도 모르니까요 [...] / 그래서 아버지는 모두가 싫어하는 새터나이어스를 황제

29 김문규: 여성혐오와 가부장의 비극. 『타이터스 안드로니커스』, in: 셰익스피어 리뷰, 38권 3호, S. 877-904, hier S. 879.

> 로 지독한 겁니다./ 그는 틀림없이 아버지의 도움을 필요로 할 테니까요 [...] /아버지가 아버지의 법이라고 운운하는 것은 오직 아버지의 목적을 이루기 위한 것일 뿐입니다.(WA 11, S. 128.)

그러나 타이터스는 자신의 비열한 정치적 속셈을 간파한 아들까지, 그것도 정의의 걸림돌이 된다는 이유로 무참하게 죽여 버리는데, 이로 인해 그가 내세우는 법은 더더욱 흉하게 일그러지고 만다.[30]

그러나 광기에 가까운 타이터스의 행동들은 간악한 황제 새터나이어스가 그와의 약속을 뒤엎고 라비니어 대신 태모라를 왕비로 맞아들이면서 순식간에 무의미해져버린다. 이제 그에게 돌아온 것은 존속을 살해했다는 것에 대한 도덕적 책임과 그에 대한 비난들뿐이다. 그 순간 비로소 타이터스는 자신이 저지른 행동과 자신의 입으로 말했던 정의가 얼마나 거짓과 위선으로 가득 찬 것이었는지를 깨닫는다.

> 타이터스 : [...] 내가 무슨 일을 저질렀는지 알겠어./ 또 이 세상에서는 정의란 것이 살인만을 몰고 올 뿐/ 결코 질서를 만들어내지 못한다는 것도 [...] (WA 11, S. 136.)

그러나 그의 잘못된 정의가 부른 화의 싹은 이미 거두어들일 수 없는 지경이 되고 말았다. 그가 정의의 이름을 빌어 행한 비인간적이고 불합리한 행동들은 이미 도저히 걷잡을 수 없는 극단적 결과들로 나타나기 시작했기 때문이다. 이후의 극의 전개는 타이터스가 자신의 잘못된 정의에서 비롯된 화를 수습하기 위한 과정들로서, 외적 사건의 흐름은 셰익스피어의 작품에서 크게 벗어나지 않는다. 그는 태모라의 두 아들에 의해 라비니어가 능욕을 당한 뒤 손과 발, 그리고 혀가 잘리는 시련을 겪고, 베시에이너스를 살해했다는 누명으로 체포된 두 아들들을 구명하려 했으나 속수무책이었고 설상가상으로 자신의 손까지 잘리게 되는 시련을 겪는다. 그 과정에서 타이터스는 "조국은 한 마리 사나운 맹수이며, 그 맹수를 사랑하고 이를 위해 아들들의 목숨을 바치는 행위는 어리석은 바보짓임을" 거듭 확인한다.[31] 이제 타이터스에게 있어 국가는 "늑대들과

---

30 Vgl. WA 11, S. 127. "TITUS: Du stehst dem Recht im Wege."

피에 굶주린 동물들, 하이에나들과 독수리들로 들끓는 사막과도 같은 곳이자 독사들의 소굴"이다.[32] 권력을 쥔 자들이 둘러대는 정의 역시 값싼 창녀의 모습과 다를 바 없다.

> 셈프로니어스, 카이어스, 젝스터스 : 정의, 정의/ 제우스가 너를 먹여 살렸지,/ 제우스는 너를 매수했어./ 제우스는 너와 간통했지,/ 제우스는 너와 함께 잠을 잤어./ 정의, 정의 그리고 제우스는 네게 돈을 지불했지(WA 11, S. 177.)

이제 타이터스는 세상을 제압할 수 있는 것은 그 어떤 이성적 법이나 이데올로기도 아닌 오직 광기뿐임을 깨닫는다.[33] 그가 와 그녀의 아들들을 비롯해서 황제에게 가하는 광기에 가까운 엽기적 복수 행위들은 바로 이러한 인식의 결과들이다.

이처럼 타이터스가 불합리한 조국에 대해 광기로 응수한다면, 유일하게 살아남은 그의 아들 루시어스는 배반으로 응수한다. 로마를 빠져나가 고트족을 찾아간 루시어스는 적장 아라리치에게 로마에 대한 자신의 입장이 무엇인가를 밝힌다. 이때 아라리치란 인물은 원작과 달리 뒤렌마트가 새롭게 삽입시킨 인물이다.

> 루시어스 : 배반하는 게 내 의무라오/ 로마가 타이터스 앤드러니커스를 배반했기 때문이지. [...] (WA 11, S. 162.)

그러나 루시어스가 적과 결탁하는 것은 아버지의 원수를 갚기 위한 것도, 추락한 로마의 위신을 바로 세워 이상적 국가로 만들기 위한 것도 아닌, 혼란한 틈새를 타 무능한 황제를 축출하고 스스로 로마의 황제가 되려는 야욕 때문이

31 Vgl. WA 11. S. 157. "TITUS: [...] Denn Torheit ist es, sein Vaterland zu lieben,/ Die Söhne diesem Raubtier hinzuschmeißen./ Unsinn regiert die Welt, genährt durch Dummheit. [...]"

32 Vgl. Ebd.., "TITUS: [...] Dies Rom ist eine Wüstenei von Wölfen,/ von lutverschmierten Tigern, von Hyänen,/ von Geiern überwacht, ein Nest von Vipern [...]."

33 Vgl. WA 11, S. 159. "TITUS: Der Welt kann nur der Wahnsinn noch bezwungen."

다.[34] 셰익스피어의 루시어스는 "로마를 정화할 새로운 지도자"로서 로마인들에 의해 새로운 황제로 추대된다.[35] 반면 이미 황제의 옷차림으로 고트족과 함께 로마에 입성한 모습만으로도 짐작되듯이, 뒤렌마트의 루시어스는 정의를 실현한다는 명목으로 권력을 꿈꾸는 또 다른 정치 소인배에 불과하다. 셰익스피어의 루시어스가 적과 결탁하는 행위는 타이터스의 복수극과 더불어 불합리한 악의 세력에 맞서기 위한 어쩔 수 없는 조치로서 인정을 받지만, 고트족을 이끌고 로마에 입성한 뒤렌마트의 루시어스의 행동이 그 어떤 설득력도 얻지 못하는 것도 그 때문이다.

그러나 루시어스는 황제 새터나이어스를 죽임으로써, 순간적으로 자신의 야망을 실현하는 듯하다. 하지만 바로 이 순간 그 역시 고트족의 장군 아라리치에 의해 살해당한다. 치밀하게 준비한 계획들이 비로소 그 결실을 거두게 되는 바로 그 순간, 전혀 예기치 않은 상황에 의해 어이없이 파멸한다는 점에서, 루시어스 역시 뒤렌마트의 희극적 인물들의 대열에 합류한다. 타이터스가 유일하게 도망친 '한 보잘것없는 족속의 족장'이자 '얼간이'로 쉽게 무시했던 아라리치가,[36] 바로 작게는 루시어스의 죽음을, 크게는 로마의 몰락이라는 치명적 결과를 초래한 치명적 우연의 실체인 것이다. 그는 역사적 인물이라기보다는 신화적 파괴력을 지닌 "역사의 트라우마"이다.[37] 로마의 몰락이라는 엄청난 사건만이 존재할 뿐 그것을 방지하려던 계획이 수포로 돌아가 버린 무대로 막을 내리는 뒤렌마트의 이 작품은 셰익스피어의 그것보다 훨씬 극단적이다. 루시어스를 중심으로 새롭게 태어날 로마에 대한 비전을 감격적으로 제시하는 셰익스피어와 달리, 뒤렌마트는 그가 새롭게 만들어낸 이 야만인의 입을 빌어 현대정치에 있어서는 합리적 질서를 회복하려는 그 어떤 시도도 무의미하며, 세계는 정의와 피비린내 나는 복수가 마치 동전의 양면처럼 서로 얽힌 채 무의미하게 흘러갈 것임을 경고한다.

---

34 Vgl. WA 11, S. 163. "LUCIUS: Dann werde ich Roms Kaiser sein,/ Statt Saturnin."

35 김문규, a.a.O.., S. 13.

36 Vgl. WA 11, S. 124. "TITUS: [...] Ein einziger, der Töpel Alarich, Ein kleiner Häuptling eines kleines Stamms [...]"

37 WA 11, S. 211.

아라리치 : 하늘에서 정의가 내려와/ 복수가 되었지, 정의는 복수를 갈망하고/ 복수를 향해 날카롭게 소리를 질러댔지, 그런 식으로/ 하나가 다른 하나를 먹여 살린 거야/ 이것은 어리석은 시간의 흐름 속에서 앞으로도 계속될 거야 [...] (WA 11, S. 197.)

Ⅳ. 결론

넓은 의미에서 패러디는 다른 작품의 형식이나 내용, 스타일과 주제, 문장과 의미 등을 모방해서 변화시키는 것이라 말할 수 있다. 그러나 그러한 모방과 변화의 행위가 진정한 패러디의 면모를 갖추기 위해서는, 오리지널 텍스트와 그에 대한 패러디 사이의 불일치와 모순이 독자의 기대를 일깨우고 파괴시키는 가운데 그로부터 일정 정도의 희극적 효과가 창출되고, 이것이 패러디 작가가 오리지널 텍스트에 가한 변화 내지 오리지널 텍스트와 새 텍스트의 병치와 더불어 독자에게 새로운 시각을 제공하는 '신호'의 기능을 수행하는 메타픽션적 측면을 내포하고 있어야 한다.[38] 그런 점에서 뒤렌마트가 패러디한 셰익스피어의 『존 왕』과 『타이터스 앤드러니커스』는 단순히 셰익스피어의 텍스트가 지닌 특정한 이데올로기적 시각을 깨뜨리는 것에서 한 걸음 더 나아가, 현대의 역사적 흐름에 대한 뒤렌마트의 비판적 시각을 반영한다는 점에서 패러디의 복합적 면모를 보여준다.

뒤렌마트는 오리지널 텍스트와의 연관성을 부정하거나 은폐하기보다 의식적으로 매우 강하게 부각시키는데, 이것은 그의 개작 의도를 보다 분명하게 이해시키고, 이를 통해 고전 작가들과의 논쟁을 가능하게 하기 위함이다. 그러면서도 그는 인물들의 대사와 의식, 갖가지 은유 등은 현실의 지평 위에 놓아두고, 두 작품의 중반 이후에서 본격적으로 과감한 축약과 새로운 장면을 삽입한다거나, 배우들의 표정연기와 신체연기로 원작의 상당부분을 대체하는 등 희극적이고 유희적인 요소를 적극적으로 도입함으로써 자기만의 스타일을 구축해

38 그런 점에서 패러디를 '초맥락성'과 '전도'의 복합적 형태를 취하는 동시에 불경스러움이 아닌 아이러닉한 차이를 표시하는 것이라 밝힌 린다 허천의 견해는 설득력 있다. 그녀는 패러디의 메타픽션적 성격과 희극성 모두에 주목하고 있다. Vgl. 『린다 허천』(김상구, 윤여복 옮김): 패로디 이론, 문예출판사 1993, 51쪽 이하.

나간다.[39] 이를 통해 뒤렌마트는 셰익스피어가 강조한 조화로운 역사적 비전을 걷어내고, 그 자리에 잘 정돈된 국가조직 속에서 자행되는 온갖 비인간성과 불의의 실상 그리고 그러한 현대 정치의 비합리성에 대한 작가의 분노와 그에 대한 준엄한 경고를 들어앉힌다.

---

39 『존 왕』의 경우 2막 1장에서 영국과 프랑스가 앤저스 성 앞에서 회담하는 장면에서 배우들은 일어섰다 앉았다하는 행위를 반복하는데, 이는 양국 간의 협상이 결렬과 체결을 반복하는 과정을 배우의 표정과 신체연기로 보여주는 대표적 예에 해당한다. 『타이터스 앤드러니커스』의 경우 1장에서 등장인물들이 차례로 타이터스의 앞을 지나 퇴장하고 타이터스만이 혼자 남게 되는 것은, 그의 고립된 처지를, 3장에서 황제를 비롯한 원로 대신들이 아들의 죄를 사해 달라 부탁하며 엎드린 타이터스의 등을 타넘는 행동은 그의 간절한 염원이 무시되고 있음을 시각적으로 형상화한 대표적 예에 해당한다. 그 외에도 새롭게 도입된 이중결혼, 엘레오노레와 콘스탄츠 사이의 신경질적인 대결장면, 후계자의 출생과 마그나카르트타의 선포 등 역시 다른 차원에서 특유의 희극적 효과를 극대화시키기 위한 작가적 전략이다.

천재와 민중

-헤르더의 천재관과 그의 민요수집의 이념-

이군호

I. 머리말

본 논문의 화두는 헤르더 Johann Gottfried Herder(1744-1803)의 천재관과 그의 민요수집의 이념의 상관관계이다. 오늘날의 관점에서 일견 개념적 대립쌍 Gegensatzpaar으로 보이는 '천재 Genie'[1]와 '민중 Volk' 두 개념은 18세기 후반이라는 동일한 시기를 배경으로 독일의 정신계를 풍미했고, 각각 헤르더의 천재관 및 그의 민요수집활동의 이념적 토대가 되었으며 그와 그의 직접적 영향하에 있었던 청년 괴테의 예술관의 초석이 되었다. 슈트라스부르크 시절(1770-71) 이래로 여러 민족들의 민요를 수집해 온 헤르더는 평생 동안 민요에 관심을 기울였으며 생을 마칠 무렵에도 자신의 『민요집 Volkslieder』(1778-79)의 신판[2]을 준비하는 작업에 몰두하고 있었다. '민요 Volkslied'라는 개념은 젊은 헤르더의 사상과 체험 그리고 성향이 망라된 하나의 그릇이라고 할 수 있으

---

1 '천재' 개념의 역사적 변용과정 및 그와 관련된 독일문학에서의 논의들에 관하여는 조경식: 「"천재 Genie"의 역사적 의미론과 탈현대이론들에 의한 상대화」, 괴테연구 제 9집, 1997, 293-313쪽. /두행숙: 「괴테의 작품속에 조명된 독일의 '천재'사상에 대한 새로운 해석의 모색」, 카프카연구 제 7집, 1999, 165-206쪽./ 최문규: 「"천재"담론과 예술의 자율성」, 독일문학 제 74집, 2000, 24-49쪽 등을 참조. 본 논문은 헤르더의 사상 안에서의 천재론에 초점을 맞추고 있다.

2 이 책은 그의 부인이 요한네스 폰 뮐러 Johannes von Müller의 도움을 받아 완성하여 1807년에 『노래에 담긴 제(諸)민족의 목소리 Stimmen der Völker in Liedern』라는 제목으로 출간하였다.

며, 바꾸어 말하면 청년 헤르더의 세계관은 민요라는 형식 속에서 비로소 구체화되었다고 할 수 있다.[3] 헤르더의 천재관은 비록 체계적인 글로 정리된 것이 아니었고 개념적으로 모호한 표현이 없지 않지만, 그의 세계관과 예술관에 독특한 흔적을 남겼으며 나아가 청년 괴테를 통하여 질풍노도운동 Sturm und Drang 운동에 결정적 계기를 마련해주었다.[4]

본 논문은 헤르더의 인생을 관통하면서 그의 정신세계에 상당한 비중의 유산을 남긴 이 두 가지 개념과 이에 기초한 그의 천재론 및 민요수집의 이념이 과연 상호 무관한 두 개의 사상적 흐름일 수 있겠는가, 그렇지 않다면 양자의 관계는 어떻게 정리할 수 있을 것인가 하는 물음에서 출발한다.

방법론에 있어서 본 논문은 헤르더의 천재관과 민요 수집활동이 18세기의 독일문학사에서 하나의 예술적 전위(前衛, Avantgarde)로서 기능하였다는 테제를 바탕으로 한다. 그리고 아방가르드에 대한 여러 정의들을 토대로 문학적 아방가르드의 다음과 같은 세 가지 특징들을 앞으로의 논의의 토대로 삼고자 한다. 그것은 1) 시대비판 Zeitkritik 2) 새로운 사고 Neue Gedanken 3) 새로운 표현수단 Das neue Ausdrucksmittel 혹은 새로운 문체 Der neue Stil 등이다.[5] 요약하여 정리해 보자면, 본 논문은 헤르더의 천재관과 민요수집의 이념을 당대의 문학적 아방가르드로서 이해함으로써 양자간의 상호관계를 규명하고자 한다.

II. 위기와 비판

새로운 것에 대한 갈망으로서의 모든 예술적 전위운동의 출발점은 한 사회

---

3 Elisabeth Blochmann: Die deutsche Volksdichtungsbewegung in Sturm und Drang und Romantik, in: DVjS. Jg.1(1923), H.3, S. 419-452, hier S. 426.

4 Herman Wolf: Die Genielehre des jungen Herder, in: DVjS. Jg.3(1925), H.3, S. 401-430, hier S. 408.

5 Vgl. Gero von Wilpert: Sachwörterbuch der Literatur. Stuttgart 1979, S. 63(Artikel “Avantgarde”) und Manfred Hardt(Hg.): Literarische Avantgarde. Darmstadt 1989.(본고에서는 이 논문집 가운데 Elio Pagliarani: Für eine Definition der Avantgarde, S. 69-76; Edgar Lohner: Die Problematik des Begriffs der Avantgarde, S. 113-127; Manfred Hardt: Zu Begriff, Geschichte und Theorie der literarischen Avantgarde, S. 145-171. 등을 주로 참조하였다.)

의 지배적 시대정신에 대한 저항이라고 할 수 있으며, 낡은 것의 부정 또는 적어도 기존의 것에 대한 불만에서 그 동기를 찾을 수 있을 것이다. 이런 관점에서 알랭 주프로와 Alain Jouffroys는 아방가르드의 본질이 자유로운 사고와 기존권력과의 불일치, 예술과 보수적 모럴의 불일치를 인지하는 것이라고 하면서 "아방가르드는 곧 저항이다 Avantgarde gleich Opposition"라고 말했다.[6] 아방가르드의 정신이 필연적으로 역사적 맥락 속에서 파악될 수 있는 것이라면 이는 헤르더의 경우에도 마찬가지이다. "혁명과 예술 간의 불가분의 동맹, 즉 정치적 진보와 예술적 진보의 동일시"[7]는 여타의 아방가르드 예술운동에서와 마찬가지로 헤르더에게서도 감지된다. 당대의 시대상에 대한 비판은 그의 여러 글들 도처에서 발견되고 있는데, 이 장(章)에서는 자신의 시대적 위기의식에 바탕을 둔 헤르더의 시대비판 Zeitkritik을 그의 새로운, 아방가르드적 사고의 모태로서 관찰하고자 한다.

II.1. 계몽주의의 한계

18세기 중반 이후 유럽에서는 봉건질서의 내적 모순들이 밖으로 표출되기 시작했고, 광범위한 민중들의 기본적 생존욕구를 충족시키지 못하는 봉건사회의 무능함은 정치사회적 투쟁으로 이어졌으며 이는 봉건질서를 근본적으로 뒤흔들었다. 프랑스를 필두로 주변 선진국들에서 일어나고 있었던 정치적 변혁과 계급적 갈등의 여파는 영토적으로 분열되고 정신적으로 뒤쳐져있던 독일에도 밀어닥쳤다. 이 시기의 시민계층 지식인들은 이러한 사회적 위기상황을 매우 민감하게 주시하고 있었는데, 프랑스 계몽주의의 수용을 통하여 각성된 헤르더는 새로운 시대정신의 핵심을 파악하고 있었고 다가오는 세계사적 전환을 예감하고 있었다.

1760년대 헤르더의 정신적 성장과정은 독일문학사의 한 절정이 잉태되던 시기의 독일을 살아간 젊고 진보적인 지식인의 행보의 한 전형을 보여주었다. 『최근의 독일문학에 관하여 Über die neuere deutsche Literatur』, 『비평의 숲

6 Zitat nach: Elio Pagliarani, a.a.O., S. 73.

7 "Das untrennbare Bündnis zwischen Revolution und Kunst, also die Gleichsetzung von politischen und künstlerischen Fortschritten."(Edgar Lohner: a.a.O., S. 117).

Kritische Wälder』, 『1769년의 나의 여행일기 Journal meiner Reise im Jahre 1769』 등과 같은 1760년대의 저작들에서 헤르더는 디드로와 루소로 대표되는 프랑스의 반봉건적 계몽주의를 비판적으로 수용하였으며 이를 독일의 상황에 맞게 계승, 발전시켰다. 헤르더가 기존의 계몽주의에서 그 한계로서 파악했던 것은, 시대적 제반 문제에 관한 추상적이고 이론적인 사변과 일반적인 도덕교육만으로는 그에 대한 대응으로서 충분하지 않다는 점이었다. 학문과 지식의 세례를 받은 소수의 시민계층 내부만의 고민과 담론을 통해서는 시대의 화급한 문제들이 제대로 파악될 수도 없거니와 그 해결이 더욱 난망하기 때문에, 계몽주의는 그때까지의 협소한 영향범위에서 벗어나야만 한다는 점을 헤르더는 깨닫게 되었다. 독일과 프랑스 계몽철학의 추상적이고 규범적이며 비역사적인 이론들에 대한 신랄한 비판이야말로 헤르더의 초기 저술들에서 가장 두드러진 특징 가운데 하나이다.

그의 시대비판의 출발은 자신의 개인적 삶의 문제를 분석하는 것이었는데, 말하자면 헤르더는 자신의 실존적 상황을 급박한 시대적 위기상황의 결과이자 그 단적인 표현으로 이해한 것이었다.[8] 리가 Riga에서 프랑스로 향한 항해여정의 산물인 『1769년의 나의 여행일기』에서 그는 자신의 개인적 발전경로와 그 위기상황을 적나라하게 표현하고 있으며 동시에 진로수정 내지는 방향전환의 필연성을 토로하고 있다.

> 모든 것이 나와는 맞지 않았던 것이다. [...] 나는 내 삶 가운데 몇 년을 상실한 것이 한스럽다. [...] 내가 글쟁이나 잘 알지도 못하는 학문과 예술의 만물박사도 되지 않았더라면, 그리고 골방에나 처박혀 있으면 딱 어울리는 서생은 되지 않았더라면 좋았을 것을. 내 정신을 옥죄어 헛된 지식의 열망에 함몰시키는 환경에서 벗어날 수 있었다면 좋았으련만. 세상에 첫 발을 내딛으며 강렬한 호기심으로 지치지 않고 여기저기를 살피고 다니는 고귀하고 정열적인 젊은이와 같이 나의 정신도 세상을, 인간을, 사회를, 여자를 그리고 만족함을 배웠어야만 했던 것이니까.[9]

---

8 Wolfgang Stellmacher: Herders Shakespeare-Bild. Berlin 1978, S. 98.

9 “Alles also war mir zuwider. [...] Ich beklage mich, ich habe gewisse Jahre von meinem menschlichen Leben verloren. [...] Ich wäre nicht ein Tintenfaß von gelehrter Schriftstellerei, nicht ein Wörterbuch von Künsten und Wißenschaften geworden, die ich nicht gesehen habe

헤르더의 비판의 대상은 현실의 구체적 요구에 부응하지 못하는 학문과 예술이었다. 그것은 독방에 갇힌 학식과 현실로부터의 학문적 고립을 버리고 삶의 구체적 양식들에 더 강렬하게 다가가고자 하는 욕망이기도 하였다. 추상적 학문과 거기에 매몰된 사변적이며 비생산적인 지식인으로서의 헤르더의 비판적 자아성찰은 그가 한때 열광했던 프랑스 계몽주의자들에게도 적용된다. 헤르더의 눈에 비친 그들의 추상적 성향 및 그들 이론과 사유체계의 주관적 자의성을 그는 "쓸모없거나 해로우며 unbrauchbar oder schädlich", "현실적 이용가치가 결여 ohne würklichen Nutzen"되었다고 보았다.[10] 같은 맥락에서 그가 한때 존경했던 루소에게서 거리를 두기도 했는데, 그의 여행기에서도 루소의 지나친 사변적 유희와 공론(空論)에 반감을 보이고 있다.

> 루소의 경우 모든 것은 역설을 통한 전도(顚倒)를 겪게 되는데, 말하자면 루소는 평범한 것을 새롭게, 작은 것을 크게, 옳은 것을 옳지 않게, 올바르지 않은 것을 올바르게 만들 줄 아는 것이고 이것이 그를 유혹하여 파멸에 이르게 한다.[11]

독일과 프랑스의 계몽주의를 섭렵한 헤르더가 얻은 결론은 이들이 시대적 문제들을 적절히 이론적으로 감당하지 못한다는 것이었다. 그리고 현실의 문제들에 대한 실질적 이해와 현실의 변혁은 단순히 책을 통한 학문과 이론적 사변을 통해서는 이루어질 수 없다는 깨달음이었다. 여기에서 헤르더에게 계몽주의의 계속적 발전을 위해 필요한 본질적인 과제들이 제기되며, 그것은 구체적 삶

---

und nicht verstehe: ich wäre nicht ein Repositorium voll Papiere und Bücher geworden, das nur in die Studierstube gehört. Ich wäre Situationen entgangen, die meinen Geist einschlossen und also auf eine falsche intensive Menschenkäntniß einschränkten, da er Welt, Menschen, Gesellschaften, Frauenzimmer, Vergnügen, lieber extensiv, mit der edlen feurigen Neubegierde eines Jünglings, der in die Welt eintritt, und rasch und unermüdet von einem zum andern läuft, hätte kennen lernen sollen."(Johann Gottfried Herder: Sämtliche Werke. Hrsg. v. Bernhard Suphan. Berlin 1877-1913. Bd. 4, S. 346f. 이하 'Suphan'으로 축약하여 인용함).

10 Ebenda, S. 417 und 419.

11 "Bei Rousseua muß alles die Wendung des Paradoxen annehmen, die ihn verdirbt, die ihn verführt, die ihn gemeine Sachen neu, kleine groß, wahre unwahr, unwahre wahre machen lehrt."(Suphan, Bd. 4, S. 416f).

의 충만감에 대한 동경이자 감성 Sinnlichkeit과 열정 Leidenschaft과 행동 Handlung에 대한 강렬한 요구였다.

II.2. 교양시민계층과 민중의 소외

어느 사회공동체의 지식인 그룹 혹은 지식 자체가 공동체의 구성원들로부터 격리되는 현상에는 위기의식이 수반되게 마련이다. 계몽주의 시대의 교육받은 교양 시민계층 Das gebildete Bürgertum의 근원적 체험의 하나는 민중으로부터의 소외였다. 궁정귀족 이외에도 교양시민계층 또한 민중들의 삶으로부터 유리되어 있었다. "외적인 시민성과 내적인 초시민성 사이의 비극적 분열 및 정신의 관념론과 시민적 토대의 현실론 사이의 크나큰 긴장"[12]에서 유래하는 이러한 소외현상은 단지 정신적 차원의 문제였을 뿐만 아니라 독일의 문화적 통일성 Kultureinheit과 관련된 사회적, 역사적 현상이었다.

자신의 내면적 위기의식과 더불어 헤르더는 거대한 민중의 역동적이고 감각적 삶과 대비되는, 허약한 지식인의 무력함을 인식했다. 그리고 그의 눈에는 자신에게 결여된 모든 것들을 민중들은 갖고 있는 것처럼 보였다.[13] 자신의 삶에서 더 큰 충족감을 얻고자 했던 헤르더는 그러한 민중들과의 교감을 강렬하게 추구하게 되었다. 삶으로부터 소외된 지식인의 존재에 대한 회의 및 일체의 합리주의적 계산, 형식주의, 체계화 등에 대한 반감은 헤르더에게서 명백히 표출되고 있다.[14]

이미 초기의 저술에서부터 헤르더는 인간의 행복의 조건과 가능성에 대하여 끊임없이 질문하면서 인간학 Anthropologie을 철학의 본령으로 격상시킨 바 있다.[15] 리가에서의 그의 성직자 활동에 동기로 작용한 것은 인간형성을 통해서

12 "[...] in dem tragischen Zwiespalt der äußeren Bürgerlichkeit und der inneren Überbürgerlichkeit sowie in der großen Spannung zwischen dem Idealismus des Geistes und dem Realismus des bürgerlichen Grundes [...]"(H.A. Korff: Geist der Goethezeit. 1. Teil. Leipzig 1966, S. 10ff).

13 Blochmann, a.a.O., S. 420.

14 Jochen Schmidt: Die Geschichte des Genie-Gedankens in der deutschen Literatur, Philosophie und Politik 1750-1945. Bd. 1(Von der Aufklärung bis zum Idealismus). Darmstadt 1985, S. 122.

15 Vgl. Suphan: Bd. 4, S. 455 und Bd. 32, 『Wie die Philosophie zum Besten des Volkes

"인류의 편익 zum Nutzen der Menschheit"[16]에 기여하고자 하는 뜻이었다. 이에 따라 성직활동에서의 그의 주안점이 되었던 것은 민중들의 세속적인 관심사들, 즉 그들의 현실적 행복을 제고하는 것이었다. 그러나 그는 자신이 성직자로서의 활동에 있어서나 교육활동 및 저술활동에 있어서 애초의 목표에 도달하지 못하고 있음을 인식하였다. 인간 본성의 풍요로움에 대하여 설교하고 글을 쓰고 가르쳐왔지만, 반면에 그 자신은 민중의 삶에서 유리된 채 책에서만 지식을 섭취하는 계몽적 지식인의 폐쇄적 삶을 영위하면서 리가에서의 그의 존재의 모순은 심화되어 갔던 것이며, 도망치듯 떠난 1769년 6월의 리가에서 프랑스로의 항해 여행은 이러한 내적 패배에 대한 고백의 성격을 띠고 있었다.

II.3. 문화적 이질화 Kulturelle Überfremdung

헤르더는 사회계층간의 소외현상 이외에도 라틴어와 프랑스어의 범람으로 인한 문화적 이질화현상 또한 독일의 문화적 통일성을 저해하는 위기현상으로 파악하였다. 이러한 문화적 위기에 대하여 헤르더는 유럽의 가장 뿌리 깊은 언어인 독일어가 원래의 내용과 고유의 실체를 상실하였으며 독일의 정신도 수세기에 걸쳐 한갓 노예의 정신으로 퇴보하였다고 탄식한 바 있다.[17] 그의 첫 저작인 『최근의 독일문학에 관하여』에서 헤르더는 모든 이질적 요소들로부터 오염되지 않은 순수한 모국어로서의 독일어를 주제로 삼고 있다. 그의 주장에 따르면, 순수한 언어만이 천재성을 발현시키며 독일인들이 그들의 본질에 부합하는 창조적 언어를 그들의 문학의 바탕으로 삼을 때에 비로소 독창적 작품을 내놓을 수 있다는 것이었다. 이런 맥락에서 헤르더는 중세 이래의 라틴어 문화 및 인문주의 Humanismus에 깔린 라틴정신을 독일민족과는 이질적인 것으로 규정하였으며, 라틴어 교육이 지배적이었던 당시의 지식층 및 학교교육 상황을 이렇게 비판하였다.

---

allgemeiner und nützlicher werden kann』, S. 52.

16 Suphan: Bd. 4, S. 462.

17 "[...] daß die ursprünglichste Sprache Europens am wenigsten beinah ursprünglichen Inhalt, eigen bearbeitete, eigne Materien habe[...] und mithin auch der Deutsche Geist Jahrhunderte hinab Mietlingsgeist geworden sei"(Suphan: Bd. 25, S. 11).

> 지식인들에게 독일어는 전혀 학문언어로 통용되지 않았다. [...] 왜냐면 오직 라틴어만이 학문의 언어로 숭상되었기 때문이다. 독일어는 비천한 민중의 언어로 간주되었고 그들의 문화는 방기되었다. [...] 이 시대 최고의 작가들을 살펴보면, 그들의 언어는 성직자들과 학자들이 쓰는 라틴어이다. 모국어는 아녀자들과 못 배운 자들의 언어로 치부되었다.[18]

헤르더가 우려했던 바는 지식인들이 라틴어를 지속적으로 선호함으로써 독일어의 자유로운 사용과 모국어의 보존이 위축되어 왔다는 사실이었다. 나아가 그는 학교교육에서 라틴어가 차지하는 비중이 지나치게 높고 그로 인해 독일의 많은 젊은이들이 한창 향학열이 강한 시기에 자신의 고유한 것과 내면의 잠재적 천재성을 억압당한다고 보았다. 라틴어 이외에도 그는 문화적 이질화 요인으로서 프랑스어를 지적하였다. 다른 지식인들과 마찬가지로 "프랑스어의 홍수 Sündfluth Französischer Wörter"[19]를 개탄했던 헤르더는 독일인들이 과거로 돌아감으로써 "올곧은 강건함 nervenvolle Stärke"[20]을 간직한 옛 독일어를 되찾고 그것을 교육의 바탕으로 삼을 것을 권장하였다.

외국어를 그릇되게 선호하던 실상에 대한 헤르더의 비판의 핵심은 외래문화에 대한 맹목적 모방의 비판이었으며 나아가 그러한 모방이 규범으로 고착되는 현실에 대한 비판이었다. 그것은 문학과 교육 및 문화일반에 있어 독일보다 발달한 나라의 모범과 선례 그리고 미적취향의 기준마저도 - 그러한 것들의 원천인 온전한 자연을 간과한 채 - 무비판적이고 배타적으로 수용하는 현실에 대한 반성이기도 하였다.[21] 헤르더는 그의 저작 「옛 민요들 Alte Volkslieder」의 서

18 "Den Gelehrten galt Deutsch als keine gelehrte Sprache. [...] denn dazu war allein die Lateinische gekrönt, man achtete sie blos als die Sprache des gemeinen Volkes und unterließ ihre Cultur. [...] Man gehe die besten Schriftsteller dieser Zeit durch: entweder Römisch- oder Akademisch Latein ist ihre Mundart: die Muttersprache war eine Mundart der Mütter, der Weiber und der Ungelehrten angesehen."(Suphan, Bd. 1, S. 373f).

19 Ebenda, S. 374.

20 Ebenda, S. 375.

21 "Man hat von einem kleinen Erdstriche, den wir erleuchtet nennen, Proben, Muster, Meisterstücke, Regeln des Geschmacks fast in allen Arten der Literatur, Dichtkunst und Menschenbildung erhalten, denen man mit Ausschließung alles andern folgt. [...] Aber auch nicht sehr gut, wenn man dumm folgt! [...] Nicht sehr gut! wenn man über lauter liebe leidige Kunst und Nachahmung die ganze Natur vergißt, aus der doch auch nur jene Kunst,

문에서 외국문학에 대한 독일문학의 의존성을 계속하여 개탄하였고 그러한 노예적 모방에 대하여 진지하게 반성할 것을 촉구하였다.

> 독일이 이웃나라들처럼 자신만의 특징을 지닌 독창적 작품들과 영웅들과 민족신화 및 아동신화를 갖고 있었다고 우리가 입증할 수 있을 것인가? 저들은 아더 왕을 노래했고 롤랑을 노래했는데, 독일인들은 누구를 노래했는가? [...] 예전부터 독일인들은 오로지 모방만 하도록 정해진 것이란 말인가?[22]

외래적인 것에 대한 이러한 답습이나 모방에 반하여 헤르더에게는 모국어야말로 모든 독창성과 천재성의 근원으로 인식되었다. 그는 "전래적 의미에서 독창적 작가란 몇몇 예외를 제외하고는 항상 국민작가였다"[23]라는 규범적 단정을 내리기도 하였던 바, 진정 독창적인 작가란 모름지기 "자신의 토대에 충실해야 한다 seinem Boden treu bleiben"[24]는 것이었다. "민족적인 모든 것이야말로 우리의 힘과 본성의 바탕이다"[25]라고 헤르더가 갈파한 것처럼 여기에는 이미 독일 민족의식 및 독일 민족문학의 형성에 대한 헤르더의 요구가 담겨있다고 할 수 있다.

종합적으로 보아서 헤르더의 시대비판은 이중의 위기체험에서, 즉 공적인 영역의 위기의식과 개인적 삶의 위기의식에서 비롯되었으며, 그 자신은 개인의 주관적 위기를 사회문화적 위기의 결과 내지는 한 표출로서 인식하였다. 학문과 삶의 괴리, 계층간의 정신적·사회적 소외, 문화적 이질화와 분열 등은 이러한 위기를 포괄하는 핵심사안들이며 동시에 헤르더의· 시대비판의 본질이기도 하다. 이러한 문제의식으로부터 헤르더가 자신의 과제로 삼은 것들은 실천과 행동, 개인성의 자유로운 발전, 소외되고 유리되고 분열된 모든 것들을 융합시

---

jenes Vorbild kam!"(Suphan, Bd. 25. S. 84).

22 "Kann man beweisen, daß Deutschland seine Originalstücke, Lieblingshelden, National- und Kindermythologie mit so eigenem Gepräge gehabt, als seine Nachbarn? Die sangen Arthur:die sangen Roland: wen sangen die Deutschen? [...] sollten denn von jeher die Deutschen bestimmt gewesen sein, nur nachzuahmen?"(Ebenda, S. 65).

23 "Ein Originalschriftsteller im hohen Sinne der Alten ist, wenige Beispiele ausgenommen, beständig ein Nationalautor."(Suphan, Bd. 1, S. 402).

24 Ebenda, S. 405.

25 "Es ist alles Nationale, woraus doch unsre Kraft und Natur besteht."(Suphan, Bd. 25, S. 84).

킬 수 있는 그 어떤 공동의 것 Das Gemeinsame에 대한 탐구, 문화적 이질화와 표피적 모방에 대한 대응으로서 뿐만 아니라 독일문학의 혁신 및 독일 민족문학의 확립의 기초로서의 독창성 확립 등이었다. 그리고 헤르더의 이 모든 노력과 탐구의 과정은 새로운 사고의 전개과정에 다름 아니다.

III. 새로운 사고

예술적 전위의 목표는 아직 탐구되지 않은 새로운 영역으로 침투해 들어가는 것이며, 그러므로 새로움 Das Neue은 아방가르드의 한 특징이다.[26] 자신의 시대와 문화에 대한 헤르더의 비판은 나름의 새로운 발상과 사고로 이어졌으며, 이를 통하여 그는 계몽주의와 합리주의의 시대에 억압되거나 상실되었다고 믿었던 것들의 복원에 기여하려 하였다.

III.1. 자연 Natur

헤르더의 시대비판은 일정부분 문명비판으로 볼 수 있으며 루소의 문명비판과 맥을 같이 하면서 자연 혹은 자연적 본성으로의 회귀로 접맥된다. 유럽의 문명전반에 대한 루소의 공격은 계몽주의 이념체계의 근간을 겨냥한 것이라 할 수 있는데, 문명의 이념이야말로 계몽철학의 바탕이었기 때문이다.[27] 문명의 이념에 따르면 문명사회는 그 자체로 개인들의 행복이며 사회의 조직과 상태가 합리적일 수록 개개인은 더욱 행복해진다는 것이다. 이러한 이념의 배경에는 인간의 행복이 정신의 진보, 즉 학문과 예술 및 법과 도덕의 진보에 좌우되며 나아가 계몽의 심화는 행복과 비례한다는 생각이 깔려있었다.

"자연으로 돌아가라!"라는 과격한 구호로 대변되는, 기존의 사회질서에 대한 루소의 격렬한 비판은 유럽의 정신계에 심대한 여파를 몰고 왔다. 그의 문명비판의 획기적 성과 중의 하나는 계몽주의 시대에 이미 내재하고 있던 문명혐오

---

26 Edgar Lohner, a.a.O., S. 116.
27 H. A. Korff, a.a.O., S. 69.

혹은 문명에 대한 권태의 감정에 물꼬를 터줌으로써 문명 자체를 하나의 문제 대상으로 설정하게 되었다는 점이다.[28] 그때까지는 문명인 Kulturmensch이 당연한 이상적 인간상으로서 간주되었다면, 루소는 문명인이야말로 진정한 인간 이상으로부터 멀어진 퇴물 Abfall이며 인간은 그의 근원적이고 자연적인 인간 본질로부터 덜 소외될수록 이상적 인간상에 가까워질 수 있다고 보았다. "문명으로 나아가라! Vorwärts zur Kultur"라는 구호 대신에 루소는 "자연으로 돌아가라 Zurück zur Natur"라는 구호를 내걸었고, 문명인 대신에 자연인 Naturmensch을 이상적 인간상으로 제시하였다.[29]

인간의식의 역사적 진보라는 관점에 입각한 계몽적 합리주의의 역사관이 당대의 현실을 가장 진보한 역사의 단계로 인식한 반면에, 헤르더는 거꾸로 이상적 근원 Ursprung을 중심으로 역사를 바라보았다. 이 역사관에 따르면 그는 가장 진보했다는 당대현실에서 황량한 합리성과 핏기 없는 추상성 그리고 죽어버린 조직체계들을 볼 뿐이었다.[30] 학문과 삶의 괴리, 계층간의 정신적·사회적 소외, 문화적 이질화와 사회적 균열 등의 비관적 시대상은 헤르더에게 원초적 자연상태로부터의 퇴락에 수반되는 전형적 현상에 다름 아니었다.

여기에서 자연은 단순히 문명의 악에 대비되는 선(善, das Gute)이라기보다는 스피노자식의 범신론적 자연이며 포괄적 일체감과 유기적 단일성의 표현, 즉 문명사회의 균열을 극복할 수 있는 일체성 Das Ganze이라고 할 수 있다.[31] 이처럼 일체성의 이상 Ganzheitsideal으로 이해되는 자연개념은 헤르더의 철학적 구상의 핵심인 동시에 그의 사상적 발전의 토대가 된다. 인간의 근원적 자연상태로의 회귀가 루소에게는 단지 이상적 해결방안으로 머물러 있었던 반면에, 헤르더는 루소의 이념이 갖는 전향적 요소들을 자신의 세계상에 구체적으로 이식시켰던 것이다. 자신의 시대를 일종의 과도기로 인식했던 헤르더는 자연과 문명의 대립을 인식하는 데에 그치지 않고 한 걸음 더 나아가 그러한 대립을 극복하려 하였으며 인간의 삶 속에서 자연을 복원시키려 노력하였다. 구

28 Ebenda, S. 71.

29 Ebenda.

30 Jochen Schmidt, a.a.O., S. 141.

31 Vgl. Helmut de Boor und Richard Newald: Geschichte der deutschen Literatur. Bd. VI. München 1990, S. 428ff.

체적 활동과 실천에의 탐색이야말로 루소와 헤르더의 근본적 차이라고 할 수 있다.[32] 기존의 계몽적 이념들에 대항하는 헤르더의 거의 모든 구상들에 있어서 밑그림이 되었던 것은 근원적 자연으로의 회귀라는 명제였으며, 앞으로 논의될 천재와 민중의 개념도 자연개념의 범주 속에서 해석될 수 있다.

III.2. 천재 Genie

헤르더의 천재개념의 바탕에는 그의 문명비판의 핵심이자 결론이라 할 수 있는 자연개념이 깔려있으며, 따라서 그의 천재관이란 그의 시대비판의 승화이자 개념적 형상화라고 할 것이다. 헤르더의 자연개념을 일체성의 이상 Ganzheitsideal의 표현으로 이해한다면, 천재란 개인적 차원에서의 자연의 체화 Verkörperung der Natur로 인식된다. 헤르더에게 있어 천재성이란 일체화의 능력 ein ganzheitliches Vermögen을 의미한다.[33] 그가 상정하는, 전방위로 계발된 창조적 인간상은 '천재'라는 개념적 표현으로 귀착되었고, 여기에서 헤르더가 이해한 바는 엘리트적인 특수한 능력이 아니라 인간본성의 한 본질적 특성으로서의 자연적 능력일 뿐이었다.

> 천재는 자연의 힘의 총화이며, 자연의 손으로부터 나온다.[34]

> 천재는 타고나는 것이다. 그것은 돈으로 사거나 구걸해서 얻는 것도 아니요, 쟁취하거나 연구로 얻어지는 것도 아니다. 그것은 자연의 천성이며 내면의 내재적 힘으로부터, 생래적 기호에 따라 천재답게 경쾌하게 활동한다.[35]

헤르더의 눈에는 자신에게 내재하는 자연적 자질과 능력을 온전하게 발휘하

---

32 Walter Dietze: Johann Gottfried Herder. Abriß seines Lebens und Schaffens. Berlin/Weimar 1980, S. 35.

33 Jochen Schmidt, a.a.O., S. 129.

34 "Genie ist eine Sammlung Naturkräfte: es kommt also aus den Händen der Natur"(Suphan, Bd. 5, S. 601).

35 "Genie ist angeboren. Weder erkauft noch erbettelt, weder erstritten noch erstudiert kann es werden. Es ist Naturart, es wirkt also aus sich, aus angeborenen Kräften, mit angeborener Lust, leicht genialisch."(Suphan, Bd. 22, S. 203).

는 사람은 누구나 천재인 것이다. 외부로부터 규율받는 것이 아니라 내면에 충실하게 살고, 자신을 자유롭게 발휘하며, 따라서 독창적이고 창조적으로 존재하는 인간이 바로 천재인 것이다.[36] 헤르더의 천재관의 핵심을 이루는 두 가지 요소는 개성 Individualität 과 독창성 Originalität이다.[37] 계몽주의 시대의 천재숭배는 개인적 계발이라는 시민계층의 욕구의 표현인 동시에 인성(人性)의 무제한적 발전에 대한 열망이기도 하다. 새로이 부상하던 시민계급은 개인적 자유와 자율권 Selbstbestimmungsrecht에 기초하여 자신들의 사고, 감정, 의지 및 행동에 있어서 독자적 권리를 요구하게 되었으며, 익명의 신민으로서가 아니라 자유로이 호흡하는 인간으로 살고자 하였다.[38] 헤르더의 천재관이 갖는 대응적 성격 Reaktionscharakter은 그것이 이미 변혁의 고비에 도달한 위기상황의 표현이라는 데에서 찾아볼 수 있다. 시민계층의 내면적 저항의 한 표상으로 자리잡게 되는 '천재'라는 표현에 담긴 의미는 일체의 제한으로부터 해방시키는, 그리고 일체의 억압에 저항하는 개성에 다름이 아니다. 그리고 개성에 이어서 헤르더의 천재관에서 결정적인 것은 창의성 Das Schöpferische이다.

> 천재는 자기 스스로 창조하고 만들어내며 표현한다. [...] 그것이 어떤 구상이든 일이든, 정신의 소산이든 예술적 작품이든 자신의 내면으로부터 온전히 살아있는 하나의 전체를 만들어내는 사람만이 천재이다.[39]

천재란 하나의 온전한 전체를 스스로 창조적으로 만들어 낼 능력을 갖고 있다. 천재의 창조성은 그 자체로 고대 Antike 의 모방을 지향하던 의고전적 예술관에 대한 저항의 의미를 지니며, 이로써 천재개념에 내포된 사회적 저항의 성격은 미적 저항의 형태로 확대되었다.[40] 헤르더의 이러한 생각에는 다분히 외국의 영향이 컸다고 볼 수 있는데, 특히 18세기 초반 영국의 샤프츠베리

---

36 Helmut De Boor und Richard Newald, a.a.O., S. 430.

37 Herman Wolf, a.a.O., S. 403.

38 Kurt Böttcher(Hg.): Sturm und Drang. Berlin 1988, S. 27.

39 "Das Genie schaffet, erzeuget, stellt sich selbst dar. [...] Genie war nur der, der ein lebendes Ganze, sei es Entwurf oder Geschäft, ein Werk des Geistes oder der Kunst, aus sich hervorbrachte."(Suphan, Bd. 22, S. 203)

40 Kurt Böttcher, a.a.O., S. 29.

Shaftesbury, 애디슨 Addison, 영 Young 등은 천재의 본질적 특징으로 독창성을 꼽은 바 있다. 헤르더는 이러한 독창적이고 창의적인 천재상을 수용하였던 것인데, 가령 에드워드 영 Edward Young은 모든 규범으로부터 자유로운 천재의 독창적 작품에 관하여 이렇게 말한 바 있다.

> 규범들이란 목발과 같은 존재여서 불구자에게는 필수적인 도움이 되겠지만, 건강한 사람에게는 장애물일 뿐이다. 호머와 같은 사람은 그것을 팽개쳐버린다.[41]

같은 맥락에서 헤르더도 천재에 관한 비판적 요구들을 단호하게 명시하면서 각별히 독창성을 강조하였다.

> 천재는 그 어떤 특정한 규범을 허용하지 않는 그러한 것을 창조하는 재능이다. 독창성은 그의 첫 번째 특징이 되어야만 한다. [...] 천재의 독창성이란 그가 어떤 다른 것을 모방하거나 차용하지 않고 자신의 능력으로 작품을 만든다는 것을 의미한다. [...] 천재의 생산물은 타인들이 모방할 만한 모범이 되어야 하며, 판단의 척도나 규범이 되어야 한다.[42]

헤르더에게 독창성은 고전 및 외국문화의 피상적 모방에 대응하는 데에 있어서 가장 중요한 개념적 무기라고 할 수 있다. 그리고 동시에 독창성이란 미학적 차원으로 전이된, 자연스러움의 요구의 표현이다. 헤르더의 천재관 그 자체는 하나의 추상적, 정적(靜的), 개념적인 성격을 띠고 있고 따라서 비역사적인 측면이 강하다. 그것은 한편으로는 순수한 근원으로서의 루소적 자연개념과 결부되어 있기 때문이기도 하고,[43] 다른 한편으로는 무엇보다도 천재개념이 하

---

41 "Regeln sind wie Krücken, eine notwendige Hilfe für den Lahmen, aber ein Hindernis für den Gesunden. Ein Homer wirft sie von sich."(Zitiert nach: Kurt Böttcher, S. 29).

42 "Genie ist ein Talent, dasjenige, wozu sich keine bestimmte Regel geben läßt, hervorzubringen; Originalität muß seine erste Eigenschaft sein. [...] Seine Originalität kann bloß bedeuten, daß das Genie ein Werk seiner Kräfte darstellt, nicht nachgeahmt, nirgend erborget. [...] Die Produkte des Genies müssen zugleich Muster, d.i. exemplarisch sein und andern zur Nachahmung, d.i. zum Richtmaß oder Regel der Beurteilung dienen."(Suphan, Bd. 22, S. 197f).

43 Jochen Schmidt, a.a.O., S. 170.

나의 소우주 Mikrokosmos로서의 개인을 전제로 하기 때문일 것이다. 헤르더의 천재관의 이러한 성격은 역사적 차원으로 확대됨으로써 지양되는데, 헤르더의 민중관은 천재관의 이러한 확대과정의 결과로서 이해할 수 있다.

III.3. 민중 Volk

개인적이고 비역사적인 차원에서의 '자연'의 구현을 천재라고 한다면, 집단적이고 역사적인 차원에서의 자연의 구현은 민중이라고 할 수 있다. 창조적 개인으로서의 천재라는 개념과 유사하게 헤르더는 집단적 천재성, 즉 '민중혼 Volksgeist'이라는 관념을 개발한다. 그는 천재적인 집단 das geniale Kollektiv, 즉 민중을 천재와 마찬가지로 하나의 역동적 개성 eine dynamische Individualität으로, 그리고 고유한 힘으로 채워진 거대유기체 Großorganismus로 간주한다.[44]

민중에 대한 헤르더의 열광은 루소의 영향이기도 하며 문명에 대한 대립관점에서 파생한 것이기도 하다. 그의 눈에 자연은 미개민족들의 순진무구한 자연상태 속에, 그리고 독일민족의 소박한 인간들 속에 숨쉬고 있었으며, 헤르더는 감각적 자연 속에서 문명이전 상태 Kulturlosigkeit를 찬양하게 되었다. 루소와 마찬가지로 헤르더에게 있어 문명이전상태는 결코 야만상태를 의미하는 것이 아니라 인간의 더 높은 상태였으며, 인간이 문명의 해악에 함몰되거나 자연으로부터 소외되지 않는 한, 헤르더는 인간의 근원적 생산력을 확신했다.[45] 그러나 헤르더가 루소에 전적으로 의존한 것은 아니었다. 오히려 그는 루소를 뛰어넘어 민중과 그들의 현실적 관심에 눈을 돌림으로써 루소의 자연관을 나름의 방식으로 생산적으로 수용하였다.[46] 이 과정에는 그의 리가에서의 체험, 즉 에스토니아와 라트비아 민중들과의 접촉이 중요한 역할을 하였다.

1764년에서 1769년 까지 4년 반에 걸친 리가에서의 이주생활은 헤르더에게 중요한 사회적, 문화적 체험을 안겨주었고 그의 사고의 새로운 방향을 설정해주었으며, 결국 그의 정신세계 발전에 결정적 전환점이 되었다. 리가 주변으로의 여행에서 젊은 헤르더는 억압받던 에스토니아와 라트비아 민중들의 삶을

44 Ebenda, S. 139.
45 Elisabeth Blochmann, a.a.O., S. 449.
46 Walter Dietze, a.a.O., S. 35.

목도하게 되었다. 이들의 사회적 궁핍 및 문화적·예술적 풍요를 접한 헤르더는 봉건적 사회현실의 모순이 가장 첨예하게 드러나고 또한 가장 큰 희생자를 내고 있는 사회의 한 구석을 발견한 것으로 생각하였다. 이 과정에서 헤르더가 도달한 결론은, 하층 민중들이야말로 봉건사회에 대한 저항에서 시민계층의 가장 자연스런 동반자 내지는 연합세력이 되리라는 것이었다. 당시의 계몽주의자들이 민중들에 대하여 별반 기대를 하지 않았거나 경멸의 눈초리를 보냈다면, 젊은 헤르더는 바로 이들이 "인간들 중 가장 존경스런 부류 ehrwürdigsten Teil der Menschen"[47]임을 인식하였다.

이러한 체험은 헤르더에게 철학의 과제에 대한 숙고를 요했고 추상적이고 사변적인 철학에 대응하는 실천의 문제를 고민하게 하였다. 그의 초기저작인 『철학이 민중을 위하여 어떻게 더 보편화, 실용화 될 수 있는가 Wie die Philosophie zum Besten des Volkes allgemeiner und nützlicher werden kann』에서 헤르더는 "너 철학자와 평민이여! 실리를 얻으려면 연합하라!"[48]라고 말함으로써 철학자들에게 민중들의 편에 설 것을 요청하였다. 이후의 질풍노도 운동의 본질을 내포하는 헤르더의 이러한 요구[49]는 그 자신의 표현대로 코페르니쿠스적 전환의 요청이었다.

> 모든 철학은 민중의 철학이 되어야 하며 민중을 중심으로 삼아야 한다. 프톨레메우스적 우주관이 코페르니쿠스적 우주관으로 바뀐 것과 같이 우리의 세계관을 변화시킨다면, 그래서 우리의 모든 철학이 인간학이 된다면, 얼마나 새로운 풍요로운 발전이 이루어질 것인가?[50]

---

47 Suphan, Bd. 1, S. 392.

48 "Du Philosoph und du Plebejer! macht einen Bund, um nützlich zu werden!"(Suphan, Bd. 32, S. 51).

49 Vgl. Edith Braemer: Goethes Prometheus und die Grundposition des Sturm und Drang. Weimar 1959, S. 71.

50 "Alle Philosophie, die des Volkes seyn soll, muß das Volk zu seinem Mittelpunkt machen, und wenn man den Gesichtspunkt der Weltweisheit in der Art verändert, wie aus dem Ptolomäischen das Koperkanische System ward, welche neue fruchtbare Entwicklung müssen sich hier nicht zeigen, wenn unsre ganze Philosophie Anthropologie wird."(Suphan, Bd. 32. S. 61).

헤르더가 철학으로부터 요구한 것은 지식인과 교양계층을 위해서가 아니라 민중을 위해 존재해야 하며 철학의 과제는 민중을 위해 글을 써야 한다는 것이었다. 헤르더가 보기에는 시민적 지식인계층과 민중이 함께 동행하는 것이야말로 철학의 실용적 효과를 담보하기 때문이었다. 코페르니쿠스적 전환의 본질은 헤르더 스스로가 말한 것처럼 형이상학의 자리에 인간학이 들어서야 한다는 점뿐만 아니라, 그러한 인간학이 민중의 의미에 대한 새로운 구상에 뿌리내리고 있다는 점이다.[51] 다시 말하면, 앞으로 논의될 민중문학 및 민요와 관련된 헤르더의 근본적인 구상에 있어서 토대가 되었던 것은 민중의 창조적 역할에 관한 그의 견해였던 것이다. 당대의 현실에 대한 깊은 체험, 세계에 대한 역사적 인식, 민중에 대한 연대감, 현실세계의 건설적 변화가능성에의 탐구 등은 이후 헤르더의 사고영역과 실천영역의 강력한 지도이념이 되었다.[52]

IV. 새로운 표현매체: 민요

'새로운 사고' 이외에 또한 '새로운 표현매체 das neue Ausdrucksmittel' 역시 예술적 전위 Avantgarde가 동반하는 '새로움'의 한 부분이라 할 수 있다.[53] 새로운 표현매체는 새로운 사고를 형상화시키는 동시에 그것이 광범위한 대중에게 전달되고 영향을 미치는 모든 과정을 담당한다는 측면에서 본다면, 새로운 표현매체야말로 아방가르드의 가장 중요한 부분이라고 볼 수도 있을 것이다. 민요수집을 통해서 자신의 새로운 사고와 이념을 현실에서 실천하려 했던 헤르더에게 있어 바로 민요 Volkslied라는 형식이 하나의 새로운 표현매체로서 기능하였음을 본 장(章)에서 살펴보고자 한다. 예술과 삶의 경계를 허물고 간극을 좁히려는 시도들 또한 아방가르드에 상존하는 특성임을 생각한다면,[54] 규범과 기교에 치중하는 일체의 문학에 대응하여 '민중적인' 문학에 경도된 헤르더에게서 전위적 노력의 한 유형을 발견할 수 있다.

51 Edith Braemer, a.a.O., S. 71.

52 Walter Dietze, a.a.O., S. 10f.

53 Vgl. Elio Pagliarani, a.a.O., S. 69ff.

54 Manfred Hardt, a.a.O., S. 166.

IV.1. 민중문학과 민족문학

봉건사회 말기의 사회적 위기상황에서 헤르더는 민중의 사회적, 문화적 의미와 가치를 인식하였고 이러한 인식은 그의 미학체계 및 장차 확립해야 할 독일 민족문학에 대한 프로그램의 형성에 결정적으로 작용하였다. 독일문학의 발전방향을 가늠하고 구체화시키는 작업을 위해 헤르더는 역사적 사례들을 통하여 기존의 위대한 민족문학들의 사회적 바탕과 성격을 연구하였다. 그가 고대 그리스에서 고전문학이 탄생할 수 있었던 근거로서 찾아낸 바에 따르면, 작가들과 민중이 동일한 토대위에 존재했고 한 가지 언어를 사용했으며 그리스의 문학이 민중의 사고방식과 정신에 뿌리를 두었기 때문이었다.[55]

이런 관점에서 헤르더는 "강렬하고도 위대한 자연의 정신으로부터 나와서 인간들로 하여금 살고, 느끼고, 생산하고 창작하는 능력을 주는"[56] 인간의 창의력이 봉건적 규범의 엄격함 속에서 얼마나 쇠잔해졌는가를 보면서 당대에 있어서도 위대한 예술적 창작을 위한 가장 결정적인 동인은 오로지 민중의 자연적 세계에서 구할 수 있으리라고 생각했다. 그에게 창의성이란 바로 민중적인 것이고 민족 고유의 것이었다. 물을 퍼 올릴 수 있는 곳이 샘이고 샘이 건강한 대지를 필요로 한다면, 대지란 민중이고 향토이며 민족의 역사라는 것이다.[57] 그러므로 헤르더는 봉건질서의 해악으로부터 벗어난 민족의 자유로운 구성원들, 즉 민중을 지향점으로 삼는 것이야말로 앞으로 정립할 독일 민족문학의 기본전제라고 생각하였다.

그의 저작 『오시안과 옛 민족들의 노래에 관한 서신들 Auszug aus einem Briefwechsel über Ossian und die Lieder alter Völker』에서 헤르더는 옛 스코틀랜드의 민요에 자신이 관심을 갖는 이유를 설명하고 있는데, 옛 민요들에 자신이 열정적으로 몰입하는 이유는 과거에 대한 낭만적 동경 때문이 아니라 거기에서 자연 그대로인 세계의 시적 형상을 보기 때문이라고 하였다. 즉 민요에서는

---

55 Suphan, Bd. 2, S. 160.

56 "[...] die schöpferische Kraft des Menschen, die aus dem Geiste der großen würksamen Natur erwächst und die Menschen befähigt, leben, fühlen, schaffen und dichten zu können."(Suphan, Bd. 5, S. 112).

57 Ebenda.

"자연의 정신이 Geist der Natur"[58] 노래한다는 것이었다. 헤르더에게 옛 민요들의 미적 의미와 중요성은 그것들이 봉건적, 궁정적 지배 이전의 시대와 세계로부터 나온 것이라는 사실에서 부각된다.[59] 그러니까 헤르더는 민요들을 단지 오래 전부터 전해 내려오는 유물로서 중요시한 것이 아니라, 장래 독일의 시민적 민족문학에 합당한 미적, 예술적 모범을 찾는 과정에서 관심을 갖은 것이었다. 왜냐면 옛 민요에서 보는 삶의 생생한 재현과는 대조적으로 헤르더가 보는 당대의 문학은 훨씬 퇴보하여 추상적이고 내용이 빈약하며, 인간의 온기를 잃은 것이었기 때문이다.

> 우리는 단지 생각하고 따지기만 할 뿐, 더 이상 보지도 느끼지도 못한다. 우리는 살아있는 세계를 그리는 것도 아니고, 살아있는 세계에서 글을 쓰는 것도 아니며, [...] 다만 주제나 주제를 다루는 양식, 혹은 그 두 가지 모두를 억지로 꾸며낼 뿐이다.[60]

이러한 왜곡된 예술적 환경에서 민중시 Volkspoesie에 대한 홀대와 무관심은 당연한 결과였고, 민중시의 잔재와 흔적들은 곳곳에 무심하게 흩어져 전해 내려오고 있었다. 이런 상황에서 헤르더는 민요 Volkslieder, 장인가요 Handwerkslieder, 농민가요 Bauernlieder 등 일체의 민중시의 흩어진 잔재들을 수집하여 정리할 것을 촉구하기에 이르게 되었다. 왜냐면 "오로지 순진무구한 아이들과 여인네들, 그리고 사색을 통해서보다는 활동을 통해서 더 많은 것을 배운 자연 속의 사람들만이"[61] 자연을, 그리고 인간의 자연스런 표현을 간직하고 있다고 믿었기 때문이다.

헤르더는 민요를 여러 민족의 특성의 예술적 표현으로 보았으며, 동시에 독일 민족문학의 한 중요한 지향점으로 삼았다. 그의 오시안 수용은 민중에 초점

58 Ebenda, S. 183.

59 Stellmacher, a.a.O., S. 172.

60 "Wir sehen und fühlen kaum mehr, sondern denken und grübeln nur: wir dichten nicht über und in lebendiger Welt, [...] sondern erkünsteln uns entweder Thema, oder Art, das Thema zu behandeln, oder gar beides." (Suphan, Bd. 5, S. 183.).

61 "Lediglich unverdorbene Kinder, Frauenzimmer, Leute von gutem Naturzustande, die mehr durch Thätigkeit, als Spekulation gebildet seien [...]" (Suphan, Bd. 5, S. 189).

을 맞춘 나름의 민족문학 프로그램의 한 중요한 축을 이루고 있다. 『오시안과 옛 민족들의 노래에 관한 서신들』의 결론부에서 헤르더는 옛 민요들로부터 습득한 위대한 민족문학의 기준을 적용하여 당시 독일 민족문학의 발전단계에 변화를 가져오고 영향을 미치려는 의도를 내비치고 있다.

> 우리 독일인들이 얼마나 억지춘향식의 호라즈 시풍으로 여기저기 나뒹굴고 있는지 보십시오! - 오시안, 자연인들과 음유시인들의 노래들, 설화시, 시골의 노래들이 우리를 더 나은 길로 이끌 수 있습니다. 물론 이 경우에도 우리가 이들의 형식과, 외형과 언어 이상의 것을 배우고자 한다면 말입니다.[62]

헤르더가 보기에 독일문학이 가야할 "더 나은 길"은 내용과 방식에 있어서 옛 민요들을 전승하고 응용하는 데에 있었다. 이들 노래들과 마찬가지로 독일의 문학도 인간의 자연스런 감정의 표현이 되어야 할 것이고, 생생한 현실을 담아야 할 것이며, 민족이 당면한 문제들을 예술적으로 재생해 내야만 하리라는 것이다.

IV.2. 노래 Lied

헤르더가 민중문학을 앞으로 정립해야 할 민족문학의 토대로서 삼았다면, 그 민중문학의 형태적 기초, 즉 민중문학에 가장 적합한 장르로서는 노래를 선택하였다. 그가 감정과 감상 등의 인간내면에 관심을 두는 과정에서 인간의 내적 정서에 표현력을 부여할 가장 훌륭한 수단으로서 그에게 음악이라는 매체가 전면에 부각되었다.[63] 그는 노래의 본질을 가사에서가 아니라 음(音, Ton)에서, 시(詩)가 아니라 음악과 멜로디에서 찾으려고 하였으며, 그에게 가장 중요한 것은 언제나 음악적 요소였다.

---

62 "Sehen Sie, in welche gekünstelte Horazische Manier wir Deutsche hie und da gefallen sind - Oßian, die Lieder der Wilden, der Skalden, Romanzen, Provinzialgedichte könnten uns auf beßern Weg bringen, wenn wir aber auch hier nur mehr als Form, als Einkleidung, als Sprache lernen wollten."(Suphan, Bd. 5, S. 203).

63 Johannes Mittenzwei: Das Musikalische in der Literatur. Halle 1962, S. 63.

> 노래의 본질은 묘사가 아니라 노래 부르기이다. 노래의 극치는 열정적인 혹은 감상적인 선율의 흐름에 있는데, 우리는 이것을 가락이라는 탁월한 옛 표현대로 부를 수도 있을 것이다. [...] 노래는 읽는 것이 아니라 영혼의 귀로 듣는 것이다. 영혼의 귀는 음절 하나하나를 헤아리고 따지지 않고 소리의 흐름에 귀 기울이며 그 안에서 노닌다.[64]

이런 이유에서 헤르더는 민요수집 작업에서 각각의 민요와 노래가 갖는 음과 가락을 제대로 파악하고 그에 충실하게 기록하는 것에 가장 큰 주의를 기울였다.[65] 원래 그는 자신의 민요집을 멜로디와 함께 출간하려 했으나 이 계획은 실행상의 난점들 때문에 구상에 머물고 말았다. 음악이라는 주제가 헤르더의 사상에서 다루어질 때 중요한 역할을 담당하는 것은 다른 경우에서와 마찬가지로 바로 '자연'이다. 노래 혹은 노래 부르기는 그에게 있어서 자연스런 천부의 재능으로 이해되었으며, 예술 및 기교에 대비되는 것이었다.

> 모든 소박한 민족들은 노래를 부른다. [...] 자연은 그들에게 인간의 기교로써 대신할 수 없는 위안을 준 것이다. 자유롭게 유유자적하거나 뛰노는 기쁨이 그것이다. 이 모든 것들은 어디로 흘러가든 노래가 된다. 자연은 인간을 자유롭고, 즐겁고 노래하게끔 만들었다. 기교와 규율은 인간을 옥죄고 침묵하게 만든다.[66]

계몽적 합리주의의 관점에서 예술은 예술적 도구와 수단들의 확고한 체계였다면, 헤르더에게 예술은 비합리적 형상물이었으며 이성적 체계화 대신에 감상과 감정이입에 주목하였다. 예술을 교양과 문화의 산물로서가 아니라 자연의

---

64 "Das Wesen des Liedes ist Gesang, nicht Gemälde: seine Vollkommenheit liegt im melodischen Gange der Leidenschaft oder Empfindung, den man mit dem alten treffenden Ausdruck Weise nennen könnte. [...] Lied muß gehört werden, nicht gelesen; gehört mit dem Ohr der Seele, das nicht einzelne Sylben allein zählt und mißt und wäget, sondern auf Fortklang horcht und in ihm fortschwimmt."(Suphan, Bd. 25, S. 332f).

65 Hans Günther: Johann Gottfried Herders Stellung zur Musik. Diss. Leipzig 1903, S. 66.

66 "Alle unpolitierte Nationen sind singend. [...] Die Natur hat ihnen einen Trost gegeben, den schwerlich menschliche Künsteleien dörften ersetzen können, Freiheitsliebe, Liebe des Müßigganges oder des Taumels: und wohin alles gewissermaße zusammenfließt, Gesang. Natur hat den Menschen frei, lustig, singend gemacht: Kunst und Zunft macht ihn eingeschlossen, stumm."(Suphan, Bd. 25, S. 82f).

산물로서 이해한 것이었다. 예술의 이상적 모습을 탐구하던 헤르더는 인간정신의 근원이라고 여겼던 과거에서 예술의 근원적 모습을 찾으려 했다. 그의 견해에 따르면 이미 개개의 상이한 형태로 분화되어 발전해 온 시, 음악, 춤 등의 예술장르는 그들의 발전과정을 거슬러 올라갈수록 점점 가까워져서 결국은 그 모든 장르들이 완벽하게 합일되는 시점에 도달하며, 거기에서는 인간의 정신적 힘이 아직 분리되지 않은 채 발휘되었다.[67] 헤르더는 시와 음악이 아직 “불가분의 자매관계” unzertrennliche Schwestern”[68]로 존재하는 예술형식을, 즉 예술의 자연적이고 근원적 형태에 더욱 근접한 예술형식을 바로 민요에서 발견하였다.

『오시안과 옛 민족들의 노래에 관한 서신들』에서 헤르더는 자연의 노래가 갖는 활기찬 리듬과 거칠고 소박하면서도 뛰어난 시풍, 그리고 표현력의 깊이를 이렇게 찬양한 바 있다.

> 어느 민족에게 노래가 있다면 그들의 노래는 사람들이 자연스럽고 생기있고 자유로울수록 더욱 더 자연스럽고 발랄하고 자유로우며, 감각적이고 서정적일 수밖에 없다는 점을 알아두십시오! 그 민족이 인위적이고 학문적인 사고방식과 언어 및 시구절로부터 멀리 떨어져있을수록 그들의 노래는 덜 무기력할 것이고 더 이상 죽은 시구도 아닙니다.[69]

시와 ‘비문명상태 Unkultur’가 헤르더에게는 전혀 대립관계가 아니다. 비문명은 자연의 동의어로 파악되고 시는 자연시가 될 때 비로소 규율과 형식에 사로잡힌 당대의 시보다 더 높은 단계에 이르기 때문이다. 민요의 속성이라 할 수 있는 감각적 표현력과 직관적 명징성이야말로 헤르더가 발견한 새로운 가능성이었다.

---

67 Wolfgang Nufer: Herders Ideen zur Verbindung von Poesie, Musik und Tanz. Berlin 1929, S. 25.

68 Suphan, Bd. 4, S. 117.

69 “Wissen Sie also, daß je wilder, d.i. je lebendiger, je freiwirkender ein Volk ist, desto wilder, d.i. desto lebendiger, freier, sinnlicher, lyrisch handelnder, müssen auch, wenn es Lieder hat, seine Lieder sein! Je entfernter von künstlicher, wissenschaftlicher Denkart, Sprache und Letternart das Volk ist, desto weniger müssen auch seine Lieder für das Papier gemacht und tote Letternverse sein. ”(Suphan, Bd. 5, S. 164).

V. 맺음말: 새로운 패러다임으로서의 셰익스피어

헤르더의 천재관과 민요수집활동에 내재하는 역사적, 문학사적 배경에 시선을 돌린다면 양자의 상호관계를 규명하는 단서를 발견할 수 있다. 헤르더의 민요수집활동과 천재관은 그의 다른 글들과 마찬가지로 당대의 정치적, 사회적, 문화적 위기상황과의 대결의 소산에 다름 아니었으며 동시에 당시의 합리주의적, 계몽주의적 지배 이데올로기와의 내적 갈등의 흔적이기도 하다. 헤르더가 '민중'과 '천재'의 개념을 독일의 문화적, 문학적 상황에 맞게 나름대로 새롭게 형성해 가는 과정에서 시대비판 Zeitkritik을 출발점으로 삼았으며 이 개념들을 통하여 이후의 질풍노도운동 및 고전 · 낭만주의에 막대한 영향을 미쳤다는 사실은 두 개념이 내포하고 있는 전위적 성격을 선명히 드러내주고 있다.

천재와 민중이라는 두 개념의 바탕에는 루소가 설파한 자연의 이념이 녹아있다. 헤르더에게 자연은 무엇보다도 계몽철학의 한계를 극복하고 사회적 균열 및 문화적 이질화를 극복할 수 있는 대안으로서의 철학적 핵심이념이었다. 자연은 곧 유기적 통일체 organische Einheit로서 혹은 일체성의 이상 Ganzheitsideal으로서 이해되었고, 이것은 천재와 민중의 개념에서 핵심을 이룬다. 독창적인 창조자로서의 천재가 개인적, 정적, 비역사적 차원에서의 자연의 구현이라고 한다면, 천재적 거대유기체로서의 민중은 집단적, 역동적, 역사적 차원에서의 자연의 구현이라고 볼 수 있다.

헤르더에게서 천재와 민중의 두 개념이 하나로 합일되는 구체적이고 역사적인 계기로서 셰익스피어를 들 수 있다. 즉 셰익스피어는 헤르더에게 창조적 천재의 전형인 동시에 민중문학의 구현자였다. 헤르더는 우선 셰익스피어가 현실을 총체적으로 그려내고 있다는 점에서 그의 작가적 위대함을 인정하였다.[70] 헤르더의 『셰익스피어 Shakespeare』를 보면, 셰익스피어는 16세기 영국의 현실의 "다양한 계층, 삶의 방식, 사고방식, 종족들 그리고 언어들"을 적나라하게 보여주며, 이 모든 것들을 "하나의 탁월한 단일체로 zu dem herrlichen Ganzen" 창조해낸다고 하였다.[71] 이런 맥락에서 헤르더는 셰익스피어를 반복적으로 "자

---

70 Wolfgang Stellmacher: Grundfragen der Shakespeare-Rezeption in der Frühphase des Sturm und Drang. In: Manfred Wacker(Hg.): Sturm und Drang. Darmstadt 1985, S. 112-143, hier S. 117.

연의 아들 Sohn der Natur",[72] "자연의 모방자 Nachahmer der Natur",[73] "자연의 통역사 Dolmetscher der Natur"[74]라고 표현하였다. 있는 그대로의 객관적 현실에 대한 객관적 묘사야말로 셰익스피어가 이룬 핵심적 성과의 하나라고 그는 보았다.

동시에 헤르더는 셰익스피어가 보여주는 문학과 삶의 끈끈한 밀착성에 주목하였다. 각각의 민족과 계층들이 겪는 개별적이고도 역사적인 상황과 사건들을 묘사해내는 셰익스피어야말로 독일문학의 한 표본이라는 것이었다.[75] 구체적인 현실에 직접 발을 들여놓는 셰익스피어의 문학은 시대적 모순과 위기 속에서 민중들의 실상 내지는 고난에 문학적 형상을 부여하려는 헤르더의 노력과 부합하는 것이었다. 일체의 고전적 규범의 틀에서 벗어난 셰익스피어는 자신의 나라와 시대의 특수한 문제들과 대결함으로써 헤르더뿐 아니라 이후 질풍노도 작가들로부터 새로운 전범으로 추앙받기에 이르렀으며, 헤르더의 천재관은 그가 셰익스피어를 수용하면서 역사적 성격을 강화하게 되었다.

---

71 Suphan, Bd. 5, S. 218.
72 Ebenda, S. 238.
73 Ebenda, S. 242.
74 Ebenda, S. 219.
75 Wolfgang Stellmacher, Shakespeare-Rezeption, a.a.O., S. 115.

릴케의 시에 나타난 거울의 의미

이 동 용

I. 머리말

본 논문은 릴케의 시에 나타난 '거울'의 의미를 밝히는 데 그 의미를 둔다. 이 목적을 위해 여기에는 두 편의 시 「그렇게 마치 화가에게서 가끔 성급하게 So wie dem Meister manchmal das eilig」(1922)와 「거울들이여: 사람들은 아직 한 번도 알면서 기술한 적이 없다 Spiegel: noch nie hat man wissend beschrieben」(1922)이 선택되었다. 이 시들은 모두 스위스의 무쪼트 Muzot에서 1922년 2월 15일과 17일 사이에 여러 다른 시들과 함께 쓰여졌다. 하루 전인 14일에 역작 『두이노의 비가 Duineser Elegien』[1]를 완성하고, 이어지는 시적 감각 속에서 그의 마지막 시집인 『오르페우스에게 바치는 소네트 Die Sonette an Orpheus』의

1 시인은 벌써 1912년에 이 작품을 시작했으나, 전쟁으로 인해 집필을 오랫동안 중단했다가 (참조, Br. 3, 930면), 1922년 2월에 폭풍처럼 밀려드는 시정으로 다행히 완성하기에 이른다. 어려운 과정 속에서 완성된 데 대한 시인의 벅찬 감정은 이루 말로 형용할 수가 없었을 것이다. 그 때의 심경을 친구 안톤 킵펜베르크 Anton Kippenberg에게 쓴 편지글에서 릴케는 다음과 같이 전하고 있다: "나의 사랑하는 친구여, / 늦은 시간이라네. 그리고 펜대를 잡고 있을 힘조차 없군. 몇 일 동안 나는 정신적으로 엄청난 순종을 했다네 −. 할 말이 있네 .... 오늘 안에, 그러니까 지금 말일세. 내가 잠자려고 시도하기 전에 자네에게 말을 해야만 할 것 같네: / 나는 산 위에 있다! / 마침내! 『비가들』이 여기 있다네. Mein lieber Freund, / spät und ich gleich kaum mehr die Feder halten kann, nach einigen Tagen ungeheuren Gehorsams im Geiste −, es muß ..., Ihnen muß es noch heute, jetzt noch, eh ich zu schlafen versuche, gesagt sein: / ich bin überm Berg! / Endlich! Die 『Elegien』 sind da." (Br. 3, 741면).

'제 2부 Zweiter Teil'를 집필하는 데 정신을 집중한다. 위의 두 편의 시들은 바로 이 '제 2부'에서 나란히 두 번째와 세 번째를 장식하고 있는 작품들이다.

분석은 우선 위의 시들을 하나의 닫힌 텍스트로 간주하여 독립적으로 다룰 것이다. 그리고 나서 이 시들의 공통점과 차이점을 살펴보고, 그리고 이 시들이 시사하는 바는 과연 무엇인지 밝혀볼 것이다. 물론 분석의 결과로 도출될 것은 '거울'의 의미라는 주제로 좁혀질 것이다. 시인 릴케가 생각하고 있는 '거울'의 본질과 역할을 밝힘으로써 기대될 수 있는 또 다른 결론은 바로 관찰자인 우리 인간의 의식 세계에 미치는 영향관계일 것이다.

II. 「그렇게 마치 화가에게서 가끔 성급하게」: 거울 속의 반영과 삶 속의 실재

릴케는 이 시를 자신의 창작 시기 중 마지막 단계에 집필한다. 하지만 그 어느 때보다도 집중력은 최고에 달해 있었다. 같은 시기에 작성된 시들이 다수 있다는 사실만으로도 이것은 입증되고 있는 것이다. 정확히 삼 주일 만에 완성하는 시집 『오르페우스에게 바치는 소네트』 속에는 그러나 주옥같은 시들이 실려 있다.[2] 다음에 분석될 시(「그렇게 마치 화가에게서 가끔 성급하게」)에서

---

2 문헌학적으로 보면, 릴케가 『오르페우스에게 바치는 소네트』와 관련한 시를 처음 집필하기 시작한 때는 1922년 2월 2일로 알려져 있고, 최종편의 완성 날짜는 23일로 알려져 있다. 시인이 이 시집을 집필했을 때의 심경은 지쪼 Sizzo 백작부인에게 쓴 다음의 편지글(1923년 4월 12일)에 잘 나타나 있다: "제가 잊지 않았다면, 말씀을 드렸던 것 같군요: 이 진귀한 오르페우스에게 바치는 소네트가 전혀 의도하거나 기대하지 않았던 작품이었다는 사실을 말입니다. 때로는 많은 시들이 단 하루만에 쓰여지기도 했지요. 이것은 완전히 예상치 못한 상태에서 생겨났답니다. (이 시집의 첫 번째 부분은 대략 3일만에 생겨났지요.) 지난해 2월의 일이었어요. 그 때 전 오히려 다른 시들, 말하자면 커다란 작품 두이노의 비가를 발전시키는 데 총력을 기울이고 있었답니다. 전 당시 순수하게 그리고 순종하면서 저의 내적인 쇄도를 그저 받아쓰기하는 일 외에는 아무 것도 할 수가 없었답니다. [...] Auch davon, wenn ich nicht irre, erzählte ich Ihnen schon: dass diese merkwürdigen Sonett an Orpheus keine beabsichtigte oder erwartete Arbeit waren; sie stellten sich, oft viele an einem Tag (der erste Teil des Buches ist in etwa drei Tagen entstanden), völlig unerwartet ein, im Februar vorigen Jahres, da ich vielmehr dabei war, mich für die Fortsetzung jener anderen Gedichte – der großen Duineser Elegien – zu sammeln. Ich

도 형태면에서나 내용면에서 성숙한 시인의 완성도 높은 예술작품을 발견하게 된다. 릴케는 이 시에 특히 거울의 의미를 현실 속의 삶 내지는 인생과 연관시켜 보여주고 있다. 시의 전문은 다음과 같다:

그렇게 마치 화가에게서 가끔 성급하게
더 접근한 종이가 실재의 선을
취하는 것처럼: 그렇게 자주 거울들은 성스럽게
유일한 소녀들의 미소를 자신 속으로 받아들인다,

만약 그들이 아침을 확인한다면, 그것만을, -
혹은 헌신하는 불빛들의 광채 속에서.
그리고 진정한 얼굴들의 호흡 속으로,
나중에는, 단지 반영(反映)만이 떨어져 들어간다.

무엇을 눈들은 예전에 그을고
긴 굴뚝 속에서 보았는가:
삶의 시선들은, 영원히 잃어버린 것들은.

아, 대지의, 누가 알고 있는가 이 상실들을?
단지, 그럼에도 불구하고 찬미하는 소리로
전체 속으로 태어난 심장을 노래하는 자만이.

So wie dem Meister manchmal das eilig
nähere Blatt den wirklichen Strich
abnimmt: so nehmen oft Spiegel das heilig
einzige Lächeln der Mädchen in sich,

wenn sie den Morgen erproben, allein, -
oder im Glanze der dienenden Lichter.
Und in das Atmen der echten Gesichter,
später, fällt nur ein Widerschein.

konnte nichts tun, als das Diktat dieses inneren Andrangs rein und gehorsam hinzunehmen [...]" (Br. 3, 829면).

Was haben Augen einst ins umrußte
lange Verglühn der Kamine geschaut:
Blicke des Lebens, für immer verlorne.

Ach, der Erde, wer kennt die Verluste?
Nur, wer mit dennoch preisendem Laut
sänge das Herz, das ins Ganze geborne. (SW I, 751면 이후)

I연에서는 그림이 그려져 있는 화가의 종이와 거울 속의 영상이 비교되고 있다. "성급하게 / 더 접근한 종이"[3]는 동시에 모든 것을 되 비춰주는 "거울"과 같고, 그리고 그 거울 속에 비춰지고 있는 영상은 "성스럽게 / 유일"한 형태로 나타난다. 화가가 그토록 "성급하게 / 더 접근한 종이" 위에다가 긋는 "선"은

---

3 문장구조상의 논리를 살피면 이러한 주장은 비판의 소지가 있음을 인정한다. 여기서 "nähere"동사가 아니라는 점을 염두에 두고 "eilig"를 그저 운을 맞추기 위해 시인이 의도적으로 여기에 끼워 넣은 것은 아닌가 하는 의문이 생길 수 있다는 얘기이다. 하지만 시, 특히 I-II연의 외적 구조를 살피면 이러한 의문은 오히려 위험한 발상임을 인정하게 될 것이다. 번역의 이유를 밝히기 위해 여기 I-II연의 구조를 중심으로 분석해보도록 하겠다: I연의 3-4행을 중심으로 하여 앞뒤에 부문장이 자리잡고 있다. 앞의 부문장은 I연의 1-2행에 걸쳐 있고, 뒤에 위치한 부문장은 II연의 1-2행 속에 형성되어 있다. 앞의 부분장은 "wie", 즉 '마치 ~처럼'의 뜻을 지닌 비유의 내용을 내포하고 있고, 뒤의 부문장은 "wenn", 즉 '만약 ~한다면'이라는 조건의 내용으로 주문장을 수식해주고 있다. 그리고 II연 1행의 "allein"은 포옹각운 속에서 "Widerschein"으로 연결되고 있음을 알 수 있다. "allein"은 문장구조상 목적어로서 거울들이 받아들이는 내용을 지칭하고 있는 데 반해, "Widerschein"은 "진정한 얼굴들의 호흡 속으로" 빠져 들어가는 "반영"이라는, 즉 주어의 역할을 수행하고 있다. 이 모든 것을 종합하여 I-II연의 구조를 다시 한번 요약하면; 1. 첫 번째 부문장 속에서 "종이"가 "화가"의 "선"을 취하고, 2. 두 번째 부문장과 이어지는 각운 상의 구조에서 나타난 대로 "거울들"이 "아침"의 "반영"을 취하며, 3. 이들 두 개의 부문장들을 앞뒤로 하여 자리잡고 있는 주문장에서는 "거울들"이 "소녀들"의 "미소"를 취하고 있다는 논리로 표현되고 있다. 각운을 이용한 이러한 도식적인 구조는 문제로 제기된 I연에서 이미 뚜렷하게 나타나고 있다. 1-2행의 "das eilig / nähere Blatt"는 3-4행의 "das heilig einzige Lächeln"과 맞물리고 있으며, 3행의 "Strich"는 4행은 "sich"로 연결되고 있다. 우선 "eilig 성급하게"와 "heilig 성스럽게"의 관계를 살피면 각각 거울과 그 속에 비치고 있는 내용의 특성을 규명해주고 있음을 알 수 있다. 그리고 "Strich 선"은 "sich 자신"으로 연결되어 실재하는 자기 존재의 의미를 밝혀주고 있는 것으로 해석을 가능하게 해주고 있다. 이러한 구조상의 외적인 형태를 최대한 살리기 위해 시인이 의도한 원래의 시의 형태에 입각하여 번역을 시도했음을 밝혀둔다.

그러나 "실재(實在)"하는 것이다. 이와 마찬가지로 거울 속의 영상은 "실재"를 의미하고 있는 것이다. 바로 여기서 '성스러운' 분위기가 창출되고 있는 것이다. 특히 시적 자아는 "실재"를 기울임체로 표현하고 있다. 그 의미는 무엇보다도 강조용법으로 이해될 수 있겠다. "성급"하긴 하지만 "실재"하는 것을 창출하는 "종이"는 바로 거울과 비교되고, 그 속의 내용물들은 동등한 가치에서 실재하고 있으며, 이것은 또한 '성스러움'으로 인해 종교적인 차원으로까지 상승하고 있다.

그리고 "화가"와 "종이"의 관계를 보면, "화가"가 능동적으로 표현되고 있지 않고, "종이"가 오히려 능동적으로 그 "실재의 선을 / 취하는 것처럼" 묘사되고 있다. 능동성을 지닌 "종이"는 3행에서 "거울들"과 내용적으로 동등한 위치에서 비교되고 있다. 말하자면, "거울들"의 특성 또한 그 "종이"처럼 능동적으로 무엇인가를 취하여 "받아들인다"는 것이다. "거울들"의 능동성은 자기 존재의 구체화를 위한 능력으로 이해될 수 있을 것이다.

I연의 비교 및 비유 체계를 종합하면 다음과 같다: "종이"는 "거울들"에 비교되고, "종이" 위의 "실재의 선"은 "거울들" 속으로 들어간 "성스럽게 / 유일한 소녀들의 미소"에 비교된다. 여기서 "실재"와 "성스럽게 / 유일한" 것은 동등한 가치로 마주서게 된다. 말하자면, 모든 '실재'하는 것은 '성스러우며', 동시에 그 자체로서 자신의 존재상을 특징짓는 '유일한' 것이라는 논리이다. "종이"가 "화가"에게서 "선"을 취하는 것은 "거울들"이 그 앞에 서 있는 "소녀"의 표정에서 "미소"를 취하는 것과 비교되고 있다. 위에서도 언급했다시피, 이러한 능동성을 지닌 거울의 의미는 시적 자아가 추구하는 독특한 차원의 개념이다.

문장론적으로 보면 콤마를 끝으로 하고 있기 때문에 이 I연은 여기서 끝나고 있지 않음을 알 수 있다. 다음 II연의 1-2행들은 바로 I연의 3-4행들의 내용을 수식해주고 있는 부문장에 속한다.

II연은 빛, 즉 아침 햇살과 마주하는 거울의 역할과 그 의미를 설명하고 있다. I연의 마지막 두 행들의 내용과 맞물리고 있는 접속사를 앞세우며 시작하고 있는 이 연은 다음과 같이 풀이할 수 있겠다: "만약 그들이", 즉 거울들이 "아침을 확인한다면", 단지 "그것만을 - / 혹은 헌신하는 불빛들의 광채 속에서"

그 “아침을 확인한다면”, 그렇다면 “거울들은” “소녀들의 미소를” “받아들인다”는 것이다. “아침”의 햇살은 “소녀들의 미소”를 볼 수 있게 하고, 그리고 또한 “거울” 속으로 들어가 경험의 대상으로 되돌아오고 있는 것이다. I연에서 “받아들인다”로 표현되었던 거울의 능동성은 여기 II연에서 “확인한다”로 변화를 주어 표현되고 있다. “거울들이” 스스로 그 “아침을 확인한다”는 표현 속에는 새 날의 시작을 의미하는 “아침”이라는 시간대와 겹치면서 되살아나는 희망찬 대지의 모습을 연상케 한다. “아침” 햇살과 함께 생동하기 시작하는 세상의 모습을 “거울들”은 “받아들인다”. 하지만 이 순간은 I연의 “성스럽게 / 유일한 소녀들의 미소”를 “받아들”이기 위한 전제에 불과하다는 데서 시의 광대한 의미체계가 발견되고 있다. “아침” 햇살과 “소녀들의 미소”가 같은 의미선상에 놓이게 됨으로써 “미소”의 의미가 더욱 선명하게 제시되고 있다. 즉, 희망과 생동, 그리고 삶에 대한 즐거움 등으로 해석이 가능하다는 얘기다. 이것은 “미소”가 무엇보다도 내적인 행복감의 표출로 파악되어야 하는 개념이기 때문이다.

3-4행은 빛과 관련한 시각적 경험과 육체, 특히 입을 통한 체험적 요소가 복잡하게 얽혀 있어 분석하기 다소 어려움이 있다. 우선 “진정한 얼굴들의 호흡” 그 자체는 거울의 속성을 밝혀주고 있으며,[4] 그 “호흡”의 내용이 의미하는 것은 거울 속으로 들어간 아침 햇살을 가리키고 있을 것이다. 즉, 아침은 햇살에 의해 경험의 대상으로 되살아나고, 그 빛은 다시 “진정한 얼굴들”을 창출해내며, 그 “얼굴들”은 “호흡”을 통해 삶을 시작하고 있는 것이다. 그리고 그 “호흡”은 다시 거울 속의 생명력을 의미하고 있음으로써, “단지 반영(反映)만이” 그곳으로 “떨어져 들어간다”는 것이다.

여기서 말하는 “진정한 얼굴”은 그러나 그렇게 간단하게만 분석될 수 없다. 왜냐하면, 그것은 I연 2행의 “실재의 선”과도 비교될 수 있고, 또한 “얼굴”이라는 개념과 관련하여 위의 연 4행의 “미소”와도 연결점을 제시해주고 있기 때문이다. ‘진정함’이란 ‘진짜’나 ‘진지함’의 내용을 포괄하고 있기에 “실재”와 연결

4 “호흡”은 일반적으로 ‘숨을 내쉼과 들이마심’의 반복된 행동을 일컫고, 생물체는 특히 이 “호흡”의 과정을 통해 생명유지를 위한 산소를 취하게 된다. 여기서 거울에 대한 시인 릴케의 독특한 견해가 엿보이고 있다. 취하고 내놓는 행위는 ‘균형’을 지향하는 삶의 목적으로도 해석이 가능할 것이다. 어디에도 치우치지 않은 중도의 입장 속에서, 그리고 욕구에만 매달리지 않고 그 내면의 요구를 오히려 극복해냄으로써 존재는 ‘진정한’ 의미를 가지게 되다는 논리가 시인 릴케의 주장일 것이다.

짓는 데는 전혀 무리가 없다. 게다가 "얼굴"은 관상학적 의미에서 발전한 전통적인 '거울'의 의미[5]와 관련하여 여러 표정의 현상들과도 해석의 연결점을 제공해주고 있다. 즉, "미소"와 "얼굴"의 개념은 어쩌면 떼 놓을 수 없는 현상의 표현과도 같다. 거기에 "얼굴"의 표정이 슬픔이나 고통으로 연결되고 있지 않고, 기쁨이나 행복을 의미하는 "미소"로 연결되고 있는 점으로 미루어보아, 시적 자아가 보여주고자 하는 거울의 의미는 분명 긍정적인 면을 포착해내는 기능으로 강조되고 있음을 확인할 수 있다.

II연의 마지막 행에서는 "반영(反映)"이란 개념을 적용함으로써 거울의 의미가 더욱 확실해진다. "반영"은 언제나 실재하는 것이 아니라 실재하는 것처럼 보이는 환영에 불과하다. 하지만 시에서는 이 일상적인 논리를 엎어버린다. 왜냐하면, I연의 분석에서 밝혀진 대로 "거울들"이 "받아들인" 것들은 "성스럽게

---

5 그 흔적은 문학의 형태 속에서도 여러 군데에서 확인될 수 있다. 한 예로 그림 Grimm 형제의 「백설공주 Schneewittchen」 동화에서도 관상학적 측면의 거울의 의미가 강렬하게 전해지고 있음을 알 수 있다. 악한 여왕은 거울 앞에서 다음과 같이 질문을 한다: "거울아, 벽에 걸린 거울아, / 누가 이 세상에서 가장 아름답니? Spieglein, Spieglein an der Wand, / Wer ist die Schönste im ganzen Land?" 그리고 말하는 거울은 답한다: "여왕님이예요. 당신이 이 세상에서 가장 아름다운 여자랍니다. Frau Königin, Ihr seid die Schönste im ganzen Land." "Da war sie zufrieden, denn sie wußte, dass der Spiegel die Wahrheit sagte. 그때 그녀는 만족했다. 왜냐하면, 그 거울이 진실을 말했다는 것을 알고 있었기 때문이다." (Brüder Grimm: Kinder- und Hausmärchen, Darmstadt 1978, 298면). 여왕은 자신의 외모, 특히 얼굴에 자신이 없었고, 그래서 그녀는 진실만을 말하는 거울 앞에서 확인을 요청한 것이다. 자신이 이 세상에서 가장 아름답다는 사실을 인정받고 나서야 그녀는 만족할 수가 있었다고 한다. 바로 여기에 관상학적 측면의 거울의 의미가 나타나고 있다. 여기서 말하는 거울의 의미란 다른 자의식의 위치를 점한 거울이 그 속의 자아를 관찰하는 자의식의 확증과 만족을 제공하고 있다는 데서 설명될 수 있다. 헤겔 Hegel은 자신의 『정신현상학 Phänomenologie des Geistes』에서 자기외화와 자기소외를 통한 과정을 자기 자신으로 향하는 의식의 발전단계로 설명하고 있는데, 여기서 하르트 닙프리히 Hart Nibbrig는 거울상황과 비슷한 관점을 발견해내고 다음과 같은 대목을 인용하고 있다: "자의식은 단지 다른 자의식 속에서만 만족에 도달하게 된다. [...] 모든 자의식은 다른 자아가 자신이 행한 것과 똑같은 것을 행하고 있다는 사실을 보게 된다. 또한 모든 자의식은 다른 자의식에게 요구하는 바로 그것을 스스로 행한다. [...] 이 자의식들은 서로 자신들을 인정하게 될 때 스스로를 인정하게 된다. Das Selbstbewußtsein erreicht seine Befriedigung nur in einem andern Selbstbewußtsein [...] Jedes sieht das andere dasselbe tun, was es tut; jedes tut selbst, was es an das andre fordert [...]. Sie anerkennen sich, als gegenseitig sich anerkennend." (재인용, Hart Nibbrig: Spiegelschrift. Spekulationen über Malerei und Literatur, Frankfurt/M. 1987, 28면).

유일한” 것인 동시에 “실재”하는 것이라고 주장되고 있기 때문이다. 거울 속에 되 비친 “반영”이 “실재”하는 것이란 논리에는 커다란 의식의 변화가 요구되고 있다. 그것은 바로 경험의 대상으로 제시되고 있는 이 세상의 모든 사물들이 허상이고, 그에 반해 거울 속의 영상 세계에 되비치는 “반영”들이 “실재”의 현상들이라는 논리이기 때문이다. 진정한 생명력을 부여받은 “반영”은 허상에 불과한 이 세상의 모든 객체에 “실재”의 모습을 보여주고 확인시켜줌으로써 상실해 가는 존재의 의미를 되새기게 해준다. 바로 여기에 거울의 진정한 의미가 나타나고 있는 것이다.

III연은 인간의 “눈”을 문제 삼는다. 시적 자아는 이 “눈들”이 “예전에”, 그러니까 과거에는, “그을고 / 긴 굴뚝 속에서” “무엇을” “보았는가” 라는 의문을 품는다. 여기서 “굴뚝”은 인간의 힘과 노력으로 형성된 문명을 상징하고 있을 것이다. 하지만 그 문명의 형성과정에서 인간들이 잃어버린 것은 무엇일까 하는 자기 비판적 성찰이 요구되고 있는 것이다. 이 “굴뚝”을 통해 바라보는 “눈들”은 3행에서 “삶의 시선들”을 의미하는 동시에 “영원히 잃어버린” “시선들”을 가리키고 있다.[6] 인간들이 상실하게 된 “눈”은 “삶”을 통찰할 수 있는 그런 “눈”이었다. 하지만 이제 인간들은 이러한 “눈”을 더 이상 지니고 있지 못하다. 그러기에 “예전에” “눈”으로 인식했을 대상을 “무엇”이라고 표현함으로써 그 내용을 결정하지 않고, 다만 기울임체로 나타내어 그 현상만을 강조하고 있는 것이다. 여기서 말하는 그 “무엇”은 ‘그을음’으로 지저분해진 “긴 굴뚝 속”을 통과하여 연소되는 과정에서 소실된 것을 가리키고 있다.

“굴뚝”은 불을 전제로 하는 가옥 구조의 일부를 일컫는다. 그렇다면 “눈”의 위치가 문제시 될 수 있다. 집 안에서 “굴뚝”을 통해 바깥세상을 바라본 것인

6 물론 여기서도 번역상의 문제가 대두될 수 있을 것이다. 모든 것을 무시하고 국어의 어순만을 따진다면 ‘영원히 잃어버린 삶의 시선들’로 해야 할 것이기 때문이다. 하지만 시인 릴케는 III연의 3행을 특히 콤마를 중심으로 하여 전반부와 후반부를 뚜렷하게 나눠놓고 있으며, 그 내용에 있어서도 “삶의 시선들”을 앞세워 놓음으로써 강조용법을 적용하고 있음을 알 수 있다. “시선들”을 꾸며주고 있는 “잃어버린”이란 형용사는 “영원히”라는 부사와 함께 절망적인 현실에 대한 여운을 경고조로 남겨주고 있다. 이러한 내용적인 문제를 시인이 의도한 대로 드러내기 위해 그 어순을 시라는 형태로 형상화되어 있는 구조에 최대한 변화를 주지 않는 것을 원칙으로 하여 번역했음을 밝혀둔다.

지, 아니면 밖에서 "굴뚝"을 통해 안으로 보았는지가 불분명하다는 얘기다. 하지만 중요한 것은 "눈"의 위치가 아니라, 그 "눈"이 바라본 것이 다름 아니라 불에 타 소실된 그 무엇을 바라보았을 것이라는 점이고, 그리고 여기에는 분명 이의가 없을 것이다. 검게 타다 남은 재를 보았을 수도 있고, 아니면 허공 속으로 허무하게 흩어져 날리는 연기를 보았을 수도 있을 것이다. 시적 자아가 안타까워하는 것은 바로 이러한 "눈", 즉 불에 타 소실되어 가는 내용들을 볼 수 있었던 "눈"들을 이제 우리들은 가지고 있지 않다는 사실이다. 아무 것도 남기지 않고 무(無)로 변화시키는 불길을 따라 중요했던 무엇인가가 사라져 가고 있지만, 우리들은 그 모든 것을 제대로 인식하지 못하고, 그렇게 무의미하게만 살아가고 있는 우리 범인(凡人)들의 모습은 시적 자아에게 좌절의 계기를 제공하고 있을 뿐이다. 특히 여기엔 잃어버리고 소실되어버린 대상에 대한 중복된 내용이 나타나고 있다. 그것은 바로 첫째로 "굴뚝"을 통해 없어진 것과 그리고 둘째로 그것을 보고 인식할 수 있었던 "눈", 즉 "시선" 또한 "영원히 잃어버린" 것에 속한다는 얘기이다. 이에 대한 안타까움은 압축된 시적 언어 속에 숨어있다. 답변을 주지 않는 의문은 이 III연의 내용을 더욱 긴장시키고 있는 것이다. 잃어버린 그 "무엇"에 대한 해답은 다음 마지막 연에서 제시되고 있다.

IV연은 III연의 비극적인 상황과는 반대로 희망적인 내용을 전하고 있다. III연의 절망적인 분위기의 골이 깊었던 만큼 여기 IV연의 희망적인 분위기 또한 극에 달하고 있다. 말하자면 I-II연이 하나의 틀을 형성하고 있다면, III-IV연 또한 하나의 묶인 형태를 보여주고 있다는 얘기이다. 시적 자아는 1행 처음부터 "아"라는 감탄사를 앞세워 감정을 폭로하고 있다. 벅찬 감정은 이 행의 중단된 문장구조를 통해서도 발견되고 있다. 여기 1행을 재구성한다면 '이 대지의 상실들을 과연 누가 알고 있는가' 하는 의문문으로 귀결점을 찾을 수 있을 것이다. III연 2행의 "보았는가"에서 "알고 있는가"로 이어지는 의문의 연속 속에서 전달되는 것은 안타까움과 함께 무엇인가 일깨워주고자 하는 시적 자아의 음성이 숨어 있기도 하다. 하지만 여기 마지막 연 속에 나타난 의문문은 III연의 그것과는 어감이 사뭇 다르게 전달되고 있다. III연의 의문문은 절망감이 동반된 어조인데 반해, 여기 IV연 속의 의문문은 이어지는 2-3행의 답변과 관련하여 볼 때 상당히 격앙된 내면을 보여주고 있다. 바로 이러한 맥락 속에서 위에 언급한 “아”라는 감탄사도 해석이 가능할 것이다. 그런데 왜 이 의문문을 시적 자아는 그토록 벅찬 호흡으로 읊었던 것일까. 그 이유는 답변의 내용을 담고 있는 바로 다음 행들에서 밝혀지고 있다.

시적 자아가 확신하고 있는 것은 모든 상실에도 “불구하고” 항상 “찬미하는 소리로 / 전체 속으로 태어난 심장을 노래하는 자만이” 바로 이 “대지”가 “상실”한 것들을 알 수 있다는 얘기이다. 여기서 말하는 상실의 대상은 III연에서도 밝혀진 바와 같이 인간들의 “눈”과 함께 불에 타 소실되어 가는 대지의 모든 것들을 포괄하고 있다고 볼 수 있다. 외부의 대상 세계인 전체로 “태어난” 숨겨져 있던 내부의 핵심을 인식하고 “노래”로써 “찬미”하는 자는 “실재”하는, 그리고 “성스럽게 / 유일한” 존재의 “호흡”에 동참하고 있으며, 바로 여기에 인간들이 “영원히 잃어버린” 귀중한 능력을 보존하고 있는 것이다.

시집에는 실리지 않은 이 시의 초안이라고 볼 수 있는 “전 단계 Vorstufe”에 속하는 시[7]에서는 거울을 “공간의 제 2의 자아”라고 정의하고 있다. 하지만 이 “자아”는 순번에서 두 번째라는 의미가 아니다. 오히려 그것은 똑같은 의미를 능가하고, 더 나아가 “실재”의 차원으로 존재적 의미에서의 상승을 꽤하고 있는 것을 지칭하고 있다.

이 시점에서 알 수 있는 것은 시인 릴케가 시적으로 형상화해내고 있는 “거울”의 의미가 일상성을 벗어나고 있다는 사실이다. 그가 추구하는 “거울”은 어쩌면 우리의 경험 세계에서 발견될 수 없는 것일 수도 있다. 내면의 핵심을 보여줄 수 있는 “거울”은 외형을 되 비춰 주는 일상적인 ‘거울’과는 분명 차이점

---

7 이 시는 3-4일 전인 2월 12일이나 13일에 집필되었을 것으로 예상되고 있다. 시의 전문은 다음과 같다: “거울이여, 너 공간의 제 2의 자아여! 오 거울이여, 네 안으로 / 미소의 절반이 몰려들어간다 / 아마도 가장 달콤한 것들이; 마치 화가에게 / 자주 시험적인 선이 / 잠정적인 종이 위에 보다 꽃답게 그려지는 것처럼 / 나중에 준비된 바탕 위에 처리된 윤곽보다도: / 그렇게, 오, 너는 미소짓는구나, 말로 표현할 수 없는 것을, 네 / 아침의 출처와 자유를 계속해서 / 받기만 하는 거울들 속으로. Spiegel, du Doppelgänger des Raums! O Spiegel, in dich fort / stürzt die Hälfte der Lächeln / vielleicht die süßesten; denn wie / oft dem Meister der Strich, der probende, auf dem / vorläufigen Blatt blumiger aufschwingt, als später / auf dem bereiteten Grund der geführtere Umriß: / So, oh, lächelst du hin, Unsägliche, deiner / Morgen Herkunft und Freiheit in die immer / nehmenden Spiegel” (SW II, 471면 이후)

을 보여주고 있기 때문이다. II연 3행의 분석에서 밝혔듯이 시적 자아가 추구하는 거울은 “호흡”을 하는 살아있는 생물체와 같은 것이다. “반영”들을 받아들이고 내놓는 그런 “호흡”을 하는 거울이라는 존재는 관찰자로 하여금 인식의 내용을 생동감있게 제공해주게 된다. 삶을 사랑하는 시적 자아의 의식세계는 “찬미하는 소리”로 “노래하는 자”를 염원하는 기도 속에 내재되어 있다. 그리고 그 “찬미”와 “노래”의 내용은 “전체 속으로 태어난 심장”, 즉 거울 속 반영들의 세계 속에서 새로운 삶의 의미를 찾아가는 존재를 향한 진정한 내면과 연결되고 있다.

III. 「거울들이여: 사람들은 아직 한번도 알면서 기술한 적이 없다」: 전혀 다른 차원의 거울에 대한 염원

1922년 2월 15-17일, 즉 앞 장에서 분석된 시의 집필 시기와 같은 시기에 무쪼트 Muzot에서 릴케는 시 「거울들이여: 사람들은 아직 한번도 알면서 기술한 적이 없다」를 완성한다. 이 시를 시인은 자신의 마지막 시집인 『오르페우스에게 바치는 소네트』에 위의 시와 함께 나란히 실어 놓는다. 이 시에는 특히 마지막에 나르시스가 언급됨으로써 ‘거울’의 의미를 나르시시즘과 연관해서 해결할 수 있는 동기를 제공해주고 있다. 시의 전문은 다음과 같다:

거울들이여: 사람들은 아직 한번도 알면서 기술한 적이 없다,
너희들의 본질이 무엇인지를.
너희들은, 마치 순전히 체의 구멍들로
채워져 있는 시간의 사이공간들과 같다.

너희들은, 또한 텅빈 방의 낭비자들이다 -,
만약 날이 저물면, 마치 숲들처럼 멀기만 하다...
그리고 빛줄기가 지나간다 뿔 달린 수사슴 마냥
너희들의 발 닿지 않은 곳을 통과하여.

가끔 너희들은 그림으로 가득하다.

몇몇은 너희들 안으로 들어간 것처럼 보인다 –,
다른 것들을 너희들은 수줍어하며 지나쳐 보낸다.

그러나 가장 아름다운 것은 머무를 것이다 –,
저 너머 그것이 지니고 있는 뺨 속으로
맑게 풀려진 나르시스가 밀고 들어올 때까지.

Spiegel: noch nie hat man wissend beschrieben,
was ihr in euerem Wesen seid.
Ihr, wie mit lauter Löchern von Sieben
erfüllten Zwischenräume der Zeit.

Ihr, noch des leeren Saales Verschwender –,
wenn es dämmert, wie Wälder weit...
Und der Lüster geht wie ein Sechzehn-Ender
durch eure Unbetretbarkeit.

Manchmal seid ihr voll Malerei.
Einige scheinen in euch gegangen –,
andere schicktet ihr scheu vorbei.

Aber die Schönste wird bleiben –, bis
drüben in ihre enthaltenen Wangen
eindrang der klare gelöste Narziss. (SW I, 752)

1연은 시적 자아가 추구하는 거울에 대한 정의가 나타나고 있다. 즉, "사람들이 아직 한번도 알면서 기술한 적이" 없는 바로 그러한 "거울들"을 시적 자아는 시로 형상화해내고 있는 것이다. 이런 의미에서 이 시는 "거울들"의 "본질"을 "알면서 기술"하는 첫 번째 시도와도 같은 것이다. 2행에서는 "거울들을" 이인칭 복수로 간주하고 "기술"하고 있다. 3-4행은 "거울들"에 대한 비유가 나타나고 있는데, 그것은 바로 "순전히 체의 구멍들로 / 채워져 있는 시간의 사이공간들과 같다"는 것이다. "체"의 구멍은 물질적인 의미에서 무(無)를 의미한다.[8] 그러니까 거울의 본질은 아무 것도 실제로 존재하지 않는 "체의 구멍들"

에 의해 "채워져 있는" 것과도 같다는 것이다. 하지만 "체"의 속성은 작은 것들은 흘러보내고 큰 덩어리들은 걸러내는 도구라는 점에서 규정될 수 있다. 여기서 거울의 본질에 대한 시인 릴케의 독특한 해석이 엿보인다. 말하자면, "체"와 같은 역할을 하는 거울이 도대체 무엇을 흘려보내고, 그리고 무엇을 걸러내고 있는가 하는 점이 문제로 대두될 수 있다는 얘기다. 하지만 이 "체"가 걸러내고 있는 그 대상이 무엇인지에 대해서는 아직 밝혀지고 있지 않다.

II연의 1행에서는 "너희들", 즉 "거울들"이 "텅빈 방의 낭비자들이"라고 정의되고 있다. 그리고 2행은 1행의 내용을 뒷받침해주는 부문장의 역할을 하고 있다. 다시 말하면, "만약 날이 저물면" 거울들은 "마치 숲들처럼 멀리 있기만" 한, 바로 그러한 "텅빈 방의 낭비자들"이라는 것이다. '날이 저문다'는 표현은 저녁 시간대를 의미하고, 그리고 이 때는 빛의 부족으로 인해 눈에 보이는 것이라고는 어쩌면 흐릿한 형체들뿐일 것이라는 사실을 분석의 전제로 삼아야 할 것이다. 게다가 방 안에 자리 잡고 있는 거울 속에는 시적 자아가 비유적으로 표현해내고 있듯이 깊은 숲 속 마냥 아득하기만 할 것이다. 즉, 빛이 부족한 저녁 시간대의 거울은 "체"의 구멍이 점점 더 커져버리듯이 무엇인가를 걸러내야 할 역할을 제대로 해내지 못하고, 그저 모든 것을 통과시켜버리는 "낭비자"와도 같은 존재가 되고 만다는 논리이다.

게다가 3-4행에서는 저녁의 마지막 여명에 대한 이미지가 전달되고 있다. "날이 저물"어 가는 순간 수평선에 걸쳐 있는 마지막 "빛줄기가" 마치 "뿔 달린 수사슴 마냥" 열여섯 가닥으로 발산하며 "거울들"의 "발 닿지 않은 곳을 통과하여" 지나간다.[9] "발 닿지 않은 곳"은 존재의 다른 영역을 지칭하는 동시에,

---

8 참조, Otto Friedrich Bollnow: Rilke, Stuttgart 2/1956, 251면.

9 "수사슴"으로 번역된 독일시의 단어는 "Sechzehn-Ender"이다. 이 단어는 사전적인 의미에서 '수사슴'으로 번역되지만, 단어 자체가 주는 의미에는 재미난 현상이 발견되고 있다. 즉 '열 여섯 가닥의 끝을 가진 자'가 바로 그것이다. 이것은 수사슴의 머리에 자라난 뿔의 형태를 그대로 발전시킨 개념으로 해석될 수 있다. 뿔 하나에 여덟 개의 뾰족한 부분이 있고, 그것이 두 개의 뿔로 합쳐지면 열 여섯 개의 방사선 모양으로 연상되는 것이다. 바로 여기서 시적 자아는 사방으로 퍼져나가는 빛줄기의 현상을 발견해내고 있는 것이다. 볼로프 Bollow는 이 대목을 동화적인 모티브로 해석해내고 있다. 그의 논지에 따르면 거울 속에 있는 빛줄기를 바라보는 순간 나무들 사이에 동화 속의 사슴이 등장하는 듯 하고, 그리고 그 나무들 사이에서는 기적이 일어나며, 또한 우리들은 존재

I연의 1행에 언급된 바와 같이 "아직 한번도 알면서 기술한 적이 없"는 바로 그러한 미지의 세계를 의미하고 있는 것이다. 아득하기만 한 거울의 세계 안으로 여명은 들어간다. 하지만 이 대목을 1-2행의 내용과 관련시키면 다음과 같이 해석될 수 있을 것이다. 즉, 그 "빛줄기가" "체"에 걸리지 않고 그저 통과할 뿐이라는 것에서 시적 자아는 그 "거울들"을 "텅빈 방의 낭비자들"로 평가하고 있는 것이다. 여기엔 분명 안타까운 심정이 전달되고 있다. 한 줄기의 빛이라도 잡고 싶은 욕구는 무시되고 "거울들"은 저녁 햇살을 그저 무심하게 통과시킨다는 얘기다.

3-4행의 내용을 시간적인 흐름의 과정 속에서 분석할 수도 있을 것이다. 즉, 저녁 시간에 빛의 부족으로 모든 사물은 그 형체를 볼 수 없게 되고, 이 순간 시적 자아는 거울을 "텅빈 방의 낭비자"라고 정의 하지만, 바로 다음 순간 마지막의 여명이 거울 속으로 들어가고 있음을 확인하고 있다는 얘기이다. 이러한 시간적인 흐름을 바탕으로 한 분석은 다음 연의 내용을 고려해볼 때 더욱 설득력을 인정받을 수 있을 것이다.

III연은 "거울들을" 다시 "그림으로 가득"한 공간개념으로 정의한다. 시간적인 발전을 염두에 두고 보면 이 III연은 - 위에서 언급했듯이 - II연의 마지막 빛줄기가 거울 안으로 들어가고 난 뒤의 현상을 묘사하고 있는 것으로 이해될 수 있다. 그 빛은 주변의 모든 대상들을 거울을 통해 볼 수 있도록 해주고, 시적 자아는 그것들을 거울 속에 그려진 "그림"처럼 여기고 있다는 것이다. 물론 빛의 부족으로 인한 불분명한 윤곽을 인식한 시적 자아는 2-3행에서 그 내용을 조심스럽게 표현해내고 있다. 말하자면, 이 "그림" 역시 "몇몇은" 그 "안으로 들어간" 듯하나, "다른 것들"은 "수줍어하"는 "거울들"을 통과하고 있음을 지적하고 있다. "안으로"가 기울임체로 표현됨으로써 그 의미가 강조되고 있다. "몇몇"의 사물들은 "거울들" "안으로" 들어가 그 공간을 채우고 있다는 얘기이

의 다른 공간으로 옮겨짐을 느낀다는 것이다. 그리고 바로 이러한 다른 공간이 시에서는 "발 닿지 않은 곳 Unbetretbarkeit"로 나타났다는 것이다 (참조, Bollnow: 2/1956, 252면). 그의 분석에서 분명해지고 있는 사실은 "빛줄기"와 "수사슴"이 비유관계에 있다는 점이고, 그리고 "수사슴"이란 비유를 통해 짐작할 수 있는 것은, 시적 자아가 거울을 통해 비현실적인 동시에 현실과 비교되는 또 다른 존재성과 그 영역을 인식하고 있다는 것이다.

다. 하지만 도대체 무엇이 "체"와 같은 "거울들"에 걸러지고 있는지에 대해서는 언급이 없다. 그것은 바로 다음 마지막 연에서 밝혀지고 있다.

IV연은 지금까지 자제해왔던 내용, 즉 "체"와 같은 속성을 지닌 "거울들"에 걸러지는 내용이 "기술"되고 있다: "그러나 가장 아름다운 것은 머무를 것이다 –". 무엇보다도 이 주장에서 주목을 끌고 있는 것은 미래형으로 쓰여져 있다는 점이다. 저녁이 지나고 밤이 되면 빛은 사라지고 어두움이 깔리게 마련이다. 볼 수 있는 대상은 눈길에서 사라지게 된다는 얘기다. 하지만 시적 자아의 주장은 이러한 일상성과는 상관없이 바로 이 때에 "가장 아름다운 것은 머무"르게 될 것이라는 것이다. 이 주장은 또한 역으로 "가장 아름다운 것"에 속하지 않은 모든 것이 "체"와 같은 성질을 띄고 있는 "거울들"에 의해 걸러지지 않고 다 통과하고 있다는 것을 의미하고 있다. "가장 아름다운 것"은 그러니까 '아름답지' 못한 모든 것을 걸러내고 난 다음 최후에 남게 된 대상을 일컫고 있는 것이다. 여기서 분명해진 것은 어두움 속에서 거울 속에 남게 된 영상의 의미이다. 그것은 바로 깊고 아득하기만 한 어두움 그 자체를 가리키고 있는 것이다. 말하자면, 어두움 그 자체가 곧 가장 아름다운 것이라는 논리이다. 어두움에 대해 최고의 가치를 부여하고 있는 것은 물론 릴케 시 세계에서 낯선 것이 아니다. 그것은 오히려 그의 문학적 성격을 특징지우는 대표적인 개념으로 평가될 수 있다.

하지만 그 '머무름'의 기간은 영원하지 않다. 이러한 제한적 내용이 시의 마지막 두 행들에서 나타나고 있는 것이다. 즉, "저 너머 그것이 [가장 아름다운 것이] 지니고 있는 뺨 속으로 / 맑게 풀려진 나르시스가 밀고 들어올 때까지"만 그 "가장 아름다운 것은" "거울" 속에 머무를 것이라는 주장이다. 여기엔 나르시스라는 인물이 지니고 있는 이중적인 성의 문제가 언급되고 있다. "가장 아름다운 것"을 여성으로 규정하고 있는 것은 나르시스가 거울 속에서 발견한 자신의 모습이 그에게 여성으로 보여지고 있다는 것을 의미하고 있다. 그렇기 때문에 거울 속의 영상은 그에게 타인의 모습으로 다가서게 되고, 급기야 사랑의 대상으로 선택되게 된 것이다.

"나르시스"는 분명 "거울" 앞에서 자기 자신의 존재상과 직면해 있는 인물의 대명사이다. 하지만 이 "나르시스"는 "가장 아름다운 것"의 존재를 연장하는 역할을 하지 않고, 오히려 그것을 파괴하는 인물로 설정되고 있다. 특히 '밀고 들어온다'는 그의 행위는 강압적인 행위를 상징하고 있다. 신화 속의 "나르시스"는 자신의 "아름다운" 모습을 취하고자 하지만, 그 모든 시도는 좌절되고, 급기야 "거울" 속으로 자신을 투신하는 인물로 잘 알려져 있다. 그의 소유본능은 그러나 그 "아름다운" 영상을 파괴할 뿐만 아니라, 자기 자신을 죽음으로 몰고 갈 뿐이라는 것이다.

IV. "실재"하는 것과 "가장 아름다운 것"으로서의 "반영"

위에서 분석된 두 편의 시에서 시적 자아가 추구하는 거울의 특성은 "실재"하는 것과 "가장 아름다운 것"만을 보여준다는 데서 발견되고 있다. 이것은 릴케의 시들이 흔히 전통적인 거울이론에서 거울의 기능에 대한 해석으로 일반화되어 있는 두 줄기인 "자기주제화 Selbstthematisierung"와 "세계정위(世界定位) Weltorientierung"[10] 중에서 후자에 공헌하고 있는 거울의 의미에 치중하고 있다는 것을 보여주고 있는 것이다. 괴테 Goethe도 이 문제와 관련하여 다음과 같이 주장했다고 한다: "인간은 단지 자신 속에서 세계가 그리고 단지 세계 속에서 자기가 알려지는 바로 그 세계를 인식할 때에만 자신을 알 수가 있다. Der Mensch kennt nur sich selbst, insofern er die Welt kennt, die er nur in sich und sich nur in ihr gewahr wird."[11] 자기와 세계 간의 관계규명은 서로가 서로에게 상호보조하는 형태로 존재한다는 것이다. 하지만 서술을 어디에다 두고 있는가에 따라 글의 비중은 어느 한쪽으로 치우칠 수는 있을 것이다. 본 논문에서 인용되고 분석된 릴케의 두 편의 시들은 모두가 '세계정위'를 밝히는 데 공헌하는 거울의 이미지에 초점을 맞추고 있었다는 것을 확인했다. 세계의 원래 모습을 알아야 한다는 그 의지가 바로 시적 자아의 내면에 깔려 있었다. 그러면 결론을 내리기 전에 릴케에게 있어서의 거울의 의미를 좀 더 정확하게 파악하기 위하여 – 종합하는 의미에서 – 두 시들을 서로 비교해보아야

---

10 Ralf Konersmann: Spiegel und Bild. Zur Metaphorik neuzeitlicher Subjektivität, Würzburg 1988, 31면.

11 재인용, Konersmann: 같은 책, 30면.

할 필요가 있겠다.

첫 번째 시에서 시적 자아는 특히 "거울"의 속성에 능동성을 부여하고 있다. 적극적으로 무엇인가를 발견해내는 모습을 "거울"의 의미로 확정하고 있는 것이다. 시적 자아가 주장하고 있는 것은 거울이 받아들인 대상이 "실재"하는 것이라는 점이고, 바로 여기에 일반적인 논리를 벗어난 또 다른 차원에서의 일상성과 보편성을 제시해주고 있는 것이다.

두 번째 시에서 형상화시키고 있는 일상성은 "아름다운 것"이고, 그 미적 의미는 어두움과 연결되고 있다. 빛이 사라진 바로 그곳이 진정한 아름다움이 존재하는 장소라는 논리에서 발견되고 있는 것은 아무 것도 운명적으로 정해진 형태로 제시되지 않는 그 무엇에서 가치를 찾고 있다는 것이다. 시적 자아는 이성의 논리가 지배해온 인류 정신사의 모든 업적을 거부하고 직관의 논리를 앞세운 진리를 "거울" 속 영상세계에서 발견해내고 있는 것이다.

이러한 시적 자아의 시도는 두 번째 시에서 밝히고 있듯이 "아직 한번도 알면서 기술한 적이" 없는 바로 그러한 "실재"에 대한 탐구인 것이다. "거울" 속에서 발견해내야 할 내용은 그 속에 비치는 외형이 아닌 내면의 핵심임을 첫 번째 시 분석에서 확인했다. "전체 속으로 태어난 심장"은 바로 이 대목을 일컬은 말이고, 그리고 이 내면의 "실재"를 인식하기 위해선 잃어버렸던 "삶의 시선들"을 되 찾아내야만 한다.

특히 첫 번째 시의 III연은 일차세계대전으로 인해 파괴된 삶의 터전과 산업화의 물결을 타고 급변하는 현실과 직면하여 정신적으로 고통 받고 있던 시인의 흔적이 엿보인다. 여기엔 또한 모든 것이 불에 타 없어진 삶의 현장을 고발하고 있는 날카로움까지 발견되고 있다. 전쟁 이데올로기에 동참한 꿈과 희망에 배신당한 전후의 고갈된 마음과 도시문화의 공허함 속에서 시인이 새롭게 제시하고 있는 비전은 외면이 아닌 내면 속에서 "실재"하고 있는 것과 관련하고 있다.

빛의 이미지도 시인이 형상화해내고 있는 거울의 의미에 중요한 역할을 하고 있다. 첫 번째 시 II연에서는 "아침" 햇살이, 그리고 두 번째 시 II연에서는 "저녁" 햇살이 등장하고 있다. 이것은 단순한 우연의 반복으로 볼 수 없는 대목이다. 첫 번째 시에서는 "아침"이라는 날이 밝아오는, 즉 태양이 떠오르는 순간에 모든 대상들은 거울 속으로 들어가 "진정한 얼굴들의 호흡"에 동참하게 된다고 노래하고 있다. 이에 반해 두 번째 시에서는 "저녁" 햇살의 마지막 여명이 거울 속 미지의 세계로 들어가고, 결국에 가서는 그 거울은 "그림으로 가득"하게 되는 것이다. 시간이 흐르면서 밤은 깊어가고, 거울은 "체" 마냥 그 "그림"들을 걸러내고 또 걸러내 "가장 아름다운 것"만을 간직하게 되는 것이다. 그리고 그 최상급으로 간주되는 "아름다운 것"은 최후로 남은 어두움 그 자체로 판명된다.

두 번째 시에서 언급되는 이러한 역설적인 어두움에 대한 심상은 전쟁 분위기와 산업화의 물결을 타고 도시의 모습을 특징짓는 공장을 연상케 하는 첫 번째 시에서의 검게 "그을고 / 긴 굴뚝" 속에서 발견될 수 있는 어두움과 일견 다른 것처럼 보일 수 있다. "굴뚝"은 분명 인간 문명의 상징으로서 자본주의 이념이 중심이 되어 형성되어 가는 세기 전환기의 도시문명을 가리키는 말일 것이다. 하지만 그 "굴뚝" 속에서 "눈들"이 발견해내는 것은 "삶"의 현장과 관련하고 있기에 진정으로 "실재"하는 것이라는 슬픈 진리를 펼치고 있는 것이다. 이와 관련하여 시적 자아는 인간들의 "눈들" 내지는 "삶의 시선들"이 "굴뚝"이라는 단어로 상징되어 표현된 도시문명의 발전 속에서 "영원히 잃어버"리게 되었다고 안타까워했던 것이다. 검게 그을린 "굴뚝" 속의 재는 인류역사의 발전 속에 숨겨져 있는 또 다른 측면이기도 하다. 거울의 진정한 의미는 바로 이 인식의 대상에서 벗어나고 떠나 버린 존재와 "영원히 잃어버린" "삶의 시선들"을 되찾는 데서 발견되고 있다. 이것은 비판적으로 자신의 모습을 되새겨보는 과정으로도 해석이 가능할 것이다. 그리고 그 "삶"의 내면을 진정으로 발견하는 그 순간 새로운 생명력을 약속하는 "호흡"을 시작하게 되는 것이다. 이것은 분명 거울 속에서 발견되는 "가장 아름다운 것"으로서의 어두움과 동질의 것으로 간주될 수 있다.

시인 릴케가 형상화해내고 있는 거울의 의미에서 또 빼놓을 수 없는 것은 거울의 능동성이다. 하지만 그 능동성은 관찰자의 의식활동 없이는 아무런 소용이 없다. 여기서도 역설적인 논리가 발견되고 있다. 받아들이기만 하는 행위는 분명 수동적이라고 볼 수 있지만, 시인은 이것을 능동적으로 설명하고 있다. 즉, 적극적으로 받아들인다는 의미에서 거울을 설명하고 있는 것이다. 게다가 거울의 능동성은 "성급"하기까지 하다. '성급한 능동성'은 그러나 관찰자의 인식을 통한 확인 없이는 밝혀질 수 없는 내용이다. 결국 시인이 거울이란 매개체를 통해 밝히고자 하는 것은 거울 자체의 능동성이 아니라, 관찰자, 즉 인간 자신의 의식활동에 대한 문제들이고, 그리고 이 문제와 직면하고 있는 독자에게서 시인이 기대하고 있는 것은 일상성에 적응되어 새로운 것을 보지 못하고 놓쳐버리는 틀에 박힌 의식에 대한 반성인 것이다.

이러한 거울의 능동성은 첫 번째 시 II연의 3행에 언급된 "호흡"의 개념에서 절정에 달한다. 분석에서 밝힌 대로 "호흡"은 생명을 위한 필수적인 조건과도 같은 것이다. "호흡"을 하고 있는 주체는 "진정한 얼굴들"로 밝혀져 있다. 모든 사물들이 거울을 통해 자기 동일성을 유지하고, "진정한" 모습으로 나타나고 있다는 얘기이다. 그러한 "얼굴들의 호흡 속으로" "반영만이 떨어져 들어간다". 여기서 말하는 "반영"은 분명 거울 속의 형상을 지칭하고 있는 말이다. 그것은 바로 "진정한 얼굴들"이 다시 거울 속에 가득하다는 논리로 발전되고 있음을 보여주고 있는 것이다. "진정"으로 존재하는 사물이 거울 속으로 들어가고, 그것이 다시 관찰 대상으로 비치게 되는 과정, 즉 거울을 주체로 하여 생각한다면, 거울이 취하고 내놓는 그러한 과정이 바로 "호흡"의 과정 그 자체로 파악되고 있다. 생명력의 근원은 멈추지 않는 이러한 "호흡"의 연속적인 행동 속에서 발견되고 있다. 말하자면, 거울은 자기 자신뿐만 아니라 그 속으로 비쳐 들어오는 모든 사물들에게 생명력과 생동성을 부여하는 존재로 파악되고 있는 것이다.

마지막으로 거울의 의미에서 언급하지 않을 수 없는 것은 나르시시즘과 관련한 내용들이다. 시인 릴케에게 있어서 나르시시즘은 두 가지 방향으로 해석이 가능하다. 그 첫 번째 해석은 나르시스 신화와 관련한 비극적인 운명의 원인이 되는 사고방식과 행동들이다. 두 번째 해석은 릴케의 여러 시들에서 주제로 등장하는 자기 자신과의 대결상황이다. 즉, 진정한 자기를 발견해나가는 과정 속에 나르시스적인 사고와 행동이 한 방법으로 제시되고 있는 것이다. 본 논문에서 분석한 두 편의 시들 중, 특히 두 번째 시의 마지막 연에서 "나르시스"가 직접 언급되고 있다. 이것은 위의 해석 방향들 중에서 첫 번째 해석이 설득력을 가지게 해준다.

시인 릴케가 묘사해내고 있는 나르시스의 모습은 강제성을 띈 행동으로 일관하고 있음을 보여준다. 그리고 그 강제성은 "가장 아름다운 것"을 더 이상 존재하지 못하게 하는 파괴적인 성향으로 나타난다. 시에서 거울들이 "지니고 있는 빰 속으로 / 맑게 풀려진 나르시스가 밀고 들어올 때까지"라는 제한성은 "아름다운 것"이 그 존재이유를 지니고 있는 순간을 정하는 것이고, 진정으로 "밀고 들어"온 이후는 나르시스가 우상화하고 있는 대상을 스스로 파괴하는 우를 범하고 있는 것으로 해석될 수 있는 것이다. 특히 나르시스가 관련하고 있는 거울을 단수가 아닌 복수로 표현한 데는 그럴만한 이유가 있을 것이다. 그것은 그의 행동이 일회적이 아니라 동시적이고 또한 반복적이라는 의미로 해석이 가능할 것이다. 나르시스적인 행동은 포기를 모르는 집착 속에 뿌리를 박고 있으며, 그 집착은 또한 운명적으로 주어진 사랑에의 노예상태를 의미하고 있는 것이다.

거울들이 "지니고 있는 빰"은 거울 자체의 표면을 의미할 수도 있고, 그 속에 되 비췬 나르시스의 "빰"을 가리킬 수도 있다. 하지만 나르시스에게는 그 의미의 구별이 중요치 않다. 왜냐하면, 그의 의식 세계에서는 거울 속 영상 세계만을 절대시하고 현실적 존재를 거부하며, 여기와 저기의 공간개념과 그 가치가 흑백논리 속에서 극단화되고 있기에, 거울의 "빰"이건 나르시스의 "빰"이건 상관없이 거울 속에서 발견한 그 자체만으로 벌써 절대성을 지니게 된다. 나르시스는 거울 속 자아의 진정한 속성과 그 내면을 간파하지 못하고 "빰"이라는 단어가 주는 관능적인 외면에만 매료(魅了)당하여 다른 가능성을 발견하지 못한 채 그저 "밀고 들어"갈 뿐이다.

거울에서 떼지 못하는 나르시스의 시선은 첫 번째 시에서 언급된 "삶의 시선"과 분명 차이가 있다. 세기말과 세기 전환기에 시인이 몸소 겪은 시대상은 나르시스적인 행동으로 인해 야기된 전면전(全面戰)이라는 사회적 불행과, 그리고 자동화되어 가는 도시 이데올로기에 편승하여 개성은 사라지고 유니폼 속의 집단의식만이 표면에 드러나던 때와 연결된다. 시인에게 비춰진 이 시대의 시민의식은 분명 나르시스의 시선 그 자체였을 것이다. 바로 이러한 위기의식 속에서 시인이 갈구하는 것은 "삶"의 현장을 진정한 의미에서 발견하고, "실재"하는 것을 "받아들"이며, 또한 "가장 아름다운 것"을 아무런 손상 없이 간직해내는 지혜였을 것이다. 이 모든 조건들을 시인은 거울의 의미 속에서 발견해내고, 그것을 시로 형상화해낸 것이다.

V. 맺는 말

본 논문은 소네트 형식으로 쓰여 진 릴케의 두 편의 시에 나타난 거울의 의미를 밝히는 데 목적을 두었다. 두 편의 시는 모두가 『오르페우스에게 바치는 소네트』의 '제 2부'에서 두 번째와 세 번째에 실려 있는 작품들이다. 집필시기도 불과 이틀을 사이에 둔 1922년 2월 15일과 17일 사이로 알려져 있다. 이 두 편의 시는 내용적으로도 똑같이 '거울'이라는 단어를 직접 사용함으로써 그 주제를 선명하게 밝히고 있다.

첫 번째 시의 분석에서 밝혀진 거울의 의미는 '성급함'을 성격으로 지닌 거울의 능동성으로 설명될 수 있음을 확인했다. 그리고 이 능동성은 "실재"하는 것에 대한 추구로 특징지워 졌다. 또한 "삶"을 적극적으로 바라보고, 그 현상을 곡해 없이 인식해내는 관찰자의 능동성도 요구되고 있음을 분석은 보여줬다. 그리고 마지막으로 분석은 "찬미하는 소리로 / 전체 속으로 태어난 심장을 노래하는" 능동성이 바로 이 "대지의" 모든 것을 발견해낼 수 있는 기회를 제공해 주고 있음을 이 시가 지닌 메시지로 간주했다.

두 번째 시를 분석함에 있어서는 무엇보다도 시 자체가 "아직 한번도 알면서 기술한 적이 없"는 바로 그러한 "거울들"에 대해 무엇인가를 글로 표현해놓은 것이라는 사실을 알 수 있었다. 이러한 내용을 담고 있는 시의 첫 번째 행에서 벌써 알 수 있었던 것은 시적 자아가 "가장 아름다운 것"을 거울 속에서 발견해냈고, 그리고 그 발견해낸 내용을 널리 알리려고 했다는 사실이다. 이러한 점은 이 시가 교육적이고도 교훈적인 경향도 내포하고 있다고 결론 내릴 수 있는 소지를 남겨놓는다.

특히 이 두 번째 시에는 나르시스라는 인물이 언급됨으로써 거울과 나르시시즘에 대한 연관관계를 확인할 수 있는 귀한 기회를 제공해주었다. 나르시스는 분명 거울과 관련한 삶을 살았고, 그리고 그 거울 앞에서 내지는 속에서 죽음을 맞이한 인물이다. 시인 릴케는 이러한 비극의 원인에 대한 해답을 제공해줌으로써 그 극복의 가능성 또한 간접적으로나마 보여주고 있음을 느낄 수 있었다.

거울의 의미를 이해하는 것은 존재에 대한 진정한 이해를 가능하게 한다는 점에서 어쩌면 실존을 위한 최우선 조건으로 간주될 수도 있을 것이다. 그만큼 그 비중은 크다는 것이다. 릴케가 형상화해내고 있는 시적 자아는 나르시스처럼 자기 영상만 발견하고 있지 않다. 그는 자기 모습보다는 오히려 거울 속에 비춰들어 가는 영상의 원인을 추적하고, 궁극적으로는 “실재”하는 것을 인식하고, 그리고 “가장 아름다운 것”을 간직할 수 있는 가능성을 발견해낸 인물임을 알 수 있었다.

'전언과 기다림'의 실존적 모티브

- 카프카의 『만리장성의 축조』와 베케트의 『고도를 기다리며』 -

이정린

I. 들어가는 말

기다림은 일상의 많은 부분, 대부분을 차지한다. 차례를 기다리고, 차가 도착하기를 기다리고, 물이 끓기를, 오랜 친구의 소식을 기다리며, 누군가의 방문을 기다리기도 한다. 따라서 기다린다는 것은 무언가를 기다린다는 것이며, 기다림의 행위가 끝나는 것은 그 무엇이 현재화되었을 때를 말한다. 하지만 우리가 다룰 카프카의 단편과 베케트의 반연극 Anti-Theater은 '실체가 없는 황제의 전언'(『만리장성의 축조』)[1]과 '결코 오지 않는 고도 Godot'(『고도를 기다리며』)[2] 그리고 '희망 없는 동시에 희망에 찬 기다림' 이라는 끝없는 기다림, 완성되지 않는 기다림, 아무 것도 기다리지 않는 것과 마찬가지인 기다림이라는 기이한 '몸짓'에 관한 관찰 기록이다. 이 글은 이런 형식의 전언과 기다림의 구조를 재

---

1 Franz Kafka, Beim Bau der chinesischen Mauer, in: Franz Kafka Beschreibung eines Kampfes. Novellen, Skizzen, Aphorismen aus dem Nachlaß, hrsg. v. Max Brod, Ffm. 1980, S. 51-62. 이하 M으로 본문에 인용출처 직접 표기. 1917년에 쓰여진 것으로 추측되는 이 텍스트의 제목은 원고에 빠져있다. 카프카 사후 1931년에 출간된 단편집 『만리장성의 축조』에서 비로서 현재의 제목을 갖게 되었다. 다만 텍스트 중의 일부인 '전설'이 1919년 작가에 의해 「황제의 칙명」이라는 제목으로 유태인 잡지 'Selbstwehr'에 실렸다. Vgl. Kafka-Handbuch, in zwei Bänden, hrsg. v. Harmut Binder, Stuttgart 1979, Bd. 2, S. 324.

2 Samuel Beckett, Warten auf Godot / En attendant Godot / Waiting for Godot (Deutsche Übertragung von Elmar Tophoven. Vorwort von Joachim Kaiser), Ffm. 1971. 이하 G로 본문에 인용출처 직접 표기.

현하는, 실존이라고 할 수 있는 개인과 세계의 관계에 주목한다. 구체적으로 사회적 존재로서 개인과 공동체간의 관계를 규정하고, 동시에 의미 개념을 포기할 수 없는 인간의 형이상학적 자기 투사로 볼 수 있는 '유사 종교적 상상'이 갖는 생활 실천적 의미에 중점을 두고 두 텍스트를 분석해 보고자 한다.

II. 카프카와 베케트의 상 Bild의 미학

카프카 문학 작품의 해석과 관련해서 특이한 점은 카프카가 그리는 세계가 다차원적이고, 모순어법으로 쓰여 졌으며, 비현실적인 표현상의 특성을 갖지만 또한 가장 현실적이고 또 명백한 표현이라고 보는 점이다.[3] 일견 모순되어 보이는 이런 해석의 근간에는 카프카는 우리의 일상의 현실에서 통찰한 모순의 상을 솔직하게 기록했다는 평가가 들어 있다고 보인다. 이것은 하나의 이론적 체계 속에서 총체적으로 설명 가능한 현실의 표현은 삶 자체에 기인한 파편성에 의해 불가능하며, 일견 모순되어 보이는 요소들의 동시 기록이나 이미지의 순간 포착만이 현실에 대한 형상화의 가능성을 지닌다는 인식을 엿보게 한다.

조리 있는 구조와 논증적인 사고를 의식적으로 포기함으로써 삶의 맹목성과 합리적 사유 형식의 불충분함을 표현하려고 시도하는 베케트의 부조리극 역시 유사한 문학적 장치로 볼 수 있다. 에슬린 Martin Esslin의 해석처럼 부조리극은 인간 실존의 부조리성을 문제 삼지만 거기에 대해 토론하는 것을 포기한다. "단지 그것을 구체적 사실로서 - 말하자면 명료한 무대 상 die greifbare szenische Bilder으로 묘사한다."[4]

베케트와 카프카가 제시하는 '상의 미학'은 주관적, 경험적 시간이라는 20세기 현대 문학의 시간 개념을 그리고 고대와 중세의 영원성이라는 시간 개념의

3 Vgl. 이주동: 카프카의 사유 방식과 사유 형태. 카프카 문학론 (카프카 연구 2집) 1986 서울. 131-153: 박환덕: 카프카 문학의 비현실적 표현과 현실성. 같은 책 91-110: 한 봉흠: 카프카의 난해성과 그 구성 요소. 카프카 연구. 1984. 50-67.

4 Martin Esslin, Das Theater des Absurden. Von Beckett bis Pinter, Hamburg 1991 (1965). S. 15.

붕괴를 반영한다. 진화나 진보, 발전이나 자기실현 같은 말로 대변되는 진화론적, (다양하고 복잡한 역사적 소재를 하나의 통일된 의의 있는 패턴으로 통합하려는) 역사주의적 시간 개념은 역사의 파편화와 무의미화를 얘기하는 19세기의 페시미즘과 20세기의 실존주의에 의해 영원한 현재 시제로서의 시간관에 의해 대체되었다. 이것이 가져온 의식의 변화는 종교적 영생과 철학의 영원한 진실과 가치, 영구불변하고 고정적인 것으로 보이는 사회적 정치적 구조 같은 영원의 차원이나 피안의 세계를 상정하려는 모든 시도를 의문시하게 만들었다. 시간은 흐름에 의해 선의 발전과 인류의 진보를 담보한다는 생각대신에 일관성과 연속성을 결여한 가치중립적이고 선악의 피안을 흐를 뿐이라는 인식은 문학적 표현에서 의식의 흐름을 기술하는 자유 연상과 내적 독백' 그리고 '이미지의 논리'와 '동시 문체'를 필연적으로 만들었고. 다차원성, 순환구조는 내적 구조를 형성했다. 또 베케트의 희곡과 카프카의 작품 속에 자주 등장하는 익명의 몰개성적 개인, 어느 곳에도 분명히 속하지 않으며 어떠한 사물이나 사람과도 관계가 없는 개인을 부각시키게 되었다. 양자에게서 완전한 이방인, 과거도 없고 일반적으로 미래도 없는 추방된 자로서의 개인은 언제나 타인과는 관계가 없고 시간적으로 한정되지 않는 인물로 나타난다.[5]

카프카의 단편과 베케트의 극은 이런 시간적으로 한정되지 않는 개인에 대한 관찰기록이지만, 동시에 이들의 무시간성은 무역사성이 아니라 역사와 현실 전체를 포괄하는 영원한 현재 시제를 표상하고 있고 그런 점에서 이 작품의 진정한 주인공은 인간 일반이다. 이 두 텍스트를 연결시켜 주는 것은 무엇보다 전언과 기다림의 구조에 있다.

카프카의 단편 『만리장성』은 수많은 의미를 부여했던 장성 축조가 목적에 어긋난 결과를 가져왔음에도 아무도 거기에 의문을 달지 않는 중국 민족의 독특한 생존 방식을 전하고 있다. 역사가의 소관인 연대기는 시간에 관한 의식 중에서 가장 발전론적인 시각을 대변한다. 그리고'사실'의 설명 가능한 합리성과 필연성을 기반으로 한다. 하지만 역사가의 회상 혹은 의식 속에서 만리장성은 정체성을 매개로 한 개인적 욕망과 사회적 필연성의 기묘한 상호의존을 보

5 Vgl. Hans Meyerhoff, Time in Literature. Berkley/Los Angels 1955. (김준오 역 『문학과 시간현상학』, 서울 1987, S. 121-164.)

여주는 상징물임이 드러난다. 결국 역사가에게 불합리하지만 한 공동체의 정체성의 토대가 되는 만리장성의 신화는 오직 '희망 없이 동시에 희망에 차' 죽은 황제의 전언을 기다리는 개별자를 보여주는 전설의 반복을 통해서만 기술될 뿐이다.

"절대와 통일을 향한 나의 열망과 이 세계를 합리적이고 순리적인 원리로 환원시킬 수 없다는 불가능성, 이 두 가지 확신을 서로 타협시킬 수 없다는 것"[6]에 대한 역사가의 자각, 그것은 곧 까뮈 Albert Camus의 의미에서 부조리의 경험이다. 베케트의 『고도』에서 이런 침묵하는 세계 속에서 고도가 오리라는 믿음은 자기기만과 망각을 기반으로 한 거짓 희망으로 나타난다.

반복되는 기다림 속에서 『고도』의 두 뜨내기 인물들은 시간의 흐름이라는 생각은 사실은 변화와 발전을 결여한 '단순한 반복'에 지나지 않는다는 사실을 보여준다. 또 망각과 습관은 유혹적인 '고도의 전언'을 반복적으로 희망하지만 그것은 세계의 침묵과 개체의 무지에의 두려움에서 오는 기만행위에 지나지 않는다는 것을 자신들의 행위를 통해 증명한다.

그런 점에서 두 텍스트에서 전언과 기다림은 중심 혹은 절대적 확실성의 세계에 대한 완성되지 않는 동경이자 동시에 대체물로서 '자기 투사'를 필요로 하는 인간 실존 – 카프카의 의미에서 '세계 내 존재 Dasein'이자 '소속되어 있음 Ihm-gehören' – 의 구조를 형상화하는 모티브로 사용되고 있다.

III. 유적 존재로서의 개체와 조직: '만리장성의 축조'

III.1. 사회적 신화의 탄생

무엇보다 만리장성의 축조라는 역사적 사건에서 작중 화자가 도출한 일차적인 의미는 만리장성 축조의 불합리성과 비효율성이다. 텍스트는 오랫동안 비교민족사에 관심을 가져온 한 역사가의 시각을 통해 만리장성의 축조라는 역사

6 Albert Camus, Le Mythe de Sisyphe. (『시지프 신화』, 김화영 역 1997 서울) S. 67. 이하 '시지프 신화'로 축약.

적 사건을 토대로 하나의 현상을 추적하고 그것의 의미를 해석하는 형식을 취하고 있다. 그 현상은 한 민족, 여기에서는 화자가 속해있는 "중국인들이 특정한 국민적, 국가적 기구들은 비할 바 없이 투명하게, 다른 것들은 반면에 비할 바 없이 불분명하게 소유하고 있다는 사실"(M 57)이고, 화자가 보기에 성벽건축은 이런 문제들의 핵심적인 사안으로 평가된다. 왜냐하면 만리장성의 축조는 목적에 걸맞지 않게 조직되고 시행된 비합리적인 행위임에도 불구하고 자신이 직접 목격했던 당시의 상황에 비추어 볼 때, 모든 국민에게 아무런 문제없이 수행되어졌다는 점 때문이다. 특히 이 거대한 국가적 사업을 위해 지불했던 수많은 인명과 노력들의 양, 전국민적 열광, "시대정신"(M 52) 등을 생각해 볼 때 이 역사적 사건을 둘러싼 부조리성은 더욱 더 두드러져 보인다.

보고에 의하면 만리장성은 부분 건축 체계를 채택했고 그것을 통해 원래의 목적인 수비벽의 역할을 완전하게 해 낼 수 없게 되었다:

> 이 성벽은 일반적으로 유포되고 알려진 것처럼 북방 민족들을 막기 위한 발상이었다. 한데 어떻게 한꺼번에 건축되지 않은 성벽이 보호막이 될 수 있겠는가. 그야말로 그런 성벽은 보호막이 되지 못한 것은 물론 건축물 자체가 지속적인 위험에 처하게 되는 것이다. (M 51)

역사가는 일차적으로 '건축기간의 장기화에 따르는 국민적 열의의 감소의 최소화와 참여욕구의 지속'과 같은 몇 가지 현실적인 이유들이 이런 이상한 현상의 현실적인 원인이 아닐까 당시의 정황을 토대로 추론해 낸다. 하지만 결국 이 역사가가 마주치게 된 목적에 걸맞지 않은 것으로 판명된 장성축조의 보다 핵심적인 문제는 이런 현실적인 이유가 아니다. 왜냐하면 당시에 모두가 읽었던 책을 통해서 선전되었던 것처럼 만리장성이 "인류역사상 최초로 새로운 바벨탑 건설의 확고한 토대를 만들 것"(M 54)이라는 주장은 당시나 지금이나 사실에 부합하지 않는 주장에 불과하다. 또한 성벽건축의 가장 중요한 목적인 북방유목민의 위협에 대한 수비 역시 드넓은 중국의 규모를 고려해 볼 때 단지 '상상의 적' 혹은 "예술가들이 사실적으로 그린 그림들"(M 56)에서나 경험할 뿐인 실체 없는 적에 대한 방어물이라는 점에서 만리장성 축조의 진짜 이유가 될 수 없음이 드러난다.

> 그러니까 사태가 이런데 왜 우리는 고향과 강물과 다리들, 어머니와 아버지, 눈물 흘리는 아내와 가르쳐야 할 아이들을 떠나 먼 도시의 학교로 떠나고, 우리의 생각은 아직도 여전히 북쪽에 있는 성벽에 머물러 있는가? 그 이유는 무엇인가? (M 57)

이런 스스로의 의문점에 대해 역사가가 내린 결론은 "지도부가 뭔가 목적에 맞지 않은 것"을 원했고 백성들은 이 "진기한 결론"을 위해 "고생과 수십만 명의 인생"(M 55)을 바쳤다는 것이다. 문제는 다시 지도부가 왜 그런 불합리한 결정을 내렸는가 하는 점으로 나아간다. 여기서부터 역사가의 합리적 해석은 중단되고 수수께끼를 설명하려는 신화해석자의 입장이 나타난다. 이제 만리장성의 축조는 역사적 사건에서 사회적 신화가 된다. 그가 내린 결론은 기이하게도 그런 결정이 황제에게서 나왔으리라는 믿음을 통해서만 이 불합리한 국가적 사업과 거기에 대한 백성들의 전 생애에 걸친 의미부여를 설명할 수 있다는 것이다.

여기에서 역사가는 제위라는 '특정한 국민적, 국가적 조직'과 국민과의 관계가 장성 축조의 핵심적인 사안임을 자각한다. 그것은 국가 기구, 특히 황제라는 제위의 존재방식, "연무와 안개 속에 묻혀 영원히 알려지지 않은 채로 남아있는"(M 57) 수많은 설명 모델들 속에만 살아있는 "가장 불분명한 제도"들 중의 하나인 제위가 중국민족이라는 한 민족에서 갖고 있는 의미에 대한 탐구를 뜻한다.

또한 역사가가 보기에 그 의미에 대한 질문은 황제 혹은 황제를 포함한 지도부가 아니라 국민들 스스로가 제기해야한다. 왜냐하면 이 정치제도의 "마지막 버팀목"(M 57)이 바로 국민들 개개인이기 때문이다. 이런 점에서 카프카의 단편 『만리장성』은 조직 혹은 기구가 공동체 속의 개인에게 운명으로 규정되는 삶의 모습에 대한 비유상[7]이라고 할 수 있다.

---

7 "인간 공동체속에서 노동과 삶의 조직이란 문제 die Frage der Organisation des Lebens und der Arbeit in der menschlichen Gemeinschaft" Walter Benjamin, Franz Kafka, in: ders.: Gesammelte Schriften Bd. 2, S. 409-438, hier S. 420.

III.2. 변방의 개인과 상상 혹은 꿈으로서의 질서

카프카의 텍스트는 이 제위 역시 수많은 계층구조 속의 지배기구의 일부임을 드러내고 궁극적으로 이 '겹겹이 둘러싸인 익명의 지도부' 또한 實在하는 국가기구와는 다른 '어떤 것'이라는 점을 암시한다.

황제를 둘러싼 종교적인 분위기에도 불구하고 제위는 황제 자신이 알지 못한 채 보다 상위의 지도부의 하위에 놓여있다. 이 지도부는 완전히 익명이며 접근할 수 없다. 지도부는 권력의 집행을 통해 인간세계에 대해 영향을 미치는 것이 아니라 정신적인 방식으로 영향을 미친다. 하지만 또한 비록 창문을 통해서이지만 "신적인 세계의 광휘가 도면을 그리고 있는 지휘부의 손등에"(M 55) 내려졌기 때문에 이 지도부 역시 최고결정기관을 구성하지 않는다. 이것을 통해 (『법 앞에서』에서의 끝없는 이어지는 문들의 공간모델과 상응하게) 지도부 위에 하나의 무한한 계층적 연쇄가 형성돼 있음이 암시된다.

하지만 이것 역시 역사가가 보기에 사람들은 이러한 세계질서를 단지 꿈꾸고 있을 뿐이다. 그는 결국 "그런 현상들에서 우리가 기본적으로 전혀 황제를 가지고 있지 않다는 결론을 내린다 해도 진실에서 그렇게 먼 것은 아닐 것이다"(M 61)고 단언한다. 말하자면 '개별자', 한 공동체내의 인간은 공동체의 법률에 의해서가 아니라 스스로 자신을 구속한다는 사실이 명백해진다.

> 그것을 야기했다고 믿었던 죄 없는 북방 오랑캐들, 자기가 그것을 지시했다고 믿은 존경할 만한 순진한 황제. 우리가 장성 축조에 관하여 다르게 알고 있는데도 우리는 침묵하고 있다. (M 57)

결국 역사가는 "근거가 박약하고 부유하는 먼지 같은 속성을 가진 인간 존재"(M 55)의 맹목성과 상상 속의 죽은 황제의 전언을 기다리는 동경 속에서 만리장성 축조의 불합리성 혹은 역설적으로 합리성의 근본적인 원인을 발견한다.[8] 그리고 역사가는 이것이 공동체 구성원 모두에게서 발견되는 하나의 독특

8 "카프카의 결정적이고 놀라운 통찰은 오히려 인류와 최고 심급 간의 관계는 예전부터 그리고 전시대에 걸쳐 '불분명'하다는 사실에 들어있다. 왜냐하면 구체적인 지상의 인간들은 본질 적으로 모든 자신의 행동을 '주어진' 북방유목민들에 따라 정위(定位)하기

한 사고방식이라고 파악한다.

"물론 많은 것을 듣지만 그 많은 것에서 어떤 것도 알아낼 수 가"(M 58) 없는 먼 곳에 사는 백성들에게 황제는 단지 개념으로만 존재하며 황제가 살고 있는 북경의 존재 역시 내세보다 더 먼 곳에 위치할 뿐이다. 그들에게 "피안의 삶 이상으로 낯선" 북경을 상상하느니 차라리 "북경과 황제가 하나라고 믿는 것이 더 쉽다."(M 61) 이들은 그 어느 민족보다도 황제에 충성하지만 개별적인 황제나 왕조의 부침을 둘러싼 투쟁이나 고통에 대해서 결코 알지 못한다. 그리고 이 먼 북경의 황제는 단지 지리적인 의미에서 멀리 있는 것 일뿐만 아니라 실제로 어떠한 구체적인 의미가 없다. 이들을 지배하는 것은 제국의 법률이 아니라 "오래 전부터 내려오는 지시와 경고"(M 62) 같은 것이다. 개별자들은 "마치 '너무 늦게 온 사람'처럼, 낯선 도시에 온 사람처럼", "도시 한 복판 시장에서 그들의 주인의 처형이 일어나고 있는 동안, 빽빽하게 들어선 갓길의 끝에서 준비한 점심이나 먹으면서 서있다."(M 59) 따라서 역사가가 전하는 전설의 말미에 죽은 황제의 전언에 대한 꿈은 단지 주관적인 소망에 지나지 않는다는 사실을 말해준다.

> 이런 관계를 잘 표현한 전설이 하나 있다. 황제 - 이것이 그의 호칭이다 - 가 너라는 단독자, 즉 불쌍한 신하, 황제라고 불리는 태양으로부터 도망쳐서 멀리 한쪽 구석으로 기어 들어간 조그마한 그림자인 바로 그 너에게 일부러 임종의 자리에서 한 가지 '전갈'을 보낸 것이다. 황제는 사자를 자신의 침대 옆에 끓어앉히고는 그 귓속 깊이 은밀하게 전갈할 말을 속삭였다. 황제로서는 그것이 매우 중요한 일이었다. 그래서 사자에게 자신의 전갈 내용을 작은 목소리로 복송시켰을 정도였다. [...] 만일 그의 앞에 교외의 들판이 펼쳐졌다면 그는 날아갈 듯이 달렸을 것이다. 그래서 너는 그의 주먹이 장려한 소리를 내며 너의 문을 두드리는 소리를 들을 수 있었을 것이다. 그러나 그런 일은 일어나지 않았고, 그는 실로 무익한 노력만 반복하는 것이다. 사자는 언제까지나 궁전 안 깊숙한 곳에 있는 이 방 저 방을 빠져나가고 있는 것이다. [...] 그리고 사자가 마침내 제일 바깥쪽 문에 당도하여 밖으로 뛰어나가 보았자 - 그러나 절대로, 절대로 그런 때가 올 리가 만무하다 - 그는 겨우 수도의 시가지를 마주 보게 될 뿐이다. 그것은 세계의 중앙에 위치하고 있으며, 세계의 침전물로 높여져있다. 그

때문이다." Wilhelm Emrich, Franz Kafka, Ffm. 1965 (1957), S. 202.

누구도 이곳을 건널 수가 없다. 하물며 죽은 사람의 전갈을 지니고서는. 그러나 너는 석양 무렵이 되면, 창가에 앉아서 그 전갈을 꿈꾸고 있을 것이다.
정확히 그렇게 우리네 백성들은 그처럼 희망 없이 그리고 희망에 가득 차 황제를 본다. (M 59f.)

III.3. 사회적 신화-정체성과 자기 소외

하나의 조직 혹은 제도로서의 제위와 그것이 중국 민족에 대해 갖는 관계에서 역사가가 궁극적으로 찾아낸 의미는 그것의 현실적 관계에서가 아니라 백성에게 투사되는 제위의 기능적인 측면이다. 제위는 중국 백성들에게 실존하는 황제로서가 아니라 일종의 지속적인 결핍의 상태에 대한 하나의 대체물로 기능 한다. 말하자면 황제는 거대한 중국의 변방에 위치한 한 개인에게 일종의 꿈이고 그렇기 때문에 그에게서 오는 '황제의 전언'을 단지 '꿈꿀 수 있을 뿐'이다.

중요한 것은 실제로 존재하지 않은 것과 마찬가지인 제위라는 기구가 개념적으로 존재하고 그것을 통해 국가적인 기구가 작동한다는 사실이다. 또한 개인은 실제적인 법률에 의해서보다는 그 이상으로 비현실적이지만 그렇기 때문에 더 강력할 수도 있는 의사법률에 의해 스스로를 명령하고 행동을 지향한다는 사실이 명백해진다.

역사가의 말처럼 상상의 제위는 "그것이 어디에 있으며 누가 거기에 앉아 있는지는" 알지 못하지만 "인간의 모든 사고와 소망들" 그리고 "인간의 모든 목표와 성취"(M 55)가 맴도는 중심이다. 그런 점에서'황제가 사자를 통해 너에게 전갈을 보냈다'는 전설의 핵심은 '기독교적 구원의 신과 인간의 관계'[9]나

---

9 막스 브로트(Max Brod)는 이 전설이 궁극적으로 카프카의 종교적 기본 태도를 나타내는 하나의 의미상이라고 말하고 있다: "신성은 존재한다. 하지만 그것은 우리 인간의 이해 능력에는 측량할 수 없는 것이다. 인간의 의식 (감각적 이해 능력)속에서는 근원적인 신성의 모호한 굴절이 (예외적인 경우를 빼고는) 너무나 자주 발생한다. '황제의 밀지'는 네게 도달하지 않는다. 하지만 만일 네가 그것을 사랑속에서 끊임없이 ("하지만 너는 [...] 창가에 앉아서")기다린다면 너의 행위는 옳은 것이다." Karl Brinkmann, Erläuterungen zu Franz Kafka, Hollfeld/Obfr. O.J., S. 56. 거기에서 '황제'는 '신'을 그의 '밀지'는 '구원의 약속'을, 그리고 그것을 기다리는 '너'는 '구원의 믿음'을 갈망하는 인간의 종교적 상황을 상징한다. 하지만 이 '전설'이 『 만리장성의 축조』에서 보이는 중

“개별인간이 중심 심급과 갖는 (비록 이것이 실존의 충족의 유일한 길인 것처럼 보임에도 불구하고) 모든 실존적 의사소통의 불가능성”[10]을 넘어 오히려 인간은 실존의 근거를 현실적인 것이 아니라 비합리적 소망, 꿈 그리고 가장된 무지(無知)’를 기반으로 하고있다는 인식에 있다: “그렇게 우리네 사람들은 현재를 지워버릴 준비를 하고 있다.”(M 61)

이렇게 한 개인, 한 공동체의 실존의 기반을 이루고 있는 이 비합리적 충동은 거리를 두고 보았을 때는 모순된 상황이지만 만리장성의 축조 때 중국 민족의 열광적인 헌신이 보여주는 것처럼 삶의 미시적 영역에서 분명한 의의를 지닌다. 따라서 「변신」이 보여주는 적나라한 진실이 “가장 아름답고 애정 어린 인간관계가 미망(迷妄 Täuschung)에 근거한 것”[11]이라는 통찰에 있다면 『만리장성』은 더 나아가 ‘하지만 미망은 실존의 기반’[12]이라고 말해준다.

흥미 있는 사실은 이 역사가가 소속된 공동체는 유럽의 어느 곳이 아니라면 ‘중국’이다. 카프카 개인의 비오그라피, 즉 중국에 대한 관심[13]을 넘어 회상하는 화자의 공간은 하나의 상징성을 갖고 있다. 개인의 소속성과 정체성의 출발점인 공동체 혹은 국가라는 개념에 비추어 “어떤 지어낸 얘기도 그 크기에 필적하지 못하고, 하늘까지도 덮지”(M 58) 못할 만큼 큰 ‘중국’이라는 공간은 이미 공동체와 개인이라는 관계 자체의 ‘당연성’에 대한 회의를 함축하고 있다.

변방과 중심은 일정한 정도의 공간, 즉 두 개의 지역성을 담보할 수 있는 물리적 거리를 전제한다. 하지만 그것은 어느 정도 제한적이다. 헤아릴 수 없는 우주 공간 속에서 변방과 중심은 무의미하다는 의미에서 두 개념은 변방과 중심을 아우르는 전체의 일정한 정도를 전제한다고 할 수 있다. 변방이 없는데서

국 민족이 황제라는 불분명한 제위에 대해 갖고 있는 독특한 사고 방식을 설명하기 위해 역사가에 의해 전해진 이야기라는 (“이런 관계를 잘 표현한 전설(eine Sage)이 하나 있다.”) 전체 맥락에서 볼 때, 이 전설에서 황제와 밀지, 그리고 밀지를 꿈꾸는 개인의 관계는 ‘만리장성 축조’를 둘러싼 한 민족의 독특한 생존 방식에서 찾아야 한다.

10 Reinhard Meurer, Franz Kafka, Erzählungen, München 1984, S. 84.

11 Emrich, Franz Kafka, S. 122.

12 Vgl. Emrich, Franz Kafka, S. 201. “카프카는 이로써 하나의 타당한, 무시무시한 진실을 말하고 있다: 인간은 결코 자기 자신의 현재에 자신을 위치시키지 않는다. 자기 시대의 요청도, 잔혹도 인간은 자신의 현실로 받아들이지 않는다. 오히려 그는 자신의 생각, 감정, 그리고 행동에 있어 전해 내려온 관념들에 의해 자신을 규정한다.”

13 Vgl. Harmut Binder, Kafka Kommentar zu sämtlichen Erzählungen. München 1975, S. 218ff.

중심은 존재하지 않고 그 역도 마찬가지다. 중국은 이 점에서 광활함과 일정한 정도를 넘어서는 무차별성의 의미를 갖는다.

중국이 가지는 공간적 메타포는 여기에서 '북경'으로 상징되는 중심으로서의 국가와 변방으로 위치 지어지는 개인의 허구적 관계를 상징하고 있으며, 그런 만큼 역설적으로 장성의 수많은 메워지지 않는 틈을 메워주는, 불합리한 만리장성을 제국의 초월적 의미체로 만드는 행위, 즉 전언과 기다림의 구조가 갖는 관념적 매개의 중요성이 강조되고 있다. 따라서 『만리장성』은 이런 실체가 없으면서도 반복해서 가장 뚜렷하게 개인과 공동체 전체를 지배하고 있는 보편적인 환상에 관한 이야기이다.

일반적으로 현실에서 이런 식의 중심과 변경을 이어주는 - 개개인의 행위의 방향성을 제시해주는 - 관념적 매개물의 논리적 체계를 신화나 이데올로기로 표현한다. 이런 개념에 대한 가장 비판적인 해석은 이런 현상들이 미망에 근거한 주관적 신념, 즉 미신에 지나지 않는다는 것이다. 왕들의 신적인 권리가 과거의 거대한 미신이었다면 국민에 의해 선출된 조직 (국가)의 신적인 권리는 현대의 미신이라고 말할 때 (스펜서) 이런 시각은 분명해진다. 또한 '지배계급의 신화', '미덕 신화', '독일 이데올로기' 같은 말들은 로젠베르크 A. Rosenberg의 '독일 민족의 영혼의 신화'를 통해 증명된 정치적 목적을 위해 주도면밀하게 생산된 정치 사회적 신화들의 이데올로기적인 기능(카시러)을 말해주고 있다.

하지만 만리장성의 축조라는 역사에서 비유적으로 볼 수 있듯이 역사와 현실은 한 사회는 언제나 이런 '거대한 미신'을 필요로 했으며, 종종 한 국민과 한 문화의 정치적 결속에 강력하게 기여하는 사회적 힘으로 작동했다는 것을 보여준다. 따라서 이것이 공동체와 개인 일반에게 가지고 있는 의미는 단순한 미신의 영역을 넘어 개인과 공동체의 존재의 의미를 부여할 뿐 아니라 생활 실천적인 의미를 획득하고 있음을 볼 수 있다.

이런 맥락에서 문화 혹은 사회의 비합리적 구조들은 단순한 탈신비화의 대상 이상의 의미를 지니고 있다. 모든 인간사회에 생활 필수적인 가치들은 그것이 자의적으로 생겨난 것이 아닌 한 신화 속에서, 다시 말해 역사 속에서 이미 앞서 일어난 인간존재에 기반을 두고 있으며, 그러므로 세계의 신비적 조직, 즉 경험적 실제들을 의미심장한 것으로 이해하는 것을 보장하는 규칙들은 문

화 속에 항구적으로 현재화되어 있기 때문이다.[14]

여기에서 우리는 니체가 말했던 본능적인 것, 개념적으로 대체될 수 없고 '신화적 모태' 이자 '신화적 고향'으로서 삶과 문화 그리고 국가를 위한 전제로서의 신화의 개념을 상기하게 된다. 신화의 문화적 의미를 포함하는 소위 '전승된 관념들'은 할프박스 Maurice Halbwachs가 말하는 공동체의 회상들로 이루어져있는 '사회적 기억 das gesellschaftliche Gedächtnis'으로서 현실의 필요에 의해 끊임없이 그 변이형들을 만들어 낸다.[15] 파레토 Vilfredo Pareto는 이것을 이데올로기와 유사한 '파생 관념 Derivation'이라고 말하고 있고, 소렐 Marcus Sorel은 '사회 정치적 신화'라고 지칭하고 있다.[16]

이런 개념들은 모두 그 합리성 여부와는 상관없이 현실에서 공동체와 개인의 결속을 강화시키는 제도이상의 역할을 하고 있는 사회적 집단 신념에 관한 것이다. 이런 사회적 행위의 근거는 그것이 종교든 신화든 미신이든 아니면 사회적 기억이든 이성의 한계를 넘어서는 세계의 비합리성에 대한 인간적인 대응방식으로 볼 수 있다. 이들이 기본적으로 가지고 있는 모든 종류의 신비화는 결국 확고부동한 생활근거에 대한 욕구 – '타자를 통한 정체성의 확보' – 에서 나온 것이며, 역사와 전통 속에 서 있는 한 사회는 확정적인 것이 신비적으로, 즉 범접할 수 없고 신성 불가침하게 될 위험성에 노출되어 있다는 사실을 말해 준다.

이런 점에서 사회적 신화 역시 기본적으로 인간의 종교적 속성으로 환원된다. "인간에게 있어서 절대자는 인간 자신의 본질이다"[17]고 말하는 포이어바하

---

14 Vgl. Historisches Wörterbuch der Philosophie, hrsg. v. Joachim Ritter u. Karlfried Gründer, Basel 1989–, Bd. 8, Sp. 282–318. (Mythos, Mythologie).

15 Vgl. Die gesellschaftlichen Grundlegen des Gedächtnisses, in: Kurt Lenk (Hg.), Ideologie. Ideologiekritik und Wissenssoziologie, Ffm. u.a. 1984 (9. Aufl.), S. 170–174.

16 파레토는 종교, 윤리, 정치 및 사회 이론 등을 포함한 모든 지적 창조물을 인간의 충동과 경제적 조건의 '파생물'로 간주한다. 지적 세계란 사회적 권력을 둘러싼 투쟁을 숨기는 데 이용되는 각종 합리화의 무질서한 혼합체라고 보고 니이체와 마찬가지로 지적 내용이 모두 비이성적 충동의 표현임을 폭로하고자 한다. 소렐의 신화는 진리를 자칭하지 않으며, 정치적 에너지를 집결시키는 수단으로서 집단적 행위에 정당성을 부여해주는 역할을 한다. Vgl. Hans Barth, Wahrhiet und Ideologie. Ffm. 1974, S. 325–327.

17 Ludwig Feuerbach, Das Wesen des Christentum. Köln 1967. (『기독교의 본질』, 박순경 역) S. 34. "인간은 자기의 존재를 대상화하고, 그리고 다음에 또다시 자신을 주체나 인격으로 전화하여서 대상화된 존재의 대상으로 삼는다. 이것이 종교의 비밀이다." S. 65.

Ludwig Feuerbach의 유물론적 종교해석이 말해주듯이 종교 혹은 유사 종교는 모두 인간의 자기 의미 부여로서 자연적 감성적일 뿐 아니라 역사적, 사회적인 것이다. 따라서 그 자리에 또 다른 어떤 것이 대체되더라도 그것이 가지고 있는 '의미'가 충족되는 한 전적으로 그것의 '신적인 지위'는 훼손되지 않는다. 여기에서 공동체와 개인의 비합리성을 넘어선 운명적 관계는 이미 보편화된 삶의 부조리성 속에서 확고하게 연결되어 있다.

III.4. 부조리: 침묵하는 세계와의 대면

역사가는 이런 비합리적 존재 방식 - 부조리성이 한 개인과 공동체의 실존 전체와 관련돼 있다는 사실을 자각했을 때 더 이상의 연구를 포기한다:

> 그러니까 이런 견해가 미덕이라고는 할 수 없을 것이다. 하지만 그 만큼 특이한 것은 바로 이러한 약점이 우리 민족의 가장 중요한 통합수단의 하나, 좀 더 과감한 표현을 해도 좋다면 우리가 두 발을 디디고 서 있는 땅인 것처럼 보인다는 사실이다. 여기에서 잘못을 상세하게 이유를 따지는 것은 우리의 양심이 아니라, 더 화나는 것은 우리의 토대를 흔든다는 것을 의미한다. 그래서 나는 더 이상 이 문제에 대한 연구를 더 깊이 하고 싶지 않다. (M 62)

한 역사적 사건을 통해 불합리한 하나의 현상의 원인을 합리적 이성적 근거를 통해 추적한 후 역사가가 마주치는 세계는 모든 이성적 사유와 인과관계의 합리성을 넘어서는 부조리의 세계이다. 그것은 제한된 시야와 이성의 도움으로 실제 일어난 일을 해석하려는 한 역사학자가 아무 것도 말해주지 않는 세계의 침묵 앞에서 빠진 딜렘마에 다름 아니다.

만리장성'으로 상징되는 사회적 신화의 역사는 침묵하는 세계에 맞서 마술과 조작에 의한 힘을 부여하고 설명하기 위해 인간은 언제나 새로운 신화를 필요로 했음을 보여준다. 하지만 부조리의 경험은 까뮈가 말한 것처럼 이런 신화들이 오도된 것이라는 사실, 즉 우주의 침묵을 다시 듣는 것과 같은 투명한 의식의 계기를 제공한다. 그 순간에 역사가가 보여주듯이 인간은 그의 실존의 의미는 단지 알려져 있지 않는 것이 아니라 알 수 없는 것이라는 사실을 실감한다. 그리고 부조리하다고 느끼는 마음은 고립, 즉 그 자신의 주변세계와 동류

의 것들로부터의 소외, 사실상 그 자신으로부터의 소외다.[18]

이런 부조리를 자각한 역사가가 전하는 전설의 결론 부에 "희망 없이 그리고 희망에 가득 차서 hoffnungslos und hoffnungsvoll" 죽은 황제의 전언을 기다리는 개인의 모습은 '만리장성의 축조'를 둘러싼 행위의 의미를 삶의 보편적 영역으로 확장시키고 동시에 그것의 반복적 특성을 강조하는 엠블렘이 된다. 또 만리장성의 축조를 둘러싼 부조리성은 여기에서 인간존재 방식의 부조리성으로 이전된다. 오지 않는 고도를 기다리며 '시간을 죽이는' 베케트의 뜨내기 두 인물 에스트라공과 블라디미르의 무의미한 기다림이 실존의 의미를 지니는 세계는 정확히 카프카의 『만리장성』이 끝나는 바로 이 지점, "모순과 이율배반과 고뇌, 혹은 무력이 지배하는, 말로 설명할 수 없는 그 세계",[19] 부조리의 세계다.

IV. '고도'-기다림-망각: '고도를 기다리며'

IV.1. 허구적 상상이자 알리바이로서의 '고도'

'희망 없이 동시에 희망에 가득 차서' 전언을 기다리는 '너'라는 개인의 존재 방식은 여러 가지 점에서 베케트의 인물들의 상황과 유사하다.

> 블라디미르: 덕분에 시간을 잘 보냈군.
> 에스트라공: 어쨌든 시간은 흘러가는 거야.
> 블라디미르: 그야 그렇지. 하지만 이처럼 순식간에 지나가진 않았을걸. (사이)
> 에스트라공: 이제 뭘 한다?
> 블라디미르: 글쎄 말야.
> 에스트라공: 가세.
> 블라디미르: 갈 수 없어.
> 에스트라공: 왜 못 가?

18 "욕망하는 정신과 실망만 안겨주는 세계 사이의 절연, 통일에의 향수, 지리멸렬의 우주 그리고 그 양자를 한데 비끄러매놓는 모순이 바로 부조리다." 『시지프 신화』, S. 65.
19 시지프 신화, S. 35.

> 블라디미르: 고도를 기다리는 중이니까.
> 에스트라공: (절망적으로) 아! (G 125)

블라디미르와 에스트라공은 (비록 두 사람이 자살을 고려하지만) 수수께끼 같은 대면이 현실화되기를 기다리면서 일종의 가사상태에 놓여있다. 고도는 여기에서 일차적으로 기다림의 대상이지만 그의 출현은 약속에 불과하다. 실제로 그가 누구인지 약속을 하긴 한 것인지도 불분명할 뿐이지만 오직 그가 온다는 약속을 했다는 것을 통해 두 주인공은 무의미한 반복된 행위들의 의미를 찾고자 한다. 인간이 어떤 행위를 하기 위해서는 그 행동의 목적을 굳게 믿어야만 가능하다. 거기에는 목적이 있어야만 한다. 모든 것이 모두 확실하지 않고, 어떤 문제에 합당한 해답을 얻을 수 없을 때 그 행동은 자연히 탈선적이거나 엉뚱하거나 또는 파괴적으로 변한다. 따라서 여기에서는 전통적 의미의 행동 Aktion이 없다. 있다면 그것은 수동적 행동, 무목적성의 행동, 즉 반(反) 행동만이 존재한다.

> 에스트라공은 블라디미르의 모자를 받는다. 블라디미르는 럭키의 모자를 가지고 멋을 내본다. 에스트라공은 자기 모자를 벗은 다음 블라디미르의 모자를 쓰고 자기 모자는 블라디미르에게 준다. 블라디미르는 에스트라공의 모자를 받는다. [...] (G 177)

에스트라공과 블라디미르는 물론 약속한 장소에서 떠나려고 하지만 그것을 단지 놀이 속에서만 할 수 있다. 왜냐하면 내적으로 그들은 너무나 고도에 종속되어있기 때문에 기다림이라는 익숙한 상황은 이미 완전히 그들의 삶이 돼버린 것이다. 따라서 극의 관심은 우선 이들이 기다리는 고도라는 인물 혹은 어떤 것에 향하게 된다.[20]

1막에서 고도는 공직에 있는 어떤 사람을 떠올리게 한다. 두 사람은 그에게 일종의 청원, 둘 다 정확히 기억할 수 없는 모호한 부탁을 했다. 그리고 '그 곳'에서 만나기로 약속을 했다. 하지만 그것 역시 불확실하다: "내가 착각했는지

---

20 '고도'의 의미에 관련된 다양한 해석에 대해서는 Fraänzi Maierhöfer, Samuel Beckett, Warten auf Godot, München 1975 (2. Aufl.), S. 68-79를 참조.

도 몰라."(G 43) 2막에서는 고도라는 인물이 나이 들고 무서운 지배자의 모습으로 좀 더 구체화된다. 애초에 모호한 부탁을 한 것으로 여겼던 고도라는 사람은 이제 그들에게 생활에 필요한 모든 것, '집과 온기와 마른 침대와 많은 음식'을 주고 그들을 보호해 줄 절대자로 상상된다: "오늘밤에 우린 어쩌면 그의 집에서 따뜻하고 뽀송뽀송한 짚 위에서 배부르게 잠들지도 몰라. 그렇게 된다면 기다리는 것이 쓸모 없는 짓은 아니지. 안 그래?"(G 55) 하지만 고도는 결코 나타나지 않으며 다만 '어린 사자使者'를 보내 오직 자신이 언젠가 올 것이라는 전언을 통해 이들을 지속적으로 기다리게, 말하자면 자신에게 매어있게 만들뿐이다. 고도는 이 두 사람이 스스로 행동을 결정하는 것을 막을 뿐만 아니라 '희망'을 잃을 때쯤이면 반복해서 사자를 보내 이들에게 새로운 희망을 준다. 두 기다리는 사람은 고도가 나타나지 않는 한 무의미한 시간 보내기 놀이를 그만둘 수가 없다. 자살도 불가능하다. 그것은 에스트라공이 말하듯이 목을 맬 '끈이 약해서'가 아니라 지속적으로 나타나서 고도의 존재를 확인시키는 어린 사자의 '전언' 때문이다. 하지만 이 전언 역시 불확실해진다.[21]

고도는 결국 두 뜨내기의 허구적 상상이다. 하지만 이들은 그것에 기꺼이 의존한다. 왜냐하면 그런 상상 속에서 자발적인 행동을 할 필요가 없기 때문이다. 따라서 고도는 어떤 것을 믿고자 하는 인간의 고착된 욕구를 말해주는 것으로 보인다. 고도는 이들에게 희망이고 동시에 기다림에 의미를 부여해주는 존재다. 달리 말해 이들은 고도에 매어있다. 그들의 끈질긴 기다림은 고도가 어찌됐든 올 것이라고 속절없이 희망할 뿐이다. 두 사람은 기다리는 삶의 그림자 속에서 존재하며 기다리는 만남은 일어나지 않는다. "아무 일도 일어나지 않고, 아무도 오지 않고 아무도 가지 않는다."(G 109) 모든 것이 옛날 그대로 거짓 고요함 - 기다림 속에 머문다. 고도를 향한 그리고 고도에 의해 고착된 기다리는 자들의 의식은 무한한 반복으로 나아간다.

---

21 고도의 사자인 '소년'에 대한 불확실한 기억은 곧 오리라는 고도가 전언을 보냈다는 것 역시 어쩌면 자의적 상상이라는 걸 말해준다. "소년: 고도 씨가 - /블라디미르: 전에도 너를 만났었지? 그렇지? /소년: 모르겠습니다. /블라디미르: 나를 모르겠니? /소년: 모르겠습니다. /블라디미르: 어제 왔던 애가 너 아니었니? /소년: 아니예요. /블라디미르: 이번이 처음 오는 거냐? /소년: 그렇습니다. (침묵)"(G 225)

IV.2. ‘자기 기만’으로서의 기다림

만약 고도를 기다린다는 조건이 주어지지 않았을 때 그들의 놀이는 더 이상 지속될 수가 없다는 점에서 기다리는 것은 생존의 조건이고, 고도는 그 조건을 가능하게 하는 전제가 된다. 하지만 고도는 불분명하고 그것의 실재(實在)역시 의심스럽다. 극에서 고도를 기다림, 밤을 기다림, 어떤 사건을 기다림은 말장난과 놀이를 통해 채워진다. 이런 무의미한 행위의 반복은 극의 관심을 ‘왜 이들은 무언가를 기다리는가?’의 문제, 즉 ‘기다리며 시간을 보낼 수밖에 없는’ 상황의 필연성으로 향하게 한다.

두 뜨내기는 시간의 무자비한 진행과 그들의 실존의 공허를 고통스럽게 자각하면서 과거를 기억하면서 즐거워지려고, “우리자신이 존재한다는 확신을 갖기 위해”(G 171) 서로를 상대로 말을 하고 행동한다. 그들의 대화는 순환적이며 판단으로 나아가기보다는 점점 더 커지는 불확실성으로 나아간다. 기억은 불완전하고 모든 시간과 장소에 대한 생각은 혼란스럽고, 궁극적으로 행동은 말과 대립된다. 하지만 오해와 혼란에도 불구하고 그들은 침묵을 견딜 수 없다. 왜냐하면 버릇과도 같이 말하는 것은 대단한 마취제이며 실존의 고통을 마비시키는데 도움을 주기 때문이다. 그럼에도 불구하고 이들의 대화는 언제나 “긴 침묵”으로 끝이 난다.

> 에스트라공: 침묵을 지키고 있을 수는 없는 노릇이니까 이러는 동안 차분히 얘기나 해보자.
> 블라디미르: 하긴 그래, 우리는 지칠 줄 모르니까.
> 에스트라공: 생각을 않기 위해서라도 말야.
> 블라디미르: 핑계야 있지.
> 에스트라공: 그래야 아무소리도 안 들리지.
> [...]
> 블라디미르: 무슨 얘기라도 해봐 좀!
> 에스트라공: 하려는 중이야.
> (긴 침묵) (G 155)

침묵의 순간에 이들은 까뮈가 말하는 부조리의 경험, 권태와 시간에 대한 의식 그리고 '세계의 두꺼움과 낯설음'을 체험한다. 권태는 기계적인 생활의 행동들이 끝나고 의식이 활동을 개시하는 순간이며, 시간 의식은 자신이 바라보는 방향이 미래, 즉 죽음을 향해 있었다는 것에 대한 기다림의 모순에 대한 전율이다. 거기에서 느껴지는 '세계의 원초적 적의'와 더 이상 세계를 이해하지 못하게 된 무력감은 공허와 공포를 야기한다: "왜냐하면 여러 세기 동안 우리는 우리 스스로 그 세계에 미리부터 부여해놓은 모습과 윤곽만을 이해해왔기 때문이며, 이제부터는 그러한 인위적 수단을 행사할 힘이 없어졌기 때문이다."[22]

비합리적 우주에 직면해 인간은 그의 확고한, 객관적인 실제에 대한 잃어버린 믿음을 애석해 한다. 그 자체로 중립적인 우주의 침묵은 증오가 된다. 자아와 주변세계 양자로부터 소외되고 파편화 된 채 인간은 언어 - 이성, 논리 - 라는 수단을 통해 그가 한 때 가졌던 선명한 비젼을 다시 붙잡으려고 노력한다: "두 떠돌이는 침묵을 지킬 수 없다. 왜냐하면 버릇과도 같이 말하는 것은 대단한 마취제이며 실존의 고통을 마비시키는데 도움을 주기 때문이다. [...] 그들은 말들로서 빈곳을 채우려하고 그들의 소음을 자연의 모호한 바스락거림과 속삭임과 뒤섞으려고 노력한다."[23]

이들에게 침묵의 시간을 저지하는 습관은 반복한다는 의미에서 기억의 비생산성, 즉 망각에 기반하고 있고 무지에 대한 공포에 저항하는 방패가 된다. 하지만 가장 긍정적이고 설득력 있는 방어는 다름 아닌 희망이다. (우리가 그 삶을 얻을 '자격을 갖추도록' 노력하지 않으면 안된다는) "내세(來世)의 삶에 대한 희망, 혹은 삶 그 자체를 위해서가 아니라 어떤 거창한 관념, 삶을 초월하고 그 삶을 승화시키며 삶에 어떤 의미를 주며 결국은 삶을 배반하게 되는 어떤 거창한 관념"[24] 속에서 자신을 짓누르고 있는 것을 신격화하고 거기에 매달린다. 거기에서 스스로는 '살아가는 이유'에 대해 답을 할 의무가 면제되기 때문이다.

이런 (자기 파괴적) 신념 혹은 의사희망을 통해서 애초에 고도를 기다리는

---

22 『시지프 신화』, S. 24f.

23 Karen F. Stein: Metaphysical silence in absurd drama, in: Modern Drama vol. XIII (Feb. 1971), S. 423-431, hier S. 430.

24 『시지프 신화』, 15.

시간에 무료함을 달래기 위해 오락으로 가졌던 놀이가 필연적인 행위로 변한 것처럼, 고도는 이제 그들에게 기다림의 대상이 아니라 그들의 희망에 대한 알리바이가 된다. 즉 그들은 고도를 만나기 위해 기다렸던 것이 아니라 기다림을 정당화하기 위해 고도가 필요했음을 보여준다.

그래서 2막에서 그들은 실제로 고도가 올까봐 두려워한다: "위협적인 늙은 이의 모습은 그 배후에 놓여있는 것을 숨겨 보지 못하게 해준다. 그들의 두려움이 투사(Projektion)된 굴복을 통해 이들은 자신의 내면 속에 들어있는 불분명함과 혼란에 노출되지 않아도 된다. 이런 굴복은 확실한 기다림의 장소를 떠나는 것, 즉 '가는 것'을 금한다."[25] 따라서 그와의 상상의 약속은 두 사람에게 모든 자발적인 결정으로부터 해방되어도 좋다는 '의사 도덕적인 변명'을 제공한다.

기다림은 더욱 논리적이 되고 더 안락해진다. 그리고 어떤 의무도 부과하지 않는다. 오지 않는 고도는 이제 이들에게 단순히 실망만을 주는 것이 아니라 계속적인 삶을 보장하는 필연성이 된다. 기다림 역시 실제로 존재하는 '어떤 것'을 기다리는 목적 지향적인 행위가 아니라 공허에 대항하는 집요한 몸짓(Gestus)에 지나지 않는다.

에스트라공: 사람은 자신이 뭘 기다리는 지를 알아.
블라디미르: 더 이상 걱정할 건 없어.
에스트라공: 그저 기다리면 되는 거니까.
블라디미르: 우리는 기다리는데 익숙해져 있잖아. (G 44)

IV.3. '강요된 희망' 혹은 '밤을 기다리며'

일단 거기에 존재하며, 살기 위해 거기에 존재하는 것 외에 다른 대안을 가질 수 없기 때문에 살아가는 두 인물은 19세기의 비극적 인물들이 가졌던 파토스가 전혀 없는 단호하지도 격정적이지도 않고, 그런 점에서 평균적인 대중에서 멀지 않다. 아무 것도 할 수 없는, 혹은 하지 않는 것과 마찬가지인 무목적성의 행위는 행위의 결과에 대한 총체적 시야를 상실한 산업사회의 보편적인

25 Maierhöfer, Samuel Beckett. S. 71.

양상이라고 할 수 있다. 그러니까 베케트의 극은 이런 식의 '삶', 어찌됐든 일단 거기에 존재하기 때문에 머무르는 개인에 대해서 보고하고 있다. 이 개인들은 절망적인 상황에서 '더 이상 기대할 것이 없기 때문에 살아가기를 포기한다'고 말하는 대신 '우리는 살아간다, 그러므로 기다린다. 우리는 기다린다, 그러므로 뭔가 기대할 것이 있다'는 실존의 형식을 보여준다.

실제로 그들은 어떤 것도 기다리지 않는 것이다. 하지만 그들은 '고도를 기다린다'는 형식을 통해 '무목적적인 세계'에 대한 무지를 가장하며 스스로에게 희망을 강요한다. 그리고 까뮈의 의미에서 "강요된 희망의 본질은 종교적인 것이다."[26] 그 때문에 블라디미르와 에스트라공은 결코 허무주의자들이 아니다. 이들이 그들 자신의 필요한 욕구에 의해 상상한 고도를 기다리는 한, 고도는 사자를 보내고 기다리는 사람들로 하여금 계속해서 기다리게 함으로써 자신의 실재를 증명한다. 하지만 고도를 만나는 것은 이루어지지 않으며 이들의 희망은 오직 "유사 종교적 상상 quasi-religiöse Einbildung"[27] 속에서만 존재한다.

이들은 명백히 무의미한 상황 속에서 희망을 버리지 않기 때문에, 또 희망을 잃을 수가 없기 때문에 결국 허무주의자들이 아니라 형이상학자들이며, 낙관적인 이데올로그들이다. 그들은 의미-개념을 포기할 수 없다. 그런 점에서 이들은 하이데거의 현존재 보다 훨씬 덜 영웅적이고, 훨씬 더 신뢰에 차있고, 훨씬 더 현실적이다. 결국 안더스 Günter Anders가 지적했듯이 『고도』에서 베케트가 보여주는 것은 "허무주의가 아니라 거역할 수 없는 희망 없는 상황 속에서 조차도 허무주의자가 될 수 없는 인간의 무능력"이다.[28]

블라디미르와 에스트라공은 모든 희망의 불가능성을 확인한 후에도 끝까지 고도와 만남을 약속했다고 믿는 장소를 떠나지 못한다:

> 에스트라공: 이 짓을 더는 못하겠어.
> [...]
> 블라디미르: 내일 목매달아 죽자고. (사이) 고도가 안 오면 말이야.

---

26 『시지프 신화』, 42.

27 Leo Kofler, Zur soziologischen Kritik von Becketts 'Warten auf Godot', in: Materialien zu Samuel Becketts 'Warten auf Godot', Ffm. 1973, S. 158.

28 Sein ohne Zeit. Zu Becketts Stück 'En attendant Godot', in: Materialien zu Samuel Becketts 'Warten auf Godot', a.a.O., S. 37. 이탤릭체 원문.

에스트라공: 그런데 온다면?
블라디미르: 우리는 구원을 받는 거지.
[...]
블라디미르: 자? 그럼 가볼까?
에스트라공: 응. 가세나.
(그들은 꼼짝도 않는다.) (G 233)

여기에서 베케트의 『고도』는 기본적으로 형이상학에 대한 부정이자 조롱이다. 극중에서 반복해서 인용되는 종교적 메시지들, 학문적 개념화(럭키)는 인용되면서 부정된다. 끊임없이 신발에 집착하는 에스트라공과 블라디미르의 습관적인 행위만이 극의 진정한 액션이라는 것은 이것을 설명해준다.

『고도』의 등장인물들이 보여주는 기다림과 근친관계에 있는 다양한 양상들, 즉 블라디미르의 깨어있으면서도 결코 깨어있는 것이 아닌 깨어있는 동안의 가사상태, 에스트라공의 채워지지 않는 수면욕구, 럭키의 거의 완전한 무의식성, 포조의 의식 불명과 자신의 길에 대한 무관심은 모두 베케트에게 있어 역사의 수축과정, 계몽주의와 함께 시작되어 인간의 왜소화로 끝이 난 이성적 역사 과정의 결과를 함축하고 있다.[29] 그에 반해 모든 자기 투사적 환상을 의미하는 자의적이고 편협한 고도에 대한 대안으로 제시되는 '밤'[30]은 순진한 낙관주의적 이성의 신화, 모든 사물의 제어가능성에 대한 신앙과 욕망을 '나는 모른다'라는 총체적 어두움 속에 함몰시켜 버리는 솔직하고 편견 없는 자의식에 대한 상징이다.

『고도』가 보여주는 이런 모든 이성적 인간 행위의 완전한 부정은 역설적으로 역사는 세계의 침묵에 저항하고 살아남기 위해 아무 일도 하지 않았다는 것이 아니라 너무 많은 것을 했다는 것을 말하고 있다. 그리고 베케트의 역설은

29 베케트는 말한다: "위기는 16세기 말과 함께, 갈릴레이와 함께 시작되었습니다. 18세기를 이성의 세기라고들 합니다. 나는 그걸 전혀 이해하지 못했습니다. 그들은 모두 미쳤습니다. 그들은 이성에 전혀 감당할 수 없는 책임을 부과했습니다. 이성은 너무 약한겁니다." Michael Haerdter, Samuel Beckett inzeniert das 'Endspiel', Bericht von den Proben der Berliner Inszenierung 1967, in: Materialien zu Becketts 'Endspiel', Ffm. 1968, S. 90f.

30 블라디미르: [...] 아무렴, 이 엄청난 혼란 속에서도 한 가지만은 분명해. 우리는 고도가 오기만을 기다리고 있는 중이고 – / 에스트라공: 아! [...] / 블라디미르: 혹은 밤이 되기를 기다리고 있는 거지." (G 197)

그 구조에 있어서 이미 비합리성을 드러내고 있는 역사와 문명의 모순, 공동체의 보존을 위해 '개체'의 소멸을 정당화시키는 모든 종류의 전체주의와 국가 이데올로기의 관철, 그리고 더 많은 행복을 위해 더 많은 동종의 인류를 죽이는 것을 찬양하면서(전쟁신화) 동시에 일상에서 기독교적 윤리의 준수를 요구하는 이율배반에서 가능했다고 볼 수 있을 것이다.

V. 인간 존재의 세계극으로서의 카프카와 베케트의 텍스트

클라우스 바겐바하는 카프카의 『만리장성』이 어떤 식으로든 사역(使役)을 당해야만 하는 죄수들에 의해 전혀 아무런 목적도 없이 축조된 성벽이었던 라우렌치 산의 '기아의 성벽 Hungermauer'이 계기가 됐을 것으로 추측하고 있다.[31]

하지만 당찮음 Unzweckmäßigkeit과 헛된 노력을 의미하는 상징으로서의 '기아의 성벽'이 '언제든지 현실을 지워버릴 준비를 하고 있는 우리네 사람들'(『만리장성』)과 '고도에 매어서 자신의 길을 떠날 수 없는' 두 떠돌이(『고도』)에게 지속적인 삶을 보장하는 분명한 의미를 지니고 있음을 보여주는 데에서 두 텍스트는 단순히 이런 무의미한 조형물의 외적인 의미를 넘어서 인간 행위의 불합리성의 보다 깊은 측면을 형상화하고 있음을 알 수 있다.

『만리장성』에서 그 의미는 결코 채워지지 않는 수많은 틈들을 여기 저기 남겨둔 채 지어진 건축물과 은폐된 통일성을 지향하는 제국적 초월성에서, 그리고 "축조의 완성"을 기원하는 "신앙심 깊은 이들의 노랫소리"(M 53)와 '북방의 오랑캐를 막아줄 수 없게 된 만리장성' 간에 놓인 행위의 완성 불가능성에서 명백해진다.

의도와 행위와 결과는 서로 간에 빗겨간다. 그럼에도 불구하고 이들이 현실에서 끊임없이 도피하려할 때 '죽은 황제의 전언'을 생각하지 않는 것은 불가능하다. '만리장성의 축조'를 통해 사회 전체는 무수한 하부체계들의 부분적인 합리성을 통해 영구히 재생산되는 사회적 삶의 핵심에 존재하는 비합리적인

31 『카프카』 (전영애 역), 1979, S. 129f.

총체성을 보여준다. 하지만 카프카의 역사가가 인식했듯이 이것은 공동체와 개인의 거부할 수 없는 '현실'이고, "수수께끼를 설명하려고 하는" 전설의 구조처럼 "또 다시 수수께끼 가운데서 끝나야 한다". 왜냐하면 전설은 "진실의 바탕 위에서 비롯되는 것"[32]이기 때문이다.

여기에서 『만리장성』은 외적 정체성의 근거를 추구하는 익숙한 몸짓, 자발적 맹목에 이르는 일상의 길을 표현하고 있다. 이것은 부조리를 드러낸다는 점에서 신적 존재의 부정으로도, 역설적으로 보다 근본적인 긍정의 표현으로도 읽을 수 있을 것이다.[33] 그 어느 쪽이던지 간에 카프카의 문학을 지배하는 사물에 대한 소원한 시선과 경이에 찬 체념의 양상이 "석양 무렵이 되면, 창가에 앉아서 그 전갈을 꿈꾸고" 있는 기이한 기다림의 자세와 더 이상의 연구를 중단해야 하는 역사가에서 분명하게 드러나고 있음을 확인할 수 있다.

『만리장성』에서 카프카가 보여주는 개별자의 이런 이해의 한계를 넘어서는 신성에 대한 '집요한 열중'은 베케트에서 허무주의자임을 인정할 수 없는 인간의 자기 부정의 명백한 징표임이 보다 분명하게 드러난다.

세계 대전과 홀로코스트 그리고 새로운 이데올로기 대립의 반복된 역사적 경험을 소유하게 된 베케트는 『고도』에서 인간 행위에 관한 모든 형이상학적 의미부여를 부정한다. 꿈과 소망의 자리에 '습관'과 '망각'을, 전언과 기다림의 자리에 '자기기만'과 '인간 행위의 맹목성'을 대체시킨다. 그에게서 행위와 말(이성적 노력)은 침묵의 시간에 의식되는 무목적적인 존재의 고통을 잠시 잊기 위한 마취제에 불과하다. 전언이 오리라는 것은 순전한 자기기만의 산물이고

---

32 "Die Sage versucht das Unerklärliche zu erklären. Da sie aus einem Wahrheitsgrund kommt, muß sie wieder im Unerklärlichen enden." Sämtliche Erzählungen, hrsg. v. Paul Raabe, Ffm. 1970, S. 306.

33 까뮈는 카프카의 작품에서 이런 부조리는 '절망'이 아니라 언제나 더욱 큰 '희망'의 표현이라고 말한다. M과 함께 종교적 실존이라는 테마를 공유하고 있는 <심판>이 부조리하면 할수록 <성>의 집요함은 더욱 감동적으로 다가오고, 카프카가 집요하게 신의 도덕적 위대성, 계시, 선과 일관성을 인정하지 않는 것은 "신의 품안에 좀 더 열렬히 뛰어들기 위해서"라고 쓰고 있다: "부조리는 인식되고 인정을 받게 되며, 인간은 부조리와 타협한다. 그러면 바로 그 순간부터 그것이 더 이상 부조리가 아님을 우리는 알게 된다. 인간 조건의 범주내에서 이 범주 밖으로의 도피가 허용되는 것보다 더 큰 희망이 대체 무엇이 있겠는가?". 알베르 까뮈, 카프카 문학에서의 희망과 부조리(정혜영 역), in: 『카프카』, 김광규 편, 1978, S. 73-110, hier S. 106f.

기다린다는 것은 맹목적인 인간행위에 대한 알리바이일 뿐이다.

말하자면 『고도』는 이성의 역사는 너무 많은 신화를 만들어냈으며 개인은 그 만큼 더 왜소해졌고, '범주적 명령'이 아니라 오직 "조건적 명령 hypotetical imperativ"[34] 속에서만, 즉 이런 것들을 포기할 때만 부조리의 역사는 반복되지 않는다는 역설을 말하고 있다.

그런 의미에서 카프카의 『만리장성』이 실체가 없으면서도 반복해서 가장 뚜렷하게 개인과 전체를 지배하고 있는 보편적인 환상에 관한 세계극 이라고 한다면 『고도』는 두 작품과 두 작가의 시간적 간극만큼이나 『만리장성』에서 『고도』에 이르는 시간 - 역사 - 의 경험을 반영하고 있으면서 동시에 앞선 것의 주석, 부정적인 주석을 담고 있는 세계극이다.

벤야민은 카프카의 세계극 ("카프카의 세계는 하나의 세계극이다. 그에게 인간은 집에서 나와 무대 위에 서있다")이 동물적인 인간의 몸짓 을 통해 "가장 수수께끼 같은 문제를 가장 간명하게 만든다"[35]고 말한바 있다. 카프카의 『만리장성』과 함께 전언과 기다림의 구조를 공유하고 있는 베케트의 세계극의 중심에 망각과 습관의 힘을 얻어 스스로를 기만하는 행위를 반복해 가는 원숭이들이 서 있는 것은 ("인간들이란 정말로 무식한 원숭이들이야."(G 38)) 우연이 아닐 것이다.

VI. 나가는 말

카프카와 베케트에 관한 수많은 연구들은 종종 더 이상의 연구가 무의미하다는 혹은 더 이상 말할 것이 없다는 생각을 불러일으킨다. 하지만 연구자들의 유사한 문제제기의 반복은 삶의 반복성에서 그 원인을 찾아야한다. 이것은 역으로 두 작가의 문학 세계가 우리의 가장 근원적인 모습에 관한 것 이였음에 대한 반증이기도 하다.

---

34 Stein, S. 431.

35 Benjamin, Franz Kafka, S. 422, 419. "Kafkas Welt ist ein Welttheater. Ihm steht der Mensch von Haus aus auf der Bühne."; "Die größte Rätselhaftigkeit mit größter Schlichtheit verbindet dieser Gestus als tierischer."

가장 기본적인 삶의 행위들은 변함없이 지속되어 왔지만 시간의 흐름과 함께 증가한 경험과 현상들의 변화는 삶의 외연을 부단히 증가시켜 왔으며, 그 때문에 원형적인 것들이 이런 변화된 삶의 외연들을 근거로 재조명되는 것은 당연하다고 하겠다.

전언과 기다림이라는 가장 일상적인 문제 역시 마찬가지다. 카프카와 베케트의 작품을 하나의 자기 진술 Ich-Aussage로 제한하지 않고 작품이 쓰여진 때와 현재와의 변화된 삶의 경험을 반영하는 읽기를 통해 이들은 작품이 아니라 텍스트가 되며, 본고가 다룬 두 텍스트의 읽기는 진정한 자기 정체성은 모든 형이상학적 의미 부여를 포기한 겸허한 자기비판을 통해 가능하다는 역설적인 성찰의 계기로 작용할 수 있을 것이다.

글을 쓰는 것과 마찬가지로 읽는 행위 역시 궁극적으로 '자신을 읽는 것'이며, 그 '자신' 속에는 개인적인 경험의 양과 함께 공동체와 세계의 지난 시간들의 흔적들이 집적되어있다는 의미에서 카프카와 베케트가 보여주는 일상의 모습에 관한 관찰 기록은 언제나 세계와 역사, 궁극적으로는 인간 일반의 존재방식에 관한 성찰과 연결되는 것이다.

시대의 증언자

-김남주와 파울 첼란-

정 명 순

시인 고은은 광주 시민 항쟁 10년에 즈음하여 “정작 광주 항쟁을 통해서 한 사람의 때밀이에 맞먹는 한 사람의 시인도 민중적 전사로 싸운 바 없고, 그 처절한 학살의 피투성이 희생자 가운데 아직까지도 어떤 문학인의 이름이 나타나지 않고 있다”고 말했다. 이는 살아남은 지식인들이 짊어져야할 마음의 부채, 멍에를 의미하였다. 첼란이 평생 살아남은 자의 죄의식을 안고 살았던 것처럼, 5.18 광주 민중항쟁을 체험한 문인들은 피투성이 희생자 명단에 이름이 적히지 못한 마음의 부채가 있었다. ‘아우슈비츠 이후에 어떻게 서정시를 쓸 수 있는가’는 아도르노의 말이 1980년 5월 민중 항쟁 후 유행처럼 번졌다. 그러나 역사의 어두운 사실을 침묵 할 수도 없었으며 이는 더 고통스러운 일이었을 것이다, 차마 쓸 수 없는 ‘그 날’을 시적으로 형상화하고자하는 고통은 속죄의식과도 같았다. 오월의 그날 감옥에 갇혀있던 김남주는 자신이 오월의 현장에 있지 못한 것을 통탄했다고 한다. 그는 감방에서 주는 주먹밥과 거기에 떨어지는 자신의 눈물과 국물과 환기통, 빵끼통, 시멘트 바닥, 허공, 천장, 벽, 식구통, 감시통 위에 침을 발라 손가락, 발가락, 혓바닥으로 마르도록 벗겨지도록 피나도록 모든 것이 어설픈 자신의 양심 탓이라고, 미지근한 싸움 탓이라고 쓴다(진혼가 2). 이는 그의 시가 처절한 자기반성이고 속죄 의식임을 보여준다. 김남주와 파울 첼란의 시는 역사의 어두움과 죽음으로부터 연유한다는 점, 한 시대의 증언이라는 점에서 닮았다. 그러나 두 시인을 문학적 내용과 형식에서 비교하는 것은 무모하다는 생각이 든다. 김남주는 본인이 고백하고 있는 것처럼 전문적으로 시를 쓰고자 덤비는 직업시인은 아니다. 자신의 시가 지나치게 경향적이고 역겨우리만큼 전투적이라고도 고백한다. 그는 시를 투쟁의 도구로 생각하였고 혁명적 싸움 없이는 한 줄의 시도 쓸 수 없다고 믿었던 전사였고, 혁명시인이었다. 이 글은 그 시대를 처절하게 느끼고 살아낸 시대의 증언자로서 두 시인을 조명하며, 그들의 시에 생명감을 주는 시적 진실성을 추적하고자 한다.

I. 기억의 문학

김남주와 첼란 시의 토대는 현실인식이다. 이는 그들의 시가 철저히 그 시대에 근거하고 있다는 것이다. 김남주의 시가 80년대 우리의 현실, 고난에 찬 우리 역사를 대변한다면, 첼란은 전후 독일의 현실, 인류의 어두운 역사를 기반으로 한다. 첼란은 그의 시가 "1월 20일"을 기억한다고 말한다.

> 모든 시에는 그의 "1월 20일"이 적혀있다고 말할 수 있을 것입니다. 오늘날 쓰여 지는 시에서 새로운 것은 그러한 날짜를 기억하고자 하는 노력이 두드러진다는 바로 그 점이 아닐까요? 우리 모두는 이러한 날짜에서부터 글을 쓰는 게 아닐까요? 그러면 우리는 어느 날짜를 우리의 것으로 쓰고 있을까요? (첼란 「자오선」에서)

첼란이 기억하는 "1월 20일"은 베를린의 '반-제-회담 Wann-See-Konferenz'을 통해 유대인을 모두 학살하기로 결정한 날이다. 첼란의 작품들은 이 날짜를 기억하며, 이 날을 그의 문학의 뿌리로 하고 있다. 첼란이 그의 문학에서 기억하며 뿌리로 삼고 있는 '그 날'처럼 시인 김남주는 1980년 5월 18일을 기억하며 글을 쓴다.

> 오월 어느 날이었다
> 1980년 오월 어느 날이었다
> 광주 1980년 오월 어느 날 밤이었다
>
> 밤 12시

하늘은 핏빛 붉은 천이었다
밤 12시
거리는 한 집 건너 울지 않는 집이 없었고
무등산은 그 옷자락을 말아 올려 얼굴을 가려 버렸다
밤 12시
영산강은 그 호흡을 멈추고 숨을 거둬 버렸다

아 게르니카의 학살도 이렇게 처참하지 않았으리
아 악마의 음모도 이렇게는 치밀하지 못했으리
– (김남주 「학살」 1 부분)

그러나 '그 날'을 형상화하는 두 사람은 표현방식에 있어서는 많은 차이를 보인다. 첼란은 '검은 우유를 아침에, 점심에, 저녁에 마신다'는 표현으로 그리고 '땅을 파는' 행위에 대한 묘사로 강제수용소의 끝없는 죽음의 행렬을 묘사한다.

아침의 검은 우유 우리는 그것을 저녁에 마신다
우리는 그것을 점심에 아침에 마신다 우리는 그것을 저녁에 마신다
우리는 마시고 마신다
– (첼란 「죽음의 푸가」 부분)

그들은 팠고 또 팠다, 그렇게
그들의 날이 가고, 그들의 밤이 갔다.
– (첼란 「그들 안에 흙이 있었으니」 부분)

"그들은 팠다"는 반복적인 묘사로 낮과 밤으로 계속 일어나는 죽음과 어두움의 역사가 그려진다. 이렇게 죽어가는 이들은 늙을 수가 없고, 죽음의 공포 앞에서 고난의 예수를 붙든다.

유대인의 곱슬머리여, 희어지지 않으리.
– (첼란 「만돌라」 부분)

우리는 가까이 있습니다, 주여,

잡힐 듯 가까이.

붙잡혔습니다, 주여,
우리 각자의 몸이
당신의 몸인 듯.
서로 움켜 안았습니다, 주여.

– (첼란「흑암」부분)

고난에 처한 이들은 죽음에 대한 공포로 가득 차서 ‘주’를 향해 가까이 다가간다. “잡힐 듯”이 조마조마한 위기의 순간이 “붙잡혔습니다 ” 그리고 “서로 움켜잡았습니다 ”로 발전해가면서 폭력에 내맡겨진 무기력함과 함께 죽음에 대한 공포로 서로 껴안고 움켜잡으며 의지할 것을 찾는 ‘우리’의 모습이 그려진다. 죽음 가까이 있는 ‘우리’는 조롱받고, 채찍에 맞으며 십자가에 매달린 예수의 고난을 뒤따르고 있다. 아우슈비츠의 참상을 가장 잘 표현하고 있는 첼란의 시「죽음의 푸가」는 가스실, 수용소, 화장터, 주검 등과 같은 강제 수용소를 나타내는 말이 전혀 없이 “검은 우유”라는 메타퍼로 새벽부터 저녁까지 계속되는 죽음의 행렬을 묘사하고 있다. 광주의 오월을 표현한 김남주의「학살」은 “핏빛 붉은 천”, “게르니카의 학살”과 같은 직접적인 표현이 두드러진다. 삶과 예술적 실천에 있어서 공통점을 가진 두 시인의 상이한 시적 표현 방식은 어디에서 오는 것일까? 김남주는 시를 쓰기 위해 책상에 앉아 고민하기보다 투쟁 속에서 시를 생산한다. ‘나의 시의 요람은 투쟁이고, 억지로 시를 쓰기 위해 안락의자에 앉는 것은 나의 시의 무덤이다’(시의 요람 시의 무덤)는 그의 고백처럼 시는 그에게 투쟁의 도구이다. 그러기에 서정적, 유미적, 탐미적인 시를 포기하고, 군더더기 없는 적나라한 직설적인 시세계로 들어간다.

바람에 지는 풀잎으로 오월을 노래하지 말아라
오월은 바람처럼 그렇게 서정적으로 오지도 않았고
오월은 풀잎처럼 그렇게 서정적으로 눕지도 않았다
…
노래하지 말아라 오월을 바람에 지는 풀잎으로
바람은 야수의 발톱에는 어울리지 않는 시의 어법이다
노래하지 말아라 오월을 바람에 일어서는 풀잎으로

풀잎은 학살에 저항하는 피의 전투에는 어울리지 않는 시의 어법이다
– (김남주 「바람에 지는 풀잎으로 오월을 노래하지 말아라」 부분)

내 시의 기반은 대지다
그 위를 찍어 내리는 곡괭이와 삽의 노동이고
노동의 열매를 지키기 위한 피투성이의 싸움이다
– (김남주 「다시 시에 대하여」 부분)

때로는 나의 시가 탄광의 굴속에 묻혀 있다가
때로는 나의 시가 공장의 굴뚝에 숨어 있다가
때를 만나면 이제야 굴욕의 침묵을 깨고
들고 일어서는 봉기의 창끝이 되기를.
– (김남주 「나는 나의 시가」 부분)

김남주의 개인적인 삶은 투쟁과 투옥의 연속이었다. 그는 하이네, 마야코프스키, 네루다, 브레히트, 아라공의 시와 생애를 통해서 유물론적이고 계급적인 관점에서 세계와 인간관계를 문학적으로 형상화하는 창작기술을 배웠다. 그가 고백하듯 그들에게서 '형식적 측면이라기보다 내용의 측면, 즉 세계와 인간을 계급적인 시각으로 바라보는' 것이다. 계급적 관점을 단순 명확하게, 압축과 긴장의 형식 속에서 담아내는 것을 시의 목표로 삼았다. 인류에게 유익하고 감동적인 작품을 쓰기 위해서는 작가 자신이 진실한 삶을 살아야하고 착취와 억압에 저항하는 전사가 되어야한다는 것이 그의 확신이었다. 그는 체험적 진실과 시를 동일시한 것이다. 그러기에 그의 시는 체험의 세계에서 한 발자국도 벗어나지 않고 있으며, 1980년 5월 이후 나타난 우리의 민중적 민족문학 내지 민주주의 민족문학이 형상화하는 문학방법으로서 택한 비판적 사실주의, 민중적 리얼리즘으로의 서술 기법을 택한다. 그의 투쟁시, 정치시들이 독자에게 값싼 감상을 불러일으키거나 상투적 구호로 머무르지 않는 것은 그의 철저한 시대정신과 겸손함 그리고 그의 진실성이다. 때로는 단조롭고 격렬하고 지루할 만큼 구체적으로 느껴지지만, 그는 단순하고 명확하게 대중에게 다가가기를 원한다. 감옥이라는 극한 상황에서 머리 속에 떠오르는 시상을 감시가 없는 틈을 타서 단숨에 써야했고, 종이도 연필도 없는 상황에서 면회 온 사람이나 출옥하는 사람에게 구술해야했기에 복잡하고 까다로운 비유나 뉘앙스를 벗어나 단순 간결

할 수밖에 없었을 것이다. 그러나 오랜 감옥 생활에서 그의 투쟁의식은 더욱 날카로워질 수 있었지만 현실과 분리된 그의 생활과 사상은 삶의 냄새가 약한 계급적 투쟁의식과 이분법적 단순성으로 빠져들기도 한다.

첼란은 의학공부를 위해 파리에 머무는 동안 상징주의에 접하게 되고 전 후 초현실주의 화가들과의 교제를 통해 '암시'와 '연상'의 시적 효과와 현상 이면의 절대적인 것에 관심을 갖게 된다. 첼란의 시들을 '절대시'라고 규정할 수는 없다. 그러나 그가 상징주의의 대표적 시인인 말라르메의 영향을 받고 있음을 그의 시들은 분명히 보여준다. 그의 시가 "말라르메로 소급되는 서구 서정시의 극단적인 현상"이라고 평가되는 것도 이를 뒷받침해준다. 그의 시의 난해성은 시인이 체험한 어두운 역사를 가능한 직접적으로 드러내지 않고 상징과 비유로 은폐시키는 상징주의적, 초현실주의적 서술기법에 기인한다고 본다. 철저한 막시스트였던 김남주가 자신의 인간적 체험을 여과 없이 직접적으로 보여준 것과는 다르다. 그러나 '첼란은 스스로 상아탑 안으로 자신을 폐쇄시키고 있다' 또는 '첼란의 문학은 사회주의적 리얼리즘보다 더 깊이 시대의식을 표현하고 있다'는 독일 정치시의 선두에 서있는 에리히 프리트의 말은 첼란의 상징적이고 난해한 시들의 기반은 현실이다는 점을 반증해준다. 문학이 현실에 뿌리를 두어야한다는 생각은 두 시인의 공통점이다.

대한민국의 순수파들 절망도 없이
광기도 자학도 없이 예술지상주의를 한다
수석과 분재로 예술지상주의를 한다
학식과 덕망의 국회의원으로 예술지상주의를 한다
자르르 교양미 넘치는 입술로
자본가의 접시에 군침을 흘리면서 예술지상주의를 한다
- (김남주「예술 지상주의」부분)

김남주는 예술 지상주의를 비판한다. 보들레르와 랭보의 현실에 대한 '자학과 광기와 절망'에서 나온 순수 예술과는 다른 예술을 현실의 안정된 삶에서 하나의 치장으로 여기는 이들의 허위의식을 고발하고 있다. 그는 시를 위한 시, '예술을 위한 예술'이라는 탐미적인 시를 거부하고 있다. 그의 시에 서정적 정춰와 여운을 주는 시어들이 결핍되어있을지라도 옥에 갇힌 사람들, 굶주린 사람들, 억압받는 사람들에게 위로의 말 대신 들려줄 수 있는 노래이다. 현란하고 고급스런 시적 의상을 벗어버리고 맨몸의 언어로 어두운 역사를 기록한 노래이다. 잉크 대신 동지들이 흘린 피, 자신의 피를 짜내어 '시가 아니어도 좋다'는 전투성으로 쓴다. 그의 시들이 상투적인 구호시들과는 구별되는 것은 그가 우리 시대의 핵심적 모순들을 인식하고 이에 대한 강인한 시적 사유의 결과로 시를 쓰고 있는 점이다. 그의 일상적인 시어들은 느슨해진 우리의 의식을 깨울 만큼 생동적이다. 시대와 타협하지 않고 80년대 사회변혁 운동의 이념과 정신을 온 몸으로 감당한 그의 시어는 진실하고 철저하고 순결하다.

첼란에게도 기교적으로 아무리 아름답게 꾸며졌어도 생명력을 갖지 못한 문학은 '피그말리온의 상아의 여인'과 같다. 오음보 억양격의 틀에 맞추어진 예술, 뷔히너 G. Büchner의 작품『보이첵 Woyzeck』에 나오는 "원숭이 형상",『레온세와 레나 Leonce und Lena』의 "자동기계장치"와 같은 비인격적인 것이 생명없는 예술의 모습이다.『렌츠 Lenz』에서는 머리 빗는 두 소녀의 아름다운 모습을 사람들에게 보여주기 위해 그 순간을 돌로 굳게 하는 "메두사의 머리"로 나타난다. 첼란은 여기서 현실과 분리된 예술의 이상주의를 비판하고 있다. 그가 찾는 문학의 모습은 뷔히너의 작품『당통의 죽음 Dantons Tod』의 뤼실이다. 현란한 말로 예술에 대해 얘기하던 당통과 카미유는 혁명광장에서 처형되는 순간에도 웅장한 말로 그들의 죽음을 맞이하지만, 뤼실은 남편이 처형된 단두대 앞에서 "국왕 만세!"를 외친다. 이는 왕권에 대한 찬양이 아니라 사랑하는 이의 죽음에 대한 항의이며, 잔인한 현실에 대한 저항이다. 첼란은 이를 자동 기계장치, 자동인형에 공급되는 에너지를 차단하는 것이며, 꼭두각시를 조정하고 있는 철사 줄을 끊는 자유의 행위이다고 말한다. 뤼실의 외침은 인위적이고 장식적인 언어적 속성을 깨뜨리는 생생한 인간의 언어인 것이다. 또 렌츠의 '머리로 걷고 싶은 auf dem Kopf gehen' 욕망에 대한 표현은 첼란의 이상주의적, 관념주의적인 예술에 대한 반항을 나타낸다. 기술적이고 기교적인 인간 현실에 대한 증언과 자기 몰아에서 벗어나 현실로의 접근, 전체주의에 대항하는 개인의 생생한 외침을 첼란은 추구하고 있다.

군더더기 없이 선명하고 구체적이어서 비평가나 해석자의 안내 없이도 쉽게 이해할 수 있는 김남주의 시와는 달리 첼란의 시는 비평가마다 제각각의 해석을 내리고 그들의 해석조차 이해할 수 없는 막막함에 빠지게 한다. 김남주가 언어를 투쟁을 위한 도구로 사용하여 직접적이고 직선적인 반면 언어에 대한 회의에 빠진 첼란의 시어는 현실 모순의 본질을 포착하려는 시도 속에서 비유와 은유의 대양으로 향해간다. 각각의 시어가 남기는 여운과 한 편의 시가 독자에게 맡기는 여백 앞에서 때론 당혹스럽고 혼돈스럽다. 가슴으로 느끼기까지 끝없는 사유의 연결고리를 이어가게 만든다. 두 개의 적대적 범주의 이분법과 현실 사회의 비극을 그 적대적 모순의 표현으로 보는 도식주의에서 벗어나 현실 모순의 본질로 들어감으로써 깊은 사고를 요구한다.

그러나 김남주가 모든 예술적 의장을 멀리하고 단순하면서도 정확한 언어로 현실을 표현하려고 한 점과 첼란이 오염된 일상 언어를 거부하고 진실을 전할 수 있는 참된 언어를 찾아 방황하는 것은 두 시인의 현실과 시에 대한 순결성과 진실성이라는 면에서는 상통하다. 현란하고 수사적이며 세련된 예술에 대한 거부, 현실을, 인간 존재를 살아있는 생생한 언어로 표현하고자하는 순수함이 두 시인의 시들을 살아있게 만든다. 김남주와 첼란의 시문학을 투쟁시와 초현실주의시 또는 참여와 순수라는 이분법적 구조로 비교하는 것은 무의미하다. 역사에 다시 일어나기 힘든, 일어나서도 안 될 칠흑 같은 어두운 시대를 겪은 두 시인이 그 시대를 대표할 수 있는 것은 그들의 시적 진실성이다. 그 어두움이 던진 고통과 절망을 온몸으로 겪은 이들이기에 그들의 시는 소망이 담겨있고, 듣는 이들의 무디어가는 의식을 깨는 것이다.

II. "꽃"의 메타퍼를 통해 본 혁명성과 언어적 성찰

김남주 시인에게 있어서 "꽃"은 혁명을 상징하는 육신을 상징하고 있다.

꽃이다 피다
육신이다 영혼이다
그대는 영혼의 왕국에서

육신을 어떻게 다루었는가
그대는 피의 꽃밭에서
영혼을 어떻게 다루었는가
파도의 침묵 불의 노래
영혼과 육신은 어떻게 만나
꽃과 함께 피와 함께 합창하던가

- (김남주 「잿더미」 부분)

불은 끝나지 않는 고난이 되어
죽음으로써만이 끝장이 나는
신화가 되어 너를 기다린다

- (김남주 「불」 부분)

참기로 했다
어설픈 나의 신념 서투른 나의 싸움은 참기로 했다
신념이 피를 닮고
싸움이 불을 닮고
자유가 피같은 불같은 꽃을 닮고 있다는 것을 알 때 까지는

- (김남주 「진혼가」 부분)

김남주의 시는 뜨거운 불꽃을 품어내는 강렬함을 준다. 영혼의 꽃 속에, 육신을 타고 흐르는 피에 불꽃이 내재해있다. 간을 파 먹히는 고통을 벌로 받은 프로메테우스의 열정이 불 속에 숨어있고 신들로부터 받을 저주에 대한 두려움에도 불구하고 불씨를 인간에게 나른 프로메테우스의 소명의식이 고난의 길을 택한 시인에게 이어지고 있다. 김남주에게 피와 불과 꽃은 자유와 투쟁의 상징이며 순환 속에서 동일한 이미지이다.

첼란의 시작품에서 나타난 꽃은 새 생명과 새 언어에의 희망을 암시한다.

돌.
내가 따라갔던 공중의 돌.
돌처럼 먼 너의 눈.

우리는

손이었다.
우리는 어둠을 모두 퍼내고는, 찾았다
여름을 지나온 말,
꽃

꽃 - 눈 먼 자의 말.
너의 눈과 나의 눈이
물을
마련한다.

- (첼란「돌」부분)

돌은 첼란에게 고통과 죽음을 상징한다. "돌처럼 먼 눈"은 죽음을 상징하기도 하지만 동시에 언어의 상실을 의미한다. 고통의 상징인 돌과 먼눈이 꽃을 찾고, 너와 내가 흘린 눈물로 이 꽃을 가꾸어가는 과정은 시인이 시적 언어를 찾아가는 과정이기도 하다. 단단히 굳은 돌이 꽃을 피우듯 고통과 어둠 속에서 생명과 자유를 담은 말이 잉태되는 것이다. 두 시인에게 "꽃"은 자유와 생명을 상징하지만 김남주 시인에게 있어서는 '피의 꽃으로 타오르는', '어둠을 사르고야 말 불빛'으로 혁명적 열정이다. 이에 반해 첼란에게 있어서 "꽃"은 극단적인 고통의 체험과 형용할 수 없는 인간의 만행 앞에 말을 상실한 시인이 침묵이라는 고통과 자아성찰의 공간을 통해 진실을 담을 수 있는 새 언어에 대한 소망을 나타낸다. 진실을 담을 수 있는 꽃의 언어는 고통과 속죄를 통해 나타난다. 돌처럼 "단단해진 고통 ein hart gewordenes Leid"속에서, 시인은 이 언어를 오염되지 않은 바다의 근원에서 길어 올리고자 한다. 돌은 장미가 꽃을 피우듯, 피어나며, 새처럼 공중으로 날아가기도 한다. 그래서 마침내 어둠에 빛을 발하는 별이 된다.

돌이 서서히 피어나는 시간이다.

- (첼란「코로나」부분)

그 밝은
돌들이 대기 중으로 날아간다, 그 빛나는-
하얀 돌들, 빛의-

전달자.

– (첼란 「밝은 돌」 부분)

화석화된 말없는 고통의 상징인 돌이 별로 변하듯, 시인은 고통으로 화석화된 존재에서 벗어나 말하기를 원한다. 화인과 같이 가슴에 각인된 고통을 식혀줄 수 있는 얼음, 눈으로 향하고, 시대에 오염되지 않은 태고의 신비와 순수함을 지닌 만년설에서 그 희망을 본다.

이것은 만년설을 위해
솟아오르는 한 마디 말.

– (첼란 「희끗희끗한 머리」 부분)

얼음이 있는 곳에서 만남이 이루어지는데 이는 얼음의 차가움이 너의 상처를 식혀줄 수 있기 때문이다. 차가운 "눈 침상"에서 나와 너는 "우리"가 되고, 얼음 속에서 하나가 된다. 얼음은 단단한 의미에서 돌과 같은 속성을 지니며, 눈, 얼음, 돌은 차가움의 속성으로 고통스런 현실 인식과 죽은 자들, 시대의 가장자리로 밀려난 이들의 만남과 시대의 증언을 위한 첼란 시의 근원이 된다. 김남주에게 있어 꽃이 피요, 영혼이요, 육신으로 나타나 삶의 형상화, 투쟁의 의지를 보여준다면 첼란에게 있어서 꽃은 고통을 뚫고 나와 그 고통을 어루만져줄 수 있는 언어로 태어나고 있다. 김남주에게 '피', '불', '꽃'과 같은 뜨겁고 강한 이미지의 시어들이 두드러진 반면, 첼란에게서는 '얼음', '눈', '수정', '돌'과 같은 차갑고 단단한 이미지의 시어들이 자주 등장한다. 김남주는 470여 편의 그의 시 가운데 300여 편을 옥중에서 썼다. 그에게 감옥은 창작의 산실이었고 투쟁의 현장이었다. 수없이 고문을 받으면서 그의 고독한 저항은 간결한 표현과 직접적인 묘사로 나타난다. "똥개가 되라면 기꺼이 똥개가 되어" 고문을 가하는 자의 "똥구멍이라도 싹싹 핥아 주겠다"고 그는 울부짖는다. "노예가 되라면 기꺼이 노예가 되어" 학대자의 발바닥을 핥아주겠다는 고문 현장에서 "하찮은 것이지만 육신은 나의 유일한 확실성"이라는 처절한 인식을 하게 된다. 몸으로 부딪히고 삶의 현장을 투쟁으로 보는 김남주는 모더니즘과 초현실주의의 시법을 벗어나고 있다. 꽃에 대해서 김남주와 첼란이 물질성과 추상성의 상반된 시각으로 접근하지만, 꽃이 두 시인에게 핏빛의 잔인한 현실에 대한 인식과 더 나은 미래에 대한 희망이 현실의 고통에 대한 인식과 속죄에서 시작하는 것은 동일하다.

1988년 12월 김남주 시인이 10년간의 감옥 생활에서 벗어나 자유공간으로 나왔을 때 현실은 그의 생각과는 달랐다. 거대한 자본에 포섭된 욕망의 도시는 "구역질이 나는 토악의 세계"(토악의 세계)였고, "너무도 많은 것들이 너무나 많은 것들을 만들어 놓고 잠시도 가만히 있지를 못하는"(밤의 도시) 속도의 시대에 "이제 나는 아무짝에도 쓸데없는 사람이다"(근황)고 토로한다. 80년대 말의 시대 상황은 그를 집회장마다 불러내었고, 그는 투사의 역할을 감당했다. 그러나 일상의 삶과 투사의 삶 사이의 간극에서 일상에 메몰 되어 사는 자신에 대한 자괴감을 보인다. 또 자신의 창작상의 단점으로 "시의 사회적 기능, 즉 변혁운동에 이바지해야 한다는 생각에 너무 사로잡혀 있는 나머지 사고의 폭과 생활의 다양성에의 접근을 못하고 있다"는 점을 들고 있다. 그리고 적절한 시어를 찾고, 형식의 완결성에 세심한 배려를 하지 않은 자신의 게으름을 지적하면서 표현의 한계성에 대한 자신의 문제를 밝히고 있다. 시적 세계와 현실과의 갈등은 첼란에게도 동일하게 나타난다. 그는 자신의 시를 진실에서 먼 "현란한 수다", "거짓 시", "시가 아닌 시"로까지 규정하며 비판하고 있다. 첼란의 고통스런 현실에 대한 인식은 언어에 대한 회의로 시작한다. 거짓 이데올로기를 변호하고 선전하는데 이용된 언어에 대한 회의, 현실을 진실되게 표현할 수 없는 오용된 언어에 대한 회의는 시인을 침묵으로 이끌어간다. 그 침묵은 '숯이 된 손 안에 금처럼 녹아있는' 고통과 인내의 언어이다. 시대의 아픔을 함께 겪고 견디며 이제 그 아픔을 증거 할 수 있는 언어를 시인은 찾고 있다. 낡은 거짓 언어는 권력을 쥔 자와 매음하며, 뒷덜미를 치는 폭도들과 함께 하였다. 폭도의 습격을 받고 죽어가는 이들에게 노래 불러 줄 수 있었던 말, 주검들과 함께 고통으로 굳어져버린 말을 찾아 간다. 그 언어로 시대의 어두움에 대하여, 시대의 악에 대하여 증언하고자 한다.

III. 시가 향하는 곳

"위대한 작품을 창조해내는 유일한 길은 위대한 삶이다"고 믿은 김남주는 체험적 진실과 시를 동일시한다. 그의 시들만 읽어도 그가 어떤 삶을 살았는지 알 수 있다. 그래서 그의 시에는 시적 주체인 화자가 대부분 김남주이거나 그를 닮은 혁명가이다. 그가 맑은 공기, 깨끗한 물, 따뜻한 불, 밥, 집, 옷 들을 노래할 때 제 뼈와 살의 노동으로 만들어내는 노동자, 농민에 대한 애정이 들어있고, 남의 노동의 대가를 착취함으로써 독점하려는 자들에 대한 증오, 이들에 맞서는 자들에 대한 격려가 들어있다. "침묵의 시위를 떠나 피로 씌어진 언어의 화살로 가자"(길)고 다짐하는 예술적 실천이 김남주의 임무요, 과제였다. 다음 시는 그가 시로서 실천하고자하는 것이 무엇이었는가를 보여준다.

대가리를 치면 꼬리로 일어서고
꼬리를 치면 대가리로 일어서고
가운데를 한 가운데를 치면
대가리와 꼬리가 한꺼번에 일어서고

뭐가 이 따위 것이 있어
그래 나는 이 따위 것이다

– (김남주「결연」부분)

나는 혁명시인
나의 노래는 전투에의 나팔소리
전투적인 인간을 나는 찬양한

– (김남주「나 자신을 노래한다」부분)

김남주는 스스로를 '혁명시인', '민중의 벗', '해방전사', '전투적인 리얼리스트' 등으로 불렀다. 그에게 참된 민족문학은 바로 민중문학이었다. 이런 그에게 예술은 삶의 실천적 원리가 된다. 예술의 혁명적 내용을 중시하는 그에게 순수예술에 대한 거부감은 당연한 것이었다. "간단히 말하자. 나는 어느 편이냐 하면 가지지 못한 사람들 편이다"라는 그의 말처럼 자신은 누구를 위해서 시를 쓰는 가를 분명히 밝히고 있다.

첼란의 시는 어디를 향해있는가? 그는 시가 '어떤 열려 있는 것, 소유할 수 있는 것, 말 걸 수 있는 상대, 말 걸 수 있는 현실을 행해 나아가는 것'이다고 말한다. 그의 시는 먼저 간 이들의 '흔적'을 뒤따르고 있다.

점점 촘촘히 내리는 강설
비둘기 빛, 어제처럼,
네가 아직도 잠자는 듯 내리는 강설.

드넓게 깔린 백색
그 너머, 끝없이,
사라져버린 이의 썰매자국.

– (첼란 「귀향」 부분)

아름다울 수 있을 겨울 풍경이 하얀 눈 위에 나있는 썰매자국, 끌려간 이들, 실종된 이들, 사라져버린 이들이 남긴 썰매자국으로 인하여 보는 이의 눈을 아프게 한다. 시인은 이들의 뒤를 쫓으며 과거의 아픈 역사를 드러내고 있다. 첼란에게 문학은 실존의 의미이다. 그는 문학 안에서 삶의 방향과 존재 의미를 부여하는 현실을 찾고자 한다. 나치에 의해 저질러진 잔인하고 비인간적인 역사적 사실을 지적하며, '그 날'이 지난 후, 모두들 잊고자하는 그 날을 시인은 기억하며, 시를 쓰고자 한다. 그러나 첼란에게 있어서 김남주 시에서 쉽게 볼 수 있는 혁명, 투쟁, 노동과 같은 이데올로기적인 용어를 찾아볼 수 없다.

두 시인이 시대의 어두움을 시적으로 형상화하는데 있어서 이런 차이는 어디에서 연유할까? 김남주가 서정성을 가능한 배제한 직접적인 현실 묘사에 중점을 두었다면, 첼란은 김남주에게서 보이지 않는 언어에 대한 회의가 나타난다. 그래서 그가 선택한 시어는 상징과 비유가 두드러진다. 김남주가 시를 통해 현실적인 사회 변혁을 꿈꾸는 혁명적 전사였다면, 첼란은 역사의 어두움을 드러내고, 인간적인 사회, 자유의 사회를 꿈꾸었지만 그 이상향을 현실이 아닌 피안으로 여기는 이상주의자에 가깝게 보여 진다. 그러나 현실 도피적인 이상주의자가 아닌 여전히 변하지 않고 있는, 과거의 잔재가 남아있는 현실에 대한 비판에서 앞서간 이들이 있는 피안을 바라보는 것이다. 그는 결코 현실을 회피하지 않으며 현실의 모순을, 어두운 역사를 증언한다.

깊은
시간의 틈 속
벌집얼음
곁에서
기다리는 호흡의 수정 하나,
폐기할 수 없는 너의
증언.

– (첼란 「부식된」 부분)

금치산 선고받은 입술이여, 말하라,
네게서 멀지 않은 곳에서, 여전히
무슨 일이 일어나고 있다고.

– (첼란 「부를 수 있는 잔여」 부분)

현실을 미화하고 왜곡하는 일상 언어에 대한 시인의 거부는 벌집 얼음 옆, 시간의 깊은 틈 속에서 그 날의 기억을 담은 새 언어의 결정체를 발견한다. 이는 지울 수 없는, 잊을 수 없는 아픈 기억을 천년의 빙하에 담고 있는 언어이다. 이 언어는 자신을 변호할 수 없는 죽은 자들, 인간으로서의 권리를 빼앗기고 자신의 삶을 자기가 결정할 수 없는 강제 수용소의 포로들의 "금치산 선고받은 입술"을 대변할 수 있는 언어일 것이다.

IV. 삶의 노래는 계속 불리고

내가 내켜 부른 노래는
어느 한 가슴에도
메아리의 먼 여운조차
남기지 못할 수 있다
그러나 삶의 노래가
왜 멎어야 하겠는가

– (김남주 「나와 함께 모든 노래가 사라진다면」 부분)

흑회색 황야 위에
실낱 햇살.
나무만큼 큰
상념 하나
빛 음을 붙잡는다.
인간들의 피안에선
아직 노래 부를 수 있다.

– (첼란「실낱햇살」 전문)

첼란의 "흑회색의 황야"는 햇살의 밝음과 대조를 이루며, 암울한 현실, 고통스런 인간의 세계를 연상시킨다. 나무가 하늘을 향해, 빛을 향해 자라듯, 황야에서 상념하나가 자라나, 빛의 음을 붙잡는다. "나무만큼 큰 상념"이 햇살과 황야를 이어주며, "빛의 음"이 노래를 낳는다. 그런데 이 노래는 인간들의 피안에서 불린다. 피안은 살아있는 인간들이 발을 디딜 수 없는 죽음의 영역, 이상향이나 초월적인 세계를 의미한다. 정치시인들의 비판처럼 첼란은 현실과의 대화를 포기한 것인가?

두 시인의 시가 역사적 현실에 충실하고 시대문제에 철저하였지만 두 시인이 바라보는 방향은 달랐다. 김남주는 전사로서 투쟁의 현장, 모순과 부조리한 현실에 머물렀다면, 첼란은 "미래의 북녘강", "피안"과 같은 죽은 자들의 세계, 그들과 대화와 만남을 가능하게 하는 침묵의 공간으로 빠져들었다. 추적 망상과 아물지 않는 과거의 상처, 살아남은 자의 죄의식 속에서 1960년대 초부터 드러나기 시작하는 정신 분열증은 그를 더욱 고립과 고독의 세계로 끌어갔다. 표절 시비로 인해 마음의 병이 도지고, 여전히 적대적인 독일 현실에서 그가 쉼을 얻을 수 있었던 곳은 먼저 간 자들이 머무는 공간이 아니었을까?

첼란은 50세의 나이에 세느강에 몸을 던졌다. 김남주는 48세의 나이에 췌장암으로 별세하였다. 아우슈비츠의 끔찍한 역사를 화인처럼 평생 몸과 마음에 담고 살던 첼란은 눈 위에 선명히 나있는 끌려간 이들의 썰매자국을 따라가다 그들과 하나가 되었다. 유고일기에서 '내 병의 근원은 내 몸 속의 독기'라는 아픈 말을 남기고 떠난 김남주는 독재권력과 부패한 자본사회가 그에게 가한 육체적, 정신적 폭력의 희생자였다. 역사의 어두운 한 시대를 증언하는 두 시인은 갔지만 그들이 부른 노래는 우리에게 생생한 시대의 증언이 되고 있다. "흑회색의 황야"와 같은 암울한 현실, 고통스런 인간의 세계에서도 노래는 끊어질 수 없다. "어두운 시대에/ 이 때에도 노래할 수 있는가?/ 그 때에도 노래할 수 있다/ 그 어두운 시대에 대하여"라고 노래한 브레히트의 말처럼, 강제 수용소에서, 아우슈비츠에서, 오월의 잔인한 현장에서 노래가 불가능해 보이는 장소와 시간에서도 삶의 노래는 계속 불려져야 할 것이다. 생생한 시대의 증언이 되고 있다. "흑회색의 황야"와 같은 암울한 현실, 고통스런 인간의 세계에서도 노래는 끊어질 수 없다. "어두운 시대에/ 이 때에도 노래할 수 있는가?/ 그 때에도 노래할 수 있다/ 그 어두운 시대에 대하여"라고 노래한 브레히트의 말처럼, 강제 수용소에서, 아우슈비츠에서, 오월의 잔인한 현장에서 노래가 불가능해 보이는 장소와 시간에서도 삶의 노래는 계속 불려져야 할 것이다.

편집후기

이 책『독일문학과 한국문학』은 김승옥 선생님의 정년을 기념하여 동료와 후배 그리고 제자들의 글을 모은 것이다. 세상의 많은 일이 그러하듯이, 글을 모으고 편집하여 한 권의 책으로 엮어내는 일에도 여러 분들의 도움이 있었다.

무엇보다도 이 책을 위해 옥고(玉稿)를 보내주신 여러 필자 선생님들께 감사를 드린다. 김승옥 선생님과 동료가 되시는 한석종 선생님과 조두환 선생님께서 당신들의 글을 보내주신 것에 우선 깊이 감사드린다. 고려대 독문과에 재직하시는 신우균 선생님과 이기식 선생님 그리고 김재혁 선생님도 원고를 보내주시고 관심을 가져 주셨다. 그 외에 사순옥 선생님이나 이동용 선생님과 같은, 다른 대학에 계시는 제자분들도 귀중한 글을 보내주셨다. 이밖에도 글이 실리지는 않았지만 배재대학교 사회학과의 김영호 선생님은 오래 전부터 격려와 후원을 보내주셨고, 강명순 선배님도 도움을 주셨다. 김승태 선배님(독문과 81학번)의 큰 지원이 없었다면, 이 책은 아마도 내기 어려웠을 것이다.

준비위원으로 참여한 다섯 명의 제자들은 논총 간행을 위해 지난 1년 남짓 십여 차례 이상 모임을 가졌다. 다들 강의시간이 다르고 또 바빠 연락하는 것조차 간단하지 않았다. 연락이 닿고 형편이 되면 만나 의견을 나누었고, 원고를 하나 둘씩 모으고 이렇게 모아진 글에 편집상의 통일성을 부여하는 작업은 지지부진하게 진행되었다. 그래서 그것은 늘 '이 다음'을 약속해야 했다. 그러나 이런 미비와 불충분 속에서도 세 차례의 원고 교정과 두 차례의 조판본 검토를 마칠 수 있게 된 것은 다행이었다. 여기에 제목과 디자인을 정하고, 겉표지의 글을 뽑는 일과 같은 마무리 작업이 더해졌다. 그리하여 이 모든 관심과 노력이 책의 형태로 변모되어 나오는 것을 보는 마음은 흐뭇하다. 보이는 보이지 않는 도움을 주신 모든 분들께 감사드린다.

김승옥 선생님 논총 편집위원 육현승, 이경미, 문광훈, 류미희, 송용구

논총 필자약력

김승옥

고려대학교 명예교수. 독일 에어랑겐-뉘른베르크(Erlangen-Nuernberg) 대학에서 「프리드리히 쉴러 연구」로 박사학위(1976)를 받음.

주요 논문으로는 「한국 희곡문학의 세계문학적 위상」, 「프리드리히 쉴러의 명목과 그의 사상」 등 다수가 있고, 저서로는 『독일문학사』(1996), 『서양문학의 흐름』(2000), 『연극의 현실과 비평의식』(2004) 등이 있다.

한석종

경북대학교 명예교수. 오스트리아 잘츠부르크 대학에서 박사학위를 받음.

주요 논문으로는 「프란츠 카프카에 있어서 환상적인것과 환상적 리얼리즘」, 「카프카 문학과 카네티 문학의 비교연구」, 「프란츠 카프카의 수용현상」 등이 있고, 역서로는 『예술과 사회』(아놀드 하우저), 『실종자』(프란츠 카프카), 『카프카의 비밀』(콘라드 디츠펠빙어) 등이 있다.

조두환

현재 건국대학교 교수. 고려대학교에서 「릴케와 동양사상-문화접촉과 영향관계를 중심으로」(학위논문)로 박사학위를 받음.

주요 논문으로는 「Rilkes Geistesverwandtschaft mit dem Osten in bezug auf die Lebens-, Todes- und Liebesauffassung」 등이 있고, 저서로는 『라이너 마리아 릴케. 고독의 정원에서 키운 시와 장미』(건국대학교 출판부, 2001), 『독일시의 이해』(한국문화사, 2000) 등이 있다.

신우균

현재 고려대학교 교수. 독일 뒤셀도르프 대학에서 문학박사 학위를 받음.

주요 논문으로는 「19세기 독일문학의 묵시록적 경향」, 「괴테의 '에그몬트'에 나타난 자유의 상징」, 「마적 리얼리즘」 외 다수가 있다.

이기식

현재 고려대학교 교수. 독일 프랑크푸르트 대학에서 박사학위를 받음.

주요 논문으로는 「문학연구와 문화연구 - 문화연구가 (독)문학연구의 대안인가?」, 「Kulturlose Fremdsprachenkenntnisse?」, 「DaF-Didaktik: aus der Not eine Tugend?」 등이 있다.

김재혁

현재 고려대학교 교수. 고려대학교에서 릴케로 박사학위를 받음.

주요 저서로는 『릴케의 예술과 종교성』, 『릴케의 작가정신과 예술적 변용』이 있고, 시집으로는 『내 사는 아름다운 동굴에 달이 진다』가 있다. 역서로는 『릴케 전집 1-2』와 하이네 시집 『노래의 책』, 『로만체로』, 『넙치』 등 다수가 있다.

권세훈

현재 한국문학번역원 교육운영팀장. 독일 함부르크 대학에서 박사학위를 받음.

주요 논문으로는 「프란츠 카프카와 귄터 쿠네르트. 모더니즘에서 포스트모더니즘으로의 이행」(학위논문), 「모더니즘과 포스트모더니즘의 시간구조」, 「배제와 경쟁-동서독의 문학」 등이 있고, 역서로는 『잘못 들어선 길에서』, 『혁명의 역사』, 『영화』, 『연극』 외 다수가 있다.

김용현

현재 고려대학교 강사. 독일 지겐 대학에서 박사학위를 받음.

주요 논문으로는 「미디어교육과 미디어 컴피턴스」 등이 있고, 저서로는 『미디어사회에서의 문학적 글읽기』(Literarisches Lesen in der Mediengesellschaft)와 독서, 커뮤니케이션, 문화에 대한 연구를 하고 있다.

류미희

현재 고려대학교 국제어학원 한국어문화 교육센터(KLCC) 강사. 고려대학교에서 박사학위를 받음.

주요 논문으로는 「젊은 세대의 독일문학」 등이 있고, 저서로 『독일 전후 반전문학

연구』가 있고, 역서로는 『오만한 사냥꾼』과 『궁수자리』(아스트로 크리미 시리즈) 등이 있다.

문광훈

현재 고려대학교 아세아문제연구소 연구교수. 독일 프랑크푸르트 대학에서 박사학위를 받음.

주요 저서로는 『구체적 보편성의 모험: 김우창 읽기』(2001), 『시의 희생자, 김수영』(2002), 『숨은 조화: 심미적 경험의 파장』(2006)이 있고, 역서로는 『요제프 수덱』 등이 있다.

사순옥

현재 건국대학교 교수. 독일 레겐스부르크 대학에서 박사학위를 받음.

주요 논문으로는 「베티나 폰 아르님의 서간소설과 생태학적 세계관」, 「유럽연합의 문화수도 구상과 독일의 도시」, 「유럽연합의 문화정책과 문화프로그램」 등이 있고, 저서로는 『Entfremdung. Untersuchungen zum Frühwek Heinrich Bölls』 이외에 『하인리히 뵐』, 『독일문학과 독일문화 읽기』 등이 있다.

송용구

현재 고려대학교 독일어권 문화연구소 연구교수. 시인이자 문학평론가. 고려대학교에서 박사학위를 받음.

대표 시집으로는 『꽃길에서』이 있고, 비평집으로 『느림과 기다림의 시학』, 『녹색의 저항. 독일의 생태시』, 『현대시와 생태주의』이 있고, 역서로는 『히페리온의 노래. 횔덜린의 자유와 사랑의 시』, 『직선들의 폭풍우 속에서. 독일의 생태시』 등이 있다.

안장혁

현재 고려대학교 응용문화연구소 연구교수. 독일 브레멘 대학에서 박사학위를 받음.

주요 논문으로는 「괴테와 데리다의 사유구조적 유사성에 대해」, 「괴테의 친화력에 나타난 침묵의 고고학」, 「독일의 대표적 언론에 나타난 한국의 국가이미지에 대한 문화기호학적 접근」 등이 있고, 저서로는 『Goethes Wahlverwandtschaften und das Andere der Vernunft』(학위논문)가 있다.

육현승

현재 강릉대학교 인문과학연구소 연구교수. 뮌스터 대학에서 박사학위를 받음.

주요 논문으로는 「반유대주의와 독일의 정체성」, 「패배한 자의 슬픈 패러디」, 「문예학과 영화학－그 경계와 접점에 대하여」 이외에 다수가 있고, 저서로는 『Das Prinzip der Ironie bei Martin Walser』(2002)가 있고, 역서로는 『미디어미학』(2005) 등이 있다.

이경미

현재 고려대학교 강사, 고려대학교에서 박사학위(독일현대연극)를 받음. 연극평론가, <연극평론> 편집위원.

주요 논문으로는 「새로운 연극언어를 통한 보이첵의 무대화」, 「무대와 더불어 글쓰기」, 「예술과 교육적 요구 사이에서 길찾기-독일 연극교육의 새로운 패러다임」, 「수행적 문화담론 속에서의 연극, 연극성」 등이 있고, 번역서로는 만프레트 브라우넥 『20세기 연극』(연극과 인간, 2000, 공역), 프리드리히 뒤렌마트의 『혜성』(1999), 나이젤 토이에, 프란시스 프랜디빌 『전래동화를 활용한 드라마 만들기』(2006), 앤티 켐페, 울리케 빙켈만 『무대가 된 교실』(2006) 외 다수가 있다.

이군호

현재 고려대학교 강사. 독일 뒤셀도르프 대학에서 박사학위를 받음.

주요 논문으로는 「대리석상(Marmorbild): 소생하는 석상의 모티프와 석상의 상징성 -퓌그말리온 신화의 독일적 수용의 한 양상」이 있고, 저서로는 『Heinrich Heine und die Frauenemanzipation』(2005)가 있고, 역서로는 『음악의 세계 1, 2』(2002) 등이 있다.

이동용

현재 건국대학교 강사. 독일 바이로이트(Bayreuth) 대학에서 박사학위를 받음.

주요 논문으로는 「Narzissmus und Spiegelung im Werk Rainer Maria Rilkes」(1998), 「독일 속담과 괴테의 '파우스트' 비교」, 「브레히트 '억척어멈'의 한국적 해석」 등이 있고, 저서로는 『나르시스, 그리고 나르시시즘』(2001), 역서로는 『교실 혁명』(2005)이 있다.

이정린

현재 고려대학교 강사. 독일 마인츠 대학에서 박사학위를 받음. 연극평론가.

주요 논문으로는 「전후 독일희극의 이데올로기 비판」, 「독일 자연주의 패러디」, 「아리스토파네스 희극의 서사극적 요소」 등이 있고, 평론으로는 「상상의 개방성에 힘입은 문화적 전유의 무대 – '의자들'과 '고도를 기다리며'」, 「비극적 역사의 무대화, 그 가능성과 한계 – '슬픔의 노래'」 등이 있고, 저서로는 『Ideologie und Komoedie』(독문), 『독일현대희극론』, 『아리스토파네스와 고대 그리스 희극공연』 등이 있다.

정명순

현재 고려대학교, 전남대학교에서 강의. 독일 하노버 대학에서 「첼란과 릴케 시문학 비교 연구」로 박사학위를 받음.

주요 논문으로는 「하우스호퍼의 '벽'에 갇힌 여성」, 「동일한 시대체험과 상이한 문학적 관점: 에리히 프리트와 파울 첼란」, 「첼란의 문학에 나타난 '반어'의 침묵」, 「독일의 모성 복지제도」 등이 있다.

독일문학과 한국문학

초판 1쇄 인쇄 • 2006년 10월 2일
초판 1쇄 발행 • 2006년 10월 9일
지은이 • 김 승 옥 외
펴낸이 • 박 성 복
펴낸곳 • 도서출판 月印
서울특별시 강북구 수유2동 252-9
등록 • 제6-0364호 / 등록일 • 1998년 5월 4일
대표전화 • (02)912-5000 / 팩스 • (02)900-5036
http://www.worin.net

ISBN 89-8477-328-X 93850

값 16,000원